Word 2007
Vorlagen und Formulare

Word 2007

Vorlagen und Formulare

Textgestaltung wie die Profis

LOTHAR OSTERTAG

Markt+Technik

Die Deutsche Bibliothek verzeichnet diese Publikation in der Deutschen
Nationalbibliografie; detaillierte bibliografische Daten sind im Internet
über *http://dnb.ddb.de* abrufbar.

Die Informationen in diesem Produkt werden ohne Rücksicht auf einen
eventuellen Patentschutz veröffentlicht.
Warennamen werden ohne Gewährleistung der freien Verwendbarkeit benutzt.
Bei der Zusammenstellung von Texten und Abbildungen wurde mit größter
Sorgfalt vorgegangen.
Trotzdem können Fehler nicht vollständig ausgeschlossen werden.
Verlag, Herausgeber und Autoren können für fehlerhafte Angaben
und deren Folgen weder eine juristische Verantwortung noch
irgendeine Haftung übernehmen.
Für Verbesserungsvorschläge und Hinweise auf Fehler sind Verlag und
Herausgeber dankbar.

Umwelthinweis:
Dieses Buch wurde auf chlorfrei gebleichtem Papier gedruckt.
Um Rohstoffe zu sparen, haben wir auf Folienverpackung verzichtet.

10 9 8 7 6 5 4 3 2 1

10 09 08

ISBN 978-3-8272-4364-5

© 2008 by Markt+Technik Verlag,
ein Imprint der Pearson Education Deutschland GmbH,
Martin-Kollar-Straße 10–12, D-81829 München/Germany
Alle Rechte vorbehalten
Umschlaggestaltung: Marco Lindenbeck, webwo GmbH, (mlindenbeck@webwo.de)
Lektorat: Jürgen Bergmoser, jbergmoser@pearson.de
Herstellung: Elisabeth Prümm, epruemm@pearson.de
Korrektorat: Sandra Gottmann
Satz und Layout: mediaService, Siegen (www.media-service.tv)
Druck und Verarbeitung: Bercker, Kevelaer
Printed in Germany

INHALTS-VERZEICHNIS

Einleitung

Seit 1981 gibt es die Firma „Microsoft", und mit keinem anderen Programm ist dieser Name so verbunden wie mit Word. Hunderte von Büchern, Artikeln und Schulungsunterlagen wurden geschrieben, Dutzende von Zeitschriften veröffentlichen Tipps „am laufenden Band", Millionen von Menschen benutzen es Tag für Tag.

Angesichts dieser Umstände sollte man meinen, dass bereits alles gesagt wurde, was es zu diesem Programm zu sagen gibt – doch die tägliche Praxis beweist das Gegenteil:

- Wie oft verbringt man „Stunden" damit, am Bildschirm Formulare auszufüllen, die gedruckt zwar gut aussehen, „von Hand" aber in „wenigen Sekunden" erstellt worden wären?

- Wie oft ärgert man sich, dass Dokumente, die man zu späteren Terminen öffnet, plötzlich ein anderes Datum oder – bei Serienbriefen – anderen Text haben, obwohl doch der Text gespeichert sein sollte?

- Wie erstellt man eigentlich ein gut aussehendes Formular in kurzer Zeit?

- Was zeichnet einen guten Briefkopf aus – nicht nur in optischer Sicht?

- Und wie kann man diesen in einem Netzwerk sinnvoll anderen Kollegen zur Verfügung stellen?

- Wie oft werden teure Programme gekauft, nur um Dokumente im Dschungel der Verzeichnisse und Netzwerke wiederzufinden?

- Wie viel Zeit verbringen wir damit, Suchbegriffe wie „Betreff", „Bezug", „Aktenzeichen" etc. in die WinWord-Eigenschaften oder die o.g. Programme einzugeben, obwohl Word dies doch viel schneller erledigen könnte?

Tatsächlich gibt es bis heute zwar viele Detaillösungen, aber nach wie vor kein umfassendes Gesamtkonzept, das zu den o.g. Problemen die passende Lösung nennt – obwohl WinWord meistens die passenden Möglichkeiten bietet. Dieses Buch schließt diese Lücke und beschäftigt sich ausschließlich mit den vielen Problemen rund um „Formulare".

Sie erhalten hier definitiv keine Sammlung von „1001 Formularen, die Sie eh nicht benötigen"! Im Gegenteil: Das Buch will Sie mit den Techniken vertraut machen, die Sie benötigen, um die für Sie wichtigen Formulare so leistungsfähig und effizient wie nur möglich zu gestalten. Dies wiederum wirkt sich sicherlich entsprechend positiv auf Ihre Arbeit aus.

Highlight ist an dieser Stelle sicherlich ein fertiger Briefassistent, der die ständig benötigten Daten lokal speichert und diese wahlweise an Textmarken, Makrobuttons oder Inhaltssteuerelemente ausgibt. Das bedeutet: Ein Formular passt für die gesamte Firma oder Behörde, egal wie viele Mitarbeiter Sie haben! Damit gehören die Zeiten, in denen die Mitarbeiter die Originaldokumentvorlagen mühsam an ihre Bedürfnisse anpassen und lokal speichern müssen, endgültig der Vergangenheit an, und sie können diesen Assistenten auch beliebig um weitere Funktionen ergänzen.

Neben Fragen zur reinen Erstellung und Gestaltung von Formularen wird auch die Frage nach einer effizienten Organisation der Formulare im Firmennetzwerk behandelt, ebenso das optimale Zurverfügungstellen von Bausteinen, Formatvorlagen und Makros. Darüber hinaus erhalten Sie auch Tipps und fertige VBA-Lösungen, mit denen Sie Ihre Formulare im Falle eines Falles weitgehend automatisiert, d.h. „per Knopfdruck", aktualisieren können. Diese Punkte dürften vor allem für Systembetreuer wichtig sein, die unter Umständen Hunderte von Formularen zu verwalten – und ggf. zu ändern bzw. anzupassen – haben.

Gleichzeitig wird in diesem Buch auch den Neuerungen in Word 2007 Rechnung getragen. So wurden z.B. die Autotexte um das Konzept der (Schnell-)Bausteine erweitert. Auch die vertrauten Menü- und Symbolleisten gibt es nicht mehr, stattdessen nur noch einheitliche „Ribbons". Auch das Erstellen von selbst definierten Symbolleisten gibt es nicht mehr, dafür können Sie einzelne Befehle in der sog. „Schnellzugriffsleiste" hinterlegen.

Die hier vorgestellten Lösungen sind auf WinWord ab Version 2007 abgestimmt. Bei Lösungen im Bereich VBA wurde, sofern mehrere Lösungen möglich waren, diejenige bevorzugt, die in allen derzeit aktuellen WinWord-Versionen funktioniert.

Dieses Buch konzentriert sich darauf, gute Vorlagen mit möglichst einfachen Bordmitteln zu erstellen. Daher kommen VBA-Lösungen nur als „Kochrezept" nach dem Motto „man nehme ..." zum Zug. Eine ausführliche Einführung in das Thema VBA-Makros würde den hier gegebenen Rahmen sprengen.

Noch ein Wort vorab: Auch wenn ich davon überzeugt bin, Ihnen für die genannten Probleme (und etliche weitere) hier sehr gute Lösungen zu präsentieren, ist es in der EDV häufig der Fall, dass es zu einem Problem nicht nur eine Lösung gibt. Wenn Sie also auf andere und bessere Lösungen stoßen, würde ich mich freuen, wenn Sie mir diese mitteilen würden.

Ein solches Buch entsteht nicht aus heiterem Himmel, sondern es bedurfte einer ganzen Reihe weiterer Personen, die das Entstehen überhaupt erst ermöglichten. Daher möchte ich mich an dieser Stelle noch ganz herzlich bedanken bei:

- Achim Seehafer und Stefan Glocker von der Volkshochschule Augsburg, die es mir ermöglicht haben, das Konzept der Formulargestaltung in Word in den gleichnamigen Kursen zu entwickeln und auszufeilen

- Erwin Schmutzer und Klaus Peschanel für die kritische Durchsicht des Manuskripts

- Dieter Holzapfel für das „Zurverfügungstellen" von Beispielen aus der Praxis der Bescheide

- meiner Frau Christine und unserer Tochter Jenny für ihre Geduld mit mir, wenn ich vor lauter Arbeit mal wieder nicht ansprechbar war

- Jürgen Bergmoser, der das Manuskript als wertvoll genug erachtet hat, es zu veröffentlichen.

Schreiben Sie uns!

Autor und Verlag sind immer bemüht Ihnen, unseren Kunden und Lesern die optimale Information zum Thema zu bieten. Scheuen Sie sich deshalb nicht, uns über Fehler und andere Ärgernisse zu informieren. Oder vermissen Sie vielleicht die eine oder andere Lösung für ein Problem, die Sie hier nicht gefunden haben? Lassen Sie es uns wissen!

Nur so können wir laufend an der Verbesserung unserer Bücher arbeiten. Aber auch Lob, Erfolgserlebnisse und Ihre Ergebnisse interessieren uns.

Haben Sie aber bitte auch Verständnis dafür, dass wir keinen Support für Word leisten können. Das kann der Hersteller besser und kompetenter. Hilfe finden sie auch in zahlreichen Foren im Internet. Oft reicht die Eingabe einer Frage in Google und Sie finden hundertfach Hilfestellung, probieren Sie es einfach mal aus!

Schreiben Sie uns unter *info@mut.de*

Ihr Markt+Technik-Buchlektorat

KAPITEL 1

Grundlegende Techniken und Methoden in Word

Bevor wir mit den eigentlichen Formularen loslegen, sollten zunächst ein paar grundlegende Hinweise zum Umgang mit Word und zur optimalen Konfiguration des Programms gegeben werden. Mit Word kann doch jeder arbeiten – sollte man meinen. Trotzdem gibt es hier eine Menge Tipps und Kniffe, die das tägliche Arbeiten mit Word erheblich vereinfachen.

1.1 Die Word-Optionen

An vielen Stellen müssen Sie Einstellungen in den Word-Optionen vornehmen. Da diese Optionen inzwischen leider etwas versteckt sind, muss kurz erläutert werden, wie Sie die Word-Optionen wieder aufrufen können.

Die Optionen von WinWord konnten Sie früher im Menü EXTRAS|OPTIONEN einstellen. Da dieses Menü mit Office 2007 weggefallen ist, finden Sie die entsprechenden Einstellungen im sog. OFFICE-BUTTON. Sobald Sie diesen anklicken, erhalten Sie in dem folgenden Dialog u.a. die Schaltfläche WORD-OPTIONEN, die den bisherigen Programmteil Word-Optionen enthält. Sie können die Word-Optionen aber auch über die Tastenkombination [Alt], [D], [I] aufrufen.

Eine weitere Möglichkeit, die Word-Optionen aufzurufen, stellt die Schnellzugriffsleiste dar. Sobald Sie auf den kleinen Pfeil am Ende der Schnellzugriffsleiste klicken, gelangen Sie über den Befehl WEITERE BEFEHLE... ebenfalls in die Word-Optionen:

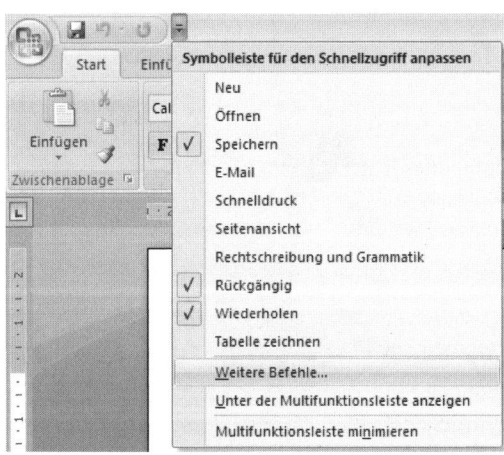

Abbildung 1.1: Aufruf der Word-Optionen über die Schnellzugriffsleiste

1.2 Nützliche Programmeinstellungen

Die Standardeinstellungen von Word ermöglichen leider kein optimales Arbeiten. Daher sollten Sie zunächst Word optimal einstellen. Sie finden die meisten Einstellmöglichkeiten, indem Sie zunächst auf den OFFICE-BUTTON und dann den Button WORD-OPTIONEN klicken (Shortcut Alt, D, I). Der nun folgende Dialog entspricht weitgehend dem früheren Menüpunkt EXTRAS|OPTIONEN.

1.2.1 Die Anzeigen-Optionen

Gerade bei der Gestaltung von Formularen ist es unbedingt erforderlich, dass Sie Sonderzeichen und Felder als solche erkennen. Grundsätzlich können Sie das entsprechende Verhalten von Word in den WORD-OPTIONEN steuern. Diese öffnen Sie durch Mausklick auf die OFFICE-SCHALTFLÄCHE und anschließend auf die Schaltfläche WORD-OPTIONEN. Der sich nun öffnende Dialog ist in verschiedene Abschnitte aufgeteilt, nämlich:

- Häufig verwendet
- Anzeigen
- Dokumentprüfung
- Speichern
- Erweitert
- Anpassen
- Add-Ins
- Vertrauensstellungscenter
- Ressourcen

Der Abschnitt ANZEIGEN ist wiederum in die Unterabschnitte OPTIONEN FÜR DIE SEITEN-ANZEIGE, DIESE FORMATIERUNGSZEICHEN IMMER AUF DEM BILDSCHIRM ANZEIGEN und DRUCK-OPTIONEN unterteilt. Die für uns an dieser Stelle wichtigen Einstellungen sind:

- alle Einstellungen unter OPTIONEN FÜR DIE SEITENANZEIGE,
- unter DIESE FORMATIERUNGSZEICHEN IMMER AUF DEM BILDSCHIRM ANZEIGEN
  die Einstellung **Alle Formatierzeichen anzeigen,**
- unter DRUCKOPTIONEN die Einstellungen
  In Word erstellte Zeichnungen drucken, Felder vor dem Drucken aktualisieren
  und **Verknüpfte Daten vor dem Drucken aktualisieren**

Im Register START können Sie durch Anklicken des Buttons ALLE ANZEIGEN bzw. die Tastenkombination ⌷Strg⌷ + ⌷*⌷ die gewünschten Sonderzeichen wieder ein- bzw. ausblenden.

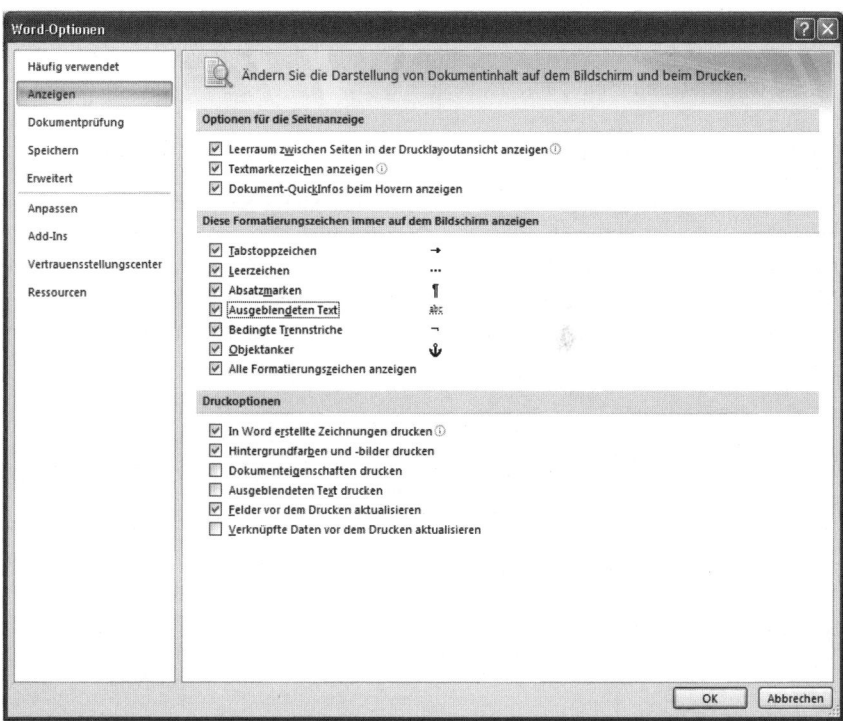

Abbildung 1.2: Der Abschnitt ANZEIGEN in den Word-Optionen

1.2.2 Die Dokumentprüfungs-Optionen (Autokorrekturen)

Ein anderes Problem stellen die Autokorrekturen dar. An sich sind diese eine große Hilfe, da sie viele Fehler vollautomatisch korrigieren und uns daher eine Menge Arbeit abnehmen. Was aber, wenn die Hilfe unerwünscht ist und Word Ihnen trotzdem seinen Willen aufdrängt?

In Word 2007 finden Sie die entsprechenden Einstellungen im Abschnitt DOKUMENT-PRÜFUNG und gleichzeitig im Register ÜBERPRÜFEN im Abschnitt DOKUMENTPRÜFUNG unter dem Befehl RECHTSCHREIBUNG UND GRAMMATIK. Dieser ist wiederum unterteilt in die

Unterabschnitte AUTOKORREKTUR-OPTIONEN, BEI DER RECHTSCHREIBPRÜFUNG IN MICROSOFT-PROGRAMMEN, BEIM KORRIGIEREN DER RECHTSCHREIBUNG UND GRAMMATIK IN WORD und AUSNAHMEN FÜR.

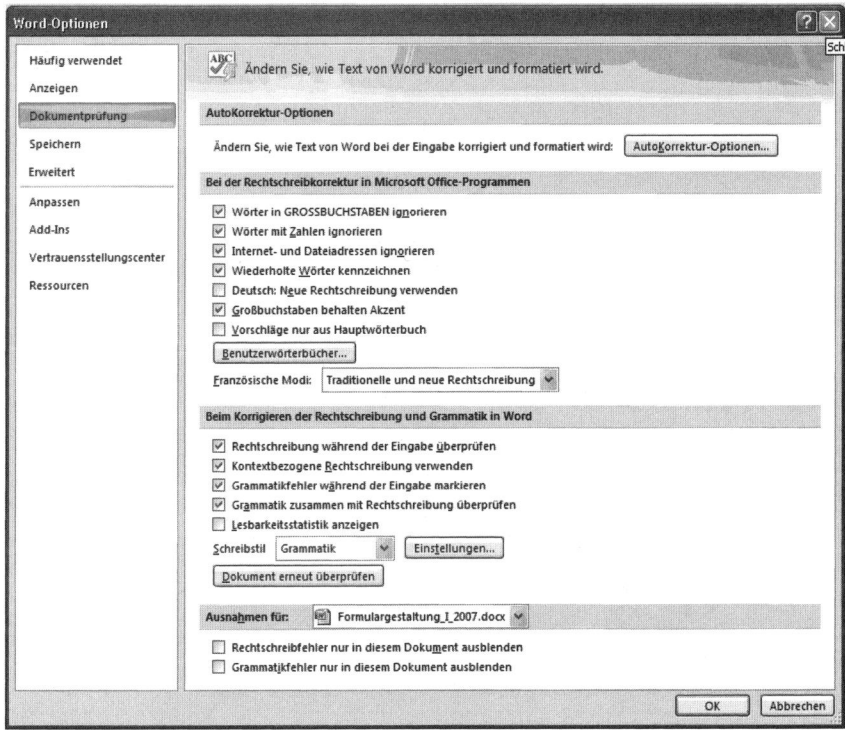

Abbildung 1.3: Die Dokumentprüfungs-Optionen

1.2.3 Die Registerkarte „AutoKorrektur"

Die Schaltfläche AUTOKORREKTUR-OPTIONEN im gleichnamigen Unterabschnitt enthält den Dialog AUTOKORREKTUR mit den Registerkarten

▦ AutoKorrektur

▦ AutoKorrektur von Mathematik

▦ Autoformat während der Eingabe

■ Autoformat und

■ SmartTags

Eine der wichtigsten Stellen ist hier die Registerkarte AUTOKORREKTUR. Diese ermöglicht es Ihnen

■ Einträge zur Liste automatischer Korrekturen hinzufügen, diese löschen oder ändern und

■ Großschreibung und Rechtschreibkorrektur für bestimmte Wörter verhindern bzw. erzwingen

Die oberen Einträge der Registerkarte AUTOKORREKTUR werden häufig benötigt. Sie sollten daher diese Optionen allesamt aktivieren:

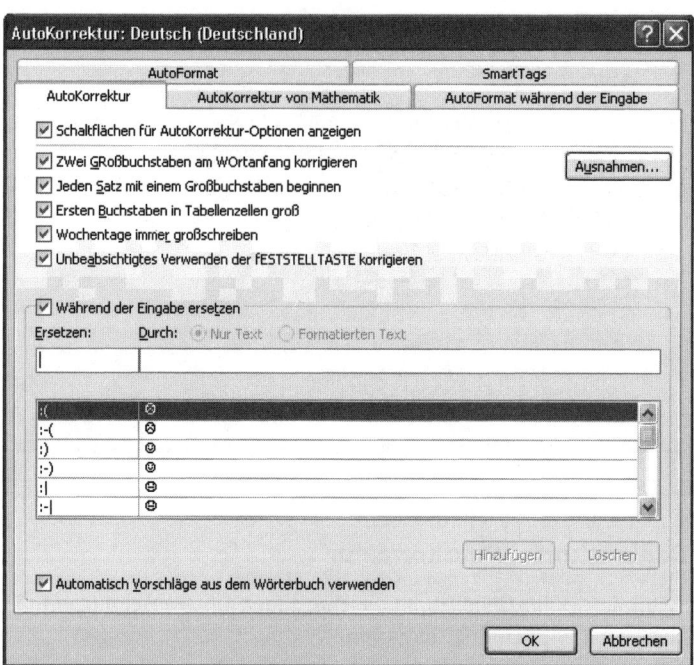

Abbildung 1.4: Die Registerkarte AUTOKORREKTUR

Interessant – und auch noch relativ bekannt – ist die Liste unter WÄHREND DER EINGABE ERSETZEN, die sog. **Autokorrekturliste.** Hier können Sie bestimmte falsche Schreibweisen, die Ihnen immer wieder passieren, mit der korrekten Alternative eintragen. Word korrigiert dann automatisch beim Schreiben diese Fehler.

Darüber hinaus können Sie hier durch Anklicken der Option NUR TEXT bzw. FORMATIERTEN TEXT festlegen, ob Sie wirklich nur Text korrigieren wollen. Aktivieren Sie die Option „Formatierten Text", können Sie hier auch Grafiken, Tabellen etc. hinterlegen.

Sie können beispielsweise Ihre als Grafik eingescannte Unterschrift mit folgenden Schritten als Autokorrektureintrag verfügbar machen:

1. Fügen Sie die gescannte Unterschrift im Text ein.

2. Markieren Sie die Grafik.

3. Klicken Sie auf die OFFICE-SCHALTFLÄCHE und anschließend auf die Schaltfläche WORD-OPTIONEN.

4. Rufen Sie nun den Abschnitt DOKUMENTPRÜFUNG auf, klicken auf AUTOKORREKTUR-OPTIONEN auf und wählen ggf. die Registerkarte AUTOKORREKTUR. Falls Ihr Namenskürzel „ost" ist, geben Sie unter ERSETZEN „ostg" ein (das „g" steht für „Grafik", und Sie können auf diese Weise trotzdem noch Ihr Namenskürzel eingeben), und markieren Sie die Option FORMATIERTEN TEXT.

5. Bestätigen Sie den Dialog mit ⏎, bzw. klicken Sie auf HINZUFÜGEN.

Im Dialog sieht dies wie folgt aus:

Abbildung 1.5: Speichern der Unterschrift als „AutoKorrektur"

Nun passen diese Aktionen nicht immer. Nach bestimmten Abkürzungen wie „z.B." oder „I.A." soll die Schreibung z.B. nicht in die Großschreibung geändert werden. Für diese Zwecke gibt es in diesem Dialog noch die Schaltfläche AUSNAHMEN, mit der Sie bestimmte Korrekturen von der AutoKorrektur auszuschließen können. Diese sind auf verschiedene Registerkarten verteilt:

■ Automatische Großschreibung eines eingegebenen Wortes nach einer bestimmten Abkürzung (Registerkarte ERSTER BUCHSTABE)

■ Korrektur eines Wortes mit gemischter Groß- und Kleinschreibung (Registerkarte WORTANFANG GROSS)

■ Korrektur eines Rechtschreibfehlers (Registerkarte ANDERE)

Abbildung 1.6: Hinzufügen von Ausnahmen zur AutoKorrektur

Klicken Sie einfach auf diese Schaltfläche, wählen die passende Registerkarte und geben das entsprechende Wort (ggf. mit dem nachfolgenden Punkt) ein, und klicken Sie auf HINZUFÜGEN.

Hinweis

Wenn Sie AutoKorrektur-Ausnahmen automatisch hinzufügen möchten, aktivieren Sie im Dialogfeld AUTOKORREKTUR-AUSNAHMEN das Kontrollkästchen WÖRTER AUTOMATISCH HINZUFÜGEN. Wenn die AutoKorrektur eine unerwünschte Korrektur vornimmt, klicken Sie auf der SCHNELLZUGRIFFSLEISTE auf das RÜCKGÄNGIG-Symbol, oder drücken Sie die ⌫ -Taste, um die gesamte Korrektur zu entfernen und das gewünschte Wort erneut einzugeben. Die AutoKorrektur fügt diese Korrektur automatisch zur Liste der Ausnahmen hinzu.

Die Registerkarte AUTOFORMAT WÄHREND DER EINGABE

Häufig macht es auch Probleme, dass Word während des Schreibens den Text scheinbar willkürlich formatiert. Da werden plötzlich Nummern zu automatischen Nummerierungen, bestimmte Formatierungen zu Überschriften etc. Verantwortlich dafür sind die Einstellungen in der Registerkarte AUTOFORMAT WÄHREND DER EINGABE. Deaktivieren Sie hier einfach die Einträge unter WÄHREND DER EINGABE ÜBERNEHMEN und die Option FORMAT-VORLAGEN BASIEREND AUF FORMATIERUNG DEFINIEREN, und Sie sind die ganzen Probleme los:

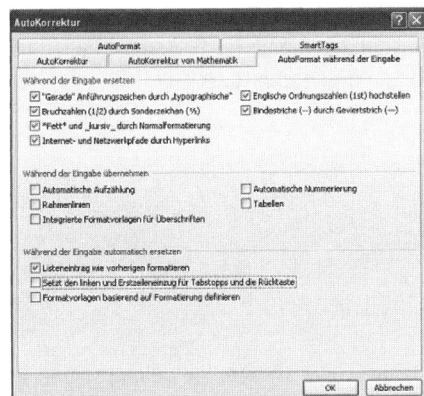

Abbildung 1.7: Deaktivieren der störenden Autoformatierungen

Wollen Sie außerdem verhindern, dass bei der Eingabe von Internet- und E-Mail-Adressen diese in die entsprechenden Links umgewandelt werden, deaktivieren Sie hier bitte die Option INTERNET- UND NETZWERKPFADE DURCH HYPERLINKS.

1.2.4 Die ERWEITERT-Optionen

Der Abschnitt ERWEITERT ist wiederum in die Abschnitte BEARBEITUNGSOPTIONEN, AUSSCHNEI-DEN, KOPIEREN UND EINFÜGEN, DOKUMENTINHALT ANZEIGEN, ANZEIGEN, DRUCKEN, BEIM DRUCKEN DES DOKUMENTS, SPEICHERN, GENAUIGKEIT BEIM SPEICHERN DIESES DOKUMENTS BEIBEHALTEN, ALLGEMEIN, und KOMPATIBILITÄTSOPTIONEN FÜR unterteilt. Die für uns an dieser Stelle wichtigen Einstellungen sind:

1. im Bereich BEARBEITUNGSOPTIONEN:
   - Aktivieren Sie AUFFORDERUNG ZUR VORLAGENAKTUALISIERUNG, und
   - deaktivieren Sie FORMATIERUNG MITVERFOLGEN.

2. im Bereich DOKUMENTINHALT ANZEIGEN:
   - Aktivieren Sie TEXTMARKEN ANZEIGEN.
   - Deaktivieren Sie FELDFUNKTIONEN ANSTELLE VON WERTEN ANZEIGEN.
   - Wählen Sie unter FELDSCHATTIERUNG den Wert „Immer" aus.

3. Deaktivieren Sie im Bereich DRUCKEN den Eintrag FELDFUNKTIONEN ANSTELLE VON WERTEN DRUCKEN.

1.2.5 Seitenbreite/Zoom

Wenn Sie sich regelmäßig darüber ärgern, dass Sie auf dem Bildschirm zu wenig Platz haben, können Sie dies mithilfe der Zoom-Einstellungen ändern. Klicken Sie hierzu im Register ANSICHT auf die Schaltfläche SEITENBREITE im Abschnitt ZOOM.

Abbildung 1.8: Die Gruppe ZOOM im Register ANSICHT

Alternativ können Sie auch auf die Schaltfläche ZOOM klicken. Sie gelangen nun in den gleichnamigen Dialog:

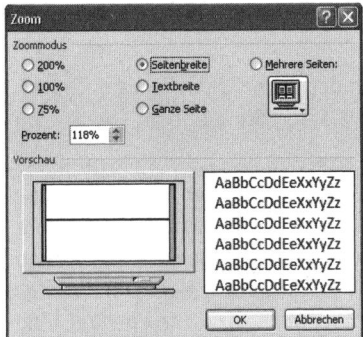

Abbildung 1.9: Der Dialog „Zoom"

In diesem Dialog können Sie nicht nur die vorgegebenen Werte auswählen, sondern im Drop-down-Feld „Prozent" auch beliebige Zoomwerte eintragen (z.B. 123%); diese Einträge müssen Sie allerdings mit ⏎ bestätigen, damit sie übernommen werden. In der Regel dürfte der für Sie optimale Wert der Eintrag Seitenbreite sein. Dokumente und Dokumentvorlagen werden mit den hier vorgegebenen Werten gespeichert!

1.2.6 Das Register Entwicklertools

An verschiedenen Stellen müssen wir auf Befehle im Register ENTWICKLERTOOLS zurückgreifen. Dieses Register aktivieren Sie, indem Sie zuerst auf die OFFICE-SCHALT-FLÄCHE und danach auf die Schaltfläche WORD-OPTIONEN klicken. Aktivieren Sie nun im Abschnitt HÄUFIG VERWENDET die Option ENTWICKLERREGISTERKARTE IN DER MULTIFUNKTIONSLEISTE ANZEIGEN. Ab sofort ist das Register ENTWICKLERTOOLS verfügbar.

1.2.7 Die Schnellzugriffsleiste

Mit Office 2007 wurden die bisher bekannten Menüs und Symbolleisten durch das neue Ribbon (Multifunktionsleiste) ersetzt, was etliche schwerwiegende Konsequenzen zur Folge hat. Im Bereich „Formulargestaltung" bedeutet das vor allem, dass die bisher sehr einfache Erstellung eigener Symbolleisten oder das Anpassen der Menüleiste mit einfachen Mitteln kaum mehr möglich ist[1].

---

1. Ribbons können ab Office 2007 entweder mit Visual Studio 2005 Second Edition oder mit dem Freeware-Tool Office 2007 Custom UI Editor angepasst werden, nicht mehr direkt in Office selber.

Als Ersatz für diese Änderung bietet Microsoft aber die Möglichkeit, die Schnellzugriffsleiste mit wenigen Handgriffen anzupassen.

1. Klicken Sie mit der Maus auf den Pfeil neben der Schnellzugriffsleiste (SYMBOLLEISTE FÜR DEN SCHNELLZUGRIFF ANPASSEN), und wählen Sie aus dem Drop-down-Menü den Befehl WEITERE BEFEHLE...

2. Sie sind nun im Abschnitt ANPASSEN der Word-Optionen. Legen Sie zunächst unter SYMBOLLEISTE FÜR DEN SCHNELLZUGRIFF ANPASSEN fest, ob die Änderungen generell an Ihrem PC oder nur für ein bestimmtes Dokument bzw. eine Dokumentvorlage gelten sollen. In diesem Fall wählen Sie bitte im Drop-down-Feld SYMBOLLEISTE FÜR DEN SCHNELLZUGRIFF ANPASSEN das aktuelle Dokument bzw. die entsprechende Dokumentvorlage aus.

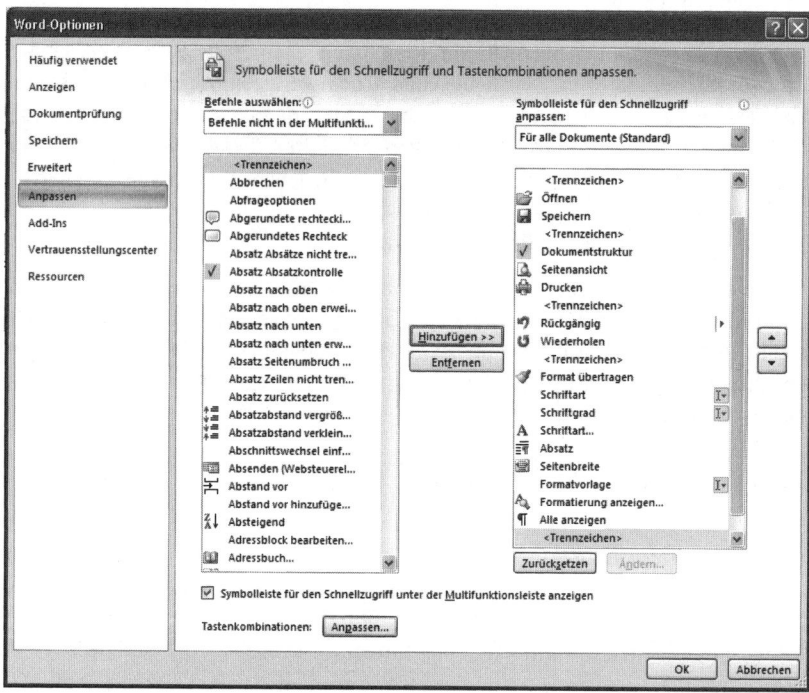

Abbildung 1.10: Anpassen der Schnellzugriffsleiste

3. Suchen Sie nun unter BEFEHLE AUSWÄHLEN den Namen des Registers, unter dem der gesuchte Befehl im Programm auffindbar ist.

4. Wählen Sie im Listenfeld darunter den gesuchten Befehl aus, und klicken Sie auf HINZUFÜGEN. Wollen Sie einen Befehl wieder löschen, markieren Sie diesen und klicken auf die Schaltfläche LÖSCHEN.

5. Fügen Sie ggf. Trennzeichen in der Schnellzugriffsleiste ein, um sachlich zusammengehörige Befehle zu Befehlsgruppen zusammenzufassen.

Hinweis

Wollen Sie alle Änderungen rückgängig machen, klicken Sie auf die Schaltfläche ZURÜCKSETZEN, und bestätigen Sie mit ⏎. Nun werden alle Änderungen an der Schnellzugriffsleiste gelöscht.

Eine kleine Auswahl der häufig benötigten Befehle und wo sie zu finden sind, ist in der folgenden Tabelle aufgelistet:

Befehl	Gruppe	Erläuterung
Absatz	Häufig verwendete Befehle	Dialog Format|Absatz
Alle anzeigen	Häufig verwendete Befehle	Blendet alle Sonderzeichen ein bzw. aus
AutoKorrektur-Optionen...	Befehle nicht in der Multifunktionsleiste	Blendet den Dialog AUTOKORREKTUR ein
Autotext	Befehle nicht in der Multifunktionsleiste	Drop-down-Liste mit den verschiedenen Autotexten (wirklich nur mit den Autotexten!). Diese sind hier entsprechend den Kategorien aufgelistet, die Formatvorlagen greifen hier nicht.
Autotext erstellen	Befehle nicht in der Multifunktionsleiste	Ermöglicht das schnelle Erstellen von Schnellbausteinen und Autotexten
Dokumentstruktur anzeigen	Ansicht Registerkarte	Blendet am linken Rand eine Übersicht mit den verschiedenen Überschriftenebenen zur schnelleren Navigation ein
Drucken	Office-Menü	Druckt über den Druckdialog

Befehl	Gruppe	Erläuterung
Format übertragen	Start Registerkarte	Kopiert das Format auf die nächste markierte Zeichenfolge
Formatierung anzeigen...	Befehle nicht in der Multifunktionsleiste	Blendet den Aufgabenbereich FORMATIERUNG ANZEIGEN ein, der detailliert alle aktuellen Formatierungen anzeigt
Formatvorlage	Häufig verwendete Befehle	Listenfeld mit den verfügbaren Formatvorlagen
Neu...	Häufig verwendete Befehle	Erstellen eines neuen Dokuments über den Befehl NEU im OFFICE-BUTTON
Neues Dokument oder neue Vorlage	Befehle nicht in der Multifunktionsleiste	Der Dialog NEU mit der Übersicht der in den Benutzer- und Arbeitsgruppenvorlagen gespeicherten Dokumentvorlagen
Öffnen	Häufig verwendete Befehle	Öffnen eines bestehenden Dokuments
Schnelldruck	Häufig verwendete Befehle	Druckt das aktive Dokument auf dem Standarddrucker
Schriftart	Häufig verwendete Befehle	Dialog Format|Zeichen
Schriftart	Start Registerkarte	Drop-down-Feld für die Schriftart
Schriftart	Start Registerkarte	Mini-Symbolleiste mit Schriftart, Schriftgröße, Farbe etc.
Schriftgrad	Start Registerkarte	Drop-down-Feld für die Schriftgröße
Seiten- und Abschnittsumbrüche einfügen	Häufig verwendete Befehle	Fügt über ein Drop-down-Feld verschiedene Seiten- und Abschnittswechsel ein
Seitenansicht	Office-Menü	Zeigt an, wie das Dokument ausgedruckt aussehen wird
Seitenbreite	Ansicht-Registerkarte	Passt das Dokument an die Bildschirmbreite an
Speichern	Häufig verwendete Befehle	Speichert das gerade aktive Dokument

Tabelle 1.1: Übersicht über die wichtigsten Befehle für die Schnellzugriffsleiste

Darüber hinaus ermöglicht die Schnellzugriffsleiste auch den Zugriff auf die WORD-OPTIONEN. Klicken Sie hierzu auf die kleine Schaltfläche am Ende der Schnellzugriffs-leiste, und wählen Sie hier den Befehl WEITERE BEFEHLE... aus. Nun können Sie in die verschiedenen Abschnitte der Word-Optionen wie HÄUFIG VERWENDET, ANZEIGEN und ERWEITERT wechseln und die gewünschten Einstellungen vornehmen.

1.3 Formatvorlagen

1.3.1 Warum Formatvorlagen?

Obwohl der Begriff der Formatvorlagen weithin bekannt ist, wenden die wenigsten dieses leistungsfähige Werkzeug sinnvoll an. Was steckt genau hinter diesem Begriff?

Möglicherweise sind Sie es gewohnt, die gesamte Formatierung direkt anzuwenden. So könnten Sie zum Formatieren einer Überschrift beispielsweise die Schaltfläche FETT sowie die Felder SCHRIFTART und SCHRIFTGRAD aus dem Abschnitt SCHRIFTART im Register START verwenden. Oder Sie könnten die Dialoge SCHRIFTART und ABSATZ ver-wenden, die weitere Optionen zum Gestalten von Text und zum Festlegen der Aus-richtung und Abstände enthalten (z.B. Kapitälchen, Schattiert etc.).

Selbstverständlich können Sie das genau so machen – und bei jedem Absatz und jedem Wort die gleiche Prozedur wiederholen. Und was, wenn Sie dieselbe Formatie-rung für eine andere Überschrift oder sogar für ein anderes Dokument nochmals ver-wenden möchten?

Diese ganzen Probleme lassen sich mit Formatvorlagen problemlos lösen. Formatvor-lagen sind speziell zusammengestellte Formatierungssätze, mit denen viele Formate gleichzeitig angewendet werden. Eine Formatvorlage kann immer wieder angewen-det werden.

In Word 2007 gibt es neben den „Formatvorlagen" auch noch die „Schnellformatvor-lagen", den „Formatvorlagensatz" und – last but not least – die „Designs". Von ent-scheidender Bedeutung ist dabei, dass die Formatvorlagen auch bei den neuen Schnellformatvorlagen, dem Formatvorlagensatz und den Designs Verwendung finden; diese stellen allerdings nur jeweils andere Organisationsmöglichkeiten von Formatvor-lagen dar, ändern also nichts am eigentlichen Prinzip.

Wie bereits gesagt stellen die Formatvorlagen standardisierte (und fertig gespeicherte) Sammlungen verschiedener Formate wie Absatz- oder Zeichenformate, Tabulatoren etc. dar, die „per Mausklick" einem Textteil zugewiesen werden können. Word kennt derzeit:

- Zeichenformatvorlagen,

- Absatzformatvorlagen,

- Tabellenvorlagen,

- Listenvorlagen,

- Verknüpfte Formatvorlagen (Zeichen- und Absatzvorlagen).

Mithilfe der Formatvorlagen können Sie sowohl den Text schnell formatieren als auch problemlos eine einheitliche Formatierung sicherstellen. Dies ist vor allem dann sehr wertvoll, wenn z.B. mehrere Sachbearbeiter an diesem Text arbeiten.

Wollen Sie einem Text eine spezielle Formatvorlage zuweisen, müssen Sie zunächst den gewünschten Text markieren (bei Absätzen genügt es, den Cursor in den gewünschten Absatz zu stellen) und dann entweder:

- im Register START in der Gruppe FORMATVORLAGEN aus der Schnellformatvorlagen-Galerie die gewünschte Formatvorlage auswählen (Shortcut [Alt], [R], [H]) oder

- im Register START in der Gruppe FORMATVORLAGEN auf den Pfeil FORMATVORLAGEN klicken und so den Aufgabenbereich FORMATVORLAGEN öffnen und hier die gewünschte Formatvorlage auswählen (Shortcut: [Alt], [R], [F], [V]) oder

- der Schnellzugriffsleiste den Befehl FORMATVORLAGE zuweisen. Sie erhalten dann das bereits aus den früheren Word-Versionen bekannte Listenfeld „Formatvorlagen", aus dem Sie bequem die gewünschte Formatvorlage auswählen können (dieser Befehl ist leider in der aktuellen Menüleiste nicht enthalten und muss daher wie beschrieben „nachgerüstet" werden). Dieser Befehl hat gegenüber den anderen Varianten den Vorteil, dass Sie sofort sehen, welche Formatvorlage dem Textteil aktuell zugewiesen ist.

Die Formatvorlagen haben aber noch andere Vorteile:

- Stellen Sie sich vor, Sie haben ein längeres, komplex gegliedertes Schreiben, wobei alle Überschriften die jeweilige „Überschrift"-Formatvorlage (z.B. Überschrift 1) zugewiesen bekommen haben. Nun wollen Sie beispielsweise die Schriftart der „Überschrift 1" von „Arial" auf „Calibri" ändern.

    Anstatt nun alle entsprechenden Textteile mühsam suchen und umformatieren zu müssen, ändern Sie einfach in der Formatvorlage „Überschrift 1" die gewünschte Eigenschaft, und alle betreffenden Textteile sind entsprechend formatiert.

■ Oder stellen Sie sich unser Thema „Formulare" vor. Sie haben in Ihrer Firma eine große Anzahl von Formularen, Briefköpfen, Faxvordrucken, Verträgen ... Nun beschließt der Firmenvorstand, dass das Layout der Formulare aktualisiert werden muss. Der Firmenname im Briefkopf muss künftig mit dem Schriftgrad 28 anstatt mit 24 und mit 5 pt gesperrt, der Betreff muss künftig fett und unterstrichen geschrieben werden, und generell soll auf die Schriftart „Calibri" umgestellt werden.

Sofern Sie Ihre Briefköpfe komplett mit Formatvorlagen gestaltet haben, müssen Sie nun lediglich in einem (!) Briefkopf die entsprechenden Formatvorlagen anpassen und können dann problemlos die geänderten Formatvorlagen in die übrigen Briefköpfe kopieren – oder Sie speichern den geänderten Briefkopf gleich als Formatvorlagensatz und die übrigen Briefköpfe mit diesem neuen Formatvorlagensatz ab.

■ Sie können die Formatvorlagen Autotexten zuweisen. Anschließend haben Sie Möglichkeit, die Autotexte gezielt zur Verfügung zu stellen. Sie können mit den Formatvorlagen sowohl den AutotextList-Feldern Kategorien zuweisen, als auch über das Inhaltssteuerelement Bausteinkatalog gezielt Einträge zu bestimmten Themen festlegen.

Sie können die Formatvorlagen an verschiedenen Stellen erstellen oder anpassen, z.B.:

■ in den Schnellformatvorlagen,

■ im Aufgabenbereich Formatvorlagen,

■ in der Minisymbolleiste oder

■ im Kontextmenü.

Sie sehen – es lohnt sich, sich mit dem Thema „Formatvorlagen" zu beschäftigen!

Tipp

Achten Sie von Anfang an darauf, möglichst nur noch mit Formatvorlagen zu arbeiten, um später notwendige Änderungen schnell und problemlos durchführen zu können!

Tipp

Da meistens alle Formatvorlagen auf die Formatvorlage „Standard" verweisen, ist es sinnvoll, für den eigentlichen Text ebenfalls eine eigene Formatvorlage „Text" anzulegen. Sollen nun generelle Änderungen vorgenommen werden (z.B. Wechsel der Schriftart), ändern Sie einfach die Formatvorlage „Standard", ansonsten einfach die jeweilige Spezialvorlage.

1.3.2 Schnellformatvorlagen

Zugreifen auf die Schnellformatvorlagen

Der Schnellformatvorlagen-Katalog stellt lediglich eine weitere Möglichkeit dar, auf häufig benötigte Formatvorlagen schnell zuzugreifen. Sie finden die Schnellformatvorlagen im Register START in der Gruppe FORMATVORLAGEN (Shortcut: [Alt], [R], [H]).

Abbildung 1.11: Der Schnellformatvorlagen-Katalog

Der Vorteil des Schnellformatvorlagen-Katalogs ist, dass Sie hier fast beliebig die gewünschten Formatvorlagen zuweisen bzw. aus dem Katalog entfernen können. Das Hinzufügen einer Formatvorlage funktioniert folgendermaßen:

1. Markieren Sie den Text, den Sie als eine neue Formatvorlage erstellen möchten, und formatieren Sie diesen wie gewünscht.

2. Klicken Sie mit der rechten Maustaste auf die Auswahl, zeigen Sie auf FORMATVORLAGEN, und klicken Sie auf AUSWAHL ALS NEUE SCHNELLFORMATVORLAGE SPEICHERN.

3. Geben Sie der Formatvorlage einen möglichst sprechenden Namen, und klicken Sie dann auf OK. Die neu erstellte Formatvorlage wird unter dem gewählten Namen im Schnellformatvorlagen-Katalog angezeigt und kann wie jede andere Formatvorlage verwendet werden.

Falls eine Formatvorlage versehentlich aus dem Schnellformatvorlagen-Katalog entfernt oder erst gar nicht dort angezeigt wurde, können Sie die Formatvorlage jederzeit wieder in den Schnellformatvorlagen-Katalog verschieben:

1. Klicken Sie auf der Registerkarte START auf das Startprogramm für ein Dialogfeld FORMATVORLAGEN, und klicken Sie dann auf den kleinen Pfeil links unten.

Abbildung 1.12: Aufruf des Aufgabenbereichs Formatvorlagen

2. Klicken Sie nun zuerst auf OPTIONEN und danach unter ANZUZEIGENDE FORMATVOR-LAGEN AUSWÄHLEN auf ALLE FORMATVORLAGEN.

Genauso leicht können Sie eine Formatvorlage aus dem Schnellformatvorlagen-Katalog entfernen:

1. Klicken Sie mit der rechten Maustaste auf der Registerkarte START in der Gruppe FORMATVORLAGEN auf das Format, das Sie aus dem Katalog entfernen möchten.

2. Klicken Sie auf AUS SCHNELLFORMATVORLAGEN-KATALOG ENTFERNEN.

Achtung

Durch das Entfernen einer Formatvorlage aus dem Schnellformatvorlagen-Katalog wird die Formatvorlage nicht komplett gelöscht, sondern kann nach wie vor im Aufgabenbereich Formatvorlagen angezeigt werden.

Die Schnellvorlagengalerie hat darüber hinaus den Vorteil, dass Sie sofort „live" sehen, wie sich die zugewiesene Schnellformatvorlage auf den markierten Text auswirkt: Sobald der Cursor auf eine Schnellformatvorlage zeigt, wird der markierte Text bereits entsprechend dargestellt. Die Formatierung wird allerdings erst übernommen, wenn die Schnellformatvorlage auch angeklickt wird.

Tipp

Die Liste der in der Schnellformatvorlagen-Galerie angezeigten Formatvorlagen ist nicht identisch mit den im Aufgabenbereich oder in der Drop-down-Liste angezeigten Formatvorlagen! Sie haben hier die Möglichkeit, in den Schnellformatvorlagen eine gezielte Auswahl an speziell benötigten Formatvorlagen zu hinterlegen.

Anlegen von Formatvorlagen

1. Formatieren Sie einen Text so, wie Sie diesen benötigen, und markieren Sie ihn.

2. Klicken Sie mit der rechten Maustaste in die Markierung, und wählen Sie aus dem Kontextmenü den Befehl FORMATVORLAGEN|AUSWAHL ALS NEUE SCHNELLFORMATVORLAGE SPEICHERN.

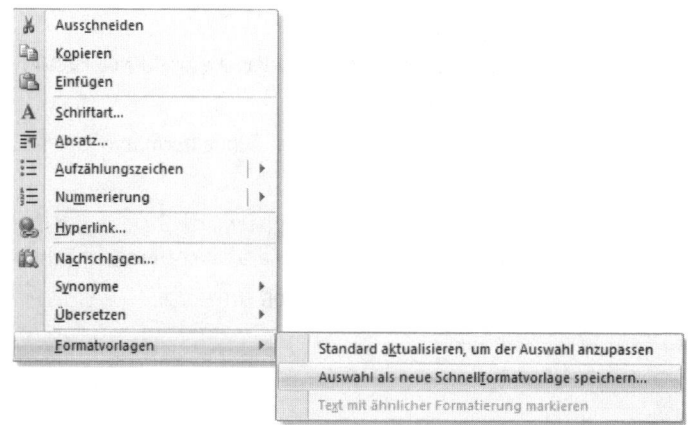

Abbildung 1.13: Erstellen einer neuen Schnellformatvorlage, Schritt 1

3. In dem nun folgenden Dialog, NEUE FORMATVORLAGE VON FORMATIERUNG ERSTELLEN, können Sie einen (sprechenden!) Namen für die neue Formatvorlage angeben:

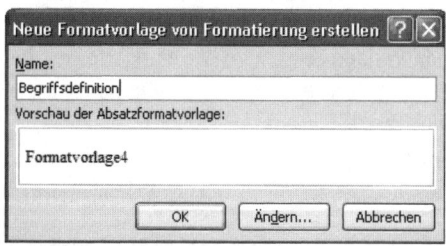

Abbildung 1.14: Erstellen einer neuen Schnellformatvorlage, Schritt 2

4. Diese ist zunächst vom Typ „Verknüpft", Sie können aber die Formatierungen individuell ändern, indem Sie auf die Schaltfläche ÄNDERN... klicken. In dem folgenden Dialog können Sie wieder jede einzelne Eigenschaft der Formatvorlage gezielt anpassen:

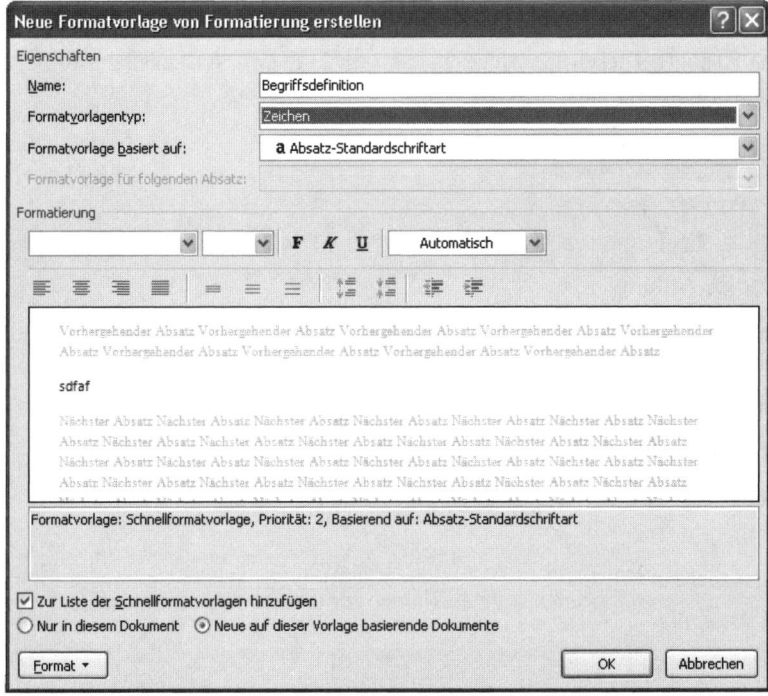

Abbildung 1.15: Eine Formatvorlage individuell ändern

5. Bestätigen Sie die Eingaben mit OK.

Ab sofort steht Ihnen die neue Formatvorlage überall, d.h. auch in den Schnellformatvorlagen, zur Verfügung.

1.3.3 Der Aufgabenbereich FORMATVORLAGEN

Einblenden des Aufgabenbereichs FORMATVORLAGEN

Die umfangreichsten Bearbeitungsmöglichkeiten im Zusammenhang mit den Formatvorlagen haben Sie definitiv im Aufgabenbereich FORMATVORLAGEN. Diesen blenden Sie ein, indem Sie im Register START in der Gruppe FORMATVORLAGEN auf den Pfeil
FORMATVORLAGEN klicken (Shortcut: [Alt], [R], [F], [V]). Anschließend öffnet sich
der gewünschte Aufgabenbereich.

Abbildung 1.16: Der Aufgabenbereich Formatvorlagen

Wollen Sie eine bestehende Formatvorlage ändern, klicken Sie mit der rechten Maustaste auf die gewünschte Formatvorlage. Nun öffnet sich ein Kontextmenü mit verschiedenen Möglichkeiten:

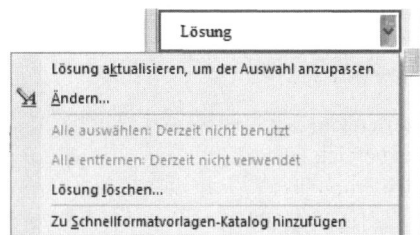

Abbildung 1.17: Die Formatvorlage „Überschrift 2" ändern

▦ Sie können, sofern Sie die Formatierung des Textes geändert haben, die Formatvorlage entsprechend der Markierung anpassen (Schaltfläche <FORMATVORLAGENNAME> AKTUALISIEREN, UM DER AUSWAHL ANZUPASSEN). Dies bedeutet, dass alle Textteile, die mit der entsprechenden Formatvorlage formatiert wurden, entsprechend geändert werden.

▦ Sie können die Formatvorlage detailliert anpassen (Schaltfläche ÄNDERN).

▦ Sie können die Formatvorlage löschen (Schaltfläche <FORMATVORLAGENNAME> LÖSCHEN). In diesem Fall werden alle Textteile, denen die Formatvorlage zugewiesen war, mit der Formatvorlage „Standard" formatiert. Sie können allerdings keine integrierten Formatvorlagen (z.B. Überschrift 1) etc. löschen, sondern lediglich die benutzerdefinierten Formatvorlagen.

▦ Sie können die Formatvorlage gezielt zum Schnellformatvorlagen-Katalog hinzufügen.

„Echte" und scheinbare Formatvorlagen

Im Aufgabenbereich FORMATVORLAGEN listet Word u.U. nicht nur „echte" Formatvorlagen auf, sondern auch geänderte. Z.B. könnte neben der Formatvorlage „Standard" auch der Eintrag „Standard + Fett" aufgelistet werden, wenn Sie Text hart als „Fett" formatiert haben. Das Problem dabei ist, dass zum einen die Liste der Formatvorlagen extrem anwachsen kann und dass diese manuellen Änderungen – im Gegensatz zu den „echten Formatvorlagen" – nicht kopiert werden können.

Sie können die Auswahl im Aufgabenbereich FORMATVORLAGEN auf echte Formatvorlagen begrenzen, indem Sie zunächst den OFFICE-BUTTON anklicken und dann die WORD-OPTIONEN öffnen. Im Abschnitt ERWEITERT finden Sie unter BEARBEITUNGSOPTIONEN das Kontrollkästchen FORMATIERUNG MITVERFOLGEN. Sobald Sie dieses deaktivieren, werden nur noch die „echten" Formatvorlagen angezeigt.

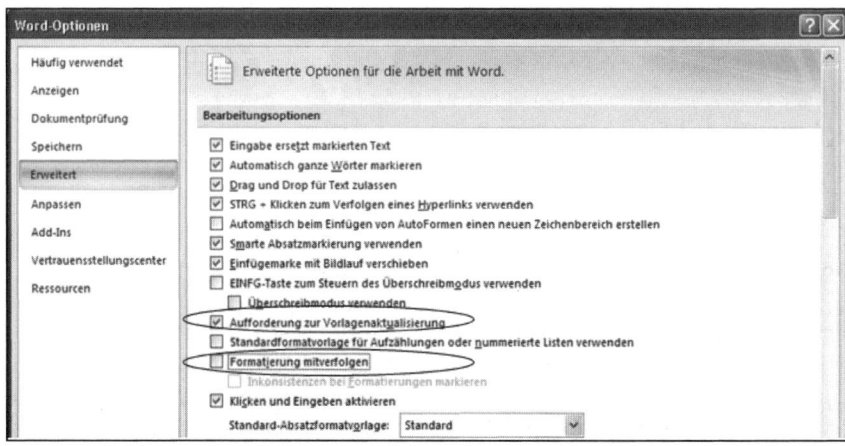

Abbildung 1.18: Optimieren der Formatvorlagenanzeige

Das Aktivieren des Kontrollkästchens AUFFORDERUNG ZUR VORLAGENAKTUALISIERUNG bedeutet, dass beim wiederholten Zuweisen der gleichen Formatvorlage Word anfragt, ob der Text oder die Formatvorlage selber geändert werden soll:

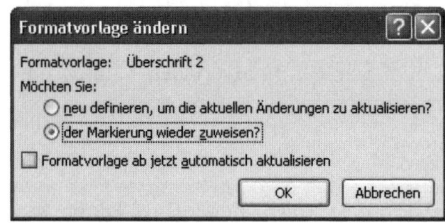

Abbildung 1.19: Was soll beim wiederholten Zuweisen der Formatvorlage geschehen?

Hinweis

Diese Sicherheitsabfrage ist unabhängig davon, auf welche Art die Formatvorlage neu zugewiesen wird

---

Den Aufgabenbereich Formatvorlagen verwalten

Den Aufgabenbereich Formatvorlagen können Sie über die Schaltflächen am unteren Rand des Aufgabenbereichs detailliert nach Ihren Wünschen und Vorstellungen einstellen:

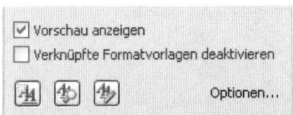

Abbildung 1.20: Die Schaltflächen zur Verwaltung des Aufgabenbereichs FORMATVORLAGEN

Das Kontrollkästchen VORSCHAU ANZEIGEN

Mithilfe dieses Kontrollkästchens legen Sie fest, ob in dem Aufgabenbereich die Namen der Formatvorlagen bereits so dargestellt werden, wie anschließend der Text formatiert ist.

Die Schaltfläche NEUE FORMATVORLAGE

Die Schaltfläche NEUE FORMATVORLAGE öffnet einen Dialog, mit dessen Hilfe Sie eine neue Formatvorlage erstellen können. Die großen Vorteile dieser Methode liegen darin, dass Sie:

- den Formatvorlagentyp exakt festlegen können

- festlegen können, auf welcher Formatvorlage die neue basiert

- festlegen können, welche Formatvorlage Anwendung findet, wenn ein neuer Absatz eingefügt wird

- festlegen können, ob die Formatvorlage dem Schnellformatvorlagen-Katalog hinzugefügt wird oder nicht

- festlegen können, ob die Formatvorlage auch künftig in neuen Dokumenten verwendet werden soll oder ob sie nur für dieses eine Dokument verfügbar ist

- über die Schaltfläche FORMAT auf alle Formatierungen inkl. Zeichen- und Absatzformate, Tabstopps, Rahmen, Nummerierungen etc. zugreifen können

Um die entsprechenden Formatvorlagen einzustellen, müssen Sie lediglich die entsprechende Schaltfläche anklicken und die gewünschten Formatierungsmerkmale auswählen.

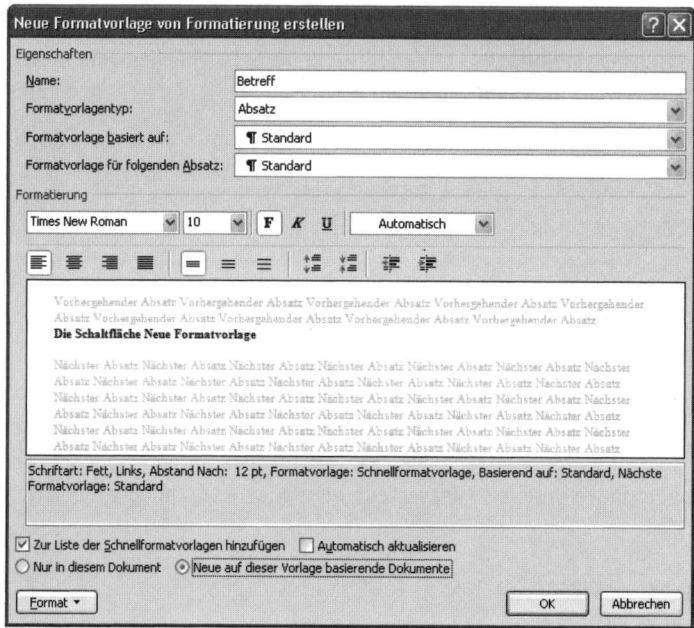

Abbildung 1.21: Erstellen einer neuen Formatvorlage aus dem Aufgabenbereich
FORMATVORLAGEN

Die Schaltfläche FORMATINSPEKTOR

Der Formatinspektor zeigt Ihnen die aktuelle Formatierung an und bietet Ihnen die
Möglichkeit, einzelne Formatierungsmerkmale bequem zu löschen:

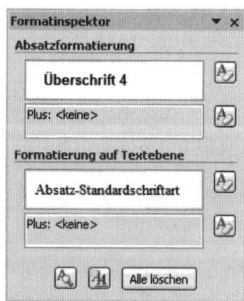

Abbildung 1.22: Der Formatinspektor

Darüber hinaus haben Sie die Möglichkeit, über die Schaltfläche FORMATIERUNG ANZEI-GEN den gleichnamigen Aufgabenbereich einzublenden, der Ihnen detailliert Auskunft über alle aktuell verwendeten Formatierungsmerkmale gibt:

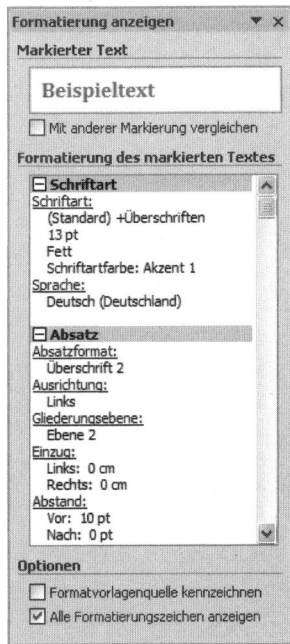

Abbildung 1.23: Der Aufgabenbereich FORMATIERUNG ANZEIGEN

Die Schaltfläche FORMATVORLAGEN VERWALTEN

Die umfangreichsten Möglichkeiten bietet Ihnen die Schaltfläche FORMATVORLAGEN VERWALTEN:

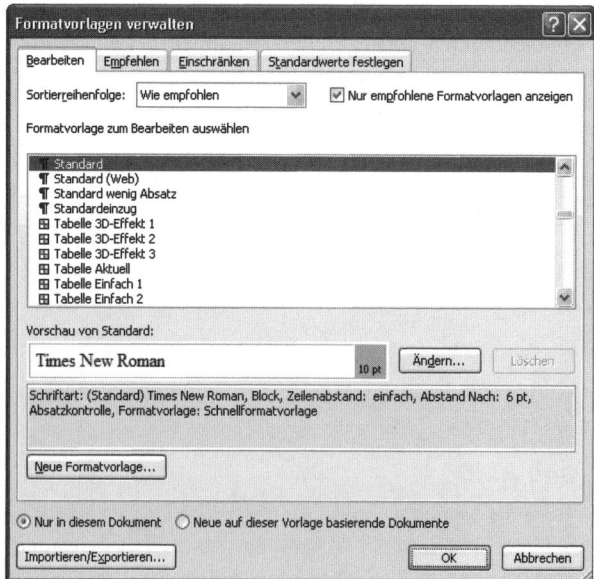

Abbildung 1.24: Die Registerkarte BEARBEITEN im Dialog FORMATVORLAGEN VERWALTEN

In der Registerkarte BEARBEITEN können Sie:

■ Neue Formatvorlagen anlegen

■ Aktuelle Formatvorlagen löschen

■ Aktuelle Formatvorlagen ändern

■ Formatvorlagen aus anderen Dokumenten/Dokumentvorlagen importieren bzw. dorthin exportieren

Die ersten drei Möglichkeiten sind selbsterklärend. Bleibt also das Importieren bzw. Exportieren der Formatvorlagen. Der Dialog ORGANISIEREN ermöglicht es, zwei Dokumente gleichzeitig zu öffnen und einfach mithilfe der Schaltflächen KOPIEREN, LÖSCHEN und UMBENENNEN die gewünschte Aktion durchzuführen:

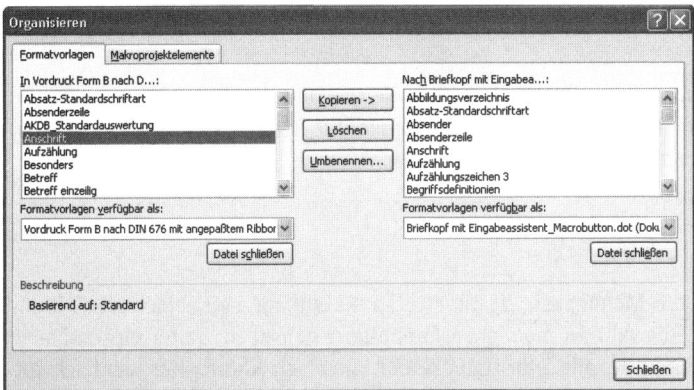

Abbildung 1.25: Organisieren von Formatvorlagen

Die Registerkarte EMPFEHLEN

In dieser Registerkarte haben Sie die Möglichkeit festzulegen, welche Formatvorlagen und in welcher Reihenfolge diese im Listenfeld FORMATVORLAGE und im Aufgabenbereich FORMATVORLAGEN angezeigt werden. Die Reihenfolge legen Sie z.B. fest, indem Sie einer Formatvorlage einen bestimmten Wert zuweisen oder indem Sie diese nach oben bzw. nach unten verschieben.

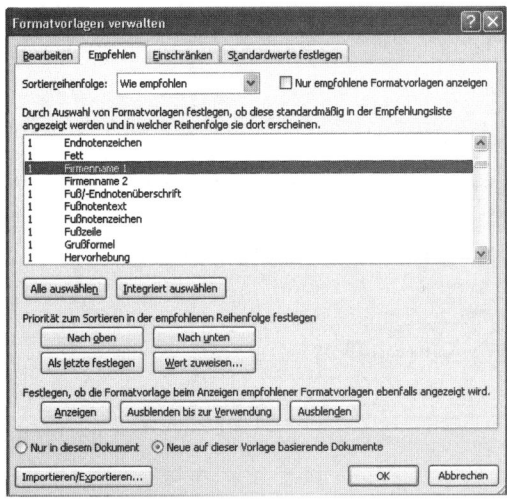

Abbildung 1.26: Die Registerkarte EMPFEHLEN

Hinweis

Bestimmte integrierte Formatvorlagen, wie z.B. die Tabellenformatvorlagen, können Sie an dieser Stelle nicht beeinflussen! Sie können diese lediglich über die Registerkarte EINSCHRÄNKEN ausblenden.

Die Registerkarte EINSCHRÄNKEN

Hier haben Sie die Möglichkeit, bestimmte Formatvorlagen zu „blockieren". Damit können Sie die Auswahl an möglichen Formatvorlagen noch weiter einschränken, um sicherzugehen, dass alle Schriftstücke der einzelnen Mitarbeiter identisch formatiert sind:

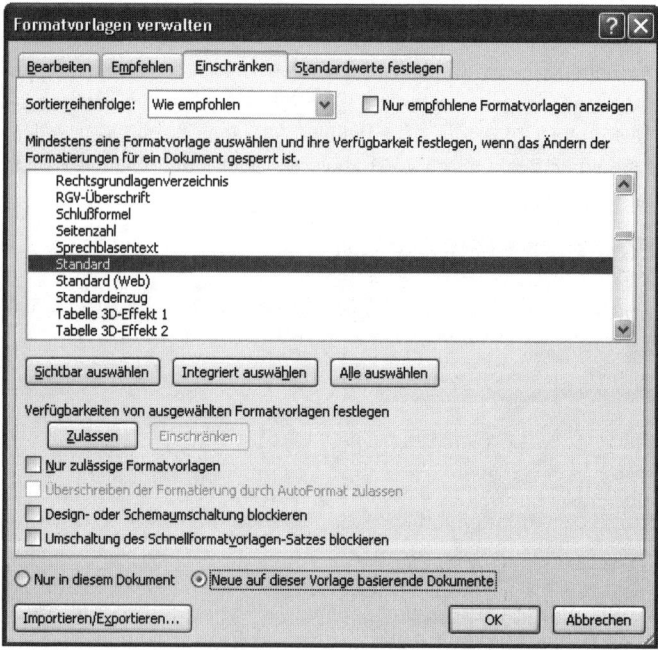

Abbildung 1.27: Die Registerkarte EINSCHRÄNKEN

Die Registerkarte STANDARDWERTE FESTLEGEN

Schließlich können Sie in der Registerkarte STANDARDWERTE FESTLEGEN noch die Eigenschaften der Formatvorlage „Standard" festlegen:

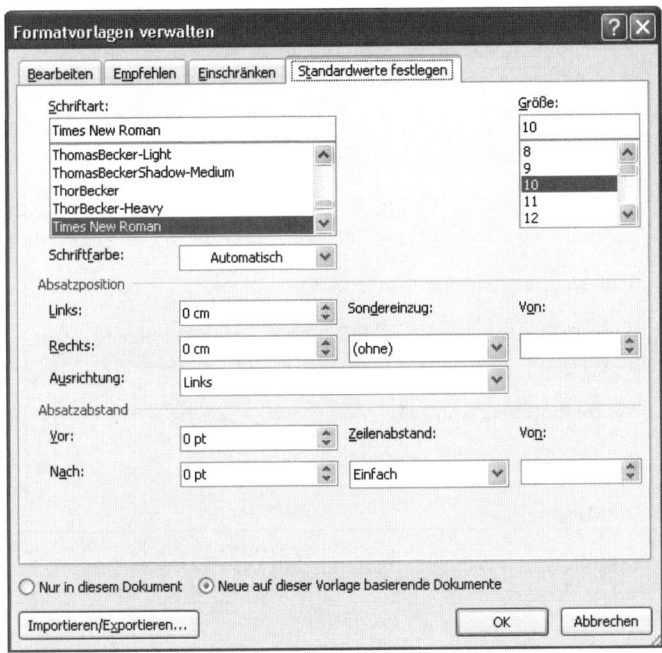

Abbildung 1.28: Die Registerkarte STANDARDWERTE FESTLEGEN

1.3.4 Die verwendeten Formatvorlagen bequem anzeigen lassen

Beim Arbeiten mit komplexen Dokumenten ist es häufig sinnvoll, wenn neben dem Text auch gleich die aktuelle Formatvorlage angezeigt wird.

1. Klicken Sie auf den OFFICE-BUTTON und rufen danach die WORD-OPTIONEN auf.

2. Wechseln Sie in die Rubrik ERWEITERT, und scrollen Sie bis zum Abschnitt ANZEIGEN. Tragen Sie hier in das Textfeld BREITE DES FORMATVORLAGENBEREICHS IN ENTWURFS- UND GLIEDERUNGSANSICHTEN den Wert „2,50 cm" ein.

3. Wechseln Sie bitte in die Entwurfsansicht. Sie sehen nun Ihr Dokument und in der linken Spalte die jeweils verwendeten Formatvorlagen:

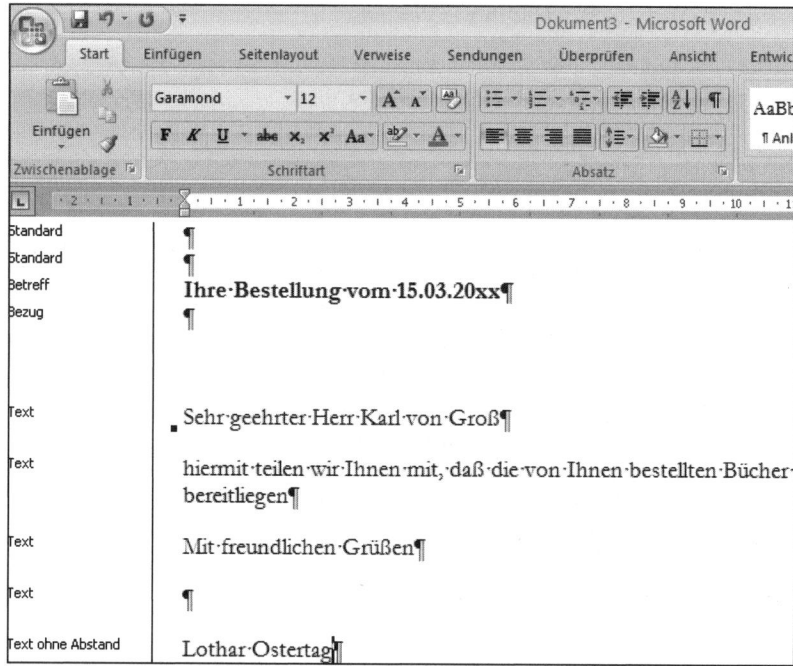

Abbildung 1.29: Ausschnitt aus einem Geschäftsbrief mit auf der linken Seite eingeblendetem Formatvorlagenbereich

---

Hinweis

Sie sehen hier nur die Formatvorlagen vom Typ „Format", also keine Zeichenformatvorlagen.

1.3.5 Benutzerdefiniertes Ribbon für die benötigten Formulare

Häufig werden Ihre Mitarbeiter aber dennoch die Formatvorlagen nicht verwenden, weil ihnen dies zu kompliziert erscheint ... Sie können das Arbeiten mit den Formatvorlagen aber noch weiter erleichtern, indem Sie das Ribbon um eigene Einträge mit den für das jeweilige Formular benötigten Formatvorlagen erweitern:

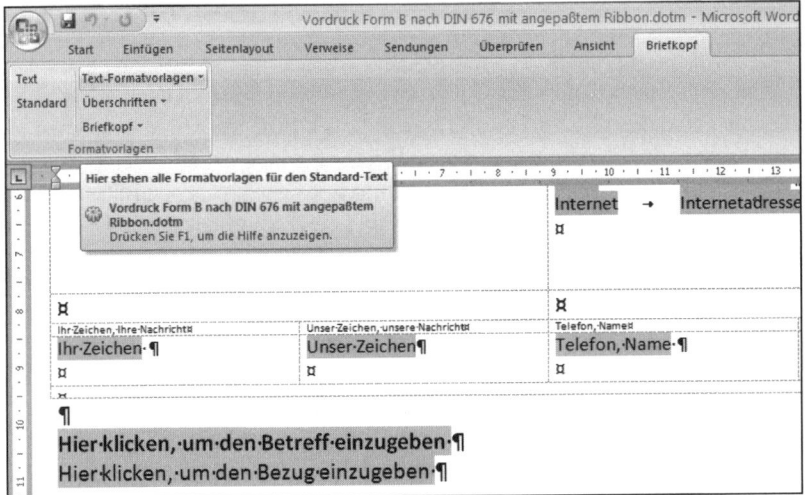

Abbildung 1.30: Benutzerspezifisch angepasstes Ribbon

Diese Technik besteht aus zwei Teilen:

- einem VBA-Teil und
- einem XML-Teil

Für den VBA-Teil benötigen Sie lediglich ein Hilfsmakro zum Aufruf der jeweiligen Formatvorlage und die Hauptmakros, die den jeweiligen Formatvorlagennamen übergeben:

```
Option Explicit
'----------------------------------------------------------
' Die Makros aus diesem Block ermöglichen es, die Formatvorlagen
' per Makro und ggf. aus dem Ribbon heraus aufzurufen
'----------------------------------------------------------


'--- Aufrufe lediglich aus dem Ribbon --------------
Sub FVBetreff_2007(Control As IRibbonControl)
    Call FormatvorlageAktiv("Betreff")
End Sub

Sub FVBezug_2007(Control As IRibbonControl)
    Call FormatvorlageAktiv("Bezug")
End Sub
```

Hinweis

Um deutlich zu machen, dass das Makro aus dem Ribbon heraus aufgerufen wird (daher die Parameter „(Control As IRibbonControl)"), habe ich den Makronamen um das Kürzel „_2007" erweitert. Auf diese Weise ist es möglich, an anderer Stelle den gleichen Aufruf nochmals zu hinterlegen und das entsprechende Hilfsmakro direkt aus Word heraus aufzurufen (z.B. mithilfe eines Makrobuttons). Der Code für diese Makros lautet dann logischerweise:

```
Sub FVBetreff()
    Call FormatvorlageAktiv("Betreff")
End Sub
```

Listing 1.1: Die Hauptprozeduren, welche die einzelnen Formatvorlagennamen übergeben

---

```
'--- Hilfsprozedur -------------------------
Private Sub FormatvorlageAktiv(strFormatvorlage As String)
'----------------------------------------------------------
' Hilfsprozedur, die dem markierten Text die über das Argument
' "strFormatvorlage" übergebene Formatvorlage zuweist
'----------------------------------------------------------

    Selection.Style = ActiveDocument.Styles(strFormatvorlage)
End Sub
```

Listing 1.2: Die Hilfsprozedur, welche die übergebene Formatvorlage aufruft

Um den XML-Teil zu erstellen, verwenden Sie am besten das Freeware-Tool Microsoft **Office 2007 Custom UI Editor.** Dieses können Sie sich kostenlos aus dem Internet herunterladen. Sie finden es unter der Adresse:

http://openxmldeveloper.org/articles/CustomUIeditor.aspx

Hinweis

Eine ausführliche Einführung in die XML-Technologie kann aus Platzgründen an dieser Stelle nicht gegeben werden, hierzu wird auf das Internet bzw. die einschlägige Literatur verwiesen. Sie erhalten also auch hier lediglich ein „Kochrezept".

Im Rahmen der Programminstallation wird im Ordner *C:\Programme\CustomUIEditor* der Ordner *Samples* angelegt. Bitte kopieren Sie die Datei **Angepasstes Ribbon für Briefkopf.xml** von der Beispiel-CD in diesen Ordner. Anschließend sind die weiteren Schritte ganz einfach:

1. Starten Sie das Programm **Microsoft Office 2007 Custom UI Editor**.

2. Öffnen Sie über den Menüpunkt FILE|OPEN die anzupassende Dokumentvorlage.

3. Klicken Sie nun auf den Menüpunkt SAMPLES und wählen dort den Eintrag **Angepasstes Ribbon für Briefkopf** aus. Nun wird der entsprechende XML-Code für das neue Ribbon eingefügt. Passen Sie ggf. den XML-Code Ihren Vorstellungen entsprechend an.

4. Speichern die Einträge über das Menü FILE|SAVE, und schließen Sie das Programm über den Menüpunkt FILE|CLOSE.

5. Fertig.

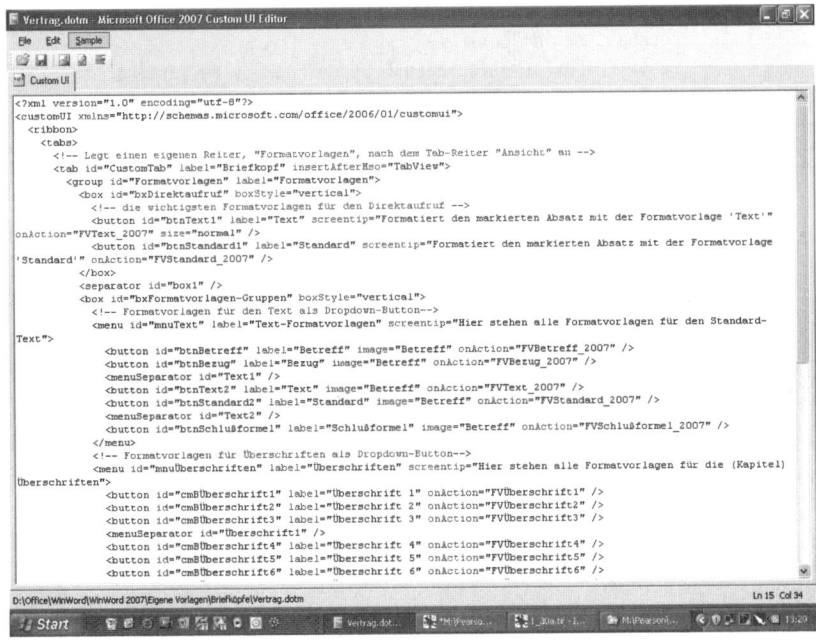

Abbildung 1.31: Anpassen der Multifunktionsleiste mit dem Custom UI-Editor

Der XML-Code lautet im Prinzip:

```xml
<?xml version="1.0" encoding="utf-8"?>
<customUI xmlns="http://schemas.microsoft.com/office/2006/01/customui">
  <ribbon>
    <tabs>
      <!-- Legt einen eigenen Reiter, "Formatvorlagen", nach dem Tab-Reiter
"Ansicht" an -->
      <tab id="CustomTab" label="Briefkopf" insertAfterMso="TabView">
        <group id="Formatvorlagen" label="Formatvorlagen">
          <box id="bxDirektaufruf" boxStyle="vertical">
            <!-- die wichtigsten Formatvorlagen für den Direktaufruf -->
            <button id="btnText1" label="Text" screentip="Formatiert den
markierten Absatz mit der Formatvorlage 'Text'" onAction="FVText_2007"
size="normal" />
            <button id="btnStandard1" label="Standard"
screentip="Formatiert den markierten Absatz mit der Formatvorlage
'Standard'" onAction="FVStandard_2007" />
          </box>
          <separator id="box1" />
          <box id="bxFormatvorlagen-Gruppen" boxStyle="vertical">
            <!-- Formatvorlagen für den Text als Drop-down-Button-->
            <menu id="mnuText" label="Text-Formatvorlagen" screentip="Hier
stehen alle Formatvorlagen für den Standardtext">
              <button id="btnBetreff" label="Betreff" image="Betreff"
onAction="FVBetreff_2007" />
              <button id="btnBezug" label="Bezug" image="Betreff"
onAction="FVBezug_2007" />
              <menuSeparator id="Text1" />
              <button id="btnText2" label="Text" image="Betreff"
onAction="FVText_2007" />
              <button id="btnStandard2" label="Standard" image="Betreff"
onAction="FVStandard_2007" />
              <menuSeparator id="Text2" />
              <button id="btnSchlussformel" label="Schlussformel"
image="Betreff" onAction="FVSchlussformel_2007" />
            </menu>
          </box>
        </group>
      </tab>
    </tabs>
  </ribbon>
</customUI>
```

Dieser Code stellt einen Ausschnitt aus dem Modul **Angepasstes Ribbon für Brief-kopf.xml** dar und kann fast beliebig erweitert werden. Ab sofort steht Ihnen das entsprechend angepasste Ribbon zur Verfügung.

1.3.6 Designs

Mit Word 2007 wurde das Konzept der Formatvorlagen weiterentwickelt und um sog. Designs erweitert.

Ein Dokumentdesign ist eine Gruppe von Formatierungsoptionen, bestehend aus einer Gruppe von Designfarben, einer Gruppe von Designschriftarten (einschließlich Schriftarten für Überschriften und Textkörper) und einer Gruppe von Designeffekten (einschließlich den Linien und Fülleffekten).

Word verfügt derzeit über zehn Designfarben, zwei verschiedene Design-Schriftarten (je eine für Überschriften und Textkörper) sowie zwölf vordefinierte Effektkombinationen. Die räumlichen Effekte werden darüber hinaus in die Kategorien schwach, mittel und stark unterteilt. Wie die Effekte dann im Einzelnen aussehen, ergibt sich aus dem jeweiligen Design. Die Verwendung von Dokumentdesigns hat darüber hinaus noch den Vorteil, dass diese von den Office-Programmen gemeinsam verwendet werden. Somit wird auf bequeme Art sicher gestellt, dass alle Office-Dokumente einheitlich aussehen.

Dies hat für Sie den großen Vorteil, dass, wenn Ihr Unternehmen ein neues Aussehen wählt, Sie dieses sofort in Ihren Dokumenten übernehmen können. Mithilfe von Schnellformatvorlagen und Dokumentdesigns können Sie die Darstellung von Text, Tabellen und Grafiken im gesamten Dokument an die gewünschte Formatvorlage oder an das gewünschte Farbschema anpassen.

Übernehmen eines Dokumentdesigns

Um das aktuelle Design zu ändern, können Sie entweder ein anderes, vordefiniertes Dokumentdesign bzw. ein benutzerdefiniertes Dokumentdesign auswählen, oder aber Sie können gezielt Designfarben, Designschriftarten oder Designeffekte ändern bzw. andere auswählen. Die Änderungen wirken sich direkt auf die Formatvorlagen aus, die Sie im Dokument verwenden können.

Ein anderes Design wählen Sie mit folgenden Schritten aus:

1. Klicken Sie auf der Registerkarte SEITENLAYOUT in der Gruppe DESIGNS auf die Schaltfläche DESIGNS (Shortcut: $\boxed{\text{Alt}}$, $\boxed{\text{Y}}$, $\boxed{\text{1}}$, $\boxed{\text{T}}$, $\boxed{\text{S}}$).

Abbildung 1.32: Die Gruppe Designs

2. Um ein vordefiniertes Dokumentdesign zu übernehmen, wählen Sie unter INTEGRIERT das gewünschte Dokumentdesign, um ein benutzerdefiniertes Dokumentdesign zu übernehmen, klicken Sie unter BENUTZERDEFINIERT auf das gewünschte Dokumentdesign. (Beachten Sie bitte, dass der Abschnitt BENUTZERDEFINIERT nur verfügbar ist, wenn Sie mindestens ein benutzerdefiniertes Dokumentdesign erstellt haben.)

Tipp

Darüber hinaus haben Sie auch die Möglichkeit, auf dem Computer oder im Netzwerk nach dem gewünschten Design zu suchen (klicken Sie auf NACH DESIGNS SUCHEN). Selbstverständlich stehen Ihnen auch weitere Dokumentdesigns in Office Online zur Verfügung. Klicken Sie hierzu einfach auf WEITERE DESIGNS AUF OFFICE ONLINE.

Wollen Sie dagegen Designfarben, Designschriftarten oder Designeffekte ändern, rufen Sie in der Registerkarte SEITENLAYOUT in der Gruppe DESIGNS die Schaltfläche DESIGNFARBEN, DESIGNSCHRIFTARTEN oder DESIGNEFFEKTE auf und wählen hier den gewünschten Eintrag aus.

Anpassen eines Dokumentdesigns

Wenn Sie ein Dokumentdesign anpassen möchten, beginnen Sie am besten damit, die verwendeten Farben, Schriftarten, Linien oder Fülleffekte zu ändern. Wenn Sie diese Änderungen für neue Dokumente übernehmen möchten, können Sie diese Änderungen als neues, benutzerdefiniertes Design speichern, indem Sie im Register SEITENLAYOUT in der Gruppe DESIGNS den Button DESIGNS anklicken und hier den Befehl AKTUELLES DESIGN SPEICHERN auswählen. Alternativ können Sie auch eigene Designfarben und Designschriftarten speichern.

Anpassen der Designfarben

Die Designfarben umfassen vier Text- und Hintergrundfarben, sechs Akzentfarben und zwei Hyperlinkfarben. Die Farben auf der Schaltfläche Designfarben stellen die aktuellen Text- und Hintergrundfarben dar. Die Farben, die neben dem Namen Designfarben angezeigt werden, wenn Sie auf die Schaltfläche Designfarben klicken, stellen die Akzent- und Hyperlinkfarben für das Design dar.

Hinweis

Die Farbe „Akzent1" wird dabei von den Formatvorlagen „Überschrift", die Farbe „Text/Hintergrund dunkel 2" wird für die Formatvorlage „Titel" verwendet.

Die Designfarben können Sie wie folgt ändern:

1. Klicken Sie auf der Registerkarte SEITENLAYOUT in der Gruppe DESIGNS auf die Schaltfläche DESIGNFARBEN (Shortcut: [Alt], [Y], [1], [T], [R]).

2. Wählen Sie aus der Liste der zur Verfügung stehenden integrierten oder benutzerdefinierten Farbschemata das gewünschte Schema aus, oder klicken Sie auf NEUE DESIGNFARBEN ERSTELLEN.

3. Wählen Sie unter DESIGNFARBEN die gewünschten Farben aus, und speichern Sie die Auswahl ggf. unter einem eigenen Namen.

4. Klicken Sie auf SPEICHERN.

Tipp

Wenn Sie alle Designfarbenelemente auf die ursprünglichen Designfarben zurücksetzen möchten, klicken Sie zuerst auf ZURÜCKSETZEN und anschließend auf SPEICHERN.

Hinweis

Benutzerdefinierte Dokumentdesigns werden im Ordner **Theme Colors** gespeichert und automatisch der Liste der benutzerdefinierten Designfarben hinzugefügt.

Anpassen der Designschriftarten

Die Designschriftarten umfassen eine Schriftart für Überschriften (d.h. die Formatvorlagen Titel sowie Überschrift 1 bis Überschrift 9) und eine Schriftart für Text (alle übrigen Formatvorlagen). Das Anpassen der Designschriftarten funktioniert im Prinzip ähnlich wie das Anpassen der Designfarben, und auch hier können Sie – genau wie oben beschrieben – Ihre eigenen Designschriftarten unter dem von Ihnen gewünschten Namen speichern (Shortcut: [Alt], [Y], [1], [T], [F]).

Hinweis

Benutzerdefinierte Dokumentdesigns werden im Ordner **Theme Fonts** gespeichert und automatisch der Liste der benutzerdefinierten Designschriftarten hinzugefügt.

Auswählen der Designeffekte

Bei den Designeffekten handelt es sich um Gruppen von Linien und Fülleffekten. Wenn Sie auf die Schaltfläche DESIGNEFFEKTE klicken, sehen Sie in der zusammen mit dem Namen DESIGNEFFEKTE angezeigten Grafik die für die einzelnen Gruppen von Designeffekten verwendeten Linien und Fülleffekte. Im Gegensatz zu den Designfarben und den Designschriftarten können Sie jedoch keine eigene Gruppe von Designeffekten erstellen, Sie können lediglich eine Gruppe auswählen, die Sie in einem eigenen Dokumentdesign verwenden möchten.

Speichern eines Dokumentdesigns

Sie können nicht nur eigene Designfarben oder Designschriftarten speichern, sondern Sie können auch alle von Ihnen vorgenommenen Änderungen, die Sie an den Farben und Schriftarten oder den Linien und Fülleffekten eines Dokuments vornehmen, als benutzerdefiniertes Dokumentdesign speichern:

1. Passen Sie das Design an Ihre Wünsche an, d.h., wählen Sie die Designfarben, Designschriftarten, und Designeffekte, die Sie benötigen.

2. Klicken Sie im Register SEITENLAYOUT in der Gruppe DESIGNS auf DESIGNS und wählen hier den Befehl AKTUELLES DESIGN SPEICHERN.

3. Geben Sie im Feld DATEINAME einen passenden Namen für das Design ein.

Hinweis

Benutzerdefinierte Dokumentdesigns werden im Ordner **Document Themes** gespeichert und automatisch der Liste der benutzerdefinierten Designs hinzugefügt.

Löschen eines benutzerdefinierten Designs

Sie können die Designs mit den folgenden Schritten problemlos löschen:

1. Klicken Sie auf der Registerkarte SEITENLAYOUT in der Gruppe DESIGNS auf DESIGNS.
2. Klicken Sie unter BENUTZERDEFINIERT mit der rechten Maustaste auf das zu löschende Design, und klicken Sie dann im Kontextmenü auf LÖSCHEN.

1.3.7 Schnellformatvorlagen-Sätze

Sie haben nicht nur die Möglichkeit, mit einzelnen Formatvorlagen zu arbeiten, sondern Sie können auch verschiedene Vorlagen zu einem kompletten Satz zusammenstellen. Dies ermöglicht es Ihnen, lediglich durch das Zuweisen eines anderen Formatvorlagensatzes dem Dokument ein komplett neues Aussehen zu geben. Die Schnellformatvorlagen-Sätze enthalten über die Formatvorlagen hinaus auch noch die entsprechenden Designs, stellen also eine komplette Formatierung dar.

Die Schnellformatvorlagensätze können Sie aufrufen, indem Sie im Register START in der Gruppe FORMATVORLAGEN auf den Drop-down-Button FORMATVORLAGEN ÄNDERN klicken und hier den Eintrag FORMATVORLAGENSATZ auswählen:

Ihre Aufgabe besteht lediglich darin, den passenden Schnellformatvorlagen-Satz für die gewünschte Art von Dokument auszuwählen und dann die Formatvorlagen aus dem Schnellformatvorlagen-Katalog anzuwenden, während Sie das Dokument erstellen.

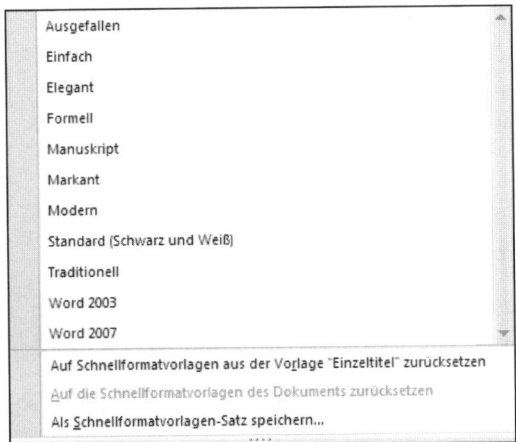

Abbildung 1.33: Liste der Formatvorlagensätze

Einen neuen Schnellformatvorlagen-Satz erstellen Sie wie folgt:

1. Öffnen Sie ein Dokument mit den entsprechenden Formatvorlagen.

2. Klicken Sie im Register START in der Gruppe FORMATVORLAGEN auf den Drop-down-Button FORMATVORLAGEN ÄNDERN und wählen anschließend den Eintrag FORMATVORLAGENSATZ AUS (Shortcut: Alt, R, G).

3. Klicken Sie nun auf den Eintrag ALS SCHNELLFORMATVORLAGEN-SATZ SPEICHERN...

4. Geben Sie in dem Dialog SCHNELLFORMATVORLAGEN-SATZ SPEICHERN in der Zeile DATEINAME einen passenden Namen ein, und bestätigen Sie den Eintrag mit ↵.

5. Ab sofort stehen Ihnen die entsprechenden Formatierungen als Schnellformatvorlagen-Satz zur Verfügung.

Tipp

Schnellformatvorlagen-Sätze werden als Dokumentvorlage in dem Ordner Quickstyles gespeichert.

1.4 Entfernen ausgeblendeter Daten und persönlicher Informationen aus Dokumenten

Bevor Sie ein wichtiges Dokument für Kollegen oder Kunden freigeben, sollten Sie unbedingt den Inhalt überprüfen und ggf. korrigieren, um sicherzustellen, dass der Inhalt des Dokuments korrekt ist und dass das Dokument keine Informationen enthält, die andere Personen nicht erfahren sollen oder dürfen. Geben Sie das Dokument als Datei weiter, sollten Sie das Dokument auch auf ausgeblendete Daten oder persönliche Informationen prüfen, die im Dokument selbst oder in den Dokumenteigenschaften als sog „Metadaten" [2] gespeichert sein könnten. Da diese ausgeblendeten Informationen Details über Ihr Unternehmen oder über das Dokument preisgeben können, die Sie nicht öffentlich bekannt machen möchten, sollten Sie diese Informationen entfernen, bevor Sie das Dokument für andere Personen freigeben.

Word-Dokumente können die folgenden Arten ausgeblendeter Daten und persönlicher Informationen enthalten:

- Kommentare, Überarbeitungsmarkierungen aus nachverfolgten Änderungen, Versionen und Freihandanmerkungen
- Dokumenteigenschaften und persönliche Informationen
- Kopfzeilen, Fußzeilen und Wasserzeichen
- Ausgeblendeter Text
- Dokumentservereigenschaften
- Benutzerdefinierte XML-Daten

Das Dokument können Sie ab Office 2007 mit dem „Dokumentinspektor" automatisiert auf die Existenz derartiger Metadaten überprüfen und diese ggf. löschen. Allerdings sollten Sie, bevor Sie die gefundenen Informationen löschen, das Dokument zur Sicherheit nochmals unter einem anderen Namen speichern. Die Überprüfung auf die Metadaten führen Sie mit folgenden Schritten durch:

---

2. Als Metadaten bezeichnet man Daten, die andere Daten beschreiben. Beispielsweise sind die Wörter in einem Dokument Daten. Die Anzahl der Wörter ist ein Beispiel für Metadaten.

1. Öffnen Sie das Office-Dokument, das Sie auf ausgeblendete Daten oder persönliche Informationen prüfen möchten.

   Klicken Sie zunächst auf die OFFICE-SCHALTFLÄCHE, danach auf VORBEREITEN und wählen nun DOKUMENT PRÜFEN.

2. Klicken Sie zunächst auf die Schaltfläche PRÜFEN, um das Dokument auf die Metadaten zu prüfen. Anschließend können Sie bequem auswählen, welche der Daten gelöscht werden sollen.

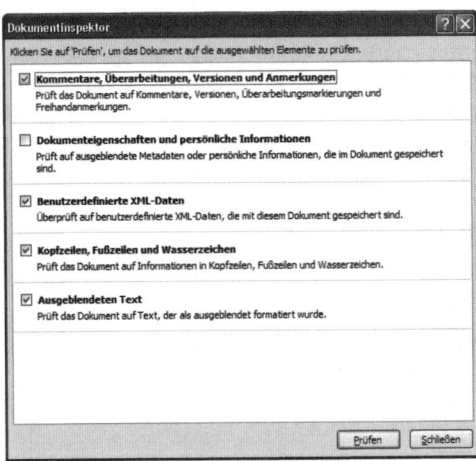

Abbildung 1.34: Entfernen von Metadaten mithilfe des Dokumentinspektors

KAPITEL 2

Was verstehen wir unter einem Formular?

„Von der Wiege bis zur Bahre – Formulare, Formulare"

Kaum ein Spruch beschreibt unsere Lebens- und Arbeitswirklichkeit so wie dieser. Allerdings sind auch nur wenige Begriffe so missverständlich wie der Begriff „Formular". Der Begriff „Formular" taucht an vielen Stellen in unterschiedlichsten Bedeutungen auf[1]. Um eine einheitliche Sprachregelung zu schaffen, bezeichnen wir im Rahmen dieses Buchs als Formular alle Schriftstücke, die als schnell abrufbare Muster für neue Schreiben dienen. Das sind z.B.:

- Briefkopf

- Fax

- Aktenvermerke

- Bescheide

- (Quartals-)Berichte

- (Sitzungs-)Vorlagen

- (Sitzungs-)Niederschriften

- Verträge

- Rechnungen

- ...

Darüber hinaus unterscheiden wir in diesem Workshop noch zwischen:

- „freien" Formularen und

- „starren" Formularen.

„Freie Formulare" im Sinne dieses Workshops sind alle Formulare, die ein weitgehend „freies" Schreiben ermöglichen, wie z.B. Briefköpfe, Faxvordrucke, interne Schreiben.

„Starre Formulare" lassen dagegen nur das Ausfüllen bestimmter Felder zu, wie Urlaubsanträge, Dienstreiseanträge, An- und Abmeldeformulare ...

Wir wollen aber noch einen Schritt weiter gehen und auch untersuchen, inwieweit Textteile (sog. Bausteine inkl. Textbausteine), Formatierungen und Automatisierungen allgemein als Vorlage verfügbar gemacht werden können.

---

1. So ist z.B. im Programmierbereich (wie in VB und VBA) von Formularen die Rede, wenn Eingabedialoge programmiert werden.

Unser Ziel ist, diese Formulare „alltagstauglich" zu machen, d.h., sie müssen:

- optisch gut gestaltet sein,

- einfach zu handhaben sein,

- ausreichende Flexibilität besitzen und

- soweit nötig netzwerktauglich sein.

KAPITEL 3

„Freie" Formulare (Briefköpfe etc.)

„Freie Formulare" im Sinne dieses Workshops sind all die Formulare, die ein weitgehend „freies" Schreiben ermöglichen, wie z.b. Briefköpfe, Faxvordrucke, interne Schreiben, Aktenvermerke, Bescheide, (Quartals-)Berichte, (Sitzungs-)Vorlagen, (Sitzungs-)Niederschriften, Verträge, Rechnungen etc.

Das Erstellen eines freien Formulars wird am Beispiel eines Briefkopfes gezeigt, da dieser sicherlich das am häufigsten verwendete Formular darstellt. Die hierfür verwendeten Techniken können selbstverständlich auf alle weiteren Formulare übertragen werden.

Das Anlegen eines Formulars erfolgt in folgenden Schritten:

1. Anlegen einer neuen Dokumentvorlage

2. Festlegen der Seitenränder

3. Festlegen „Erste Seite anders"

4. Festlegen der Formatvorlagen

5. Gestaltung der ersten Seite

   5.1. Gestaltung der Kopfzeile mit der Gestaltung des Briefkopfes

   5.2. Gestaltung des Adress- und Bezugsbereiches

   5.3. Zuweisen der Formatvorlagen

   5.4. Seitennummerierung der ersten Seite

   5.5. Festlegen der sonstigen benötigten Angaben in der Fußzeile

6. Gestaltung der Folgeseiten

   6.1. Gestaltung der Kopf- und Fußzeile

   6.2. Ggf. Verweis auf Betreff

   6.3. Seitennummerierung der Folgeseiten

7. Erstellen der ggf. benötigten Eingabehilfen und Makros

8. Ggf. Definition eigener Ribbons

3.1 Anlegen einer neuen Dokumentvorlage

Grundsätzlich sollten Sie Formulare immer als Dokumentvorlage[1] erstellen. Dies hat für Sie folgende Vorteile:

1. Damit Sie das Formular ändern können, müssen Sie in Word zunächst die OFFICE-SCHALTFLÄCHE anklicken und dann die Schaltfläche ÖFFNEN (Shortcut: `Strg` + `O`) auswählen. Nun können Sie die gewünschte Datei auswählen und bearbeiten. In allen anderen Fällen (z.b. Doppelklick im Windows-Explorer, Starten über den Befehl NEU in der OFFICE-Schaltfläche) erhalten Sie lediglich eine Kopie des Formulars. Das bedeutet, dass vom Anwender unser Formular nicht versehentlich verändert werden kann[2].

2. Wenn Sie ein neues Schreiben erstellen wollen und nun die entsprechende Vorlage suchen, brauchen Sie lediglich den Dialog NEU in der Office-Schaltfläche aufzurufen und hier über die Schaltfläche MEINE VORLAGEN... den Dialog NEU (Tastenkombination `Alt` + `D`, `N`) mit den aufgelisteten Formularen auszuwählen. Sie finden das Formular also immer an der gleichen Stelle, ohne lange im Explorer danach suchen zu müssen.

3. Durch die Verwendung der Dokumentvorlage ist sichergestellt, dass das Original nicht versehentlich überschrieben werden kann.

Diese Vorteile gelten grundsätzlich für alle Word-Versionen, wobei die Vorgehensweise von der jeweiligen Version abhängt. Sie haben hier sogar noch einen weiteren Vorteil: Sie können selber die Registerkarten in diesem Dialog festlegen, indem Sie im Benutzervorlagenordner bzw. Arbeitsgruppenvorlagenordner weitere Ordner anlegen:

---

1. Microsoft definiert Dokumentvorlagen in der Online-Hilfe folgendermaßen:
Alle Microsoft Word-Dokumente basieren auf einer Dokumentvorlage. Eine Dokumentvorlage legt die Grundstrukturen eines Dokuments fest und enthält Dokumenteinstellungen wie Autotext-Einträge, Schriftarten, Tastenbelegungen, Makros, Menüs, Seitenlayout, spezielle Formatierungen und Formatvorlagen.
Globale Dokumentvorlagen, einschließlich der Dokumentvorlage Normal, enthalten Einstellungen, die für alle Dokumente verfügbar sind. Dokumentvorlagen, wie die Memo- und Faxvorlagen im Dialogfeld VORLAGEN, enthalten Einstellungen, die nur für Dokumente verfügbar sind, die auf diesen Dokumentvorlagen basieren.
2. Machen wir hierzu den folgenden kleinen Test:
Speichern Sie einen kurzen Text, indem Sie in der OFFICE-SCHALTFLÄCHE den Befehl SPEICHERN UNTER...anklicken und dann den Text einmal als Dokument und einmal als Dokumentvorlage abspeichern. Wechseln Sie nun in den Explorer und öffnen die Dateien mit einem Doppelklick. Fällt Ihnen der Unterschied auf? Das Dokument wird so geöffnet, wie es ist. Machen Sie das Gleiche bei der Dokumentvorlage, so legt Word ein neues Dokument an und übernimmt den Inhalt unserer Testdatei als „Kopie".

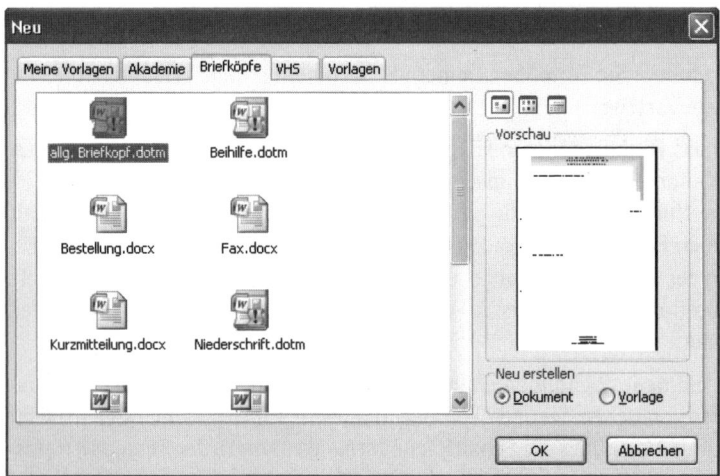

Abbildung 3.1: Erstellen einer neuen Dokumentvorlage auf der Basis einer bestehenden Vorlage

Nun müssen Sie nur noch den Speicherplatz wählen. Leider wechselt Word nicht (mehr) automatisch in den passenden Ordner. Bitte rufen Sie daher zunächst den Dialog SPEICHERORT FÜR DATEIEN auf, indem Sie zuerst die OFFICE-SCHALTFLÄCHE und danach die Schaltfläche WORD-OPTIONEN anklicken (Tastenkombination Alt, X, O). Wechseln Sie danach in den Abschnitt ERWEITERT, und klicken Sie dort die Schaltfläche DATEISPEICHERORTE... an. In diesem Dialog finden Sie sowohl den BENUTZERVORLAGENORDNER als auch den ARBEITSGRUPPENVORLAGENORDNER. Speichern Sie Ihr Formular nun direkt in einem der genannten Ordner bzw. in einem der dortigen Unterordner[3].

---

3. Näheres zum Speicherplatz und zur Organisation von Formularen erfahren Sie später in *Kapitel 9, Dokumentvorlagen, Formatvorlagen, Bausteine und Makros organisieren.*

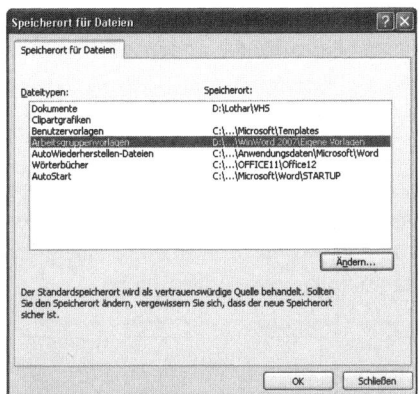

Abbildung 3.2: Der Dialog SPEICHERORT FÜR DATEIEN mit den Einträgen „Benutzervorlagen" und „Arbeitsgruppenvorlagen"

Wollen Sie ein bestehendes Word-Dokument in eine Dokumentvorlage umwandeln, müssen Sie lediglich nach einem Klick auf die OFFICE-SCHALTFLÄCHE das Kommando SPEICHERN UNTER aufrufen (Shortcut [Alt], [D], [U]) und in dem folgenden Dialog den Dateityp „Word-Vorlage" auswählen. Nun müssen Sie sich noch entscheiden, ob Sie den Dateityp „Word-Vorlage (*.dotx)" oder „Word-Vorlage mit Makros (*.dotm)" wählen. Ihre Entscheidung hängt davon ab, ob die Dokumentvorlage Makros enthalten wird oder nicht. Da wir im Folgenden unsere Dokumentvorlage mit ein paar einfachen Makros ausstatten werden, sollten Sie folglich den Dateityp „Word-Vorlage mit Makros (*.dotm)" wählen:

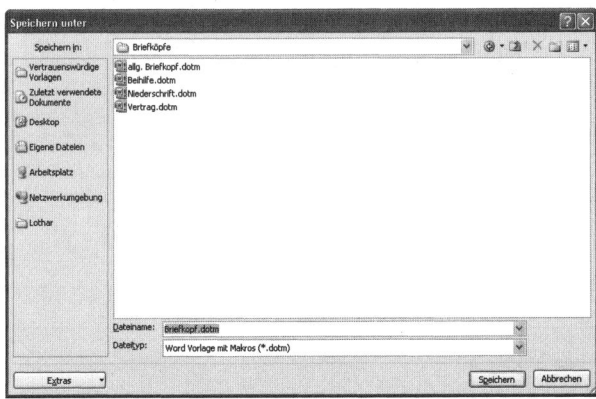

Abbildung 3.3: Speichern eines Dokuments als Dokumentvorlage mit Makros (*.dotm)

Müssen Sie darauf achten, dass Ihre Dokumentvorlagen auch noch in älteren Office-Versionen lauffähig sind, haben Sie die folgenden beiden Möglichkeiten zur Auswahl:

- Sie speichern Ihre Dokumentvorlage nicht als „*.dotm"-Datei, sondern als Word 97–2003-Vorlage (*.dot), oder

- laden Sie an den PCs mit älteren Office-Versionen das „Microsoft Office Compatibility Pack für Dateiformate von Word, Excel und PowerPoint 2007[4]" herunter, und installieren Sie dieses. Dieses Update ermöglicht es Ihnen, Office 2007-Dateien auch mit den Versionen Office 97–2003 zu öffnen und zu bearbeiten. Allerdings stehen Ihnen dann nicht alle neuen Programmfunktionen zur Verfügung.

Hinweis

Sollten Sie noch auf ältere Formulare und Texte zugreifen können, könnten Sie u.U. auf Dateien mit den Endungen „TXT", „WIZ" , „DOC" und „DOT" stoßen. Hinter der Endung „TXT" verbergen sich dabei Dokumente, hinter der Endung „WIZ" (= "Wizard" oder „Zauberer") Dokumentvorlagen und Assistenten. Diese wurden mit einer Word-Version bis einschließlich 6.0 erstellt, Doc- und Dot-Dateien stammen dagegen aus Word in den Versionen Word 97 bis Word 2003.

3.2 Seitenränder

Für einen Standardbriefkopf sind die entsprechenden Maße in der DIN 676 festgelegt. Hierbei wird zwischen der „Form A" und der „Form B" unterschieden: Diese sind in den Seitenrändern lediglich am oberen Rand verschieden, die übrigen Ränder sind identisch. Die Seitenränder lauten:

Rand	Form A	Form B
Oben	2,7 cm	4,5 cm
Unten	Dieser Bereich hängt lediglich vom Platzbedarf der gesellschaftsrechtlichen Angaben ab.	
Links	2,41 cm	
Rechts	0,81 cm	

Tabelle 3.1: Randeinstellungen nach DIN 676

---

4. Sie können das Compatibility Pack kostenlos im Internet unter der Adresse „*http://www.microsoft.com/downloads/details.aspx?FamilyID=941b3470-3ae9-4aee-8f43-c6bb74cd1466&DisplayLang=de*" herunterladen.

Hinweis

Die meisten Briefköpfe verwenden die „Form B", weil hier die besten Gestaltungsmöglichkeiten im Briefkopf bestehen!

Bei diesen Angaben ist zu beachten, dass es sich hierbei um die Ränder beim Ausdruck handelt, d.h., diese Angaben sind nicht (!) PC-gerecht! Da wir in WinWord sowohl den nichtdruckbaren Bereich als auch den Bereich für die Angaben in der Kopfzeile zu berücksichtigen haben, müssen wir hier für die Kopf- und Fußzeile abweichende Angaben machen. In Word lauten die Einstellungen folglich:

Rand	Seitenrand
Oben	1,25 cm
Unten	0,50 cm
Links	2,41 cm
Rechts	0,81 cm

Tabelle 3.2: Randeinstellungen in WinWord für Briefköpfe nach DIN 676

Hinweis

Beachten Sie, dass wir in WinWord an dieser Stelle nicht zwischen den unterschiedlichen Briefkopftypen Form „A" oder Form „B" unterscheiden. Der unterschiedliche obere Seitenrand ergibt sich später aus dem Platzbedarf für den Firmennamen und das Firmenlogo bzw. das Wappen und wird über entsprechende Tabellen realisiert.

Die meisten Drucker haben einen Randbereich, den sie nicht bedrucken können. Dessen Grösse hängt vom jeweiligen Druckertyp ab. Wenn wir als oberen Rand 1,25 cm und als unteren Rand 0,50 cm wählen, sollten diese Einstellungen auf alle modernen Drucker passen.

Die Seitenränder legen Sie fest, indem Sie im Register SEITENLAYOUT das Drop-down-Feld GRÖSSE und hier WEITERE PAPIERFORMATE... anklicken (Shortcut $\boxed{\text{Alt}}$, $\boxed{\text{C}}$, $\boxed{\text{S}}$, $\boxed{\text{S}}$). In der Registerkarte SEITENRÄNDER können Sie nun die genannten Seitenränder festlegen.

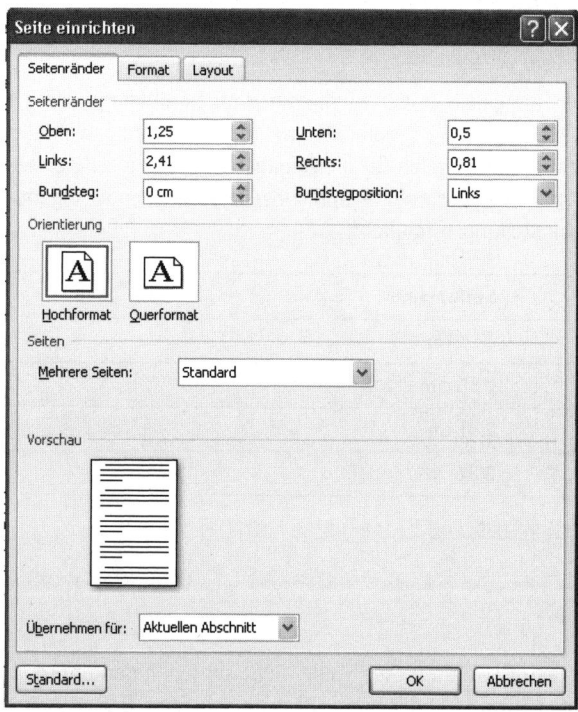

Abbildung 3.4: Einrichten der Seitenränder

Tipp

Wollen Sie wissen, welchen Bereich Ihr Drucker nicht drucken kann, rufen Sie den o.g. Dialog auf und geben in der Registerkarte SEITENRÄNDER jeweils den Wert „0" ein. Bestätigen Sie nun Ihre Eingaben mit OK und wählen in dem sich nun öffnenden Dialog die Schaltfläche KORRIGIEREN. Word setzt nun automatisch den kleinsten druckbaren Wert ein.

> **Hinweis**
>
> Solange keine speziellen Seitenränder vorgeschrieben sind, sollte man sich an dem sog. „goldenen Schnitt" orientieren. Beispiele für entsprechende Seitenränder sowie ein Makro zum automatischen Einstellen der entsprechenden Seitenränder sind im Anhang aufgelistet.

3.3 Erste Seite anders

Ein Briefkopf benötigt unbedingt sowohl für die erste als auch für die Folgeseiten eine eigene Kopfzeile und eine eigene Fußzeile. Dies ermöglicht es uns, in der Fußzeile der ersten Seite problemlos die erforderlichen Geschäftsangaben und in den Folgeseiten nur noch die Seitenzahlen einzugeben. Analog können Sie auch den Briefkopf für die erste Seite in der ersten Kopfzeile eingeben.

Diese Option richten wir ein, indem Sie im Register SEITENLAYOUT den Dialog SEITE EINRICHTEN aufrufen. Am einfachsten klicken Sie hierzu auf den Pfeil unter SEITE EINRICHTEN (Shortcut [Alt], [Y], [S], [S]). Wechseln Sie hier in die Registerkarte LAYOUT, markieren das Kontrollkästchen ERSTE SEITE ANDERS, und bestätigen Sie diese Einstellung mit OK:

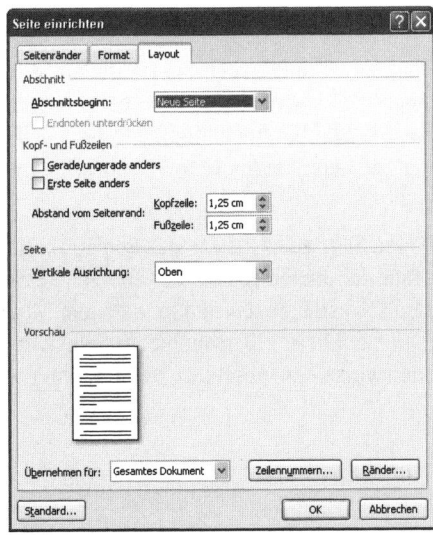

Abbildung 3.5: Einrichten einer eigenen Kopfzeile für die erste Seite

3.4 Kopfzeilen und Text sollen sich überlappen

Manchmal ist es sinnvoll, dass sich der Text- und der Kopfzeilenbereich überlappen, um zusätzliche Gestaltungsmöglichkeiten zu erhalten. Der folgende Briefkopf wurde z.B. auf diese Weise erstellt, wobei die Kopfzeile eine Tabelle mit den entsprechenden Farben und dem Gemeindewappen enthält. Im Textbereich wurde dann eine zweite Tabelle mit den gleichen Maßen „darüber gelegt", die wiederum den Namen des Absenders (hier: Gemeinde Kleinstadt) als WordArt-Objekt enthält, das sich über die komplette Tabelle erstreckt:

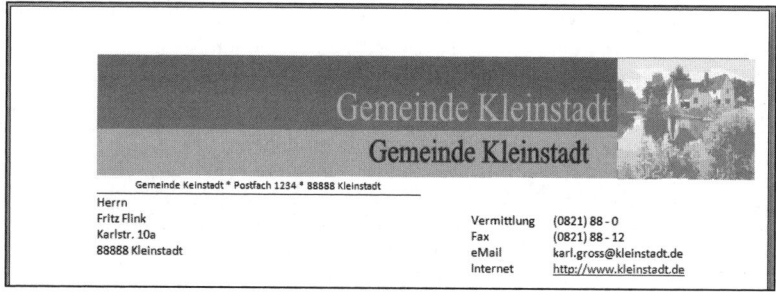

Abbildung 3.6: Briefkopf mit Kopfzeile und überlappendem Text

Diesen Effekt können Sie mit folgendem Trick erreichen: Tragen Sie im Dialog SEITE EINRICHTEN unter OBEN den Seitenrand als negative Zahl ein (z.B. „– 0,5 cm" anstelle von „0,5 cm"). Auf diese Weise erreichen Sie, dass der Inhalt der Kopfzeile den nachfolgenden Textbereich nicht mehr – wie sonst üblich – nach unten verschiebt, sondern dass sich diese Bereiche ggf. überlappen.

Beachten Sie in diesem Fall, dass Sie im Dialog SEITE EINRICHTEN in der Registerkarte LAYOUT unter KOPFZEILE hier separat den Abstand für die Einträge in der Kopfzeile eintragen müssen. Sie können auf diese Weise also festlegen, ob und in welchem Maß sich der Text und die Kopfzeile ganz oder nur teilweise überschneiden. Selbstverständlich können Sie diesen Effekt für jeden einzelnen Abschnitt des Dokuments separat erzeugen.

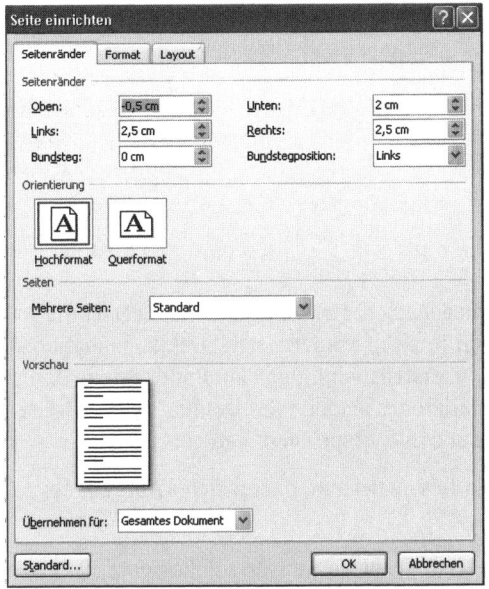

Abbildung 3.7:
Seitenränder so einstellen, dass sich Text und Kopfzeileninhalt überlappen

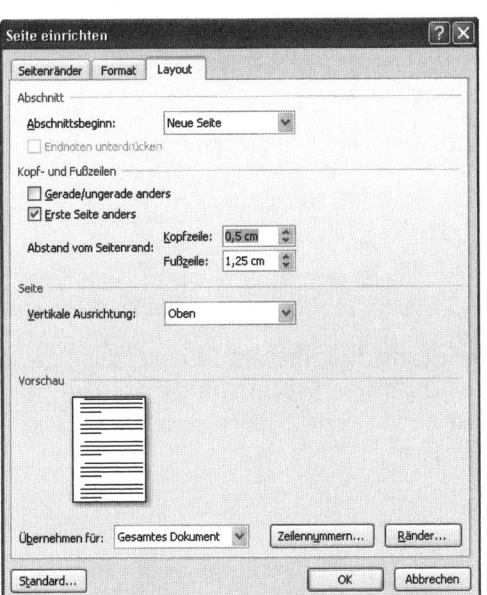

Abbildung 3.8:
Separate Einstellung des Seitenrandes für die Kopfzeile

3.5 Formatvorlagensatz

Bevor Sie nun darangehen, Ihren Briefkopf zu gestalten, sollten Sie erst einmal das von Ihnen gewünschte Design auswählen. Die Designs beeinflussen die folgenden Formatierungsmerkmale:

- Schriftarten

- Farben

- Linien, Füll- und Spezialeffekte

Die Designs beinhalten je zwei verschiedene Schriftarten (je eine für Überschrift und Textkörper), je zehn Designfarben und je zwölf vordefinierte Effektkombinationen. Jedem Dokument, das mit Word 2007 erstellt wird, liegt automatisch ein Design zugrunde, wobei die jeweiligen Formatierungsangaben des Designs beim Zuweisen des Designs in das Dokument kopiert und dort gespeichert werden.

Wechseln Sie nun das Design oder ein Designelement, ändert sich sofort das Layout Ihres Dokuments.

Auf diese Wiese ermöglicht Word Ihnen, mit wenig Aufwand Dokumente mit exakt aufeinander abgestimmten Schriftarten, Farben und Grafikelementen zu erstellen. Da die Designs ebenfalls in den übrigen Office-Programmen verwendet werden, können Sie gleichermaßen für Ihre Word-Dokumente, Excel-Kalkulationen und Power-Point-Vorträge ein einheitliches Layout verwenden.

Sie finden die Designs im Register SEITENLAYOUT gleich in der ersten Gruppe, DESIGNS:

Abbildung 3.9:
Die Gruppe Designs

Die Gruppe DESIGNS besteht aus vier Schaltflächen: DESIGNS, DESIGNFARBEN, DESIGN-SCHRIFTARTEN, DESIGNEFFEKTE, wobei die Schaltfläche DESIGNS sich auf alle Designelemente auswirkt, während Sie mit den übrigen drei Schaltflächen gezielt jeweils Schriftarten, Farben oder Effekte beeinflussen können.

3.6 Benötigte Formatvorlagen für das Formular

3.6.1 Warum Formatvorlagen?

Damit spätere Formatänderungen nicht versehentlich Ihr gesamtes Dokument zerstören und spätere, nachträgliche Layout-Änderungen (z.b. andere Schriftarten oder Schriftgrößen) mit möglichst wenig Aufwand durchgeführt werden können, sollten Sie für spezielle Textteile auch individuelle Formatvorlagen verwenden. Welche Formatvorlagen benötigen Sie nun, und wie sollten diese aufgebaut sein?

3.6.2 Anpassen bzw. Anlegen der benötigten Formatvorlagen

In einem Briefkopf sollte die – grundlegende – Formatvorlage „Standard" folgende Merkmale enthalten:

Merkmal	Einstellung, Größe
Schriftart	Je nach Wunsch (Corporate Identity!) Calibri, Arial, Times New Roman o.a.
Schriftgröße	12 pt
Absatzausrichtung	Linksbündig
Zeilenabstand	Einfach
Sondereinzug	Ohne
Abstand nach jedem Absatz	0 pt
Zur Liste der Schnellformatvorlagen hinzufügen	aktivieren

Tabelle 3.3: Einstellungen der Formatvorlage „Standard"

Diese Merkmale für die Formatvorlage „Standard" stellen Sie wie folgt ein:

1. Klicken Sie im Register START im Abschnitt FORMATVORLAGEN auf den Pfeil rechts unten, um den Aufgabenbereich FORMATVORLAGEN zu öffnen (Shortcut Alt, R, F, V).

2. Klicken Sie danach im Aufgabenbereich FORMATVORLAGEN die Formatvorlage „Standard" mit der rechten Maustaste an und wählen im Kontextmenü den Eintrag ÄNDERN aus.

73

3. Nehmen Sie nun im Dialog FORMATVORLAGE ÄNDERN die gewünschten Anpassungen vor:

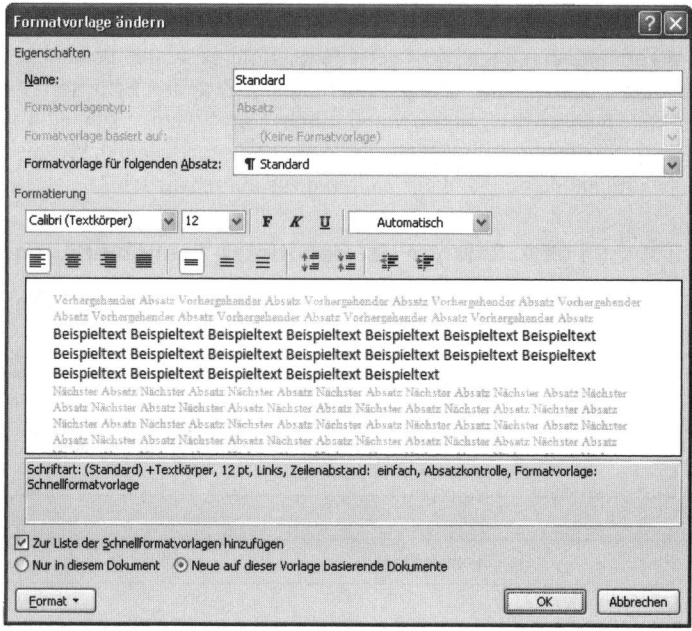

Abbildung 3.10: Anpassen der Formatvorlage „Standard"

Falls die Möglichkeiten in diesem Dialog nicht ausreichen (weil Sie z.B. weitere Zeichenformatoptionen benötigen), klicken Sie auf die Schaltfläche FORMAT links unten. Nun haben Sie Zugriff auf alle verfügbaren Formatierungsmöglichkeiten:

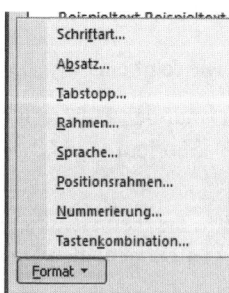

Abbildung 3.11: Die kompletten Formatierungsmöglichkeiten für die Formatvorlagen

Anschließend müssen wir uns überlegen, welche zusätzlichen Formatvorlagen wir für den Briefkopf benötigen. Wie bereits erläutert, sollte jeder Teil des Briefkopfes auch „seine" spezielle Formatvorlage verwenden. Entscheidend für diesen Schritt ist dabei die folgende Überlegung:

Haben wir für die einzelnen Textteile wie „Firmenname1", „Anschrift", „Bezugszeichen-überschrift", „Bezugsinfo", „Text" etc. spezielle Formatvorlagen eingerichtet, können wir später sowohl einzelne Textteile als auch den gesamten Text problemlos ändern, indem wir lediglich die entsprechende Formatvorlage verändern. Ebenso kann zu einem späteren Zeitpunkt eine Layout-Änderung aller Firmenformulare einfach dadurch vorgenommen werden, indem die angepassten neuen Formatvorlagen kopiert werden. Sie sichern sich dadurch für die Zukunft eine erhebliche Zeitersparnis.[5]

Hinweis

Bestimmte Formatvorlagen wie „Fußzeile", Kopfzeile", „Überschrift 1", „Überschrift 2" etc. sind bereits in WinWord vorhanden und daher reserviert. Diese Formatvorlagen können Sie auch nicht neu anlegen oder löschen, sondern lediglich anpassen. Dies geht möglicherweise erst dann, wenn Sie im Register START im Abschnitt FORMATVORLAGEN unter OPTIONEN den Link OPTIONEN anklicken und im Dialog OPTIONEN FÜR FORMATVORLAGENBEREICH im Drop-down-Feld ANZU-ZEIGENDE FORMATVORLAGEN AUSWÄHLEN die Option ALLE ANZEIGEN eingestellt haben (Shortcut $\boxed{\text{Alt}}$, $\boxed{\text{R}}$, $\boxed{\text{F}}$, $\boxed{\text{V}}$).

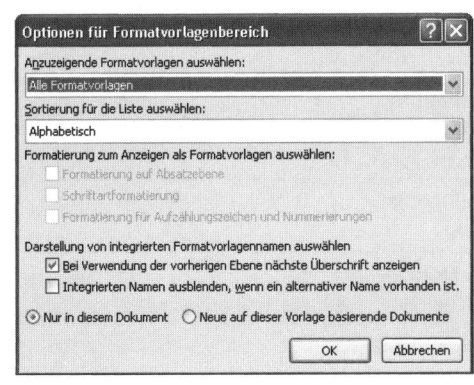

Abbildung 3.12: Alle Formatvorlagen anzeigen

---

5. Näheres hierzu in Kapitel 8, *Dokumentvorlagen, Formatvorlagen, Bausteine und Makros organisieren.*

Darüber hinaus basieren alle Formatvorlagen auf der Formatvorlage „Standard", sodass Sie für generelle Änderungen (z.b. eine andere Schriftart) lediglich diese eine Formatvorlage ändern müssen. Dies gewährleistet, dass später größere Änderungen an Layout, Schriftart oder Schriftfarbe mit nur wenigen Mausklicks durchgeführt werden können.

Die folgende Tabelle enthält Vorschläge für die zusätzlichen Formatvorlagen und deren Einstellungen. Selbstverständlich können Sie diese Liste jederzeit um weitere Formatvorlagen ergänzen, um z.b. spezielle Formatvorlagen für Fachbegriffe, Rechtsnormen, Aufzählungen, Nummerierungen, Tabellen, Zitate etc. zu erhalten.

Formatvorlage	Basiert auf	FV für Folgeabsatz	Abweichende Einstellungen (Standard + …)	Zu Schnellformatvorlagen hinzufügen	Neue, auf dieser Vorlage basierende Dokumente
Absenderzeile	Standard		Schriftgrad: 6–8 pt, zentriert		Ja
Anschrift	Standard		Abstand nach: 0 pt		Ja
Aufzählung	Standard		Einzug: Hängend 0,5 cm; Aufzählungszeichen	Ja	Ja
Betreff	Standard	Bezug	Fett	Ja	Ja
Bezug	Betreff	Text	Abstand nach: 24 pt	Ja	Ja
Bezugsüberschrift	Standard	Bezugszeichen	Schriftgröße: 6–8 pt		Ja
Bezugszeichen	Standard		Schriftgröße: 10 pt;		Ja
Firmenname 1	Standard	Firmenn ame2	Schriftgrad 24 pt, fett, gesperrt 3 pt		Ja
Firmenname 2	Firmenname 1		Schriftgrad 12 pt		Ja
Fußzeile	Standard		Schriftart: 8 pt, hängend: 0,83 cm		Ja

Format-vorlage	Basiert auf	FV für Folge-absatz	Abweichende Einstellungen (Standard + …)	Zu Schnellfor-matvorlagen hinzufügen	Neue, auf die-ser Vorlage basierende Dokumente
Infoblock	Standard		Schriftgrad: 8 pt, hängend 1,02 cm		Ja
Kopf-zeile	Standard		Schriftgröße: 10 pt; rechtsbündig		Ja
Text	Standard	Text	Abstand nach: 12 pt		Ja
Text ohne Abstand	Text	Text ohne Abstand	Abstand nach: 0 pt		Ja
Über-schrift 1	Standard		Schriftart: 14 pt, fett; Abstand vor: 12 pt; Abstand nach: 6 pt; Absatz nicht trennen		Ja
Über-schrift 2	Standard		Fett; Abstand vor: 12 pt; Abstand nach: 6 pt; Absatz nicht trennen		Ja
Über-schrift 3	Standard		Kursiv; Abstand vor: 12 pt; Abstand nach: 6 pt; Absatz nicht trennen		Ja
SV2. Zeile 1	Standard	2. Text	Schriftart: Fett, unterstrichen Absatz: Einzug links: -0,63, hän-gend 0,63, Abstand vor 24, Nummerierung Ebene: 1, begin-nen bei 2	Ja	Ja
SV2. Text	Standard	3 Zeile 1		Ja	Ja

Format-vorlage	Basiert auf	FV für Folge-absatz	Abweichende Einstellungen (Standard + …)	Zu Schnellfor-matvorlagen hinzufügen	Neue, auf die-ser Vorlage basierende Dokumente
SV3 Zeile 1	Standard	3. Text	Schriftart: Fett, unterstrichen Absatz: Einzug links: -0,63, hän-gend 0,63, Nummerierung Ebene: 1,begin-nen bei 3	Ja	Ja
SV3. Text	Standard	4 Zeile 1		Ja	Ja
SV4 Zeile 1	Standard	4. Text	Schriftart: Fett, unterstrichen Absatz: Einzug links: -0,63, hän-gend 0,63, Nummerierung Ebene: 1,begin-nen bei 3	Ja	Ja
SV4. Text	Standard			Ja	Ja

Tabelle 3.4: Die für einen Briefkopf benötigten Formatvorlagen

Die Formatvorlagen „SV2. Zeile1", „SV2. Text", „SV3 Zeile1", „SV3. Text", „SV4 Zeile1" und „SV4. Text" werden für die sachleitenden Verfügungen benötigt, die am Ende des Textes ggf. eingefügt werden. Bitte achten Sie unbedingt darauf, dass Sie tatsächlich für jede (!) der sachleitenden Verfügungen jeweils ein Formatvorlagen-Paar anlegen (z.B. SV2. Zeile1", „SV2. Text") und dass jede der Formatvorlagen auf der Formatvor-lage „Standard" basiert. Dies ermöglicht es anschließend:

■ problemlos die sachleitenden Verfügungen anzulegen und den Haupttext (Zeile 1) vom eigentlichen Text unabhängig zu formatieren und

■ eine VBA-Prozedur zu erstellen, mit deren Hilfe wir Original und Durchschläge in einem Durchgang drucken können.

3.7 Formatvorlagen verfügbar machen

3.7.1 Die Schnellzugriffsleiste

In der Schnellzugriffsleiste können Sie die Formatvorlagen gleich auf mehrere Arten verfügbar machen. Aber zunächst müssen Sie in den Anpassen-Dialog der Schnellzugriffsleiste gelangen. Klicken Sie daher zunächst auf das kleine Drop-down-Feld am Ende der Schnellzugriffsleiste und wählen hier den Befehl WEITERE BEFEHLE...

Falls Sie das von früheren Word-Versionen her gewohnte Drop-down-Feld FORMAT-VORLAGE vermissen, aktivieren Sie es doch einfach[6]. Auch den Aufgabenbereich FOR-MATVORLAGEN können Sie in der Schnellzugriffsleiste aktivieren (dieser verbirgt sich hinter dem Befehl FORMATVORLAGEN), die Galerie mit den Schnellformatvorlagen steckt hinter dem Befehl „Formatvorlagen" mit dem Drop-down-Feld.

Die von früher bekannten Befehle für die Schriftart und Schriftgröße finden Sie in der Rubrik START REGISTERKARTE. Sie tragen dort die Bezeichnungen „Schriftart" und „Schriftgrad" ein, jeweils mit einem Drop-down-Feld am Ende.

Anbei eine Übersicht der oben beschriebenen Befehle

Befehl		Beschreibung
Schriftart	ʇ▾	Das Drop-down-Feld „Schriftart"
Schriftgrad	ʇ▾	Das Drop-down-Feld „Schriftgrad"
Formatvorlage	ʇ▾	Das Drop-down-Feld „Formatvorlage"
⁴⁴ Formatvorlagen...		Aktivieren des Aufgabenbereichs „Formatvorlagen"
Formatvorlagen	▾	Galerie „Schnellformatvorlagen"

Tabelle 3.5: Übersicht über die Formatierungsbefehle für die Schnellzugriffsleiste

Diese Befehle aktivieren Sie wie folgt:

1. Wählen Sie im Drop-down-Feld BEFEHLE AUSWÄHLEN den Eintrag HÄUFIG VERWEN-DETE BEFEHLE aus.

2. Suchen Sie nun in der Liste darunter den Befehl FORMATVORLAGE mit dem Drop-down-Feld am Ende und markieren diesen.

---

6. Siehe hierzu auch die Ausführungen in Kapitel 2.

3. Klicken Sie auf die Schaltfläche HINZUFÜGEN, um den Befehl der Schnellzugriffleiste hinzuzufügen.

4. Wählen Sie im Drop-down-Feld SYMBOLLEISTE FÜR DEN SCHNELLZUGRIFF ANPASSEN aus, ob die Änderung generell oder nur in Bezug auf die aktuelle Dokumentvorlage gültig sein soll.

5. Bestätigen Sie Ihre Eingaben mit ⌷OK⌷ oder ⌷↵⌷.

Die auf diese Weise angepasste Schnellzugriffsleiste sieht dann wie folgt aus:

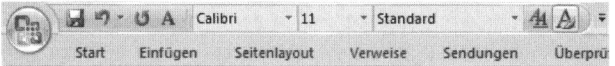

Abbildung 3.13: Die mit den Formatierungsbefehlen angepasste Schnellzugriffsleiste

Per VBA

> **Hinweis**
>
> An dieser Stelle sei nochmals der Hinweis erlaubt, dass hier keine komplette Einführung in VBA erfolgen kann. Die hier vorgestellten VBA-Skripte sind lediglich als eine Art „Rezept" zu verstehen, nach dem Motto: „Man nehme ..." Eine ausführliche Einführung erhalten Sie in Seminaren zum Thema VBA mit Microsoft Word oder in den entsprechenden Handbüchern.

Sie können Formatvorlagen sehr einfach per VBA zuweisen. Wozu wird dies benötigt?

Wie Sie bereits gesehen haben, sind die Möglichkeiten, Formatvorlagen dauerhaft und übersichtlich bereitzustellen, sehr eingeschränkt. Das ist umso ärgerlicher, als die frühere Möglichkeit, Formatvorlagen „per Mausklick" in die Menü- und Symbolleisten einzufügen, nicht mehr existiert. Zu Problemen kommt es hier vor allem, wenn Ihre Dokumente mit vielen verschiedenen Formatvorlagen aufgebaut sind und Ihre Kollegen und Kolleginnen möglichst einfach auf diese Formatvorlagen zugreifen wollen. Hierzu reichen die oben beschriebenen Möglichkeiten aber nicht aus, da jeder Kollege die Zahl der angezeigten Formatvorlagen sehr schnell verändern kann.

Bleibt also nur die Möglichkeit, das Ribbon selber per RibbonX-Programmierung (mehr dazu später) anzupassen und hier entsprechende Kommandos zu hinterlegen. Die folgende Abbildung zeigt eine derartige benutzerdefinierte Anpassung des Ribbons mit drei Registern: „Info", „Assistenten" und „Drucken des Bescheides". Die Drop-down-Felder „Formatvorlagen" und „AutoTexte" enthalten die per VBA zugewiesenen Formatvorlagen und Bausteine:

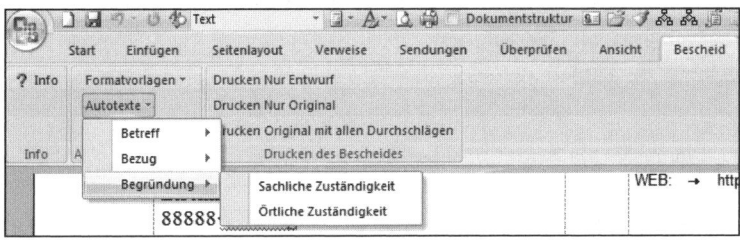

Abbildung 3.14: Ribbon mit den passenden Befehlen (Formatvorlagen, AutoText, Drucken) für die Dokumentvorlage

Das Problem hierbei ist allerdings, dass Sie aus dem Ribbon nur Makros ansprechen können, nicht aber die Formatvorlagen selber. Daher müssen Sie zunächst ein Makro schreiben, das die gewünschte Formatvorlage dem Text an der Cursorposition zuweist. Dies funktioniert einfach über die Codezeile:

```
Selection.Style = ActiveDocument.Styles("Betreff")
```

Um zu vermeiden, dass Sie nun für jede Formatvorlage den gleichen Code schreiben, legen Sie eine Hilfsprozedur an, die den Namen der gewünschten Formatvorlage übernimmt und diese dem markierten Text zuweist. Der Code für diese Hilfsprozedur lautet:

```
Private Sub FormatvorlageAktiv(strFormatvorlage As String)
'-------------------------------------------------------
' Hilfsprozedur, die dem markierten Text die über das Argument
' "strFormatvorlage" übergebene Formatvorlage zuweist
'-------------------------------------------------------

    Selection.Style = ActiveDocument.Styles(strFormatvorlage)
End Sub
```

Listing 3.1: Hilfsprozedur, welche die jeweilige Formatvorlage dem gerade markierten Text bzw. Absatz zuweist

Sie rufen die obige Hilfsprozedur nun aus eigenständigen Prozeduren auf, die nach dem Kommando „Call" den Namen der Hilfsprozedur und dann in Klammern und Anführungszeichen den Namen der gewünschten Formatvorlage übergeben, z.B.:

81

```
Sub FVBetreff()
    Call FormatvorlageAktiv("Betreff")
End Sub

Sub FVBezug()
    Call FormatvorlageAktiv("Bezug")
End Sub

Sub FVText()
    Call FormatvorlageAktiv("Text")
End Sub
```

Listing 3.2: Zuweisen der Formatvorlagen Betreff und Bezug

Achtung

Sollen die Makros aus dem Ribbon heraus aufgerufen werden, muss zunächst der Prozedurkopf um den Eintrag control as IRibbonControl ergänzt werden:

```
Sub FVBetreff_2007(control as IRibbonControl)
    Call FormatvorlageAktiv("Betreff")
End Sub
```

Listing 3.3: Zuweisen der Formatvorlagen Betreff und Bezug aus dem Ribbon

---

Hinweis

Um deutlich zu machen, dass das Makro aus dem Ribbon heraus aufgerufen wird (daher die Parameter „(control As IRibbonControl)", habe ich den Makronamen um das Kürzel „_2007" erweitert. Auf diese Weise ist es möglich, an anderer Stelle den gleichen Aufruf nochmals zu hinterlegen und das entsprechende Hilfsmakro direkt aus Word heraus aufzurufen (z.B. mithilfe eines Makrobuttons). Der Code lautet dann logischerweise:

```
Sub FVBetreff()
    Call FormatvorlageAktiv("Betreff")
End Sub
```

3.8 Gestaltung des Briefkopfes

Für das Anlegen eines Briefkopfes mit Folgeseiten stehen unterschiedliche Techniken zur Verfügung: Sehr häufig wird hier mit Positionsrahmen, Textfeldern und Abschnittswechseln für die Folgeseiten gearbeitet. Dies hat allerdings zur Konsequenz, dass die Erstellung und Handhabung der Briefköpfe verhältnismäßig umständlich wird. In diesem Workshop wird dagegen eine Methode verwendet, die als Grundlage des Briefkopfes Tabellen verwendet und dadurch sehr leicht zu handhaben ist.

Darüber hinaus können manche auf RTF basierenden Textprogramme mit Positionsrahmen und Textfeldern nicht korrekt umgehen. Das heißt: Falls Sie Ihren Briefkopf einmal für andere EDV-Programme konvertieren müssen, kann die Verwendung von Positionsrahmen und Textfeldern dazu führen, dass Sie den Kopf komplett neu entwerfen müssen. Die folgende Beschreibung dagegen berücksichtigt all diese Probleme, ist also nicht nur einfach, sondern auch zukunftssicher.

3.8.1 Kopfzeile, Wappen und Absenderinfo

Das Logo/Wappen, den Firmen- oder Gemeindenamen und die Absenderinfo bringt man am besten in der Kopfzeile der ersten Seite unter. Dies bringt Ihnen folgende große Vorteile:

1. In der Standardansicht von Office bis einschließlich Office 2003 werden die Textteile in der Kopfzeile nicht am Bildschirm angezeigt, was einen erheblichen Geschwindigkeitsvorteil bringt.

2. Der Text in der Kopf- bzw. Fußzeile ist darüber hinaus vor unerwünschten (und „zufälligen") Änderungen geschützt.

Da diese Teile nicht auf den Folgeseiten erscheinen sollen, sollten Sie spätestens jetzt dafür sorgen, dass Sie die Option ERSTE SEITE ANDERS einstellen (siehe 3.3, Erste Seite anders, Seite 69).

Aktivieren Sie nun das Register EINFÜGEN. Klicken Sie in der Gruppe KOPF- UND FUßZEILE auf das Drop-down-Feld KOPFZEILE und öffnen über KOPFZEILE BEARBEITEN die Kopfzeile. Legen Sie in der Kopfzeile eine Tabelle mit zwei Zeilen und zwei Spalten an, die sowohl den Briefkopf als auch die Postanschrift des Absenders aufnehmen wird. Diese Tabelle soll die folgenden Maße enthalten:

Tabellenelement	Form A	Form B
Tabellenhöhe Briefkopf	1,45 cm	3,25 cm
Tabellenhöhe Postanschrift des Absenders	0,48 cm	0,48 cm

Tabelle 3.6: Maße der Tabelle in der 1. Kopfzeile

Der Briefkopf kann dann z.b. folgendermaßen aussehen, wobei in der Abbildung die einzelnen Tabellenlinien durch Strichpunkte markiert sind (diese blenden Sie in Ihrem Briefkopf selbstverständlich aus):

Abbildung 3.15: Der Briefkopf mit dem Wappen und den Absenderangaben

Weisen Sie nun den beiden Tabellenzeilen die benötigte Zeilenhöhe zu, indem Sie im Register LAYOUT in der Gruppe TABELLE den Button EIGENSCHAFTEN anklicken. In dem folgenden Dialog TABELLENEIGENSCHAFTEN wechseln Sie in die Registerkarte ZEILE und geben die gewünschte Höhe (hier: 3,25 cm) an und wählen im Drop-down-Feld ZEILENHÖHE den Eintrag GENAU aus.

Entfernen Sie nun die Rahmenlinien bis auf die untere Linie für die Postanschrift des Absenders:

1. Markieren Sie die Tabelle.

2. Wechseln Sie im Register ENTWURF in den Abschnitt TABELLENVORLAGEN; wählen Sie nun im Drop-down-Feld RAHMEN den Eintrag KEIN RAHMEN aus.

3. Klicken Sie nun in die Zelle, welche die Postanschrift des Absenders aufnehmen soll.

4. Markieren Sie diese, indem Sie in der Registerkarte LAYOUT in der Gruppe TABELLE im Drop-down-Feld AUSWÄHLEN den Eintrag ZELLE AUSWÄHLEN anklicken.

5. Wechseln Sie nun in das Register ENTWURF in den Abschnitt TABELLENVORLAGEN; wählen Sie nun im Drop-down-Feld RAHMEN den Eintrag RAHMENLINIE UNTEN aus.

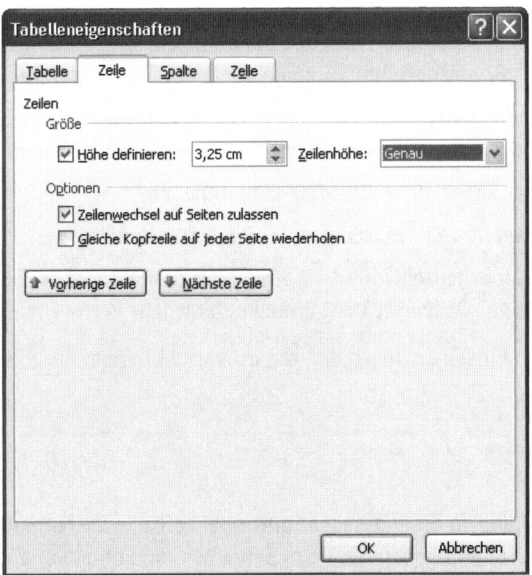

Abbildung 3.16: Festlegen der Zeilenhöhen in der Kopfzeile

Nach jeder Tabelle gibt Word zwingend noch eine Absatzmarke aus, die nicht gelöscht werden kann. Da diese Absatzmarke verhindert, dass die anderen Tabellenbereiche im Textbereich „nahtlos" an die Tabelle angrenzen, müssen wir sie also „unsichtbar" machen. Hierzu stehen uns folgende Möglichkeiten zur Verfügung:

1. Markieren Sie den Absatz, und aktivieren Sie das Register START. Klicken Sie im Abschnitt SCHRIFTART auf den Pfeil rechts unten. Aktivieren Sie nun in der Registerkarte SCHRIFTART das Kontrollkästchen AUSGEBLENDET

oder

2. markieren Sie diesen Absatz, klicken Sie im Register START im Abschnitt SCHRIFTART in das Drop-down-Feld SCHRIFTGRAD. Tragen Sie hier den Wert „1" ein, und bestätigen Sie die Eingabe mit ⏎. Nun ist dieser Absatz auf 1 pt verkleinert. Damit ist er zwar nicht unsichtbar, aber doch kaum mehr sichtbar.

Diese Vorgehensweise hat folgende Vorteile:

■ Sie brauchen, um für die erste und die Folgeseiten unterschiedliche Kopf- und Fußzeilen anzulegen, keinen Abschnittswechsel einzufügen und zu bearbeiten.

■ Sie können jedes Tabellenfeld separat formatieren, um unterschiedliche Schriftgrößen oder Ausrichtungen (z.b. zentriert, linksbündig, rechtsbündig) einzustellen.

■ Jedes Tabellenfeld kann mit eigenen Rahmen versehen werden. Diese Rahmen können nur einen Teil des Feldes umfassen oder auch das ganze Feld einschließen.

■ Sie können einzelne Felder schattieren oder farbig hinterlegen.

■ Sie können Zellen waagerecht und senkrecht miteinander verbinden.

■ Sie können den einzelnen Tabellenzeilen und -spalten über das Kommando EIGENSCHAFTEN im Register LAYOUT im Abschnitt TABELLE millimetergenaue Werte zuweisen.

Weisen Sie anschließend den einzelnen Textteilen die im Vorfeld bereits definierten Formatvorlagen zu.

Achtung

Bitte weisen Sie keiner Angabe im Briefkopf, der Kopf- oder Fußzeile die Formatvorlage „Standard" zu. Nur dann können Sie beim Schreiben die Formatvorlage „Standard" nach Belieben verändern, um den Text Ihren Wünschen gemäß anzupassen, ohne den Briefkopf zu zerstören.

3.8.2 Einbinden von Grafiken (Wappen, Logos etc.)[7]

Sofern kein spezieller Grund dagegen spricht, sollten Sie grafische Elemente im Briefkopf immer fest mit der Dokumentvorlage speichern. Achten Sie dabei aber grundsätzlich darauf, dass Ihr Wappen/Logo als kleine (!) Datei (max. 40 KB) zur Verfügung steht.

Die Grafik fügen Sie wie folgt in Ihren Briefkopf ein:

1. Rufen Sie im Register EINFÜGEN in der Gruppe ILLUSTRATIONEN den Befehl GRAFIK auf (Shortcut Alt, I, F).

2. Suchen Sie im Dialog GRAFIK EINFÜGEN das gewünschte Wappen.

---

7. Siehe hierzu Kapitel XXX, Seite XXX ff

3. Sobald Sie das gewünschte Wappen angeklickt haben, klicken Sie in dem Dialog GRAFIK EINFÜGEN auf die Schaltfläche EINFÜGEN:

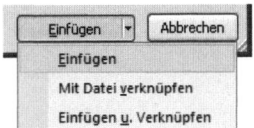

Abbildung 3.17: Einfügen einer Grafik

Die Optionen MIT DATEI VERKNÜPFEN und EINFÜGEN UND VERKNÜPFEN sollten Sie nicht auswählen, da bei E-Mail-Nachrichten das Wappen nicht beim Empfänger ankommt und Sie in der Firma dafür sorgen müssen, dass auf allen Rechnern in Bezug auf die Firmenwappen identische Pfade vorhanden sind.

3.8.3 Falzmarken setzen

Für einen Kopfbogen benötigen Sie insgesamt drei Falzmarken, um anschließend das Schreiben sauber falten zu können, sowie – aus historischen Gründen – eine Warnmarke (die Warnmarke diente früher bei der Schreibmaschine als Hinweise darauf, dass der Text sich dem Seitenende nähert). Die Positionen[8] der Falzmarken hängen von dem jeweiligen Layout des Formulars ab. Für die Briefköpfe mit der Form „A" und der Form „B" gelten die folgenden Maße und Positionen:

Marke	Form A		Form B	
	Horizontale Pos.	Vertikale Pos.	Horizontale Pos.	Vertikale Pos.
Obere Falzmarke	0,0 cm	8,70 cm	0,0 cm	10,50 cm
Lochmarke	0,5 cm	14,85 cm	0,5 cm	14,85 cm
Untere Falzmarke	0,0 cm	19,20 cm	0,0 cm	21,00 cm
Warnmarke	0,5 cm	ca. 23,70 cm	0,5 cm	ca. 23,70 cm

Tabelle 3.7: Positionen der Falzmarken

---

8. Sowohl die horizontale als auch die vertikale Position wird von der Seite gemessen (!), nicht vom Absatz. Nur so können Sie sicherstellen, dass die Textmarken exakt (und vom Text unabhängig) ausgerichtet werden.

Für alle Marken gelten eine Länge von 0,5 cm sowie eine Höhe von 0,25 cm. Sie fügen die Falzmarken mit den folgenden Schritten ein:

Wechseln Sie in die Kopfzeile; damit stellen Sie sicher, dass die Falzmarken nicht versehentlich mit dem Text verschoben werden.

1. Wechseln Sie in die Registerkarte EINFÜGEN, und klicken Sie im Abschnitt ILLUSTRATIONEN den Splitbutton FORMEN an.

2. Wählen Sie nun in der Gruppe LINIEN die Schaltfläche LINIEN aus, und ziehen Sie eine Linie in das Dokument.

Abbildung 3.18: Auswahl der Linie für die Falzmarken aus dem Panel FORMEN

3. Klicken Sie nun mit der rechten Maustaste auf die Linie, wählen im Kontextmenü den Befehl AUTOFORM FORMATIEREN... aus und weisen dieser im Kontextmenü die benötigten Eigenschaften zu.

Tipp

Eine waagerechte Linie (ebenso wie einen 45°- oder 90°-Winkel) erhalten Sie am einfachsten, indem Sie während des Zeichenvorgangs die ⇧-Taste gedrückt halten, während Sie die Linie aufziehen (dies ermöglicht es Ihnen, Linien in 15-Grad-Winkeln vom Ausgangspunkt festzulegen).

---

4. Klicken Sie anschließend mit der rechten Maustaste auf die so gezogene Linie, und geben Sie im Dialogmenü AUTOFORM FORMATIEREN in der Registerkarte GRÖSSE die benötigte Breite ein:

5. Wechseln Sie anschließend in die Registerkarte LAYOUT, klicken Sie auf die Schaltfläche VOR DEN TEXT, und anschließend auf die Schaltfläche WEITERE...

6. Nun gelangen Sie in den Dialog ERWEITERTES LAYOUT. Hier können Sie die o.g. Positionsangaben der Falzmarken eingeben. Bitte achten Sie aber darauf, dass Sie bei der POSITION die Einstellung SEITE eingetragen haben. Ansonsten sind die Einstellungen nämlich von dem jeweils eingestellten Seitenrand abhängig:

Abbildung 3.19: Das erweiterte Layout

Hinweis

Manche Drucker können nicht bis zum Papierrand drucken. Sollten Sie einen solchen Drucker haben, dann rücken Sie am besten alle Falzmarken auf 0,5 cm ein.

3.8.4 Eingaben in der Fußzeile

Wechseln Sie nun in die Fußzeile, indem Sie in der Registerkarte ENTWURF in der Gruppe NAVIGATION auf das Symbol ZUR FUSSZEILE WECHSELN klicken. Hier können Sie nun die Seitennummerierung der ersten Seite sowie die sonstigen Firmenangaben wie Adresse, allgemeine Kontaktinformationen und Bankverbindungen eingeben.

Seitennummerierung auf der ersten Seite

Die Seitenzahlen werden in WinWord generell als Feld in die Kopf- oder Fußzeile eingetragen. Da wir bereits dafür gesorgt haben, dass die erste Seite eine eigene Kopf- und Fußzeile enthält, können wir nun bei der Seitennummerierung bequem zwischen der ersten und den Folgeseiten unterscheiden. Dies ist immer dann erforderlich, wenn Sie die Seitennummerierung auf der ersten Seite nur haben wollen, wenn auch wirklich eine Folgeseite vorhanden ist, d.h., wenn das Schreiben mindestens zwei Seiten lang ist.

Genügt Ihnen eine einfache Seitennummerierung, dann wählen Sie im Register EINFÜGEN in der Gruppe KOPF- UND FUSSZEILE im Drop-down-Feld FUSSZEILE bzw. SEITENZAHL einfach den gewünschten Eintrag aus. Allerdings wird dann immer, d.h. auch bei einem Schreiben von nur einer Seite, die Seitenzahl „1" angezeigt.

Soll die Seitenzahl dagegen „intelligent" sein, d.h. darauf reagieren, ob mehr als eine Seite vorhanden ist, müssen wir dies mithilfe der Feldfunktion „IF" realisieren. Dabei folgt die IF-Bedingung der folgenden Syntax:

Wenn	Dann	Sonst
Anzahl Seiten > aktuelle Seite	„..."	„"

Tabelle 3.8: Syntax der Seitenzahl auf der ersten Seite

Das bedeutet: Sofern mindestens eine Folgeseite vorhanden ist, werden drei Punkte (...) ausgegeben, hat das Schreiben dagegen nur eine Seite, wird keine Zeichenfolge ausgegeben. Um diese Feldfunktion zu erzeugen, gehen Sie bitte wie folgt vor:

1. Erzeugen Sie an der Stelle, an der Sie die Feldfunktion benötigen, mit Strg + F9 ein neues, leeres Feld, erkennbar an dem Paar der geschweiften Klammern.

2. Tragen Sie in die Klammern das Wort „If" ein, und fügen Sie anschließend über das Register EINFÜGEN in der Gruppe TEXT aus dem Drop-down-Feld SCHNELLBAUSTEINE und dem Eintrag FELD das Feld „Numpages" ein. (Alternativ fügen Sie mit der Tastenkombination Strg + F9 ein neues, leeres Feld ein und tragen hier das Wort „Numpages" ein; die Groß-/Kleinschreibung spielt hier übrigens keine Rolle.)

3. Tragen Sie nach dem Feld „Numpages" das Zeichen „>" ein.

4. Fügen Sie anschließend über das Register Einfügen in der Gruppe Text aus dem Drop-down-Feld Schnellbausteine und dem Eintrag Feld das Feld „Page" ein. (Alternativ fügen Sie mit der Tastenkombination ⎡Strg⎤ + ⎡F9⎤ ein neues, leeres Feld ein und tragen hier das Wort „Page" ein.)

5. Drücken Sie nun auf die ⎡Leertaste⎤, um ein Leerzeichen einzugeben.

6. Den „Dann"-Wert fügen Sie nun ein, indem Sie zunächst ein Anführungszeichen eingeben, gefolgt von der ⎡↵⎤-Taste (Abstandhalter zwischen Text und Seitenzahl). Anschließend fügen Sie drei Punkte oder alternativ den Text „Seite 1" ein. Drücken Sie nun nochmals auf die ⎡↵⎤-Taste, um den Abstand zwischen der Seitennummerierung und den sonstigen geschäftlichen Angaben zu erhalten, und schließen Sie den Dann-Wert mit einem Anführungszeichen ab.

7. Drücken Sie nun auf die ⎡Leertaste⎤, um ein weiteres Leerzeichen einzugeben.

8. Den „Sonst"-Wert fügen Sie nun ein, indem Sie einfach zwei Anführungszeichen eingeben. Dies bedeutet, dass bei nur einer Seite keinerlei Text ausgegeben wird.

9. Markieren Sie zum Schluss die gesamte Feldfunktion, und aktualisieren Sie den Wert mit der ⎡F9⎤-Taste.

Die entsprechende Feldfunktion sieht somit wie folgt aus:

```
{·If·{·Numpages·}·>·{·Page·}·"¶
...¶
"."."·}¶
```

Abbildung 3.20: Die Seitenzahl auf der ersten Seite

Sonstige vorgeschriebene Angaben in der Fußzeile

Angaben wie Anschrift, Registergericht, Geschäftsführer, Kontoverbindungen etc. sind vorgeschrieben oder zumindest sinnvoll. Diese Angaben werden üblicherweise in der Fußzeile der ersten Seite untergebracht.

Legen Sie einfach unterhalb der Seitennummerierung eine Tabelle mit den benötigten Zeilen und Spalten an. Tragen Sie dort die gewünschten Angaben ein, und entfernen Sie aus der Tabelle die automatisch eingefügten Rahmenlinien. Dies hat den Vorteil, dass die Tabelle automatisch gleiche Spaltenbreiten erzeugt und – im Gegensatz zu Tabulatoren – sich der Inhalt immer in der gleichen Spalte befindet (notfalls wird der Text umbrochen).

Die Absatzmarke unterhalb der Tabelle können Sie wie im Abschnitt 3.8.1, Kopfzeile, Wappen und Absenderinfo, Seite 83 f., beschrieben ausblenden. Die komplette Fußzeile sollte nun ähnlich wie die folgende Abbildung aussehen:

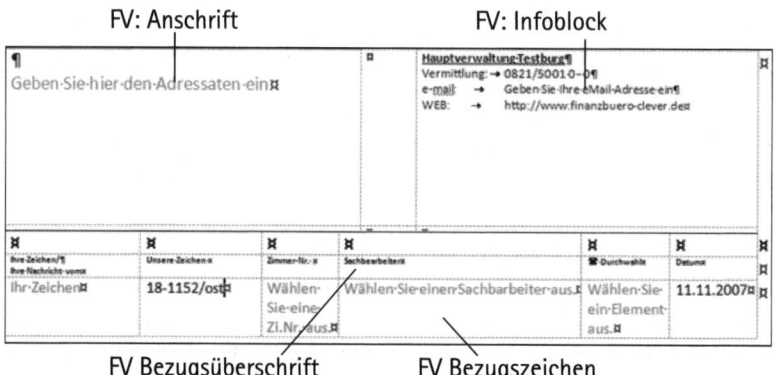

Abbildung 3.21: Die komplette Fußzeile der ersten Seite

Schließen Sie nun die Kopf- und Fußzeile, indem Sie im Register ENTWURF in der Gruppe SCHLIESSEN auf das Icon KOPF- UND FUSSZEILE SCHLIESSEN klicken.

3.8.5 Anschriftenfeld, Bezugsüberschrift und Bezugszeichenzeile

Das Anschriftenfeld, die Bezugsüberschrift und die Bezugszeichenzeile werden zweckmäßigerweise auch wieder als Tabelle gestaltet, aber **außerhalb der Kopfzeile, im Textbereich.** Nur so wird gewährleistet, dass die einzelnen Felder einfach und schnell ausgefüllt werden können:

In der nachfolgenden Grafik ist dieser Teil des Briefkopfes mit den jeweils verwendeten Formatvorlagen (Abkürzung „FV") angezeigt:

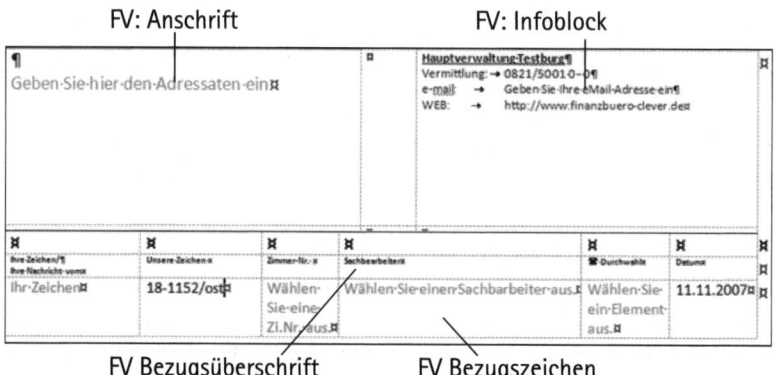

Abbildung 3.22: Anschriftenfeld, Bezugsüberschrift und Bezugszeichenzeile als Tabelle

Auch diesen Teil des Briefkopfes gestalten Sie am einfachsten wieder als Tabelle. Die benötigten Maße können Sie wiederum der folgenden Übersicht entnehmen:

Art	Tabellenhöhe
Tabellenhöhe Empfängeranschrift	3,43 cm
Tabellenbreite Empfängeranschrift	8,50 cm
Tabellenhöhe Abstandszeile	0,50 cm
Bezugsüberschrift	0,25 cm
Bezugszeichenzeile	0,60 cm

Tabelle 3.9: Maße für die Adresseingabe und Bezugszeichen

Die Bezugszeichenzeile beginnt lt. Vorschrift (DIN 5008) 8,5 mm unter dem Adressfeld und ist zweizeilig. Die Leitwörter haben definierte Abstände vom linken Seitenrand, aus denen sich dann die entsprechenden Spaltenbreiten errechnen. Fügen Sie nach der Abstandszeile eine weitere Tabelle mit der Bezugsüberschrift und der Bezugszeichenzeile ein, wobei die Tabelle die oben genannten Maße haben sollte.

Von der Möglichkeit, die Bezugszeichenzeile mit Tabulatoren auszurichten, sollte man Abstand nehmen, da u.U. zu große Einträge in einer Spalte alle weiteren Einträge nach rechts verschieben. Wird dagegen eine Tabelle verwendet, so besteht diese Gefahr nicht.

Leitwörter	Position, vom linken Blattrand gemessen	Spaltenbreite
Ihr Zeichen, Ihre Nachricht vom	2,41 cm	5,08 cm
Unser Zeichen, Unsere Nachricht vom	7,49 cm	5,08 cm
Telefon, Name	12,57 cm	5;08 cm
Datum	17,65 cm	2,79 cm

Tabelle 3.10: Ausrichtung der Bezugszeichenzeile

Falls Sie mehr Spalten benötigen, teilen Sie die Tabellenzeile in die benötigte Anzahl und variieren anschließend die entsprechenden Spaltenbreiten. Die Tabellenzeile teilen Sie, indem Sie die Zeile markieren und danach in der Registerkarte LAYOUT im Abschnitt ZUSAMMENFÜHREN auf ZELLEN TEILEN klicken.

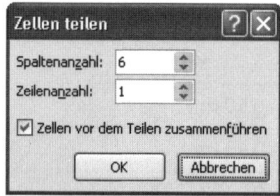

Abbildung 3.23: Teilen von Tabellenzeilen

Die Eingaben im Adressfeld bestehen gem. DIN 5008 aus neun Zeilen, die wie folgt belegt werden:

Zeilennummer	Inhalt
Zeile 1	Leer
Zeile 2	Leer
Zeile 3	Sendungsart, besondere Versendungsformen, Vorausverfügungen
Zeile 4	Empfängerbezeichnung (z.B. Frau, Herr, Firma)
Zeile 5	Empfängername
Zeile 6	Straße mit Hausnummer oder Postfach mit Nummer
Zeile 7	Postleitzahl und Bestimmungsort
Zeile 8	Leer
Zeile 9	Leer

Tabelle 3.11: Inhalt des Adressfeldes nach DIN 5008

Achtung

Vergessen Sie bitte auch hier nicht, den einzelnen Tabellen- und Textteilen die dazugehörige Formatvorlage zuzuweisen.

Fügen Sie nun noch die Textteile hinzu, die Sie ständig benötigen, wie z.B.:

- Anlagen
- hier:
- mit freundlichen Grüßen
- I.A.

3.8.6 Infoleiste am rechten Blattrand

Viele Firmen, Behörden und private Personen versehen ihre Briefköpfe inzwischen mit einer Infoleiste am rechten Blattrand. Diese ist zwar in den DIN-Normen nicht vorgesehen und kann auch nicht empfohlen werden, da hier die Übersichtlichkeit für den Empfänger des Briefes kaum mehr gewahrt ist – Briefinhalt und Bezugsinformationen verschmelzen zu sehr. Andererseits ähnelt diese Art der Gestaltung stark der Optik vieler Internetseiten und wird daher von Behörden und Firmen zunehmend als „modern" empfunden.

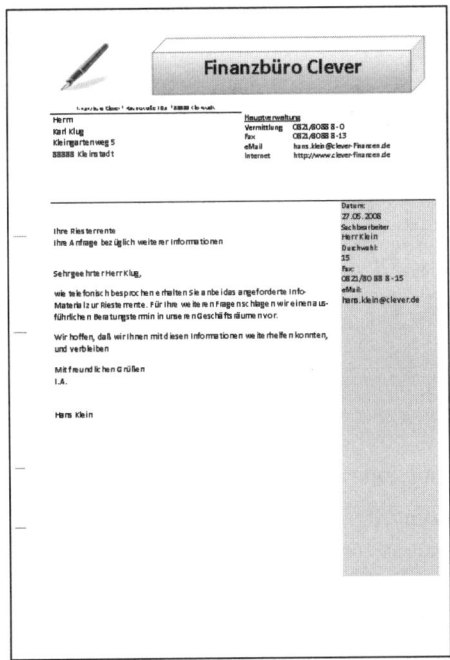

Abbildung 3.24: Ein Schreiben mit Infoleiste am rechten Blattrand

Die Infoleiste können Sie auf zwei Arten realisieren, nämlich:

- mit Positionsrahmen oder
- mit Textfeldern

Die Infoleiste mit Positionsrahmen

Wählen Sie den Positionsrahmen, können Sie die Infoleiste mit folgenden Schritten erstellen:

1. Wechseln Sie unmittelbar unter den Bereich mit der Anschrift oder in die Kopfzeile.
2. Aktivieren Sie das Register ENTWICKLERTOOLS, indem Sie zunächst die OFFICE-Schaltfläche anklicken und dann unter WORD-OPTIONEN in der Kategorie HÄUFIG VERWENDET das Kontrollkästchen ENTWICKLERREGISTERKARTE IN DER MULTIFUNKTIONSLEISTE ANZEIGEN aktivieren. Bestätigen Sie die Eingaben mit ⏎.
3. Wechseln Sie nun in die Registerkarte ENTWICKLERTOOLS.
4. Klicken Sie nun in dem Abschnitt STEUERELEMENTE auf das Drop-down-Symbol LEGACY-TOOLS, und wählen Sie in der ersten Zeile das Symbol HORIZONTALEN RAHMEN EINFÜGEN aus (Shortcut Alt, W, Y, P):

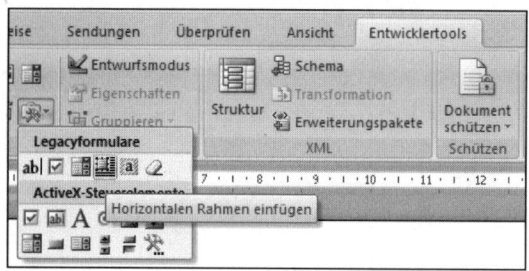

Abbildung 3.25: Einfügen eines Positionsrahmens

5. Ziehen Sie nun mit der Maus den Positionsrahmen an der gewünschten Stelle auf.
6. Klicken Sie anschließend den Positionsrahmen mit der rechten Maustaste an, und wählen Sie das Kommando POSITIONSRAHMEN FORMATIEREN... an. Geben Sie hier die gewünschte Breite und Höhe an, und wählen Sie in dem Bereich TEXTFLUSS den Eintrag UMGEBEND aus.

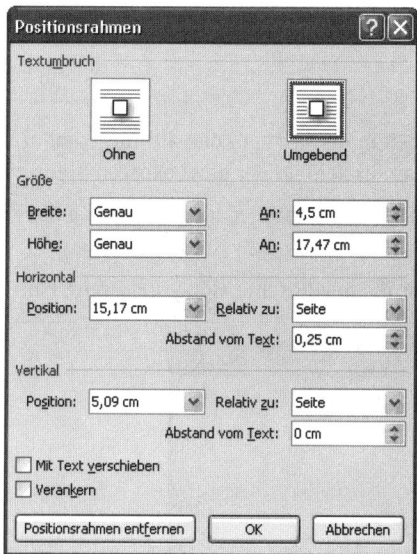

Abbildung 3.26: Die Maße für den Positionsrahmen

7. Klicken Sie den Positionsrahmen ein zweites Mal mit der rechten Maustaste an, und wählen Sie im Kontextmenü das Kommando RAHMEN UND SCHATTIERUNG... an

8. Klicken Sie dort auf die Auswahl OHNE, um den Rahmen zu entfernen, bzw. wählen Sie die gewünschte Rahmenart, und beenden Sie den Dialog mit OK.

9. Geben Sie den gewünschten Inhalt ein, und weisen Sie dem Text im Positionsrahmen nun die Formatvorlagen „Infoblock" oder, sofern unterschiedliche Formatierungen gewünscht sind, „Bezugsüberschrift" und „Bezugszeichen" zu.

Die Infoleiste mit Textfeld

Das Erstellen der Infoleiste mithilfe eines Textfeldes funktioniert auf ähnliche Weise:

1. Wechseln Sie unmittelbar unter den Bereich mit der Anschrift oder in die Kopfzeile.

2. Wechseln Sie in die Registerkarte EINFÜGEN, und klicken Sie im Abschnitt ILLUSTRATIONEN das Drop-down-Feld FORMEN an (Shortcut ⎇Alt, I, B).

Abbildung 3.27: Das Textfeld

3. Klicken Sie hier unter STANDARDFORMEN in der dritten Zeile auf das Symbol TEXT-FELD, und ziehen Sie mit der Maus das Textfeld an der gewünschten Stelle auf.

4. Klicken Sie das Textfeld mit der rechten Maustaste an, und wählen Sie das Kommando TEXTFELD FORMATIEREN... an.

5. Geben Sie in der Registerkarte GRÖSSE die gewünschte Höhe und Breite ein:

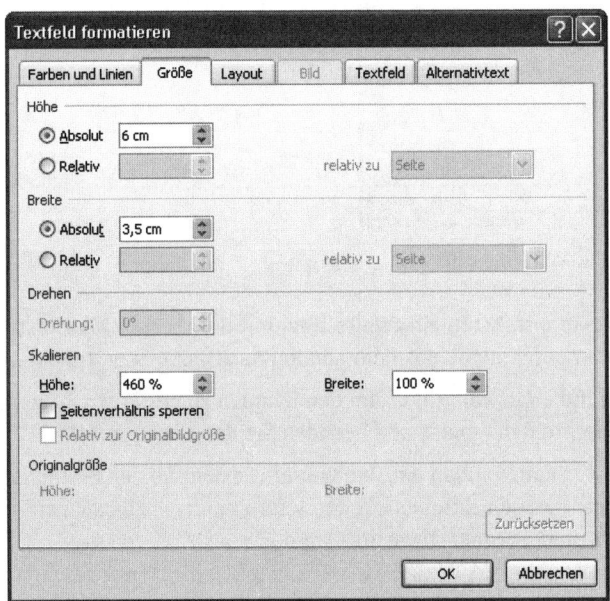

Abbildung 3.28: Größe des Textfeldes festlegen

6. Klicken Sie nun in der Registerkarte LAYOUT auf RECHTECK, und wechseln Sie über die Schaltfläche WEITERE... in die Registerkarte BILDPOSITION. Geben Sie hier nun die exakte, von Ihnen gewünschte Position in Abhängigkeit von der Seite ein:

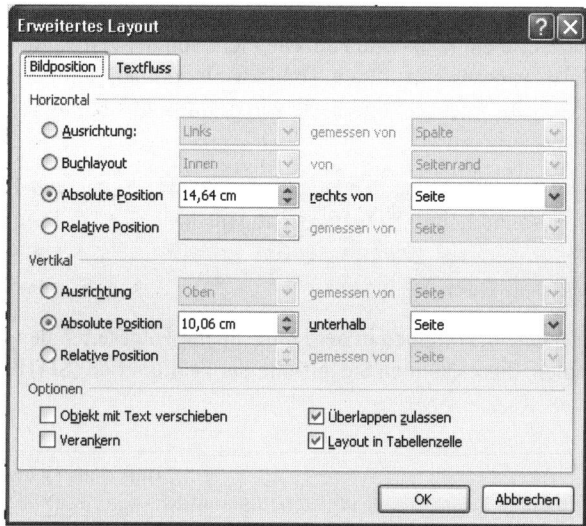

Abbildung 3.29: Position des Textfeldes festlegen

7. Entfernen Sie ggf. in der Registerkarte FARBEN UND LINIEN den evtl. vorhandenen Rahmen, bzw. wählen Sie die gewünschte Rahmenart.

8. Geben Sie nun den gewünschten Inhalt ein, und weisen Sie dem Text im Textfeld nun die Formatvorlagen „Infoblock" oder, sofern unterschiedliche Formatierungen gewünscht sind, „Bezugsüberschrift" und „Bezugszeichen" zu.

Sie können nun im Textbereich den gewünschten Text eingeben (Betreff, Bezug oder den eigentlichen Text). Dieser „fließt" nun um den Text im Infoblock herum.

3.9 Folgeseiten

Legen Sie nun eine Folgeseite an (wählen Sie z.B. in der Registerkarte SEITENLAYOUT in der Gruppe SEITE EINRICHTEN im Drop-down-Feld UMBRÜCHE den Eintrag SEITE aus (Shortcut [Alt], [Y], [B]), oder fügen Sie so viele Absatzmarken ein, dass eine weitere Seite angelegt wird). Anschließend können Sie die Kopfzeile für die Folgeseiten anlegen, indem Sie im Register EINFÜGEN in der Gruppe KOPF- UND FUSSZEILE auf das Drop-down-Feld KOPFZEILE klicken und hier für den Eintrag einen der drei Vorschläge für Kopfzeilen auswählen oder auf den Eintrag KOPFZEILE BEARBEITEN klicken. Da Sie bereits eine spezielle Kopf- und Fußzeile für die erste Seite angelegt haben[9], brauchen Sie nun für die Folgeseite die Kopf- und Fußzeile nicht von der ersten zu trennen oder einen Abschnittswechsel einzufügen, sondern Sie können sofort in die Kopf- und Fußzeile der 2. Seite wechseln und diese wie gewünscht z.B. mit Seitennummerierungen gestalten.

Im Grunde genommen erfolgt dies analog den Eingaben zur ersten Seite, wobei hier u.U. noch die folgenden Besonderheiten zu berücksichtigen sind.

3.9.1 Verweis auf den Betreff

Es ist sicherlich pfiffig, in einem Schreiben in der Kopfzeile der Folgeseiten den Text des Betreffs zu wiederholen. Dieses können Sie mithilfe der Feldfunktion „STYLEREF" realisieren:

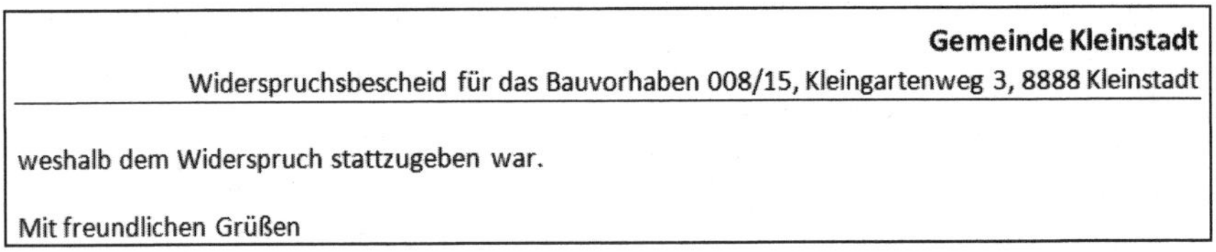

	Gemeinde Kleinstadt
Widerspruchsbescheid für das Bauvorhaben 008/15, Kleingartenweg 3, 8888 Kleinstadt	
weshalb dem Widerspruch stattzugeben war.	
Mit freundlichen Grüßen	

Abbildung 3.30: Folgeseite mit Verweis auf den Bezug des Schreibens

Die korrekte Syntax der Feldfunktion lautet:

```
{·STYLEREF··Betreff·\·\*·MERGEFORMAT·}
```

Abbildung 3.31: Feldfunktion für den Verweis auf den Betreff

Diesen Verweis erstellen Sie mit folgenden Schritten:

1. Klicken Sie in der Kopfzeile an die Stelle, an welcher der Betreff wiederholt werden soll.

2. Drücken Sie die Tastenkombination Strg + F9 . Nun wird ein neues, leeres Feld eingefügt, das Sie an den geschweiften Klammern erkennen.

---

9. Vgl. Kapitel 3.3, Erste Seite anders, Seite 69

3. Geben Sie in das Feld den Text „STYLEREF Betreff \l" ein; soll die Formatierung mit dem Text übereinstimmen, muss der Text lauten: „STYLEREF Betreff \l * MERGEFORMAT".

4. Aktualisieren Sie das Feld anschließend mit der ⌐F9⌐-Taste.

Sie können diesen Verweis natürlich auch über das Menü erstellen:

1. Kicken Sie im Register EINFÜGEN in der Gruppe TEXT auf das Drop-down-Feld SCHNELL-BAUSTEINE.

2. Klicken Sie hier auf die Schaltfläche FELD, und suchen Sie in der Kategorie „Alle" nach dem Feld „Styleref".

3. Suchen Sie nun im Listenfeld FORMATVORLAGENNAME nach dem gewünschten Eintrag.

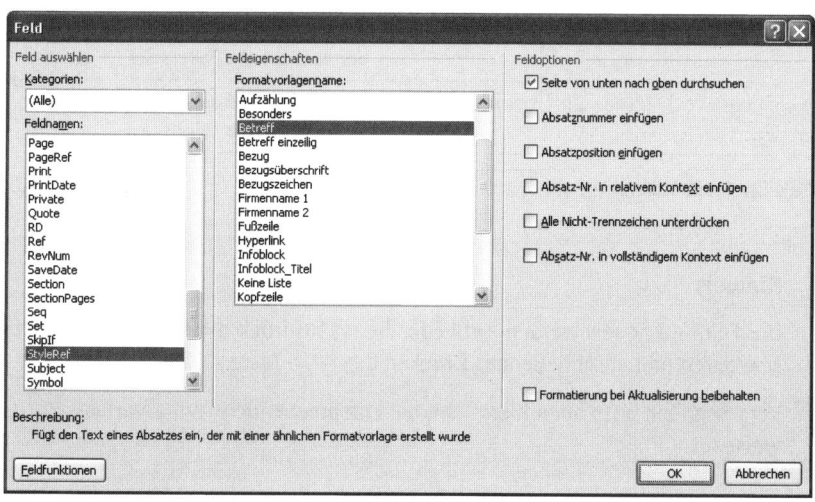

Abbildung 3.32: Einfügen eines Verweises auf eine Formatvorlage

Auf die gleiche Weise können Sie auch den Text des Bezugs in der Kopfzeile der Folgeseiten einfügen, der Text muss dann lediglich auf „STYLEREF Bezug \l" abgeändert werden.

3.9.2 Seitennummerierung der Folgeseiten

Die Seitennummerierung der Folgeseiten erfolgt ähnlich wie die der 1. Seite, wobei hier von vornherein klar ist, dass mindestens zwei Seiten vorhanden sind. Es genügt somit, zur Seitennummerierung das Feld {Page} einzufügen, das die jeweils aktuelle Seite anzeigt.

Falls Sie allerdings in der Fußzeile einen Verweis auf die jeweilige Folgeseite eintragen wollen, stehen Ihnen die folgenden Feldfunktionen[10] zur Verfügung:

Funktion	Bedeutung
{={{Page} +1 }	Verweis auf die Folgeseite (zählt die aktuelle Seite um jeweils „1" hoch, allerdings auch auf der letzten Seite ...)
{If{Page}<>{NumPages} „{={Page}+1}" „"}	Unterdrückt auf der letzten Seite den Verweis auf die Folgeseite
{If{NumPages}>{Page} „{={Page}+1}" „"}	Unterdrückt auf der letzten Seite den Verweis auf die Folgeseite

Tabelle 3.12: Nummerierung der Folgeseiten

Hinweis

Die Feldfunktionen werden entweder beim Ausdruck aktualisiert oder durch Markieren und anschließendes Drücken der ⌐F9⌐-Taste.

Vergessen Sie bitte auch hier nicht, die entsprechenden Formatvorlagen zuzuweisen!

Anschließend schließen Sie bitte die Kopf- und Fußzeile und löschen den Seitenumbruch bzw. die Absatzmarken, welche die zweite Seite erzeugt haben. Das Formular wird sich dann immer mit der ersten Seite öffnen und je nach Textlänge automatisch die Folgeseiten (mit den von Ihnen gestalteten Einträgen) anlegen.

---

10. Die Erstellung der Feldfunktionen erfolgt entsprechend der Beschreibung im Kapitel „Seitennummerierung auf der ersten Seite", Seite 90.

3.10 Das Datum

3.10.1 Vorüberlegungen

Zu jedem Formular gehört das richtige Datum, um die Aktualität des Schreibens oder Antrags prüfen zu können. Was beim Schreiben ganz simpel ist, wirft bei EDV-Formularen aber eine Reihe von Fragen auf.

Das Datum kann prinzipiell auf vier verschiedene Arten eingegeben werden:

1. Von Hand
2. Als Feldfunktion
3. Als Inhaltssteuerelement
4. Per VBA-Routine

Wo liegt nun das Problem, bzw. weshalb lohnt es sich, sich hierüber Gedanken zu machen?

Fügen Sie das Datum von Hand ein, so können Sie immer das jeweilige Datum exakt so eingeben, wie Sie es wünschen oder benötigen, und Sie können sicher sein, dass es keine unliebsamen Überraschungen gibt. Sie haben aber leider zusätzlichen – und auf Dauer nervigen – Schreibaufwand.

Wählen Sie dagegen den Weg über eine Feldfunktion, so fügt Word das Datum „wie von Geisterhand" ein. So toll diese Methode auch ist, hat sie doch den großen Nachteil, dass das Datum jedes Mal aktualisiert wird, wenn Sie das fertige Dokument wieder öffnen oder ausdrucken. Sie haben also später im Dokument nie das ursprüngliche Datum – **ein Umstand, der vor allem im gewerblichen Bereich zu erheblichen Problemen führen kann!** Hinzu kommt, dass Sie das Datum nur ändern können, wenn Sie **zuerst das gesamte Feld löschen** – eine Korrektur einzelner Zahlen ist bei Feldfunktionen nicht möglich.

Eine Alternative hierzu kann sein, das Datum über VBA beim Anlegen eines neuen Dokuments einfügen zu lassen. Dies geschieht zum einen genauso leicht wie über eine Feldfunktion, andererseits wird das Datum als Text eingefügt, kann sich also nicht mehr automatisch verändern.

Aber alles der Reihe nach ...

3.10.2 Datum von Hand eingeben

Hierzu ist weiter nichts zu sagen, außer dass es sehr mühsam ist ...

3.10.3 Datum als Feldfunktion

Das Datum können Sie als Feld einfügen, indem Sie im Register EINFÜGEN im Abschnitt TEXT das Drop-down-Feld SCHNELLBAUSTEINE anklicken und hier den Eintrag FELD... auswählen. Wählen Sie hier die Kategorie DATUM UND UHRZEIT aus, können Sie zwischen verschiedenen Feldern auswählen, die Ihnen automatisch das Datum liefern, nämlich „Date", „PrintDate", „CreateDate", „SaveDate" und „Time".

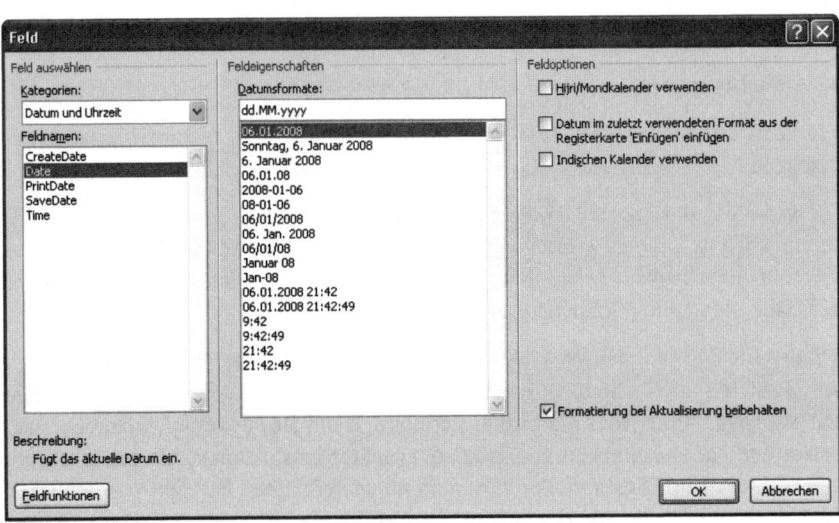

Abbildung 3.33: Einfügen und Formatieren des Feldes „Date"

In diesem Dialog können Sie die Felder auch gleich passend formatieren, entweder indem Sie das passende Format aus der Liste auswählen oder indem Sie in der obersten Zeile das Format von Hand eingeben.

Die Bedeutung der Kürzel können Sie der folgenden Übersicht entnehmen:

Symbol	Bedeutung
M	Die Nummer des Monats ohne führende Null (z.B. 7 für Juli)
MM	Die Nummer des Monat mit führender Null (z.B. 07)
MMM	Der Name des Monats, auf drei Buchstaben gekürzt
MMMM	Der volle Name des Monats
D	Der Tag innerhalb des Monats ohne führende Null
DD	Der Tag innerhalb des Monats mit führender Null
DDD	Der Name des Wochentags, auf drei Buchstaben gekürzt
DDDD	Der vollständige Name des Wochentags
YY	Die Jahreszahl ohne die führende „20"
YYYY	Das Jahr als vierstellige Zahl (also z.B. 2008)
h	Uhrzeit im 24-Stunden-Format ohne führende Null
h	Uhrzeit im 24-Stunden-Format mit führender Null
m	Minuten ohne führende Null
mm	Minuten mit führender Null

Tabelle 3.13: Formatierungsmöglichkeiten bei Datums- und Uhrzeit-Funktionen

Damit können Sie die entsprechende Feldfunktion auch direkt mit der Tastenkombination ⌷Strg⌷ + ⌷F9⌷ eingeben. Die komplette Feldfunktion lautet dann z.B.:
{DATE\@"dd.MM.yyyy"}

Worin liegen nun die Unterschiede der einzelnen Datumsfunktionen? Diese sind in der folgenden Tabelle übersichtlich zusammengefasst:

Feld	Bedeutung
Date	Fügt das aktuelle (System-)Datum ein, wobei das Feld laufend aktualisiert wird; d.h., jedes Mal, wenn das Dokument wieder geöffnet wird, wird das aktuelle Tagesdatum angezeigt
PrintDate	Fügt das Datum ein, an dem das Datum zuletzt ausgedruckt wurde
CreateDate	Fügt das (System-)Datum der Erstellung des Dokuments ein

Feld	Bedeutung
SaveDate	Fügt das Datum ein, an dem das Dokument zuletzt gespeichert wurde
Time	Fügt analog dem Feld „Date" die aktuelle (System-)Zeit ein

Tabelle 3.14: Übersicht über die Datums- und Uhrzeitfunktionen

Aus dieser Beschreibung ergeben sich direkt die damit verbundenen Probleme: Da das Feld {Date} das Datum auch aktualisiert, wenn Sie ein altes Schreiben zu einem späteren Zeitpunkt wieder öffnen, ist es vermutlich sinnvoller, das Feld {CreateDate} einzufügen. Da hier aber das Datum gewählt wird, zu dem das Schreiben das erste Mal angelegt wurde, haben Sie ein Problem, wenn das gleiche Schreiben ein paar Tage später überarbeitet werden muss und in diesem Zusammenhang das Datum aktualisiert werden soll etc. Darüber hinaus müssen Sie berücksichtigen, dass Sie, falls Sie das Datum später korrigieren wollen, das gesamte Datum erneuern, da sonst beim nächsten Ausdruck das Feld aktualisiert und damit Ihre Korrektur zerstört wird.

Sie können natürlich das spätere (ungewollte) Aktualisieren eines Feldes verhindern, indem Sie das eingefügte Datumsfeld in einen Text umwandeln. Dies erreichen Sie, indem Sie dieses Feld markieren, ggf. noch mit F9 aktualisieren und anschließend die Tastenkombination Strg + ⇧ + F9 eingeben. Sie können aber auch das Feld mit Strg + F11 gegen Aktualisierungen sperren; die Sperre lässt sich wiederum mit Strg + ⇧ + F11 wieder rückgängig machen.

Aber wollen Sie sich und Ihren Kollegen dieses wirklich antun?

Fazit: Die Feldfunktionen zum Datum sind für unsere Zwecke nicht zu gebrauchen!

3.10.4 Datum als Inhaltssteuerelement

Office 2007 wartet mit einer ganz neuen Möglichkeit von Steuerelementen auf, den sog. Inhaltssteuerelementen. Diese finden Sie ebenfalls im Register ENTWICKLERTOOLS im Abschnitt STEUERELEMENTE. Bei diesen handelt es sich um einzelne Steuerelemente, die Sie ähnlich wie Formularfelder oder ActiveX-Steuerelemente Vorlagen, Formularen und Dokumenten hinzufügen und anpassen können. Diese haben den großen Vorteil, flexibler als Formularfelder und bei Weitem nicht so störrisch in der Handhabung wie die ActiveX-Steuerelemente zu sein.

An dieser Stelle interessiert nur das sog. Datums-Inhaltssteuerelement:

Abbildung 3.34: Das Datums-Inhaltssteuerelement

Dieses Steuerelement enthält einen Kalender, der sich beim Klicken auf das Drop-down-Feld neben dem Steuerelement öffnet. Sie haben dann die Möglichkeit, hier gezielt mit der Maus ein Kalenderdatum zu übernehmen. Der Nachteil besteht lediglich darin, dass dieses Feld nicht automatisch verändert werden kann.

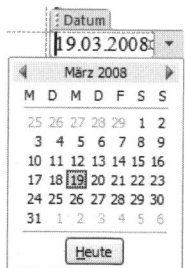

Abbildung 3.35: Das Datums-Inhaltssteuerelement in Aktion

Sie fügen dieses Inhaltssteuerelement mit den folgenden Schritten ein:

1. Öffnen Sie die gewünschte Dokumentvorlage, bzw. legen Sie diese neu an und positionieren den Cursor auf die gewünschte Stelle.

2. Aktivieren Sie das Register ENTWICKLERTOOLS, und wechseln Sie in die Gruppe STEUER-ELEMENTE.

3. Klicken Sie das Datums-Steuerelement an.

4. Um das Steuerelement zu formatieren, klicken Sie entweder im Register ENTWICK-LERTOOLS in der Gruppe STEUERELEMENTE auf EIGENSCHAFTEN, oder Sie klicken das Steuerelement mit der rechten Maustaste an und wählen im Kontextmenü den Befehl EIGENSCHAFTEN.

5. Tragen Sie den Titel und den Tag (Datum!) ein, und wählen Sie das gewünschte Datumsformat aus.

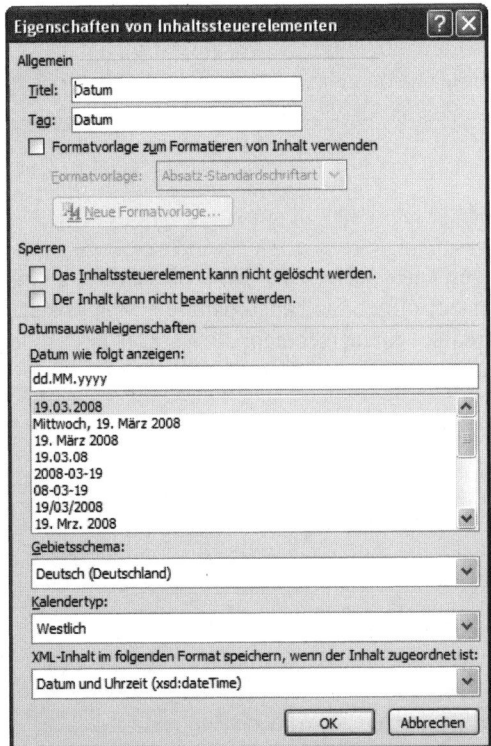

Abbildung 3.36: Die Eigenschaften für das Datums-Inhaltssteuerelement setzen

6. Klicken Sie bei Text-Steuerelementen anschließend in den Text mit der Eingabeaufforderung, und ändern Sie diese nach Ihren Wünschen.

7. Beenden Sie den Entwurfsmodus, indem Sie im Register ENTWICKLERTOOLS in der Gruppe STEUERELEMENTE auf EIGENSCHAFTEN klicken.

Tipp

Leider stellt sich das Inhaltssteuerelement nicht automatisch auf das aktuelle Datum ein. Dies lässt sich aber über eine einfache VBA-Routine, die im nächsten Abschnitt behandelt wird, ändern.

3.10.5 Datum über VBA einfügen

Mithilfe eines einfachen VBA-Makros können Sie das aktuelle Datum problemlos als Text in Ihr Dokument einfügen lassen und umgehen so die oben beschriebenen Probleme. Doch zunächst müssen zwei Begriffe geklärt werden, nämlich:

- Makro und
- VBA

Unter einem Makro versteht Microsoft Tastenanschläge, die mit einem sog. „Makrorekorder" aufgezeichnet werden und jederzeit wieder abgerufen werden können.

Im Gegensatz dazu spricht man von **VBA** („**V**isual **B**asic for **A**pplication"), wenn diese Makros anschließend „von Hand" angepasst bzw. geändert werden. Häufig werden die Begriffe Makro und VBA bzw. Makroprogrammierung und VBA-Programmierung synonym verwandt.

Und nun zu unserem ersten Makro:

1. Öffnen Sie die Dokumentvorlage, und fügen Sie zuerst in Ihrem Kopfbogen an der gewünschten Stelle die Textmarke „Datum" ein (Register EINFÜGEN, Gruppe HYPERLINKS, Button TEXTMARKE).

2. Aktivieren Sie das Register ENTWICKLERTOOLS, indem Sie zunächst auf die OFFICE-SCHALTFLÄCHE und dann den Button WORD-OPTIONEN anklicken. Aktivieren Sie in der Kategorie HÄUFIG VERWENDET das Kontrollkästchen ENTWICKLERREGISTERKARTE IN DER MULTIFUNKTIONSLEISTE ANZEIGEN, und bestätigen Sie mit OK.

3. Klicken Sie im Register ENTWICKLERTOOLS in der Gruppe CODE auf das Icon MAKROS. In der nun folgenden Dialogmaske MAKROS tragen Sie in der ersten Zeile den Namen des Makros ein. Dieser Name sollte immer ein „sprechender" Name sein, darf keine Leerstellen oder Sonderzeichen enthalten, und er soll die Aufgabe kurz erläutern. In unserem Fall bietet sich daher der Name „AktuellesDatumEinfügen" an.

4. Wählen Sie in der Drop-down-Liste „Makros in" den Namen Ihres Word-Formulars bzw. Ihrer Dokumentvorlage (hier die Dokumentvorlage „Das Buch.dotm").

5. Geben Sie noch in der Zeile BESCHREIBUNG eine passende Beschreibung für Ihr Makro ein, z.B.: „Fügt das aktuelle Datum an der Textmarke „Datum" ein". Dies ist vor allem für später wichtig, um einen Überblick über die verschiedenen Makros zu behalten.

6. Klicken Sie nun auf die Schaltfläche ERSTELLEN.

Abbildung 3.37: Erstellen des Makros „AktuellesDatumEinfügen

Nun öffnet sich der sog. VBA-Editor. Hier können Sie Ihre Makros nach Wunsch erstellen, anpassen, überarbeiten etc. Sie können den VBA-Editor auch direkt aufrufen, indem Sie im Register ENTWICKLERTOOLS in der Gruppe CODE die Schaltfläche VISUAL BASIC anklicken oder den Tastatur-Shortcut [Alt] + [F11] eingeben:

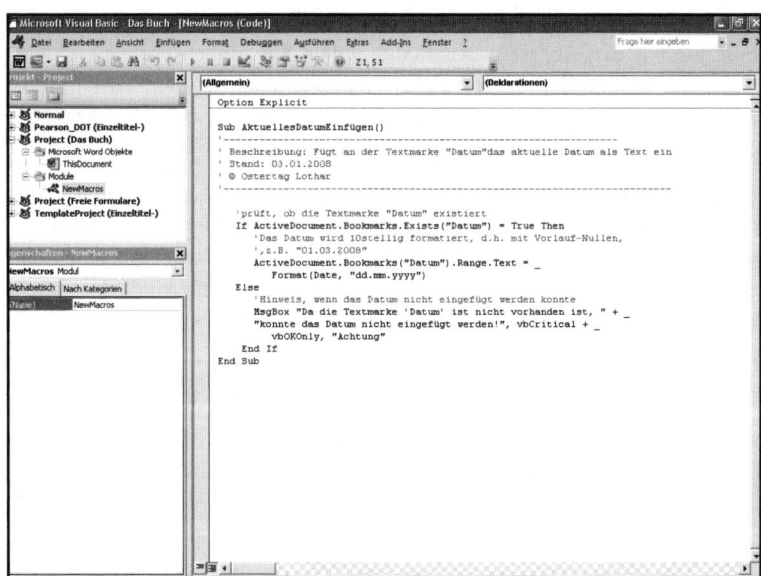

Abbildung 3.38: Der Visual Basic-Editor

Hinweis

Sollten Sie einzelne Fenster versehentlich mit der Maus schließen, können diese über das Menü ANSICHT wieder eingeblendet werden.

Der Projekt-Explorer zeigt alle derzeit geladenen Dokumente und Dokumentvorlagen an, die Träger von VBA-Modulen sein können, darunter auch die „Normal.dot" und unsere Dokumentvorlage („Briefkopf"). Wichtig: Dokumente werden als „Project(<Name>)" bezeichnet, Dokumentvorlagen als „TemplateProject(<Name>)":

Der eigentliche VBA-Code steht in sog. „Modulen". Beim Aufzeichnen eines Makros oder beim Anlegen eines Makros über das Kommando **Erstellen** legt Word automatisch ein Modul mit dem Namen „NewMakros" an. Klicken Sie nun auf dieses Modul „NewMakros", so sehen Sie im Code-Fenster rechts vom Projekt-Explorer den aufgezeichneten Programmcode inklusive der von Ihnen eingegebenen Beschreibung.

Jedes VBA-Programm ist folgendermaßen aufgebaut:

```
Sub <Name>()
Programmzeilen
...
End Sub
```

Der besseren Übersichtlichkeit halber sollte man in jedem Fall eine ausführliche (!) Beschreibung (Kommentar) hinzufügen. Diese ist vor allem wichtig, wenn der Programmcode zu einem späteren Zeitpunkt verbessert oder erweitert werden soll. Kommentare werden erzeugt, indem man vor den Text ein „'" setzt, also z.B.:

```
Sub NeuesProgramm()
'Dies ist ein Kommentar
...
Programmzeilen
...
End Sub
```

111

```
Option Explicit

Sub AktuellesDatumEinfügen()
'-------------------------------------------------------------------
' Beschreibung: Fügt an der Textmarke "Datum"das aktuelle Datum als Text ein
'-------------------------------------------------------------------

    'prüft, ob die Textmarke "Datum" existiert
    If ActiveDocument.Bookmarks.Exists("Datum") = True Then
        'Das Datum wird 10stellig formatiert, d.h. mit Vorlauf-Nullen,
        ',z.B. "01.03.2008"
        ActiveDocument.Bookmarks("Datum").Range.Text = _
            Format(Date, "dd.mm.yyyy")
    Else
        'Hinweis, wenn das Datum nicht eingefügt werden konnte
        MsgBox "Da die Textmarke 'Datum' ist nicht vorhanden ist, " + _
        "konnte das Datum nicht eingefügt werden!", vbCritical + _
            vbOKOnly, "Achtung"
    End If
End Sub
```

Abbildung 3.39: Das Code-Fenster mit dem kompletten Makro „AktuellesDatumEinfügen"

Geben Sie nun bitte wie in der Abbildung 3.39, dargestellt den folgenden Programm-code ein:

```
Sub AktuellesDatumEinfügen()
'-------------------------------------------------------------------
' Beschreibung: Fügt an der Textmarke "Datum" das aktuelle Datum als Text ein
'-------------------------------------------------------------------

    'prüft, ob die Textmarke "Datum" existiert
    If ActiveDocument.Bookmarks.Exists("Datum") = True Then
        'Das Datum wird zehnstellig formatiert, d.h. mit Vorlauf-Nullen,
        'z.B. "01.03.2008"
        ActiveDocument.Bookmarks("Datum").Range.Text = _
            Format(Date, "dd.mm.yyyy")
    Else
        'Hinweis, wenn das Datum nicht eingefügt werden konnte
        MsgBox "Da die Textmarke 'Datum' nicht vorhanden ist, " + _
        "konnte das Datum nicht eingefügt werden!", vbCritical + _
            vbOKOnly, "Achtung"
    End If
End Sub
```

Listing 3.4: AktuellesDatumEinfügen

Dieses Programm prüft zunächst, ob die Textmarke „Datum" vorhanden ist. Ist dies nicht der Fall, so wird ein Warnhinweis ausgegeben, ansonsten wird das Systemdatum über den Formatbefehl wie gewünscht formatiert und an der Textmarke „Datum" ausgegeben.

Wollen Sie auf den Hinweis verzichten, lassen Sie einfach die folgenden Zeilen weg. In diesem Fall erfolgt kein Warnhinweis:

```
„      Else    'Hinweis, wenn das Datum nicht eingefügt werden konnte
              MsgBox "Da die Textmarke 'Datum' nicht vorhanden ist, " + _
              "konnte das Datum nicht eingefügt werden!", vbCritical + 
              vbOKOnly, "Achtung"
```

Listing 3.5: Der Code-Teil mit dem Warnhinweis

Hinweis

Lassen Sie den „Format"-Befehl weg (die Zeile lautet dann „ActiveDocument.Bookmarks("Datum").Range.Text = Date"), so verwendet Word als Datumsformat die Einstellung aus der Systemsteuerung. Daher sollte das Datum unbedingt exakt formatiert werden.

Dieses VBA-Skript können Sie bereits testen, indem Sie im Register ENTWICKLERTOOLS im Abschnitt CODE das Icon MAKROS anklicken und anschließend im Listenfeld MAKRONAME das Makro „AktuellesDatumEinfügen" doppelklicken bzw. dieses auswählen und dann auf AUSFÜHREN klicken.

Aber: Das Skript soll ja automatisch beim Anlegen eines neuen Schreibens auf der Grundlage unserer Dokumentvorlage starten (und zwar ohne dass der Benutzer ein Makro aufruft)! Es gibt mehrere Möglichkeiten, dieses zu bewerkstelligen. Die einfachste besteht darin, oberhalb des Makros „Sub AktuellesDatumEinfügen()" einfach das Makro „Sub AutoNew()" mit den folgenden Zeilen einzufügen:

```
Sub AutoNew()
Call AktuellesDatumEinfügen
End Sub
```

Listing 3.6: Das VBA-Skript „DatumEinfügen" automatisch aufrufen

Das Makro „AutoNew" startet automatisch, wenn Sie das Formular über den Menüpunkt NEU in der OFFICE-SCHALTFLÄCHE oder per Doppelklick aus dem Explorer aufrufen.

Hinweis

Das Schlüsselwort „Call" ist an dieser Stelle zwar nicht unbedingt notwendig, weist aber unmittelbar darauf hin, dass Sie hier eine von Ihnen entwickelte Prozedur und keinen VBA-Befehl aufrufen. Damit wird der Code erheblich übersichtlicher.

Speichern Sie nun Ihr Formular und schließen es. Sobald Sie nun die OFFICE-SCHALTFLÄCHE anklicken und über den Befehl NEU einen neuen Brief schreiben, wird – sofern die Textmarke Datum eingefügt wurde – an dieser Stelle das aktuelle Datum eingefügt. Öffnen Sie dagegen das Dokument, indem Sie die OFFICE-SCHALTFLÄCHE anklicken und den Befehl ÖFFNEN aufrufen, startet das Makro nicht.

Haben Sie dagegen ein Datum-Inhaltssteuerelement verwendet, können Sie diesem das aktuelle Datum wie folgt zuweisen:

1. Wechseln Sie mit der Tastenkombination $\boxed{\text{Alt}}$ + $\boxed{\text{F11}}$ in den VBA-Editor und wählen im Projekt-Explorer das aktuelle Formular.

2. Importieren Sie über den Menübefehl DATEI|IMPORTIEREN die Klasse „clsContentControls.cls" von der Begleit-CD.

3. Legen Sie nun das Makro AktuellesDatumEinfügen() mit dem folgenden Code an:

```
Sub AktuellesDatumEinfügen()
    Dim cCCS As New clsContentControls

    cCCs.CCTextHinzufügen "Datum", Format(Date, "dd.mm.yyyy")
End Sub
```

Listing 3.7: Aktivieren der Klasse clsContentControls

Nun wird diesem Inhaltssteuerelement beim Anlegen eines neuen Dokuments das aktuelle Datum zugewiesen, die Funktionalität des Inhaltssteuerelements bleibt aber erhalten. D.h.: Der Sachbearbeiter kann zu jedem Zeitpunkt mithilfe des Kalenders hier ein neues Datum auswählen.

Sollten diese Makros nicht starten, haben Sie vermutlich die Makros deaktiviert. Dies können Sie einstellen, indem Sie die OFFICE-SCHALTFLÄCHE anklicken, danach die Schaltfläche WORD-OPTIONEN auswählen und den Abschnitt VERTRAUENSSTELLUNGS-CENTER auswählen. Klicken Sie hier auf die Schaltfläche EINSTELLUNGEN FÜR DAS VER-TRAUENSSTELLUNGSCENTER, und wechseln Sie in den Abschnitt EINSTELLUNGEN FÜR MAKROS:

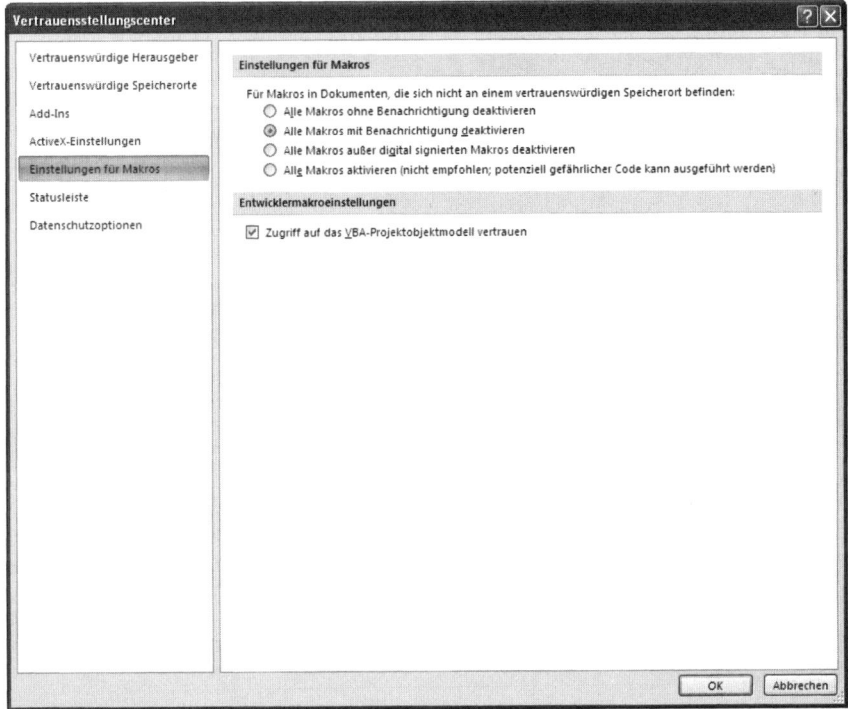

Abbildung 3.40: Die Makrosicherheitseinstellungen

Wählen Sie hier entweder die Einstellung

- ALLE MAKROS MIT BENACHRICHTIGUNG DEAKTIVIEREN (= die frühere Einstellung „Mittel") oder die Einstellung

- ALLE MAKROS AKTIVIEREN (NICHT EMPFOHLEN, POTENZIELL GEFÄHRLICHER CODE KANN AUSGE-FÜHRT WERDEN) (= die frühere Einstellung „Niedrig") aus.

Wählen Sie die zweite Alternative, werden Makros in jedem Fall ausgeführt, bei der ersten Alternative können Sie selber beeinflussen, ob die Makros ausgeführt werden sollen. Sie erhalten allerdings keine Informationen über die Namen der auszuführenden Makros oder deren Inhalt.

Falls Sie die Alternative ALLE MAKROS AUSSER DIGITAL SIGNIERTEN MAKROS DEAKTIVIEREN wählen, müssen Sie Ihr Makro entweder mit einem privaten Zertifikat oder besser mit einem professionellen VBA-Zertifikat eines Trust-Centers zertifizieren. Näheres zu den Zertifikaten erkläre ich später.

Wenn Sie ein Antivirenprogramm installiert haben, das mit Microsoft Office zusammenarbeitet, und die zu öffnende Datei Makros enthält, wird die Datei vor dem Öffnen auf bekannte Viren untersucht.

Achtung

Da die Gefahr von Makroviren gerade bei WinWord extrem hoch ist, sollte das Ausschalten dieser Sicherheitsstufe nur erfolgen, wenn sichergestellt ist, dass Sie einen aktuellen Virenscanner laufen haben, der auch imstande ist, Makroviren zu erkennen und ggf. zu beseitigen!

Eine andere Alternative wäre, die Vorlagenordner als sog. vertrauenswürdige Speicherorte zu definieren. Das Besondere daran ist: Dokumente und Dokumentvorlagen aus diesen Orten unterliegen nicht der allgemeinen Sicherheitsüberprüfung, d.h., Sie benötigen kein Zertifikat, um diese Makros laufen zu lassen.

Achtung

Sofern Sie die Möglichkeit haben, sollten Sie trotzdem den Weg über das Zertifikat gehen und die Sicherheitsstufe hochsetzen, da diese Variante natürlich wieder eine Sicherheitslücke darstellt. Alternative: Sie versehen den vertrauenswürdigen Speicherort mit einem Schreibschutz!

3.11 Die Eingabe des Zooms

Ganz entscheidend für die Handhabung eines Formulars ist auch, wie die Darstellung auf der Bildschirmseite erfolgt: ob der Bildschirm ausgenutzt wird oder nicht. Den Zoomfaktor stellen Sie im Register ANSICHT in der Gruppe ZOOM ein. Die sicherlich wichtigste Einstellung ist die Einstellung SEITENBREITE: (Shortcut $\boxed{\text{Alt}}$, $\boxed{\text{F}}$, $\boxed{\text{Q}}$).

Abbildung 3.41: Die Befehle zum Zoom

Die Schaltfläche ZOOM ermöglicht es Ihnen dagegen, frei einen beliebigen Zoomfaktor auszuwählen, wobei Sie im Drehfeld PROZENT auch einen beliebigen Wert (maximal 500) eingeben können:

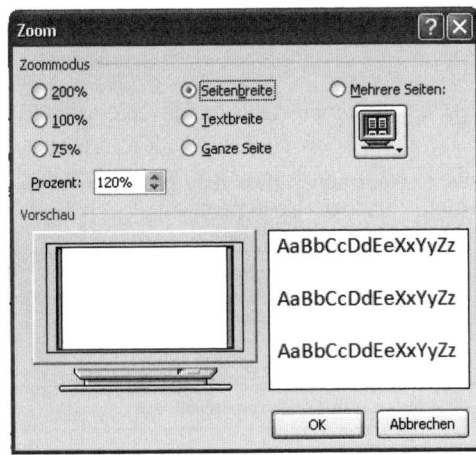

Abbildung 3.42: Die Einstellmöglichkeiten der Schaltfläche ZOOM

Grundsätzlich merkt sich unsere Dokumentvorlage die Einstellungen, mit der sie gespeichert wird, u.a. auch den Zoomfaktor. Aber die Konfigurationen der PCs sind ja ganz unterschiedlich. Dies beginnt mit der Größe des Monitors, die von 17 Zoll bis

22 Zoll reichen kann, bis zur sehr unterschiedlichen Auflösung der Grafikkarte. Um zu vermeiden, dass jeder Sachbearbeiter „seinen" optimalen Zoom von Hand einstellen muss, können Sie diese Einstellungen automatisiert per VBA einstellen. Folgende VBA-Codes stehen zur Verfügung:

Einstellung	VBA-Code	Besonderheiten
Seitenbreite	ActiveWindow.ActivePane.View.Zoom. PageFit = wdPageFitBestFit	
Textbreite	ActiveWindow.ActivePane.View.Zoom. PageFit = wdPageFitTextFit	Steht erst ab Word 2000 zur Verfügung!

Tabelle 3.15: VBA-Befehle zum Zoom

Legen wir ähnlich wie weiter oben beschrieben ein neues Makro „WordEinstellungen" an. Der entsprechende Code lautet:

```
Sub WordEinstellungen()
ActiveWindow.ActivePane.View.Zoom.PageFit = wdPageFitBestFit
End Sub
```

Listing 3.8: Anpassen des Dokuments an die Seitenbreite

Gleichzeitig sollte auch die Bildschirmgröße auf die Einstellung „Maximieren" optimiert werden. Über den Befehl „ActiveDocument.ActiveWindow.WindowState" können Sie den Bildschirmstatus abrufen, der in einer Word-Konstante gespeichert wird. Folgende Bildschirmstatus und Konstanten stehen zur Verfügung:

Bildschirmstatus	Word-Konstante
Normalansicht	wdWindowStateNormal
Maximaler Bildschirm	wdWindowStateMaximize
Minimaler Bildschirm (nur Symbol)	wdWindowStateMinimize

Tabelle 3.16: Die VBA-Befehle zum Thema „Bildschirmeinstellungen"

Am besten überprüfen Sie zunächst, ob das Fenster maximiert ist, und stellen dann ggf. um. Der entsprechende Aufruf lautet:

```
If ActiveDocument.ActiveWindow.WindowState = wdWindowStateNormal Then
    ActiveDocument.ActiveWindow.WindowState = wdWindowStateMaximize
End If
```

Listing 3.9: Prüfen – und korrigieren – des Fensterstatus

Diesen Code fügen Sie bitte noch in die Prozedur „WordEinstellungen" ein. Die komplette Prozedur lautet dann:

```
Sub WordEinstellungen()
    'Text auf Bildschirmgröße anpassen
    ActiveWindow.ActivePane.View.Zoom.PageFit = wdPageFitBestFit
    'Programmfenster auf den 'Vollbildschirm erweitern
    If ActiveDocument.ActiveWindow.WindowState = wdWindowStateNormal Then
        ActiveDocument.ActiveWindow.WindowState = wdWindowStateMaximize
    End If
End Sub
```

Listing 3.10: Das Makro „WordEinstellungen" mit den Bildschirmanpassungen

Dieses Listing wird in dem AutoStart-Makro mit dem Kommando „Call WordEinstellungen" aufgerufen. Wir müssen das AutoNew-Makro also noch wie folgt ergänzen:

```
Sub AutoNew()
    Call AktuellesDatumEinfügen
    Call WordEinstellungen
End Sub
```

Listing 3.11: Das VBA-Skript „AutoNew" mit dem Aufruf der Einstellungen

Gleichzeitig sollten die Einstellungen auch optimiert werden, wenn das Dokument lediglich geöffnet wird. Auch auf das Öffnen des Dokuments können Sie reagieren. Hierzu benötigen Sie lediglich ein Makro mit dem Namen „AutoOpen()". Dieses Makro enthält lediglich die Zoom-Optimierungen und muss daher wie folgt lauten:

```
Sub AutoOpen()
    Call WordEinstellungen
End Sub
```

Listing 3.12: Das VBA-Skript „AutoOpen" mit dem Aufruf der Einstellungen

3.12 Eine fortlaufende Nummer (Aktenzeichen, Rechnungsnummer etc.)

Ein häufiges Problem ist die Eingabe einer fortlaufenden Nummer in ein Dokument. Dies kann z.B. eine Rechnungsnummer oder ein Aktenzeichen sein.

Falls Sie keine zentrale Datenbank zur Verfügung haben, die diese Nummern verwaltet, realisieren Sie dies am besten über eine sog. INI-Datei, die zentral auf dem Firmenserver gespeichert ist und auf die alle Mitarbeiter Zugriff haben.

INI-Dateien sind ASCII-Dateien (d.h. Textdateien), die Informationen nach Sektionen geordnet speichern. Heute sind neben den INI-Dateien auch noch sog. INF-Dateien in Gebrauch, die sich aber lediglich durch die Dateiendung von den INI-Dateien unterscheiden. Jede Sektion einer INI-Datei wird durch „[]" gebildet, z.B.: [Sachbearbeiter]. Nachfolgend ein Ausschnitt aus einer möglichen INI-Datei:

[Sachbearbeiter]

Sachbearbeiter=Herr Klein

Unterschrift=Klein

Titel=Diplom-Kaufmann

Zimmer=115

Telefon=12

Fax=0821/321

EMAIL=klein@xyz.de

[Abteilung]

Leiter=Huber

Abteilungsname=Controlling

Beachten Sie hierbei, dass Werte, die in INI-Dateien gespeichert sind, immer vom Typ „String" sind. Wollen Sie mit diesen Werten rechnen, müssen Sie den Datentyp also erst in einen Zahlentyp umwandeln!

In Word können Sie mit dem VBA-Befehl System.PrivateProfileString in INI-Dateien speichern bzw. aus INI-Dateien auslesen. Die Syntax dieses Befehls lautet:

```
System.PrivateProfileString("<Name der INI-Datei>", "Sektion", "Wert") = "Wert"
```

Listing 3.13: Speichern von Werten in einer INI-Datei

Achtung

Sie können bei „Name der INI-Datei" verschiedene Vorgaben machen:

Legen Sie nur den Namen fest, also z.b. „Benutzer", wird die Datei als „Benutzer.INI" im Windows-Ordner gespeichert.

Legen Sie nur den Namen inkl. Endung fest, also z.b. „Benutzer.inf", wird die Datei als „Benutzer.inf" im Windows-Ordner gespeichert.

Legen Sie nur den Namen inkl. Pfad fest, also z.b. „c:\Benutzerdaten\Benutzer.ini", wird die Datei im angegebenen Ordner als „Benutzer.ini" gespeichert.

Falls die Datei oder der zu speichernde Eintrag noch nicht existiert, werden sie automatisch angelegt; falls Sie einen Ordner als Speicherort angeben, muss dieser bereits existieren.

Das Auslesen der INI-Dateien erfolgt ähnlich:

```
Variable =System.PrivateProfileString("<Name der INI-Datei>", "Sektion", "Wert")
```

Listing 3.14: Auslesen von Werten aus einer INI-Datei

Die Lösung mit dem Befehl System.PrivateProfileString hat allerdings einen kleinen Schönheitsfehler: Sie funktioniert nämlich nur in Word. Darüber hinaus müssten wir etliche Zeilen Code schreiben, um den ausgelesenen Wert in eine Zahl umzuwandeln, diese hochzuzählen und anschließend wieder zurückzuschreiben. Um Ihnen die Handhabung der fortlaufenden Zahl so weit wie möglich zu vereinfachen und außerdem eine universelle Lösung zu bieten, die sowohl in Word als auch in Excel, Access oder Outlook funktioniert, habe ich Ihnen das Klassenmodul clsINI erstellt. Importieren Sie dieses zunächst in die Dokumentvorlage:

1. Rufen Sie den VBA-Editor mit [Alt] + [F11] auf.
2. Markieren Sie im Projekt-Explorer die aktuelle Dokumentvorlage.

3. Rufen Sie den Menüpunkt DATEI|DATEI IMPORTIEREN auf, suchen die Datei clsINI.cls und klicken auf ÖFFNEN. Das Klassenmodul „clsINI" wird nun in Ihr VBA-Projekt eingefügt.

4. Wiederholen Sie den Schritt 3 mit den Dateien „modAutomakros.bas" und „mod-Briefkopf.bas".

5. Ergänzen Sie das Modul „modBriefkopf" oberhalb des ersten Makros „Sub AktuellesDatumEinfügen()" um die Zeile „Dim cINI As New clsINI". Damit machen Sie die Befehle dieser Klasse verfügbar.

6. Ergänzen Sie das Modul „modBriefkopf" um die folgende Prozedur:

```
Sub AktenzeichenErstellen()
    Dim strAZ As String 'Variable für das Aktenzeichen

    strAZ = cINI. AZAuslesen("<Name der INI-Datei>", "Sektion",
    "Default-Wert") 'Aktenzeichen auslesen und um 1 hochsetzen
    With ActiveDocument
        .Bookmarks("AZ1").Range.Text = strAZ
    End With
End Sub
```

Listing 3.15: Auslesen des neuen Aktenzeichens und Ausgeben an die Textmarken „AZ1" und „AZ2"

7. Damit das Aktenzeichen nur zugewiesen wird, wenn auch wirklich ein neues Dokument erstellt wird, ergänzen Sie bitte noch das Makro „Sub AutoNew()" um die Zeile „Call AktenzeichenErstellen"

```
Sub AutoNew()
    Call AktuellesDatumEinfügen
    Call WordEinstellungen
    Call AktenzeichenErstellen
End Sub
```

Den kompletten Code können Sie in der Datei „Mitteilung einer Aktennummer.dotm" nachlesen.

Hinweis

Das Auslesen und die Aktualisierung der INI-Datei erfolgt extrem schnell (im Millisekundenbereich!). Trotzdem kann – vor allem in Großbetrieben, in denen gleichzeitig sehr viele Mitarbeiter neue Nummern vergeben – nicht ausgeschlossen werden, dass es zu Zugriffskonflikten kommen kann (leider können Sie die INI-Datei nicht für die Dauer der Aktualisierung sperren). In diesen Fällen sollte also geprüft werden, ob diese Funktionalität nicht besser von einer Datenbank verwaltet wird.

3.13 Dateneingabe

Standarddaten können über verschiedene Methoden automatisiert eingegeben werden – je nach Automatisierungsgrad. Folgende Techniken bieten sich an:

- Sprungmarken
- Eingabefelder
- Formularfelder
- Inhaltssteuerelemente
- VBA-Eingabemasken

3.13.1 Die Feldfunktion „Macrobutton" als Sprungmarke

Häufig sieht man folgende „Eingabefelder" in Formularen:

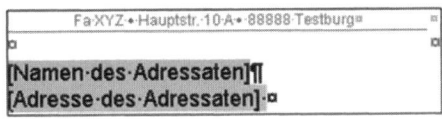

Abbildung 3.43: Das Feld „Macrobutton" als Eingabefeld

Diese Felder werden als Feldfunktion erstellt. Die Syntax lautet z.B.:

{·Macrobutton·Nomacro·[Namen·des·Adressaten]}

Abbildung 3.44: Die Syntax eines Makrobuttons

Das Feld „Macrobutton" hat folgende Bestandteile:

Bezeichnung	Bedeutung
Macrobutton	Name des Feldes
NoMacro	Makro, das beim Anklicken aufgerufen wird. Dieses Makro darf hier nicht vorhanden sein, da ansonsten der entsprechende Befehl gestartet wird, daher die Bezeichnung „NoMacro" (= KeinMakro).
[Name des Adressaten]	Hier geben Sie die Meldung ein, die im Feld angezeigt wird (hier wird die Meldung „Name des Adressaten" in eckigen Klammern ausgegeben).

Tabelle 3.17: Elemente des Feldes „Macrobutton"

Auf den ersten Blick ist dies eine verführerische – und vor allem schnelle – Lösung. Sie hat aber den großen Nachteil, dass man hier jedes Feld einzeln mit der Maus anklicken muss, um die entsprechende Eingabe zu machen.

Alternativ können die einzelnen Felder über die Tastenkombination [F11] der Reihe nach angesprungen, markiert und danach überschrieben werden. Mit der Tastenkombination [⇧] + [F11] können Sie auch in die umgekehrte Richtung springen.

Damit Ihre Kollegen gleich wissen, wie sie den Kopfbogen ausfüllen sollen, bietet es sich an, in der 1. Zeile den Kommentar einzutragen:

„In die verschiedenen Eingabebereiche können Sie mit der [F11]-Taste springen".

Diesen Vermerk formatieren Sie als „verborgen" und weisen ihm eine auffällige Farbe (Rot oder Blau) wie folgt zu:

Markieren Sie den Text (aber ohne die abschließende Absatzmarke!) und klicken danach im Reiter START in der Gruppe SCHRIFTART auf den Pfeil links unten. Wählen Sie danach im Dialog SCHRIFTART im Drop-down-Feld SCHRIFTFARBE die gewünschte Schriftfarbe, und markieren Sie das Kontrollkästchen AUSGEBLENDET:

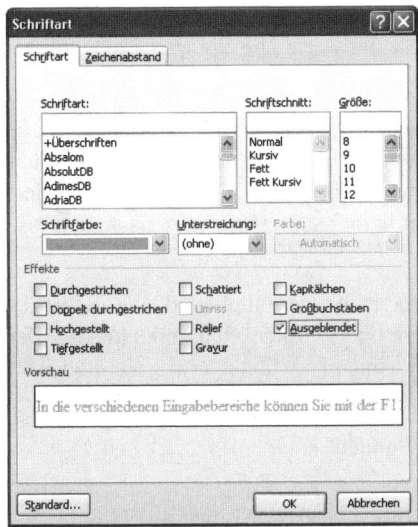

Abbildung 3.45: Formatieren des Bearbeitungshinweises

Dies funktioniert natürlich nur, wenn dieser Vermerk unabhängig von den jeweiligen Einstellungen in WinWord vom Sachbearbeiter gesehen werden kann, d.h., WinWord muss alle sichtbaren Zeichen anzeigen (aber nicht ausdrucken!). Selbstverständlich können Sie dies manuell in den Word-Optionen einstellen. Sinnvollerweise machen Sie dies aber ebenfalls automatisiert. Der entsprechende Code lautet:

```
If ActiveWindow.View.ShowHiddenText = False Then    'Zeigt verborgenen Text an
    ActiveWindow.View.ShowHiddenText = True
End If
...With Options
    If.PrintHiddenText = True  'Unterdrücken des Ausdrucks von verborgenem Text
        .PrintHiddenText = False
    End if
    If.UpdateFieldsAtPrint = False    ,Aktiviert das Aktualisieren der Felder
    beim Ausdruck
        .UpdateFieldsAtPrint =True
    End IF
...End With
```

Listing 3.16: Automatisiertes Einstellen der Anzeige- und Druckoptionen von verborgenem Text

Mithilfe dieser Befehle wird nun automatisch beim Anlegen eines neuen Dokuments die Einstellung VERBORGENE ZEICHEN ANZEIGEN aktiviert. Alle übrigen Einstellungen bleiben von den Änderungen unberührt.

Sinnvoll ist auch noch der Eintrag „Options.UpdateFieldsAtPrint =True". (Dieser VBA-Befehl ist im obigen Listing in die „With Options ... End With"-Schleife integriert.) Er sorgt automatisch dafür, dass die Felder im Dokument beim Ausdruck aktualisiert werden. So haben Datums- und Seitenfelder immer spätestens beim nächsten Ausdruck den korrekten Wert.

Nebenbei: Durch die Aufteilung des Makrotextes in eine Haupt- und eine Subprozedur sorgen Sie von Anfang an für eine größere Übersichtlichkeit in Ihren Makros. Der Makrotext wird im Folgenden auch noch um einige Funktionen erweitert werden.

Damit Sie nun nicht bei jedem PC die Einstellungen ändern müssen, tragen Sie diese Befehle ebenfalls in das Makro „WordEinstellungen" ein:

```
Sub WordEinstellungen()
    If ActiveDocument.ActiveWindow.WindowState = wdWindowStateNormal
    Then    'Programmfenster
        ActiveDocument.ActiveWindow.WindowState = wdWindowStateMaximize
    End If
    ActiveWindow.ActivePane.View.Zoom.PageFit = wdPageFitBestFit
    'Anzeige des Formulars im Programmfenster

    If ActiveWindow.View.ShowHiddenText = False Then    'Zeigt verborgenen Text an
        ActiveWindow.View.ShowHiddenText = True
    End If
    With Options
        If.PrintHiddenText = True 'Unterdrücken des Ausdrucks von verborgenem Text
            .PrintHiddenText = False
        End if
        If.UpdateFieldsAtPrint = False    ,Aktiviert das Aktualisieren der Felder
        beim Ausdruck
            .UpdateFieldsAtPrint =True
        End IF
End Sub
```

Listing 3.17: Das Makro „WordEinstellungen" mit den Bildschirmanpassungen

3.13.2 Eingabeaufforderung über Fill-In- und ASK-Felder

Mithilfe von Fill-In- und ASK-Feldern können Sie Formulare erstellen, die Sie beim Öffnen zur Eingabe von Daten auffordern. Diese Aufforderung erfolgt in Form einer Input-Box, deren Titel ("Microsoft Office Word") Sie leider nicht beeinflussen können. Pro Eingabe (d.h. pro Feld) müssen Sie eine separate Meldung erstellen, die Reihenfolge beim Aufruf entspricht der Reihenfolge, in der die Fill-In- und ASK-Felder im Formular stehen.

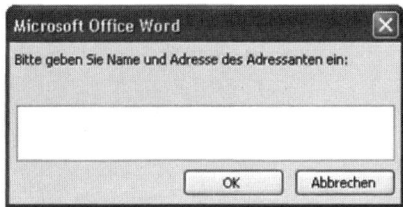

Abbildung 3.46: Ein Input-Feld in Aktion ...

ASK-Felder werden im Gegensatz zu INPUT-Feldern immer dann verwendet, wenn die Information anschließend an mehreren Stellen verfügbar sein soll.

Fill-In-Felder

Eingabeaufforderungen über „Fill-In-Felder" werden folgendermaßen erstellt:

1. Erstellen Sie eine neue Dokumentvorlage.

2. Setzen Sie die Einfügemarke an die Stelle im Dokument, an der das erste Feld eingefügt werden soll.

3. Wählen Sie in der Gruppe EINFÜGEN im Abschnitt TEXT im Drop-down-Feld SCHNELL-BAUSTEINE den Eintrag FELD... aus. Klicken Sie anschließend in der Kategorie SERIEN-DRUCK auf das Feld FILL-IN, und geben Sie hier die benötigten Eingaben ein.

4. Klicken Sie auf OK. Wenn nach Einfügen des Feldes die Eingabeaufforderung angezeigt wird, klicken Sie auf ABBRECHEN.

5. Die Fill-In- und Ask-Felder werden automatisch aktiviert, wenn Sie ein Dokument in Word neu anlegen.

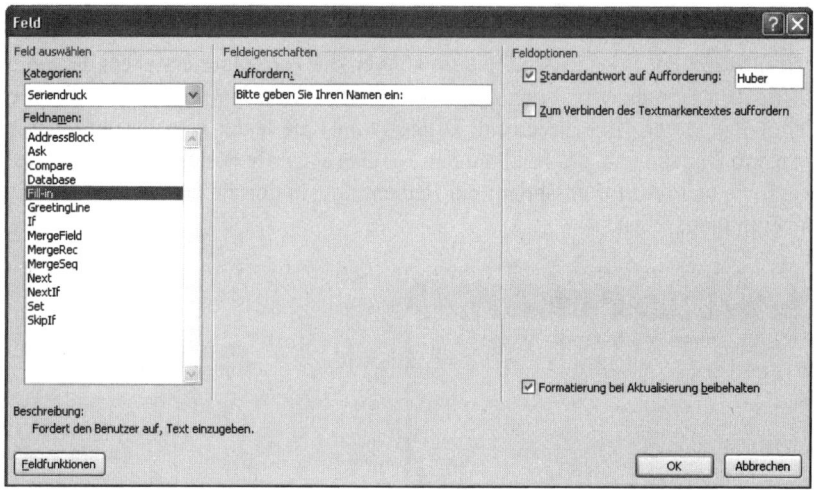

Abbildung 3.47: Erstellen eines „Fill-In"-Feldes

Die Felder werden nun beim Anlegen eines neuen Dokuments nacheinander abgearbeitet, wobei Sie innerhalb eines Feldes auch mehrzeilige Eingaben vornehmen können:

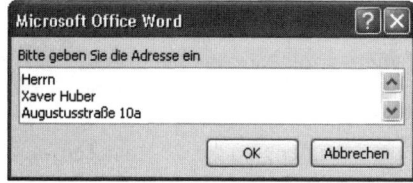

Abbildung 3.48: Dateneingabe über das Feld "Eingeben"

Die beiden Einstellungen „Standardantwort" und „Verbinden des Textmarkentextes" können Sie, wenn Sie die Felder mithilfe der Tastenkombination ⎡Strg⎤ + ⎡F9⎤ anlegen, auch über die Schalter „\d" und „\o" vornehmen, wobei bei Standardschreiben in der Regel nur der Schalter „\d" von Interesse ist.

Sie müssen diese Felder von Hand erzeugen[11], wenn Sie diese mit anderen Feldfunktionen kombinieren. So können Sie z.B. auf die in Word in den Programmoptionen

---

11. Siehe hierzu das Kapitel „Seitennummerierung auf der ersten Seite", Seite 90

hinterlegten „Benutzerinformationen"[12] zugreifen und so den Namen oder die Initialen des Benutzers abfragen. Die Syntax der Feldfunktion lautet in diesen Fällen:

```
{FILL-IN „Bitte geben Sie den Namen ein:" \d"{UserName}" \*MERGEFORMAT}
{FILL-IN „Bitte geben Sie den Namen ein:" \d"{UserInitials}" \*MERGEFORMAT}
```

Listing 3.18: Beispiele für FILL-IN-Felder mit Voreinstellungen aus den Benutzeroptionen

Ask-Felder

Im Gegensatz zu den „Fill-In"-Feldern bestehen ASK-Felder aus zwei Teilen: dem „Ask"-Feld, das eine Information über eine Eingabebox abfragt und diese einer Textmarke zuweist, und (mindestens) einem „Ref-Feld", das die Information an der gewünschten Stelle anzeigt. Dies ermöglicht, dass eine Information lediglich einmal eingegeben, aber an mehreren Stellen im Dokument ausgegeben wird. Die Syntax der Feldfunktion lautet:

```
{Ask Textmarke "Eingabeaufforderung" [Schalter]}
```

Sie können selbstverständlich auch wie bei „FILL-IN"-Feldern in andere Felder – z.B. in ein (Ausdruck-)Feld – eingegebene Informationen verwenden, indem Sie den Namen der Textmarke in die Anweisungen des jeweiligen Feldes einfügen.

Word zeigt auch hier die Eingabeaufforderung bei jeder Aktualisierung des ASK-Feldes an. Eine Antwort bleibt so lange der Textmarke zugewiesen, bis Sie eine neue Antwort eingeben. Die Eingabeaufforderungen über „ASK-Felder" werden folgendermaßen erstellt:

1. Erstellen Sie eine neue Dokumentvorlage.

2. Setzen Sie die Einfügemarke an die Stelle im Dokument, an der das erste ASK-Feld eingefügt werden soll.

3. Wählen Sie im Register EINFÜGEN in der Gruppe TEXT das Drop-down-Feld SCHNELL-BAUSTEINE aus, und klicken Sie hier auf den Befehl FELD... Wählen Sie anschließend in der Kategorie SERIENDRUCK das Feld ASK. Die Antwort des Benutzers wird der Textmarke hinzugefügt, ist also nicht sofort sichtbar.

---

12. Die Benutzerinformationen können Sie in Word festlegen, indem Sie zuerst auf die OFFICE-SCHALTFLÄCHE und anschließend auf WORD-OPTIONEN klicken. Den „Benutzernamen" und die „Initialen" finden Sie unter HÄUFIG VERWENDET, die „Postanschrift" unter ERWEITERT.

4. Geben Sie bei ASK-Feldern im Feld FELDFUNKTIONEN den Text, der in der Eingabeaufforderung angezeigt werden soll, ein, und legen Sie den Namen der Textmarke fest, die den Eintrag aufnehmen soll. Sollte diese Textmarke noch nicht existieren, wird sie von Word automatisch neu angelegt.

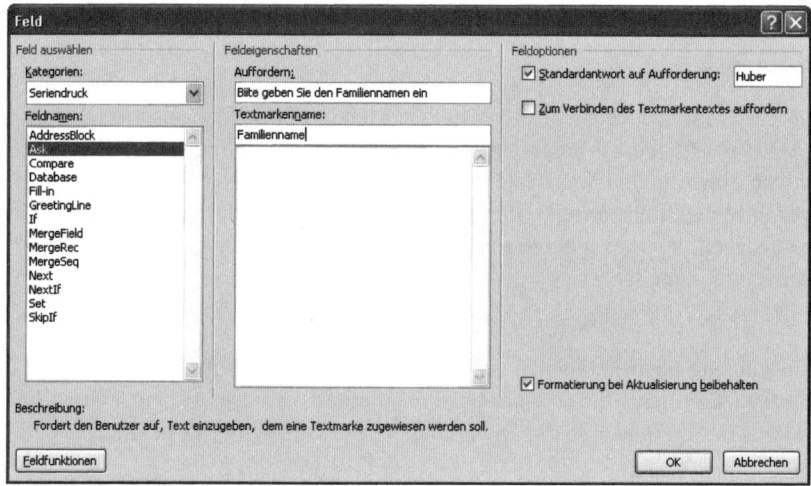

Abbildung 3.49: Erstellen eines ASK-Feldes

5. Um dem Feld optionale Schalter hinzuzufügen, klicken Sie zunächst auf die Schaltfläche FELDFUNKTIONEN und in der Folgemaske auf OPTIONEN.

6. Bestätigen Sie nun Ihre Eingaben mit OK. Wenn nach Einfügen des Feldes die Eingabeaufforderung angezeigt wird, klicken Sie auf ABBRECHEN.

7. Gehen Sie nun zu den Stellen, an denen die gewünschten Daten sehen sollen, und fügen Sie die benötigten „REF"-Felder ein. Sie finden diese in der Kategorie VERKNÜPFUNGEN UND VERWEISE. Wählen Sie hier im Listenfeld TEXTMARKENNAME einfach die benötigten Textmarken aus:

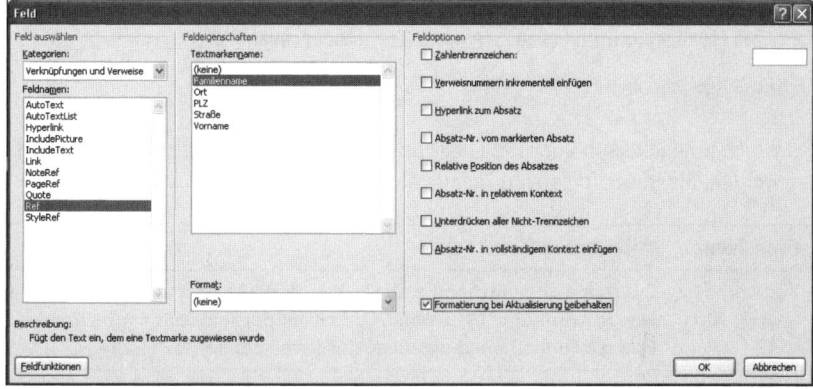

Abbildung 3.50: Erstellen eines REF-Feldes

8. Erstellen Sie ggf. ein VBA-Skript, das nach der Eingabeaufforderung das Feld automatisch in Text umwandelt.

Falls Sie die „ASK"-Felder von Hand mit der Tastenkombination ⌈Strg⌉ + ⌈F9⌉ anlegen, können Sie diese ebenfalls mit verschiedenen Schaltern steuern. Diese entsprechen den Möglichkeiten im Programmdialog und werden vor allem dann benötigt, wenn Sie das ASK-Feld mit anderen Feldfunktionen kombinieren wollen. Folgende Schalter stehen zur Verfügung:

Tabelle 18 Schalter der Feldfunktion „ASK"

Anweisung	Erläuterung
Schalter\d „Standard"	Gibt eine Standardantwort an, wenn Sie keine Antwort im Dialogfeld der Eingabeaufforderung eingeben. Im Feld {ASK Autor „Geben Sie die Initialen des Autors ein:" \d „tds"} wird „tds" der Textmarke „Autor" zugewiesen, wenn Sie keine Antwort eingeben. Wenn Sie keine Standardantwort festlegen, verwendet Word die zuletzt eingegebene Antwort. Um einen leeren Eintrag als Standardantwort festzulegen, geben Sie nach dem Schalter leere Anführungszeichen ein (\d „") oder lassen diese einfach weg.
Schalter \o	Zeigt bei Verwendung in einem Hauptdokument für den Seriendruck die Eingabeaufforderung nur einmal und nicht bei jedem Verbinden eines neuen Datensatzes an. In jedes Seriendruckdokument wird dieselbe Antwort eingefügt.

Tabelle 3.18: Beispiele für ASK-Felder

```
{ASK Sachbearbeiter „Geben Sie Ihren Sachbearbeiternamen ein:" \d „{UserName}" \o}
{ASK Telefondurchwahl „Geben Sie Ihre Telefondurchwahl ein:" \o}
```

Listing 3.19: Beispiele für ASK-Felder

Selbstverständlich kann auch die Funktion „REF" mit verschiedenen Schaltern gesteuert werden, die in der folgenden Tabelle aufgeführt sind:

Anweisung	Erläuterung
Textmarke	Der Name einer Textmarke. Wenn der durch die Textmarke definierte Text eine Absatzmarke (¶) enthält, übernimmt der Text vor dem Textmarke-Feld die Formatierung des Absatzes innerhalb der Textmarke.
Schalter\f	Zählt Fußnoten-, Endnoten- oder Anmerkungsnummern hoch, die durch die Textmarke gekennzeichnet sind, und fügt den entsprechenden Fuß- bzw. Endnoten- oder Anmerkungstext ein. Die Textmarke „Fussnote1" kennzeichnet z.B. das Fußnotenzeichen von Fußnote 1. Das Feld {REF Fussnote1 \f} wird nach Fußnote 2 eingefügt. Als Feldergebnis wird das Fußnotenzeichen „3" im Dokumenttext angezeigt, und der Text von Fußnote 1 wird im Fußnotenausschnitt eingefügt.
Schalter\h	Erstellt einen Hyperlink zu dem durch eine Textmarke definierten Absatz.
Schalter\n	Liefert als Feldergebnis die gesamte Absatznummer ohne nachfolgende Punkte bei Absätzen, auf die mit einer Textmarke Bezug genommen wird. Informationen zu übergeordneten Ebenen werden nur dann angezeigt, wenn diese Teil der aktuellen Ebene sind.
Schalter\p	Liefert als Ergebnis die relative Position des Feldes zur Quelltextmarke; die Anzeige erfolgt mit den Wörtern „oben" bzw. „unten". Wenn das REF-Feld im Dokument vor der Textmarke eingefügt ist, wird als Feldergebnis „unten" angezeigt. Wenn das REF-Feld nach der Textmarke eingefügt ist, wird als Feldergebnis „oben" angezeigt. Wenn das REF-Feld innerhalb der Textmarke eingefügt ist, wird ein Fehler ausgegeben. Dieser Schalter kann auch in Verbindung mit den Schaltern \n, \r und \w eingesetzt werden. In diesem Fall wird „oben" bzw. „unten" an das Ende des Feldergebnisses angehängt.
Schalter\r	Fügt die gesamte Nummer des Absatzes, auf den mit der Textmarke Bezug genommen wird, ohne nachfolgende Punkte in den relativen Kontext ein, d. h. relativ zu seiner Stellung in der Nummerierungsabfolge.

Anweisung	Erläuterung
Schalter\t	Bewirkt, dass das REF-Feld bei gleichzeitiger Verwendung der Schalter \n, \r oder \w nichtnumerischen Text oder Text ohne Trennzeichen unterdrückt. Mithilfe dieses Schalters können Sie z.B. auf „Abschnitt 1.01" verweisen, und als Ergebnis wird lediglich „1.01" geliefert.
Schalter\w	Fügt die Nummer des Absatzes, auf den mit der Textmarke Bezug genommen wird, an jeder beliebigen Stelle des Dokumentes mit dem gesamten Kontext ein. Bei einem Verweis auf Absatz „ii." liefert ein REF-Feld mit dem Schalter \w als Ergebnis beispielsweise „1.a.ii".

Tabelle 3.19: Schalter der Feldfunktion „REF"

Beispiel

Das folgende ASK-Feld fordert den Benutzer zur Eingabe von Daten auf, wenn das Feld aktualisiert wird, und weist anschließend die Antwort des Benutzers der Textmarke „Sachbearbeiter" zu. Das REF-Feld wiederum ruft den Inhalt der Textmarke ab:

```
{ASK Sachbearbeiter „Bitte geben Sie den Sachbearbeiternamen an." }
```
Das Ergebnis des folgenden „Ref"-Feldes zeigt die Antwort des Benutzers an:
```
{REF Sachbearbeiter }
```

Listing 3.20: Beispiele für das Erstellen eines ASK-Feldes sowie die Abfrage seines Ergebnisses

---

Hinweis

Wenn Sie Text einfügen, den Sie an einer anderen Stelle im selben Dokument kopiert haben, wird über den Befehl INHALTE EINFÜGEN (Menü BEARBEITEN) ein REF-Feld mit der Textmarke DDE_LINKn eingefügt, wobei die Zahl n automatisch hochgezählt wird. Sie sollten eine DDE_LINKn-Textmarke in einem REF-Feld nicht ändern. Beachten Sie auch, dass REF-Felder mit DDE_LINKn-Textmarken in Hauptdokumenten für den Seriendruck während des Seriendruckvorgangs Fehler verursachen können.

VBA-Skript zum automatischen Umwandeln der FILL-IN- und ASK-Felder

Die FILL-IN- und ASK-Felder starten automatisch beim Anlegen eines neuen Dokuments. Da aber die Felder beim Drucken nochmals aktualisiert werden, poppen die Eingabe-dialoge beim Druck nochmals auf und fragen die Informationen ein zweites Mal ab. Dies ist natürlich nicht unbedingt das, was wir wollen. Schließlich wird in diesem Fall der ursprüngliche Feldinhalt durch die neue Eingabe verändert. Daher sollten wir dieses unterbinden. Die beste Möglichkeit hierzu ist, die Felder in normalen Text umzuwandeln. Sie können dies manuell mit der Tastenkombination ⌈Strg⌉ + ⌈⇧⌉ + ⌈F9⌉ erreichen.

Das folgende VBA-Skript „FelderDeaktivieren" automatisiert diesen Vorgang: Es durch-läuft der Reihe nach alle Felder des Dokuments und prüft den Feldcode, ob die Schlüs-selwörter „ASK" und „FILLIN" der gleichnamigen Felder im Feldcode enthalten sind. Falls ja, wird der Feldinhalt (also z.B. der Sachbearbeitername) komplett in regulären Text umgewandelt. Der hierfür benötigte Code lautet:

```
Sub FelderDeaktivieren()
'-------------------------------------------------------------------------
    'Durchläuft alle Felder des Dokuments und prüft, ob der Suchstring
    '(z.B. "FILLIN") Teil des Feldcodes ist; falls ja, wird das betreffende
Feld
    'in regulären Text umgewandelt
'-------------------------------------------------------------------------

    Dim iField As Field      'jedes einzelne Feld in der Schleife

... On Error Resume Next
    'jedes einzelne Feld prüfen, ob es ein Fill-In- oder ASK-Feld ist
    For Each iField In ActiveDocument.Fields
        If InStr(1, LCase(iField.Code), LCase("FILLIN")) Then 'Fillin-Felder suchen
            iField.Unlink                               'Feld in Text
umwandeln
        End If

        If InStr(1, LCase(iField.Code), LCase("ASK")) Then    'ASK-Felder suchen
            iField.Unlink                               'Feld in Text
umwandeln
        End If
    Next
End Sub
```

Listing 3.21: Sub FelderDeaktivieren()

Nun muss dieses Makro lediglich noch automatisch gestartet werden. Dies erreichen wir, indem wir das Makro „Document_New() um die Zeile „Call FelderDeaktivieren" ergänzen:

```
Sub AutoNew()
    Call AktuellesDatumEinfügen
    Call WordEinstellungen
    Call FelderDeaktivieren
End Sub
```

Listing 3.22: Automatischer Aufruf von „AktuellesDatumEinfügen", „WordEinstellungen-Ändern" und „FelderDeaktivieren"

3.13.3 Legacytools (Formularfelder)[13]

Zunächst kann man zum Einsatz von Formularfeldern/Legacytools in einem Briefkopf einfach sagen, dass diese in einem Briefkopf eigentlich nichts zu suchen haben. Weshalb? Der Grund ist, dass diese Felder nur in einem geschützten Dokument funktionieren. Dies hat aber zur Folge, dass, selbst wenn Sie mit fortlaufenden Abschnittswechseln arbeiten, etliche Word-Funktionen auch in ungeschützten Abschnitten nicht mehr funktionieren (z.B. die automatische Silbentrennung, Einfügen und Formatieren von Grafiken etc.).

Darüber hinaus stellt Word 2007 Ihnen mit den sog. „Inhaltssteuerelementen" eine wesentlich bessere Lösung zur Verfügung (wobei allerdings die Kontrollkästchen vergessen wurden, für die wir – derzeit – wiederum auf die Formularfelder zurückgreifen müssen).

Falls Sie nun trotzdem nicht auf den Einsatz von Formularfeldern im Anschriften- oder Bezugzeichenbereich verzichten wollen, erhalten Sie anschließend etliche Tipps, die das Arbeiten mit Formularfeldern erheblich erleichtern.

Folgende Formularfelder stehen Ihnen zur Verfügung:

- Kontrollfeld (Kontrollkästchen)
- Drop-down-Feld (Drop-down-Listenfeld)
- Textfeld (Textfeld)

---

13. Näheres zu den Formularfeldern erfahren Sie in Kapitel 5, Rechnungsformulare, und Kapitel 6, Starre Formulare.

Sie können diese Felder nicht direkt einfügen oder bearbeiten, sondern nur über die entsprechenden Schaltflächen aus dem Drop-down-Feld „Legacytools". Sie fügen diese wie folgt in Ihren Briefkopf ein:

1. Aktivieren Sie das Register ENTWICKLERTOOLS, indem Sie den OFFICE-BUTTON, dann die Schaltfläche WORD-OPTIONEN anklicken und unter HÄUFIG VERWENDET den Eintrag ENTWICKLERREGISTERKARTE IN DER MULTIFUNKTIONSLEISTE ANZEIGEN auswählen.

2. Positionieren Sie den Cursor an die Stelle, an der Sie das Formularfeld einfügen wollen.

3. Klicken Sie in der Gruppe STEUERELEMENTE auf das Drop-down-Feld LEGACYTOOLS. In dem sich nun öffnenden Panel finden Sie in der ersten Zeile die Elemente der früheren Symbolleiste FORMULARE, also die Formularfelder und den Positionsrahmen:

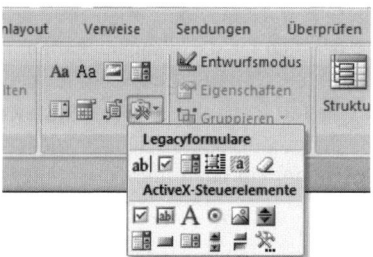

Abbildung 3.51: Einfügen der Formularfelder

4. Klicken Sie nun auf das gewünschte Formularfeld.

5. Bearbeiten bzw. formatieren Sie dieses, indem Sie dieses Feld mit einem Doppelklick anklicken. Sie starten damit die entsprechende Eingabemaske.

Probleme beim Umgang mit Formularfeldern sind vor allem:

▪ dass sie schwer zu pflegen sind

▪ dass sie nur in geschützten Abschnitten funktionieren

▪ dass in Texten mit geschützten Abschnitten bestimmte Word-Funktionen wie z.B. die automatische Silbentrennung nicht funktionieren und dass,

▪ wenn der Dokumentschutz aufgehoben wird, beim Ausdruck die Felder nicht mit dem eingegebenen Text ausgedruckt werden.

Zumindest die letzten beiden Probleme lassen sich mithilfe des folgenden Makros lösen. Dieses sollte beim Verlassen des letzten Formularfeldes starten. Anschließend hebt es automatisch den Dokumentschutz des Formulars auf, ohne den Feldinhalt zurückzusetzen, und wandelt danach die Felder in regulären Text um:

```
Sub FormularschutzAus()
' Beschreibung: Hebt einen evtl. vorhandenen Dokumentschutz auf und wandelt die
' Formularfelder in Text um
'-------------------------------------------------------------------------
    If ActiveDocument.ProtectionType = wdAllowOnlyFormFields Then
        ActiveDocument.Unprotect   'Dokumentschutz aufheben
    End If
    ActiveDocument.Fields.Unlink   'Umwandeln der Felder in Text
End Sub
```

Listing 3.23: Formularschutz aufheben

Um dieses Makro zu starten, klicken Sie das letzte Formularfeld doppelt an. Wählen Sie nun in dem Drop-down-Feld BEENDEN das Makro „FormularSchutzAus" aus, und bestätigen Sie die Auswahl mit OK :

Abbildung 3.52: Automatischer Start des Makros „FormularschutzAufheben" aus einem Formularfeld

Stellen Sie nun Ihren Briefkopf fertig, und schützen Sie diesen:

1. Wechseln Sie in das Register ENTWICKLERTOOLS in die Gruppe SCHÜTZEN.

2. Klicken Sie nun auf das Drop-down-Feld DOKUMENT SCHÜTZEN, und klicken Sie auf FORMATIERUNG UND BEARBEITUNG EINSCHRÄNKEN.

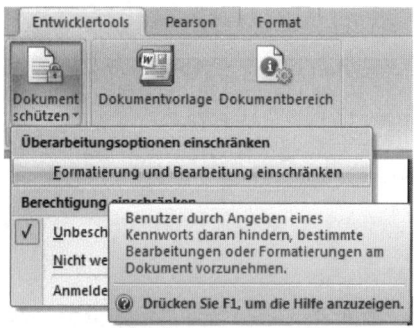

Abbildung 3.53: Aufruf des Formularschutzes

3. Markieren Sie nun in dem sich öffnenden Aufgabenbereich FORMATIERUNG UND BEAR-BEITUNG EINSCHRÄNKEN das Kontrollkästchen NUR DIESE BEARBEITUNGEN IM DOKUMENT ZULASSEN, und wählen Sie im darunter liegenden Drop-down-Feld den Eintrag AUS-FÜLLEN VON FORMULAREN aus:

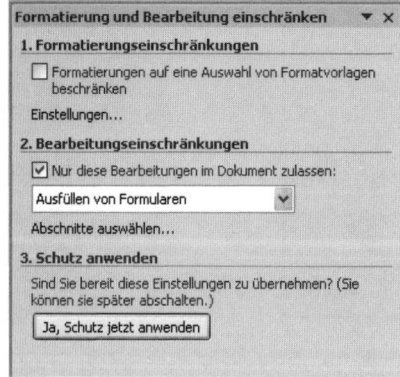

Abbildung 3.54: Ein Formular schützen

4. Sobald Sie nun auf ABSCHNITTE AUSWÄHLEN klicken, können Sie, sofern Sie zuvor Abschnittswechsel eingefügt haben, festlegen, welche davon geschützt sind und in welchen Sie schreiben dürfen.

5. Bestätigen Sie die Eingaben, indem Sie auf die Schaltfläche JA, SCHUTZ JETZT ANWENDEN klicken.

Das Makro „FormularschutzAus" startet nun automatisch, sobald Sie das genannte Feld anklicken und wieder verlassen.

Sollten Sie einmal per VBA für ein Dokument den Formularschutz einschalten müssen, können Sie dies mithilfe des folgenden Codes tun. Dieser könnte z.b. über einen Makrobutton gestartet werden, der einfach mit der Maus angeklickt wird. Hier müssen Sie aber darauf achten, dass der evtl. bereits vorhandene Inhalt von Formularfeldern nicht zurückgesetzt wird. Der entsprechende Code lautet:

```
Sub FormularschutzEin()
'-------------------------------------------------------------------
' Beschreibung: Schaltet den Dokumentschutz für die Eingabe in Formularfeldern ein
'-------------------------------------------------------------------
    If ActiveDocument.ProtectionType = wdNoProtection Then
        ActiveDocument.Protect Type:=wdAllowOnlyFormFields, NoReset:=True
    End If
End Sub
```

Listing 3.24: Formularschutz einschalten

3.13.4 Die Inhaltssteuerelemente

Eine der wesentlichsten Neuerungen in Word 2007 bezüglich Formularen stellen die sog. „Inhaltssteuerelemente" dar. Diese können Sie an der gewünschten Stelle im Formular einfügen, indem Sie im Register ENTWICKLERTOOLS in dem Abschnitt STEUER-ELEMENTE das gewünschte Element anklicken:

Abbildung 3.55: Aufruf der Inhaltssteuerelemente in der Multifunktionsleiste

Diese Inhaltssteuerelemente werden künftig vermutlich die „alten" Formularfelder und die Steuerelemente der Symbolleiste „Steuerelement-Toolbox" verdrängen, da sie erheblich leistungsfähiger und einfacher zu handhaben sind als diese. Der größte Vorteil der Inhaltssteuerelemente ist der, dass Sie das Formular nicht mehr schützen müssen, um die Steuerelemente verfügbar zu machen! Derzeit stehen die folgenden Inhaltssteuerelemente zur Verfügung:

Inhaltssteuerelement	Symbol	Erläuterung
Rich Text	Aa	Kann nahezu alle Elemente eines Dokuments aufnehmen, also formatierten Text, aber auch Grafiken, Tabellen etc.
Text	Aa	Kann nur Text aufnehmen, wobei dieser jedoch beliebig formatiert werden kann.
Bild		Dieses Inhaltssteuerelement nimmt Grafiken auf. Es kann aber unabhängig von den Grafiken mit den gängigen Bildeffekten bearbeitet werden. Diese Effekte werden dann automatisch an die aufgenommene Grafik angewandt.
Kombinationsfeld		Stellt eine Liste bereit, aus der ein Anwender einen Eintrag auswählen kann. Das Steuerelement wird über eine Schaltfläche am rechten Rand geöffnet. Sie können aber auch direkt Text eingeben bzw. diesen bearbeiten.
Drop-down-Liste		Diese funktioniert analog dem Kombinationsfeld. Der Hauptunterschied besteht darin, dass der Anwender hier lediglich die Einträge auswählen kann, nicht aber eigene Eingaben machen kann.
Datumsauswahl		Es ermöglicht über einen ausklappbaren kleinen Monatskalender die freie Auswahl eines Datums.
Bausteinkatalog		Mithilfe dieses Steuerelementes können Sie auf zugewiesene Elemente des Bausteinkatalogs zugreifen.

Tabelle 3.20: Die Inhaltssteuerelemente

Weshalb Microsoft hierbei allerdings Kontrollkästchen und Optionsschaltflächen vergessen hat, bleibt sicherlich das Geheimnis der Entwickler; diese werden aber sicherlich mit einer der nächsten Word-Versionen „nachgeschoben". Ebenso wäre es sicherlich wünschenswert, wenn das Textelement analog dem entsprechenden Formularfeld auch rechnen könnte oder – besser – falls noch ein entsprechendes Zahlen-Inhaltssteuerelement käme.

Einfügen und Bearbeiten eines Inhaltssteuerelements

Inhaltssteuerelemente fügen Sie einfach mit folgenden Schritten ein:

1. Plazieren Sie den Cursor an die Stelle, an der das Inhaltssteuerelement eingefügt werden soll.

2. Aktivieren Sie ggf. das Register ENTWICKLERTOOLS.

3. Wechseln Sie in den ENTWICKLERTOOLS in die Gruppe STEUERELEMENTE und wählen hier das gewünschte Inhaltssteuerelement aus.

Nun wird das Inhaltssteuerelement in Ihr Dokument eingefügt:

Klicken·Sie·hier,·um·Text·einzugeben.¶

Abbildung 3.56: Das gerade eingefügte Inhaltssteuerelement

Was nun noch fehlt, sind natürlich die weiteren Festlegungen und Eingabehilfen, wie z.B.:

- Titel
- Tag
- Formatierung
- Soll das Inhaltssteuerelement bei der Eingabe entfernt werden?
- Sind Zeilenumbrüche zulässig?

Diese Festlegungen können Sie treffen, indem Sie nun in der Gruppe STEUERELEMENTE auf den Button ENTWURFSMODUS klicken. Klicken Sie mit der rechten Maus auf das Inhaltssteuerelement, und wählen Sie im Kontextmenü den Befehl EIGENSCHAFTEN aus. Hier können Sie nun die Angaben für den Titel (die Zeile oberhalb des Inhaltssteuerelements), den Tag (die Bezeichnungen rechts und links des Feldes) eingeben und auch das weitere Verhalten festlegen.

Darüber hinaus können Sie z.B. festlegen:

■ dass das Feld mit bestimmten Formatvorlagen formatiert wird

■ dass das Inhaltssteuerelement vom Bearbeiter nicht gelöscht werden kann

■ dass der Inhalt nicht bearbeitet werden kann (also gesperrt ist)

■ dass – wie im Beispiel – Zeilenumbrüche für mehrzeilige Eingaben möglich sind (Option WAGENRÜCKLÄUFE ZULASSEN)

■ dass, sobald Eingaben vorgenommen werden, das Steuerelement gelöscht und der Inhalt in „normalen" Text umgewandelt wird

Die folgende Abbildung zeigt hier die Eigenschaften des Test-Inhaltssteuerelements mit verschiedenen Mustereingaben:

Abbildung 3.57: Die Eigenschaften von Inhaltssteuerelementen (hier: Element Text) festlegen

Den Text mit dem Ausfüllhinweis müssen Sie aber direkt in das Feld eingeben, solange der Entwurfsmodus aktiviert ist.

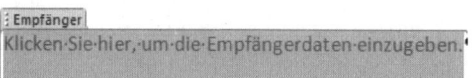

Abbildung 3.58: Das fertige Inhaltssteuerelement mit der Eingabeaufforderung

Die Eigenschaften der übrigen Inhaltssteuerelemente entsprechen diesen Beispielen, wobei diese dem jeweiligen Zweck angepasst sind. So können Sie im Kombinationsfeld beispielsweise festlegen, welche Einträge dem Sachbearbeiter angeboten werden, z.B.:

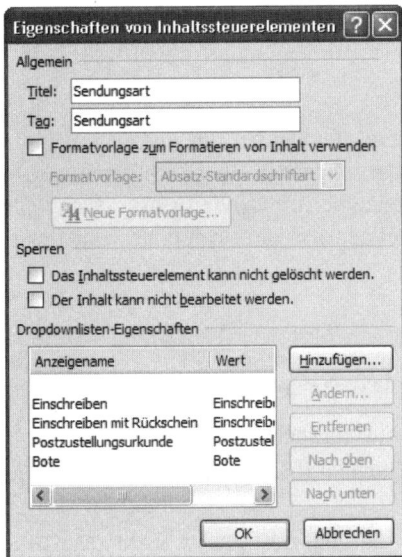

Abbildung 3.59: Die Eigenschaften eines Kombinationsfeld-Inhaltssteuerelements

3.14   Bausteine

Die früher als AutoTexte bzw. als Textbausteine bezeichneten Elemente heißen in Word 2007 nun einfach „Bausteine" und sind Bestandteile der Schnellbausteine geworden. Damit hat sich aber nicht nur die Bezeichnung geändert, sondern auch die Art, wie Sie diese verwalten und aufrufen. Aber alles der Reihe nach.

Allgemein versteht man unter einem Baustein die Möglichkeit, häufig verwendete Textteile in der Dokumentvorlage zu speichern und diese dann bei Bedarf an die gewünschte Stelle einzufügen. Im Zusammenhang mit dem Thema „Formulare" ergeben sich aber einige Besonderheiten.

3.14.1 Was eignet sich als Bausteineintrag?

Prinzipiell können Sie alles, was Sie in WinWord verwenden, als Baustein verwenden, also z.B.:

- Text
- Tabellen
- Feldfunktionen
- Grafiken

Der letzte Punkt, Grafiken, kann z.B. dazu verwendet werden, um eine eingescannte Unterschrift in WinWord als Baustein verfügbar zu machen. Aber auch Tabellen können (z.B. in Rechnungsformularen) als Bausteine hervorragende Dienste leisten, Sie können verschiedene Betreffs speichern (benötigen also künftig nur noch eine Dokumentvorlage) etc.

3.14.2 Speichern der Bausteine

Genau wie früher können Sie jedes beliebige Textelement als Baustein speichern:

1. Markieren Sie die Textstelle, die Sie als Baustein speichern wollen.
2. Wechseln Sie im Register EINFÜGEN in die Gruppe TEXT, und klicken Sie auf das Dropdown-Feld SCHNELLBAUSTEINE.
3. Wählen Sie nun in der Liste den letzten Eintrag, AUSWAHL IM SCHNELLBAUSTEIN-KATALOG SPEICHERN... Nun öffnet sich der Dialog NEUEN BAUSTEIN ERSTELLEN, in dem Sie die gewünschten Angaben machen:

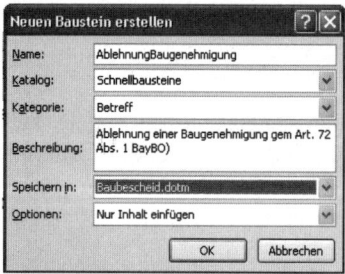

Abbildung 3.60: Erstellen eines neuen Bausteines

4. Bestätigen Sie noch die Eingaben mit [OK] bzw. [↵], und der Baustein ist gespeichert.

Achtung

Baustein-Einträge werden ab Word 2007 standardmäßig in der Dokumentvorlage „BuildingBlocks.dotx" (hierzu später mehr) gespeichert und stehen deshalb – an Ihrem PC (!) – für alle Dokumente zur Verfügung. Dies ist natürlich nur sinnvoll für Bausteine, die wirklich sehr häufig in unterschiedlichen Dokumenten verwendet werden. Wenn Sie dagegen Bausteine auf bestimmte Dokumente beschränken möchten, speichern Sie bitte den Baustein in der Dokumentvorlage zu diesem Dokumenttyp.

Hinweis

Achten Sie beim Erstellen des Bausteines darauf, dass:

▨ Sie einen „sprechenden" Bausteinnamen wählen und dass der Bausteinname ein (!) Wort ist und keine Leerstellen enthält. Sie haben dann nämlich wie in früheren Word-Versionen auch die Möglichkeit, den Baustein einzufügen, indem Sie an der gewünschten Stelle den Bausteinnamen schreiben und dann die ⎡F3⎤-Taste drücken.

▨ Sie den Katalog „Schnellbausteine" wählen, da der Baustein ansonsten nicht in dem Listenfeld SCHNELLBAUSTEINE zur Verfügung steht.

▨ Wählen Sie unter KATEGORIE die passende Kategorie aus. Sollte diese noch nicht existieren, legen Sie eine neue Kategorie an.

▨ Speichern Sie den Baustein im aktuellen Dokument bzw. der aktuellen Dokumentvorlage. Auf diese Weise stehen Ihre Bausteine immer im richtigen Dokument zur Verfügung.

3.14.3 Bausteine aufrufen

Konnte man früher AutoText-Einträge mithilfe der Absatz-Formatvorlage bestimmten Gruppen zuweisen und auf diese Weise im Menü EINFÜGEN|AUTOTEXT individuelle Gliederungen erzeugen, so ist diese Möglichkeit heute leider nicht mehr gegeben:

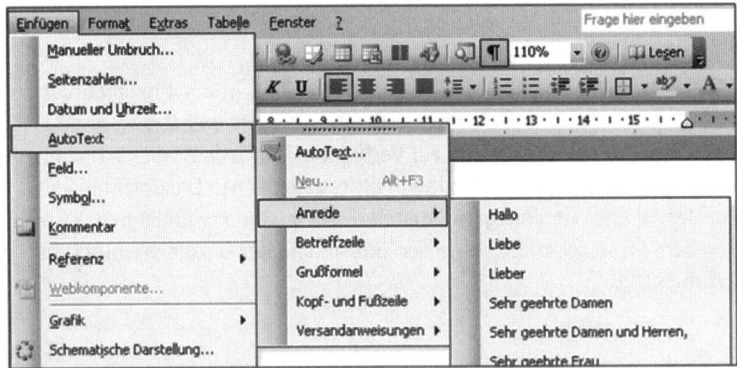

Abbildung 3.61: Organisieren von AutoTexten in WinWord 2003

Sie können aber der Schnellzugriffsleiste den Befehl AUTOTEXT hinzufügen. Dieser bietet Ihnen anschließend ein Listenfeld mit allen zur Verfügung stehenden AutoTexten an (d.h. mit allen Bausteinen, die dem Katalog „AutoText" zugewiesen wurden):

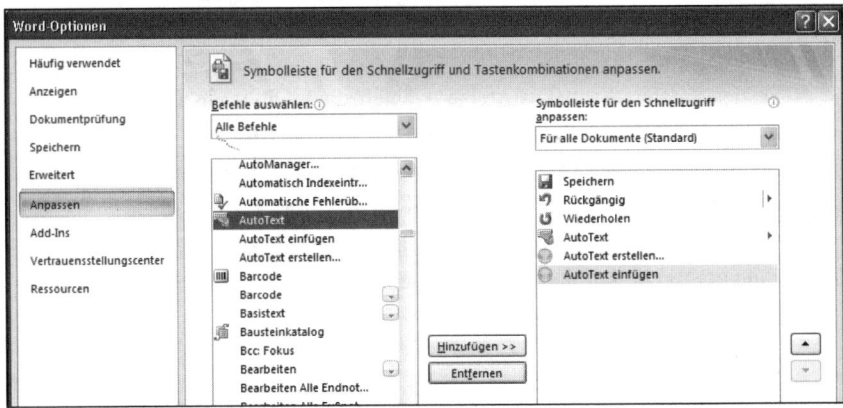

Abbildung 3.62: Aktivieren der AutoText-Auswahl

Das Ergebnis ist eine Liste, in der allerdings alle aufgrund der Kategorie zusammengehörigen AutoTexte unter einer „sprechenden" Überschrift zusammengefasst sind. Der große Vorteil dieser Ansicht ist allerdings, dass Sie hier bereits eine Vorschau auf den AutoText haben:

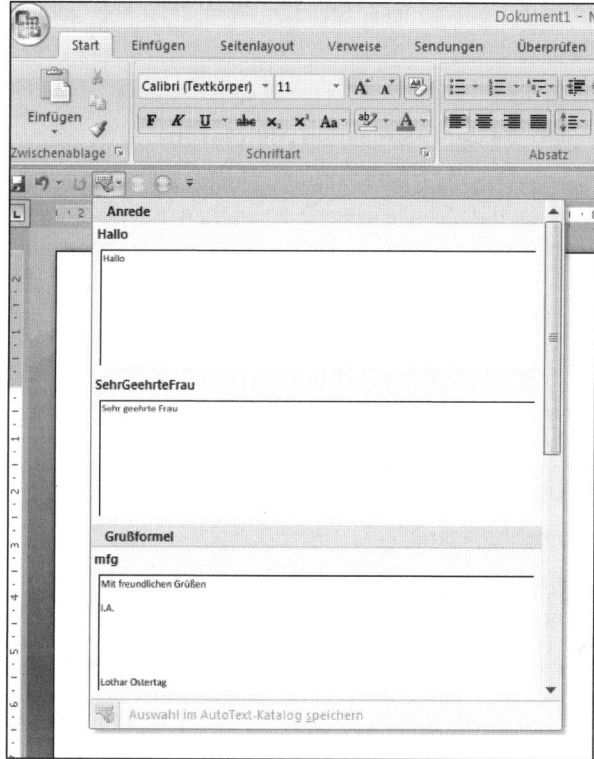

Abbildung 3.63: Anzeige der AutoTexte in der Drop-down-Liste

Welche anderen bzw. weiteren Möglichkeiten haben Sie also, um Bausteine und Auto-Texte aufzurufen?

Aufrufen von Bausteinen mithilfe der F3-Taste

Die älteste (und einfachste) Methode zum Aufrufen der Bausteine verwendet die F3-Taste:

1. Schreiben Sie an der gewünschten Stelle den Namen des einzufügenden Bausteines.

2. Drücken Sie gleich anschließend die F3-Taste (also bitte keine Leerstelle nach dem Namen eingeben!).

3. Nun wird der gewünschte Baustein an der aktuellen Cursorposition eingefügt.

Diese Methode funktioniert immer und an jeder Stelle in Word, setzt aber voraus, dass der Bausteinname nur aus einem Wort besteht (ansonsten kann Word den Baustein nicht erkennen).

Aufrufen von Bausteinen mithilfe der Feldfunktion „Autotextlist"

Eine andere raffinierte Möglichkeit, Bausteine einzufügen, ist die Feldfunktion „Autotextlist". Diese setzt voraus, dass Sie die verschiedenen Bausteine vor (!) dem Abspeichern mit einer Formatvorlage versehen, die einen für Ihre Zwecke passenden Namen hat.

Beispiel

Sie benötigen für Ihren Betreff verschiedene AutoTexte, je nachdem, ob es sich um eine Ablehnung, eine Genehmigung etc. handelt:

1. Erstellen Sie die Formatvorlage „Betreff".

2. Erstellen Sie den gewünschten Betreff.

3. Markieren Sie diesen und weisen ihm die Formatvorlage „Betreff" zu.

4. Speichern Sie den Baustein wie oben beschrieben.

Die Bausteine können Sie nun an der jeweiligen Stelle bequem mit der Feldfunktion „Autotextlist" verfügbar machen. Die Syntax des Feldes lautet:

{AUTOTEXTLIST „Wörtlicher Text" \s [Formatvorlage] \t [„Tipptext"] * MERGEFORMAT0

Die einzelnen Bestandteile haben dabei die folgende Bedeutung:

Feldelement	Bedeutung
Autotextlist	Dieser Begriff legt die Feldart fest.
„<Wörtlicher Text>"	Text, der im Dokument angezeigt wird, bevor der Benutzer die Drop-down-Liste anzeigt. Wenn der Text Leerzeichen enthält, muss er in Anführungszeichen eingeschlossen werden.

Feldelement	Bedeutung
\s	Legt fest, dass in die Liste nur Einträge mit einer bestimmten Formatvorlage aufgenommen werden. Ohne Verwendung dieses Schalters werden die Baustein-Einträge mit der aktuellen Absatz-Formatvorlage angezeigt. Wenn keine Baustein-Einträge mit der aktuellen Formatvorlage vorhanden sind, werden alle Einträge angezeigt.
Formatvorlage	Der Formatvorlagenname der Baustein-Einträge, die Sie in die Liste aufnehmen möchten. Bei der Formatvorlage kann es sich um eine Absatz-Formatvorlage oder eine Zeichen-Formatvorlage handeln. Wenn der Name der Formatvorlage Leerzeichen enthält, muss er in Anführungszeichen eingeschlossen werden, z.B. „\s Betreff".
\t	Legt besonderen Text fest, der anstelle des Standard-Tipp-Textes im Infofeld angezeigt wird.
„Tipptext"	(Optional) Text, der im Infofeld angezeigt wird, wenn der Mauszeiger über das Feldergebnis bewegt wird. Der Text muss in Anführungszeichen stehen, z.B.: „Wählen Sie mit der rechten Maustaste".
* MERGEFORMAT	(Optional) Mit dem Schalter * MERGEFORMAT können Sie festlegen, dass der jeweilige Baustein-Text die Formatierung des umgebenden Textes annimmt.

Tabelle 3.21: Die Elemente des Feldes „AUTOTEXTLIST"

Der „wörtliche Text" ist dabei der Text, der im Dokument angezeigt wird, der Tipptext erscheint oberhalb des Feldes, wenn Sie mit der Maus auf das Feld zeigen.

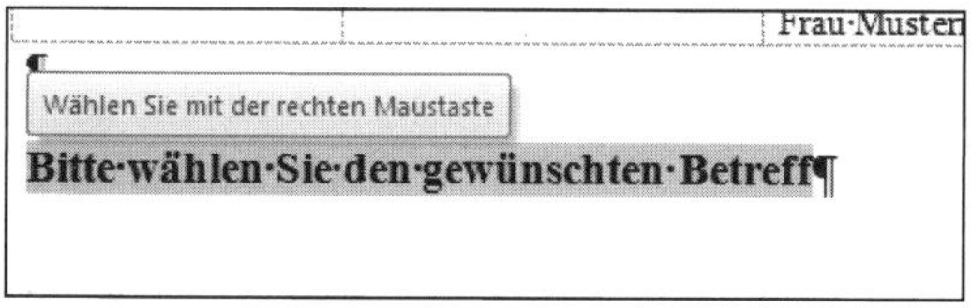

Abbildung 3.64: Das Feld „Autotextlist" mit wörtlichem Text und Tipptext

Klicken Sie nun, wie hier angegeben, mit der rechten Maustaste auf dieses Feld, öffnet sich ein Drop-down-Feld mit allen Schnellbausteinen und AutoTexten, die mit der angegebenen Formatvorlage (hier: „Betreff") formatiert sind, und Sie können bequem den gewünschten AutoText-Baustein auswählen:

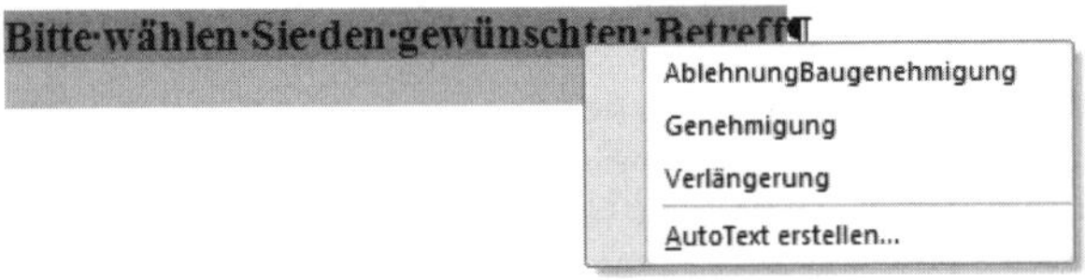

Abbildung 3.65: Auswahl eines Bausteines (AutoTextes) mithilfe des Feldes „Autotextlist"

Selbstverständlich können Sie zu einem späteren Zeitpunkt auf die gleiche Weise einen anderen Baustein auswählen ...

Das Feld können Sie auf zwei Arten erstellen: von Hand oder mithilfe des Dialogfeldes „Feld". Von Hand funktioniert es wie folgt:

1. Positionieren Sie den Cursor an die Stelle, an der Sie das Feld einfügen wollen.
2. Erzeugen Sie mithilfe der Tastenkombination [Strg] + [F9] ein neues, leeres Feld; Sie erkennen dieses an den beiden geschweiften Klammern.
3. Schreiben Sie zwischen das Klammerpärchen die Feldbezeichnung „AUTOTEXTLIST" und danach die übrigen Eingabeaufforderungen.
4. Aktualisieren Sie zum Schluss das Feld, indem Sie es anklicken und auf die [F9]-Taste drücken.

```
{·AUTOTEXTLIST·„Bitte·wählen·Sie·den·gewünschten·Betreff"·\s·Betreff·\t·"Wählen·Sie·mit·der·rechten·Maustaste"·\*·MERGEFORMAT·}¶
```

Abbildung 3.66: Das Feld „AUTOTEXTLIST" in der Feldansicht

Selbstverständlich können Sie das Feld auch per Assistent erstellen. Die hierzu benötigten Schritte sind:

1. Positionieren Sie den Cursor an die Stelle, an der Sie das Feld einfügen wollen.
2. Rufen Sie im Register EINFÜGEN in der Gruppe TEXT das Drop-down-Feld SCHNELLBAUSTEINE auf und wählen hier den Eintrag FELD... aus.
3. Wählen Sie nun unter Kategorien den Eintrag VERKNÜPFUNGEN UND VERWEISE auf „AutoTextList", und klicken Sie in dem sich nun öffnenden Dialog auf FELDFUNKTIONEN.

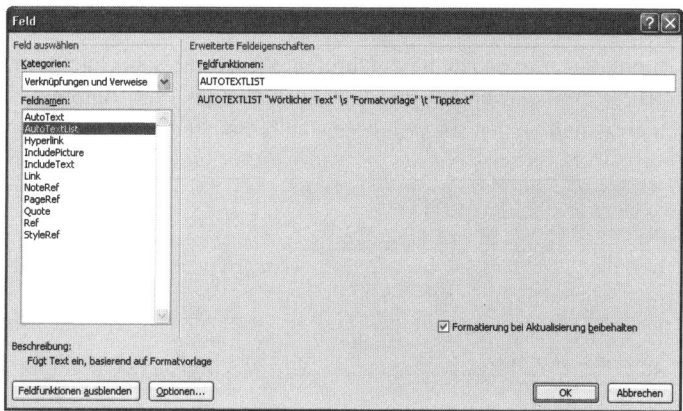

Abbildung 3.67: Aufrufen des Feldes „AUTOTEXTLIST" über den Feld-Assistenten

4. Der folgende Dialog ermöglicht es Ihnen, in der Zeile „Feldfunktionen" die oben bereits genannten Einträge zu setzen. Falls Sie sich bezüglich der Schreibweise der Formatvorlage nicht sicher sind, können Sie nach einem Klick auf die Schaltfläche OPTIONEN in der Registerkarte FORMATVORLAGEN des sich nun öffnenden Dialogs die gewünschte Formatvorlage auswählen:

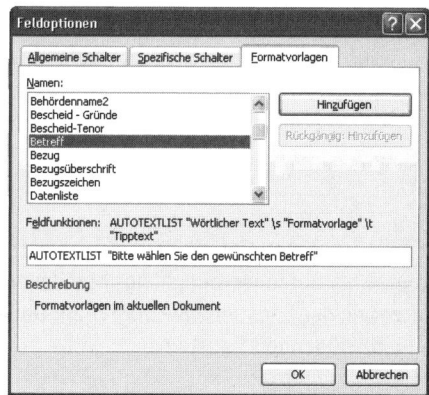

Abbildung 3.68: Auswahl der Formatvorlage für das Feld „AUTOTEXTLIST" über den Feld-Assistenten

5. Sobald Sie die Eingaben mit ⏎ bzw. OK bestätigen, wird das neue Feld in Ihr Dokument eingefügt.

Aufrufen von Bausteinen mithilfe der Inhaltssteuerelemente

Eine weitere Alternative, die Bausteine aufzurufen, stellen die sog. „Inhaltssteuerelemente" dar. Diese ermöglichen es Ihnen – ähnlich wie das Feld „Autotextlist" –, im Briefkopf an einzelnen Stellen speziell ausgewählte Bausteine anzubieten.

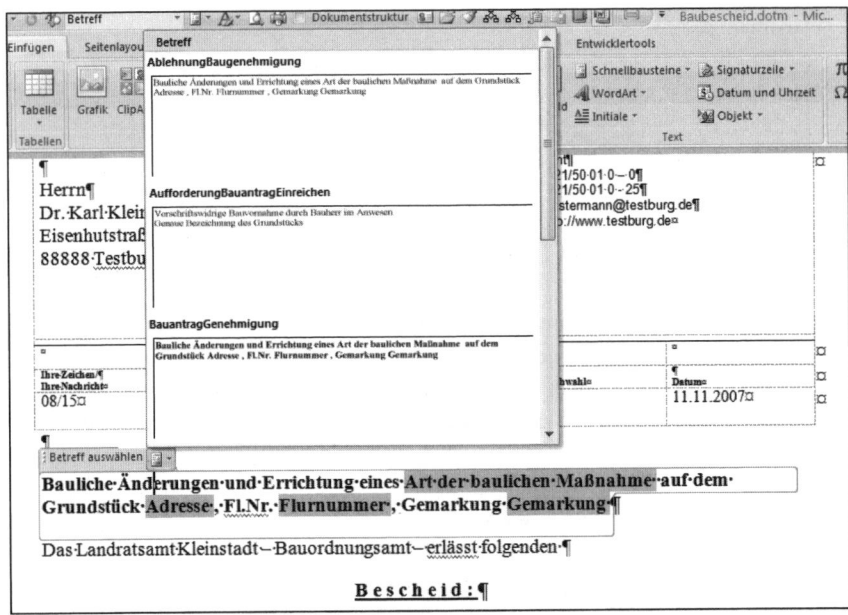

Abbildung 3.69: Auswahl verschiedener Betreff-Bausteine mithilfe eines Inhaltssteuerelements

Gegenüber dem Feld Autotextlist hat diese Lösung den Vorteil, dass sie von Formatvorlagen unabhängig ist. Welche Bausteine angeboten werden, hängt hier davon ab, auf welchen Katalog und auf welche Kategorie der Bausteine Sie zugreifen. Darüber hinaus haben Sie eine Vorschau auf den einzufügenden Baustein.

Diese Variante funktioniert wie folgt:

1. Aktivieren Sie das Register ENTWICKLERTOOLS, indem Sie zuerst auf die OFFICE-Schaltfläche und danach auf WORD-OPTIONEN klicken. Nun öffnet sich der Dialog WORD-OPTIONEN. Aktivieren Sie in der Rubrik HÄUFIG VERWENDET das Kontrollkästchen ENTWICKLERREGISTERKARTE IN DER MULTIFUNKTIONSLEISTE ANZEIGEN.

2. Positionieren Sie den Cursor an die Stelle, an der Sie das Feld einfügen wollen.

3. Wechseln Sie im Register ENTWICKLERTOOLS in die Gruppe STEUERELEMENTE; sobald Sie auf das Symbol BAUSTEINKATALOG klicken, wird das entsprechende – noch leere – Steuerelement in Ihr Dokument eingefügt.

4. Aktivieren Sie nun den Entwurfsmodus, indem Sie auf die gleichnamige Schaltfläche klicken.

5. Klicken Sie nun in das Steuerelement, und geben Sie anstelle der Meldung „Wählen Sie einen Dokumentbaustein aus" eine für Sie passende Meldung ein.

6. Klicken Sie nun mit der rechten Maustaste in das Steuerelement und wählen in dem sich öffnenden Kontextmenü den Befehl EIGENSCHAFTEN.

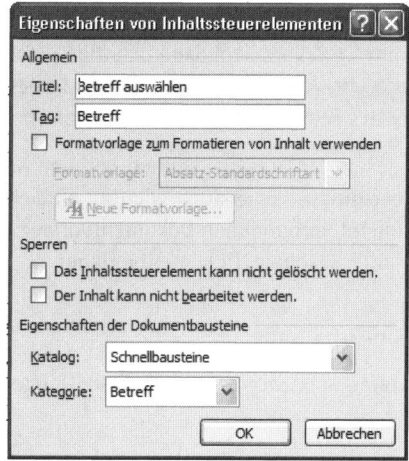

Abbildung 3.70: Festlegen der Bausteine in einem Inhaltssteuerelement

7. Füllen Sie in dem Dialog EIGENSCHAFTEN VON INHALTSSTEUERELEMENTEN den Titel (wird später oberhalb der Meldung angezeigt) und die Bezeichnung für das Tag aus und wählen im unteren Bereich in den Drop-down-Feldern KATALOG und KATEGORIE die gewünschten Einträge aus.

8. Bestätigen Sie Ihre Eingaben nun mit ⏎ oder OK.

Achtung

Speichern Sie Ihre Bausteine immer ohne abschließende Absatzmarke ab, damit sich der jeweilige Baustein problemlos in den umliegenden Text einfügt. Ansonsten kann es passieren, dass der jeweilige Baustein immer einen kompletten Absatz beansprucht.

Sie wechseln vom eingefügten Baustein in den Folgetext, indem Sie einfach den Cursor mit der ⟮→⟯-Taste nach rechts bewegen.

Einfügen von Bausteinen mithilfe von Makros

Neben den bisher genannten Varianten gibt es noch die Möglichkeit, AutoTexte und Bausteine per VBA einzufügen. Diese Variante wird vor allem dann benötigt, wenn Sie entsprechende Aufrufe in dem neuen Ribbon von Word hinterlegen wollen. Es besteht aber auch die Möglichkeit, Makros mithilfe des Feldes „Macrobutton" zu starten.

Hier muss allerdings zunächst zwischen den „alten" Textbausteinen und den neuen Bausteinen unterschieden werden. Darüber hinaus ist es auch wichtig, ob sich die jeweiligen Bausteine in der mit dem Dokument verbundenen Dokumentvorlage oder in einer globalen Dokumentvorlage befinden (globale Dokumentvorlagen werden später erläutert).

AutoTexte werden mithilfe des folgenden Codes eingefügt

```
Application.ActiveDocument.AttachedTemplate.AutoTextEntries(„AutoTextname").Insert _
Where:=Selection.Range
```

Listing 3.25: Einfügen eines AutoTextes (Rohform)

Um nicht jedes Mal diesen „Bandwurm" von Code schreiben zu müssen, legen wir eine private Prozedur an, in welcher der Code allgemein formuliert ist und der als Aufruf-Parameter den Namen des einzufügenden AutoTextes enthält. Die Hilfsprozedur enthält den folgenden Code:

```
Private Sub AutoTextEinfügen(strAutoText As String)
    '-------------------------------------------------------------------
    'fügt einen AutoText aus der mit dem Dokument verbundenen Dokumentvorlage
    'an der Cursorposition ein
    '-------------------------------------------------------------------
```

```
ActiveDocument.AttachedTemplate.AutoTextEntries(strAutoText).Insert _
    Where:=Selection.Range
End Sub
```

Listing 3.26: Hilfsprozedur zum Einfügen eines AutoTextes

Der Aufruf dieser privaten Prozedur erfolgt nun gezielt über eine öffentliche Prozedur, die mithilfe des Call-Befehls die Prozedur „AutoTextEinfügen" aufruft und in
Klammern und mit Anführungszeichen den Namen des einzufügenden AutoTextes
übergibt:

```
Sub BetreffAblehnung()
    Call AutoTextEinfügen("BetreffAblehnung ")
End Sub
```

Listing 3.27: Hauptprozedur zum Aufruf eines AutoTextes

Auf diese Weise können Sie für jeden AutoText den jeweils passenden Aufruf erstellen.

Der Aufruf für die übrigen Bausteine gestaltet sich ähnlich. Die Hilfsprozedur „Buil-
dingBlockAusDokument" übernimmt aus der aufrufenden Prozedur den Namen des
jeweiligen Bausteines:

```
Private Sub BuildingBlockAusDokument(strBaustein As String)
    '---------------------------------------------------------------------
    'Hilfsprozedur, die einen Baustein aus der angehängten Dokumentvorlage
    'an der markierten Stelle einfügt
    '---------------------------------------------------------------------
    ActiveDocument.AttachedTemplate.BuildingBlockEntries(strBaustein).Insert _
    Where:=Selection.Range
End Sub
```

Listing 3.28: Hilfsprozedur zum Aufruf der Bausteine

Der Aufruf dieser privaten Hilfsprozedur erfolgt wieder aus einer öffentlichen Prozedur, die über den Call-Befehl die Hilfsprozedur aufruft und den Namen des einzufügenden Bausteines übergibt:

```
Sub Betreff()
    Call BuildingBlockAusDokument("Betreff")
End Sub
```

Listing 3.29: Hauptprozedur zum Aufruf der Bausteine

Der Vorteil dieser Methode liegt darin, dass Sie hier an keinerlei Vorgaben gebunden sind. Sie könnten z.B. über einen Makrobutton den folgenden Dialog aufrufen:

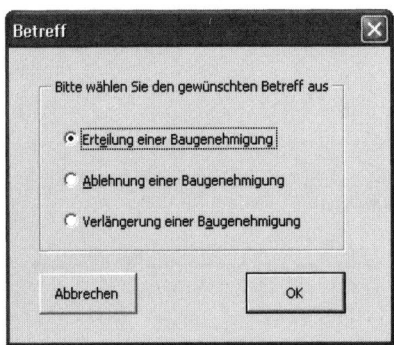

Abbildung 3.71: Eine selbst programmierte Bausteinauswahl

Dieser Dialog (frmBetreff) besteht lediglich aus drei Optionsbuttons und den Schaltflächen OK (cmdOK) und Abbrechen (cmdAbbrechen). Der hier hinterlegte Code lautet:

```
Option Explicit

Private Sub UserForm_Initialize()
    'führt alle Aktionen durch, die beim Öffnen des
    'Benutzerdialogs erforderlich sind

    'die erste Optionsschaltfläche aktivieren
    optGenehmigungJa.Value = True
End Sub

Private Sub EingabenAuswerten()

    If optGenehmigungJa.Value = True Then Call
AutoTextEinfügen("BaugenehmigungOK")
    If optBaugenehmigungNein.Value = True Then Call
```

```
AutoTextEinfügen("AblehnungBaugenehmigung")
    If optBaugenehmigungVerlängerung.Value = True Then Call
AutoTextEinfügen("VerlängerungDerGenehmigung")

End Sub


Private Sub AutoTextEinfügen(strAutoText As String)
    '--------------------------------------------------------------------
    'fügt einen AutoText aus der mit dem Dokument verbundenen Dokumentvorlage
    'an der Cursorposition ein
    '--------------------------------------------------------------------

    ActiveDocument.AttachedTemplate.AutoTextEntries(strAutoText). _
    Insert Where:=Selection.Range
End Sub


Private Sub cmdOK_Click()
    Call EingabenAuswerten     'wertet die Eingaben über eine Hilfsprozedur aus
    Unload Me                  'Schließt den Dialog
End Sub

Private Sub cmdAbbrechen_Click()
    Unload Me                  'Schließt den Dialog
End Sub
```

Listing 3.30: Der Code für die selbst programmierte Bausteinauswahl

Aufgerufen wird der Dialog wiederum wie aus der folgenden Prozedur:

```
Sub Betreff()
    frmBetreff.Show 'ruft den benutzerdefinierten Dialog frmBetreff auf
End Sub
```

Listing 3.31: Der Aufruf der Bausteinauswahl

Der im Dokument zu hinterlegende Makrobutton hat folglich den Aufbau:

{Macrobutton Betreff Bitte wählen Sie per Doppelklick den gewünschten Betreff aus}

Im Dokument sieht dieser Makrobutten folgendermaßen aus:

Bitte·wählen·Sie·per·Doppelklick·den·gewünschten·Betreff·aus¶

Abbildung 3.72: Starten der Bausteinauswahl per Makrobutton

Und richtig: Ein Doppelklick startet nun über das Makro „Betreff" den oben beschriebenen Dialog!

Achtung

Soll das jeweilige Makro aus Schaltflächen aus dem Ribbon heraus aufgerufen werden, muss der Aufruf wie folgt modifiziert werden, da ansonsten der Aufruf nicht klappt:

```
Sub Betreff(control as IRibbonControl)
    'die jeweiligen Kommandos
End Sub
```

Listing 3.32: Das Makro für den Aufruf aus dem Ribbon

Gerade bei Dokumenten mit umfangreichen und zahlreichen Formatvorlagen und Autotexten stellt es eine gute Lösung dar, ein eigenes Register mit den benötigten Befehlen zu erstellen:

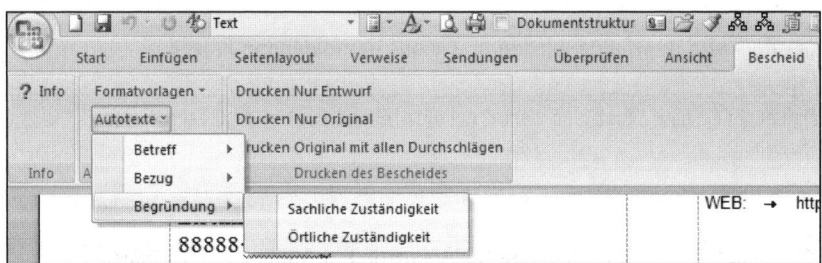

Abbildung 3.73: Ribbon mit den passenden Befehlen (Formatvorlagen, AutoText, Drucken) für die Dokumentvorlage.tif

3.15 Die sachleitenden Verfügungen

Ein ständiges Problem stellen auch die sog. „sachleitenden Verfügungen" dar. Hierbei handelt es sich um Informationen an andere Abteilungen, Mitarbeiter oder Vorgesetzte, die von dem Inhalt des Schreibens in Kenntnis gesetzt werden sollen und evtl. weitere Aktionen einleiten müssen. Diese sachleitenden Verfügungen folgen nach der Unterschrift und haben i.d. Regel die folgende Form:

↵

Lothar·Ostertag¶

2.→ An·die·Entwicklungsabteilung¶
m.d.·Bitte·um·Stellungnahme¶

3.→ WV¶
Mit·Eingang·der·Stellungnahme·der·Entwicklung·oder·am·01.05.xxxx¶
¶

Abbildung 3.74: 2 Sachleitende Verfügungen

Diese verursachen nun gleich mehrere Probleme:

1. Das Erstellen der sachleitenden Verfügungen ist nicht ganz einfach (allerdings kein Problem mehr mit den von uns bereits erstellten Formatvorlagen).

2. Es wäre gut, wenn diese problemlos als fertige Bausteine vorliegen würden und auf Knopfdruck eingefügt werden könnten.

3. Das Drucken ist aufwendig, da die sachleitenden Verfügungen im Original überhaupt nicht erscheinen sollen, i.d. Regel ein Exemplar mit allen sachleitenden Verfügungen und ein Exemplar mit der jeweiligen speziellen Verfügung gedruckt werden soll. Hier sollte der Druck mit nur einem Befehl möglich sein.

3.15.1 Erstellen der sachleitenden Verfügungen als Bausteine

Voraussetzung für das Funktionieren der vorgestellten Lösung ist, dass wir für die sachleitenden Verfügungen die Formatvorlagen „SV2. Zeile1", „SV2. Text", „SV3 Zeile1", „SV3. Text", „SV4 Zeile1" und „SV4. Text" etc. angelegt haben (siehe 3.6.2, Anpassen bzw. Anlegen der benötigten Formatvorlagen, Seite 73).

Achtung

Wichtig ist hierbei, dass die einzelnen Formatvorlagen nicht voneinander abhängen, sondern jeweils auf der Formatvorlage „Standard" basieren!

Den gewünschten Schnellbaustein erstellen Sie nun mit den folgenden Schritten:

1. Fügen Sie nun in einem neuen Absatz einen Makrobutton mit dem Feldcode „Macrobutton Nomacro Hier klicken, um die Sachleitende Verfügung 1 einzugeben" ein und weisen diesem Absatz die Formatvorlage „2. Zeile1" zu.

2. Der nächste Absatz bekommt ebenfalls einen Makrobutten mit dem Feldcode „Macrobutton Nomacro Hier klicken, um den Text der Sachleitenden Verfügung 1 einzugeben". Diesem Absatz weisen Sie bitte die Formatvorlage „2. Text" zu.

3. Markieren Sie nun beide Absätze, und rufen Sie im Register EINFÜGEN das Dropdown-Feld SCHNELLBAUSTEINE auf. Wählen Sie hier den Befehl AUSWAHL IM SCHNELL-BAUSTEIN-KATALOG SPEICHERN. Geben Sie dem Schnellbaustein den Namen „Sachleitende Verfügung 1", erzeugen Sie ggf. die Kategorie „Sachleitende Verfügungen", und wählen Sie als Speicherort die aktuelle Dokumentvorlage:

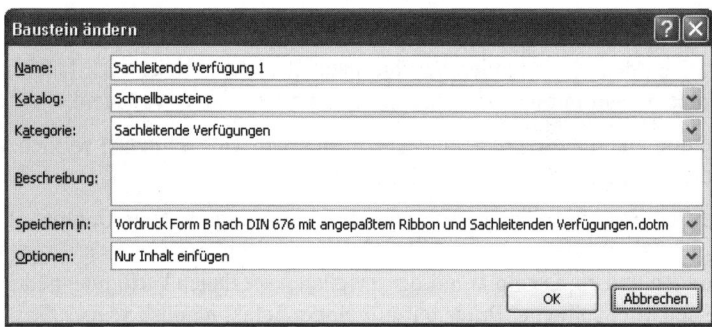

Abbildung 3.75: Speichern der sachleitenden Verfügung als Schnellbaustein

4. Wiederholen Sie diese Schritte analog mit den übrigen sachleitenden Verfügungen.

Tipp

Nun stehen Ihnen die sachleitenden Verfügungen bereits in der Auswahl der Schnellbausteine zur Verfügung und können bequem als Baustein eingefügt werden!

3.15.2 Erstellen der benötigten Makros zum Einfügen und Drucken der sachleitenden Verfügungen

Der Standardausdruck

Für den Ausdruck des Originals einmal ohne und dann mit den jeweiligen sachleitenden Verfügungen nutzen wir die Möglichkeit, dass wir einzelnen Formatvorlagen die Zeichenformatierung „Verborgen" zuweisen können – und verborgener Text wird normalerweise nicht mit ausgedruckt!

Um das Original auszudrucken (also ohne die sachleitenden Verfügungen!), muss zunächst die Eigenschaft ausgeschaltet werden, dass die betroffenen Formatvorlagen automatisch aktualisiert werden. Anschließend werden die Formatvorlagen zu den sachleitenden Verfügungen auf „Ausgeblendet" formatiert, das Dokument wird gedruckt, und die Formatvorlagen zu den sachleitenden Verfügungen werden wieder eingeblendet. Der entsprechende Code lautet:

```
Sub DruckOriginal()
    'Formatvorlagen ausblenden

    'Automatische Anpassung der Formatvorlagen für die
    'sachleitenden Verfügungen ausschalten
    With ActiveDocument
        .Styles("SVSV2. Zeile1").AutomaticallyUpdate = False
        .Styles("SVSV2. Text").AutomaticallyUpdate = False
        .Styles("SVSV3. Zeile1").AutomaticallyUpdate = False
        .Styles("SVSV3. Zeile1").AutomaticallyUpdate = False
        .Styles("SV4. Zeile1").AutomaticallyUpdate = False
        .Styles("SV4. Zeile1").AutomaticallyUpdate = False
    End With

    'alle Formatvorlagen für die sachleitenden Bemerkungen
    'werden verborgen formatiert (Ausdruck des Originals)
```

161

```
With ActiveDocument
    .Styles("SVSV2. Zeile1").Font.Hidden = True
    .Styles("SVSV2. Text").Font.Hidden = True
    .Styles("SVSV3. Zeile1").Font.Hidden = True
    .Styles("SVSV3. Text").Font.Hidden = True
    .Styles("SV4. Zeile1").Font.Hidden = True
    .Styles("SV4. Text").Font.Hidden = True
End With

'drucken
ActiveDocument.PrintOut  'Ausdruck

'Formatvorlagen wieder einblenden
With ActiveDocument
    .Styles("SVSV2. Zeile1").Font.Hidden = False
    .Styles("SVSV2. Text").Font.Hidden = False
    .Styles("SVSV3. Zeile1").Font.Hidden = False
    .Styles("SVSV3. Text").Font.Hidden = False
    .Styles("SV4. Zeile1").Font.Hidden = False
    .Styles("SV4. Text").Font.Hidden = False
End With
End Sub
```

Listing 3.33: Drucken des Dokumentoriginals (ohne sachleitende Verfügungen)

Soll nun der komplette Ausdruck erfolgen, so müssen Sie den o.g. Code lediglich dahingehend ändern, dass vor dem jeweiligen Ausdruck die nicht benötigten Formatvorlagen ausgeblendet und die übrigen Formatvorlagen eingeblendet werden. Zum Schluss müssen für den Ausdruck für die Akten alle Formatvorlagen wieder eingeblendet werden. Leider müssen die entsprechenden Anpassungen für jeden Ausdruck individuell angepasst werden. Der Code lautet daher:

```
Sub DruckDurchschlag()
    'Formatvorlagen ausblenden
    Application.ScreenUpdating = False    'Bildschimaktualisierung aus
    'Automatische Anpassung der Formatvorlagen für die
    'sachleitenden Verfügungen ausschalten
    With ActiveDocument
        .Styles("2. Zeile1").AutomaticallyUpdate = False
        .Styles("2. Text").AutomaticallyUpdate = False
        .Styles("3. Zeile1").AutomaticallyUpdate = False
```

```
      .Styles("3. Zeile1").AutomaticallyUpdate = False
      .Styles("4. Zeile1").AutomaticallyUpdate = False
      .Styles("4. Zeile1").AutomaticallyUpdate = False
   End With

   'Druck nur Original
   'alle Formatvorlagen für die sachleitenden Bemerkungen
   'werden ausgeblendet (verborgen formatiert)
   With ActiveDocument
      .Styles("2. Text").Font.Hidden = True
      .Styles("2. Zeile1").Font.Hidden = True
      .Styles("3. Text").Font.Hidden = True
      .Styles("3. Zeile1").Font.Hidden = True
      .Styles("4. Text").Font.Hidden = True
      .Styles("4. Zeile1").Font.Hidden = True
   End With
   ActiveDocument.PrintOut  'Ausdruck
'
   'Druck Original mit 1. SV
   'die Formatvorlagen für die 1. SV werden eingeblendet
   With ActiveDocument
      .Styles("2. Text").Font.Hidden = False
      .Styles("2. Zeile1").Font.Hidden = False
      .Styles("3. Text").Font.Hidden = True
      .Styles("3. Zeile1").Font.Hidden = True
      .Styles("4. Text").Font.Hidden = True
      .Styles("4. Zeile1").Font.Hidden = True
   End With
   ActiveDocument.PrintOut
'
   'Druck Original mit 2. SV
   'die Formatvorlagen für die 2. SV werden eingeblendet
   With ActiveDocument
      .Styles("2. Text").Font.Hidden = True
      .Styles("2. Zeile1").Font.Hidden = True
      .Styles("3. Text").Font.Hidden = False
      .Styles("3. Zeile1").Font.Hidden = False
      .Styles("4. Text").Font.Hidden = True
      .Styles("4. Zeile1").Font.Hidden = True
   End With
   ActiveDocument.PrintOut
```

163

```
'
      'Druck Original mit 3. SV
      'die Formatvorlagen für die 3. SV werden eingeblendet
      With ActiveDocument
        .Styles("2. Text").Font.Hidden = True
        .Styles("2. Zeile1").Font.Hidden = True
        .Styles("3. Text").Font.Hidden = True
        .Styles("3. Zeile1").Font.Hidden = True
        .Styles("4. Text").Font.Hidden = False
        .Styles("4. Zeile1").Font.Hidden = False
      End With
      ActiveDocument.PrintOut


'
      'Druck Durchschlag für die Akten:
      'die Formatvorlagen für alle SV werden eingeblendet
      With ActiveDocument
        .Styles("2. Text").Font.Hidden = False
        .Styles("2. Zeile1").Font.Hidden = False
        .Styles("3. Text").Font.Hidden = False
        .Styles("3. Zeile1").Font.Hidden = False
        .Styles("4. Text").Font.Hidden = False
        .Styles("4. Zeile1").Font.Hidden = False
      End With
      ActiveDocument.PrintOut
    Application.ScreenUpdating = True     'Bildschimaktualisierung aus
End Sub
```

Listing 3.34: Drucken des Originals und der jeweiligen Durchschläge mit den sachleitenden Verfügungen

3.16 Individuelle Anpassungen in der Menüleiste (Ribbon)

Um das Ribbon wunschgemäß anzupassen, verwenden Sie am besten das Freeware-Tool **Microsoft Office 2007 Custom UI Editor**. Dieses können Sie sich kostenlos aus dem Internet unter *http://openxmldeveloper.org/articles/CustomUIeditor.aspx* herunterladen.

> **Hinweis**
>
> Eine ausführliche Einführung in die XML-Technologie kann aus Platzgründen an dieser Stelle nicht gegeben werden, hierzu wird auf das Internet bzw. die einschlägige Literatur verwiesen[14]. Sie erhalten also auch hier lediglich ein „Kochrezept".

Im Rahmen der Programminstallation wird im Ordner *C:\Programme\CustomUIEditor* der Ordner *Samples* angelegt. Bitte kopieren Sie die Datei **Angepasstes Ribbon für Briefkopf.xml** von der Beispiel-CD in diesen Ordner. Anschließend sind die weiteren Schritte ganz einfach:

1. Starten Sie das Programm **Microsoft Office 2007 Custom UI Editor**.

2. Öffnen Sie über den Menüpunkt FILE|OPEN die anzupassende Dokumentvorlage.

3. Klicken Sie nun auf den Menüpunkt SAMPLES und wählen dort den Eintrag **Angepasstes Ribbon für Briefkopf** aus. Nun wird der entsprechende XML-Code für das neue Ribbon eingefügt. Passen Sie ggf. den XML-Code Ihren Vorstellungen entsprechend an.

4. Speichern Sie die Einträge über das Menü FILE|SAVE, und schließen Sie das Programm über den Menüpunkt FILE|CLOSE.

5. Fertig.

   Der XML-Code lautet im Prinzip:

```
<?xml version="1.0" encoding="utf-8"?>
<customUI xmlns="http://schemas.microsoft.com/office/2006/01/customui">
  <ribbon>
    <tabs>
      <!-- Legt einen eigenen Reiter, "Formatvorlagen", nach dem Tab-Reiter
      "Ansicht" an -->
      <tab id="CustomTab" label="Briefkopf" insertAfterMso="TabView">
        <group id="Formatvorlagen" label="Formatvorlagen">
          <box id="bxDirektaufruf" boxStyle="vertical">
            <!-- die wichtigsten Formatvorlagen für den Direktaufruf -->
```

---

14. Gute Hinweise hierzu finden Sie u.a. unter:
    http://msdn.microsoft.com/msdnmag/issues/07/02/ribbonx/Default.aspx?loc=de
    http://msdn2.microsoft.com/de-de/magazine/cc163410.aspx

```
            <button id="btnText1" label="Text" screentip="Formatiert den
            markierten Absatz mit der Formatvorlage 'Text'" onAction=
            "FVText_2007" size="normal" />
            <button id="btnStandard1" label="Standard"
  screentip="Formatiert den markierten Absatz mit der Formatvorlage
  'Standard'" onAction="FVStandard_2007" />
          </box>
          <separator id="box1" />
          <box id="bxFormatvorlagen-Gruppen" boxStyle="vertical">
            <!-- Formatvorlagen für den Text als Drop-down-Button-->
            <menu id="mnuText" label="Text-Formatvorlagen" screentip=
            "Hier stehen alle Formatvorlagen für den Standardtext">
              <button id="btnBetreff" label="Betreff" image="Betreff"
              onAction="FVBetreff_2007" />
              <button id="btnBezug" label="Bezug" image="Betreff"
              onAction="FVBezug_2007" />
              <menuSeparator id="Text1" />
              <button id="btnText2" label="Text" image="Betreff"
              onAction="FVText_2007" />
              <button id="btnStandard2" label="Standard" image="Betreff"
              onAction="FVStandard_2007" />
              <menuSeparator id="Text2" />
              <button id="btnSchlussformel" label="Schlussformel"
              image="Betreff" onAction="FVSchlussformel_2007" />
            </menu>
          </box>
        </group>
      </tab>
    </tabs>
  </ribbon>
</customUI>
```

Dieser Code stellt einen Ausschnitt aus dem Modul **Angepasstes Ribbon für Brief-kopf.xml** dar und kann fast beliebig erweitert werden. Ab sofort steht Ihnen das entsprechend angepasste Ribbon zur Verfügung.

Auf der Begleit-CD finden Sie die Datei „Vordruck Form B nach DIN 676 mit angepasstem Ribbon.dotm". Diese enthält ein solches benutzerdefiniertes Ribbon.

3.17 Individuelle Einstellungen in der Schnellzugriffsleiste

Die Schnellzugriffsleiste ist das einzige Element in dem Ribbon-Bereich, das Sie selber ohne große Probleme anpassen können – die Zeiten, in denen Sie problemlos eigene Symbolleisten anlegen konnten. Wie müssen Sie hierzu vorgehen?

Am schnellsten klicken Sie auf den kleinen Pfeil nach der Schnellzugriffsleiste.

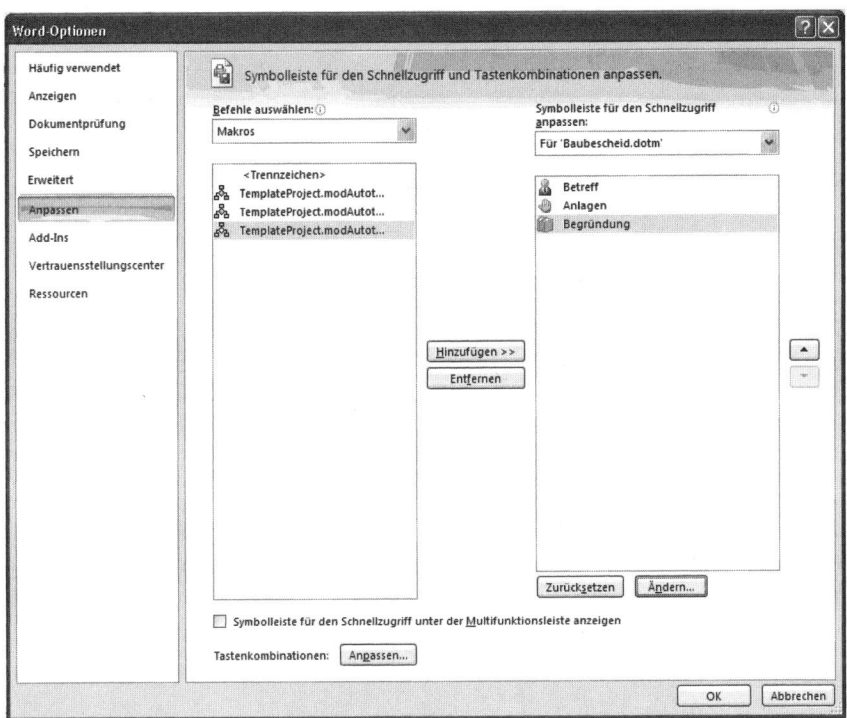

Abbildung 3.76: Makros in der Schnellzugriffsleiste mit neuem Namen und neuem Icon

Klicken Sie auf die Schaltfläche [⊞], haben Sie die Möglichkeit, dem Befehl in der Schnellzugriffsleiste ein neues Icon zuzuweisen und den Namen des Befehls in einen passenden (sprechenden) Namen umzuwandeln:

Abbildung 3.77: Anpassen eines Befehls in der Schnellzugriffsleiste

3.18 Abschließende Arbeiten

Häufig kommt es nach dem Erstellen der Dokumentvorlagen aber noch zu einem weiteren Problem: Bei Ihnen als Ersteller sehen die Dokumente toll aus – aber nicht beim eigentlichen Nutzer; dieser hat dagegen plötzlich jede Menge Kommentare und Überarbeitungsvermerke auf dem Bildschirm und muss diese erst mühsam deaktivieren, bevor er mit seiner eigentlichen Arbeit anfangen kann. Wie kann diese Situation vermieden werden?

Um es gleich vorweg zu sagen: Kommentare sind Werkzeuge zum Arbeiten, sollten also im fertigen Dokument nicht mehr auftauchen. Darüber hinaus enthalten die Kommentare oftmals Bemerkungen, die der Empfänger besser nicht zu Gesicht bekommen sollte. Also sollten die Kommentare generell gelöscht werden. Ähnliches gilt selbstverständlich auch für die Überarbeitungs- und Korrekturvermerke sowie für ausgeblendeten Text.

Anders sieht es allerdings mit den Dokumenteigenschaften aus: Hier werden oft Titel, Autor und Firma eines Formulars als Autorenhinweis vermerkt, und dies ist wiederum durchaus gewünscht.

Word 2007 bietet hier mit der neuen Funktion DOKUMENT PRÜFEN das Werkzeug DOKUMENTINSPEKTOR an, das auf Wunsch das neue Dokument auf alle „kritischen" Inhalte prüft und diese ggf. automatisch entfernt. Sie starten dieses Werkzeug, indem Sie auf

die OFFICE-SCHALTFLÄCHE, danach auf VORBEREITEN und anschließend auf DOKUMENT PRÜ-
FEN klicken:

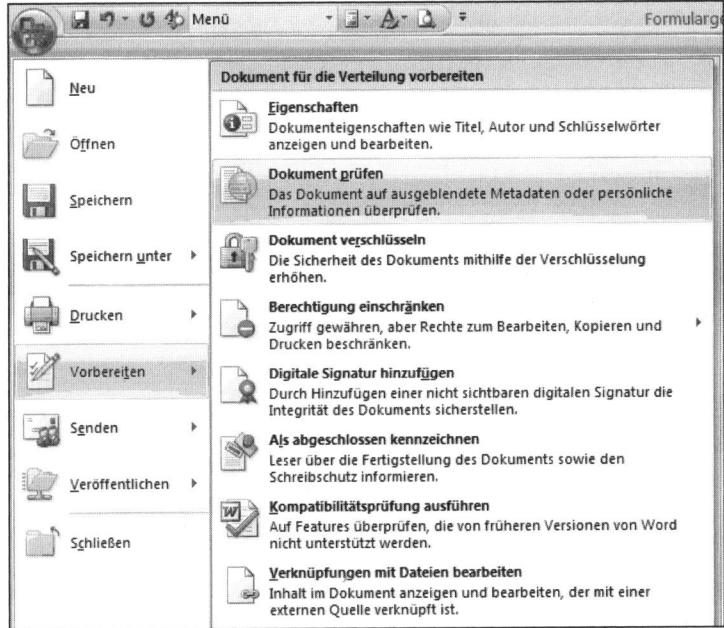

Abbildung 3.78: Starten des Dokumentinspektors

Der Dokumentinspektor bietet Ihnen nun an, das Dokument auf

▓ Kommentare, Überarbeitungen, Version und Anmerkungen,

▓ Dokumenteigenschaften und persönliche Informationen,

▓ benutzerdefinierte XML-Daten,

▓ Kopfzeilen, Fußzeilen und Wasserzeichen und

▓ ausgeblendeten Text

zu überprüfen. In unserem Fall sollte sich diese Aktion aber auf die erste Funktion
beschränken, da alle übrigen Teile ja für unsere Dokumentvorlage benötigt werden.
Lediglich die Dateiinformationen sollten nochmals gezielt darauf hin überprüft werden, ob der Inhalt auch wirklich mit dem übereinstimmt, was wir haben wollen:

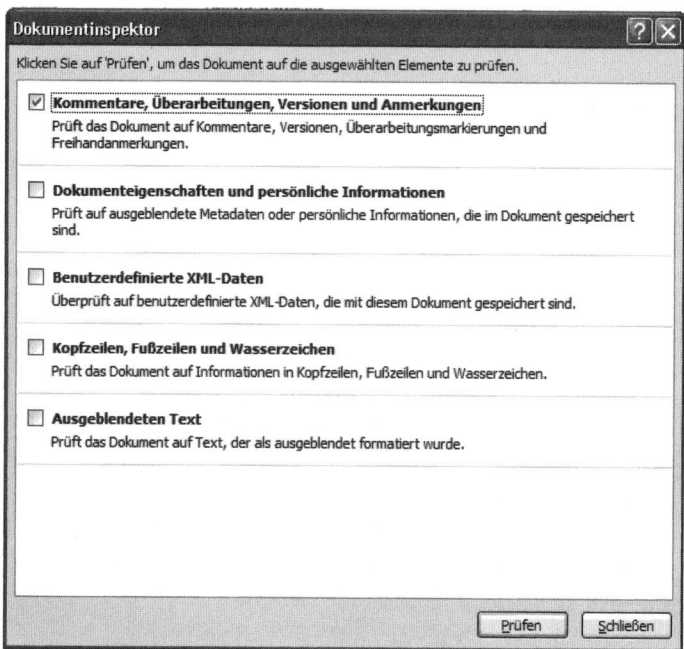

Abbildung 3.79: Der Dokumentinspektor bei der Arbeit

Klicken Sie nun einfach auf PRÜFEN. Der Formatinspektor überprüft nun das Dokument auf die Existenz der genannten Elemente. Findet er diese, erhalten Sie in der folgenden Maske die Möglichkeit, diese komplett zu entfernen.

Achtung

Bevor Sie den Formatinspektor starten, sollten Sie von dem Dokument bzw. der Dokumentvorlage unbedingt vorher unter einem neuen Namen eine Sicherheitskopie abspeichern, da diese Aktionen nicht immer rückgängig gemacht werden können!

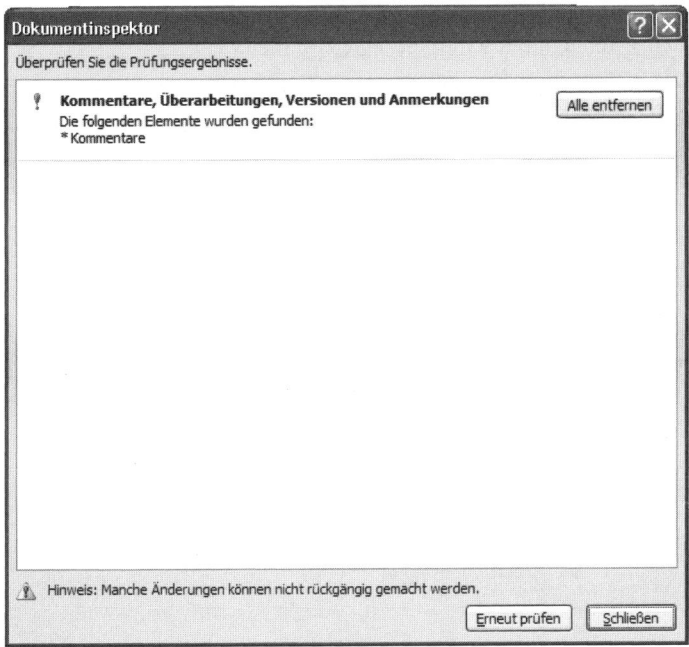

Abbildung 3.80: Endgültiges Löschen der Kommentare per Dokumentinspektor

3.19 Der Brief-Assistent

Nach all diesen Ausführungen zum Thema Formulargestaltung wäre dieses Buch unvollständig, wenn ich Ihnen nicht abschließend eine fertige VBA-Lösung für automatisierte Formulare liefern würde, die Sie mit wenigen Mausklicks in Ihre Dokumentvorlagen einbauen können.

Worum geht es? Erinnern wir uns:

▪ Häufig benötigte Informationen wie der Name des Sachbearbeiters, die Unterschrift, die Telefonnummer sollten lokal gespeichert werden (und natürlich auch wieder zur Verfügung stehen).

▪ Die Dateiinfo sollte soweit wie möglich automatisch ausgefüllt werden.

▪ Alle Textteile sollten automatisch und ohne große Mühe an den jeweils passenden Stellen im Dokument eingefügt werden.

171

▓ Die Bildschirmgröße von Word sowie der Zoomfaktor des Dokuments sollten automatisch auf den jeweiligen Bildschirm optimiert werden.

▓ Der Cursor sollte sofort an der richtigen Stelle stehen, sodass wir sofort mit dem Schreiben beginnen können.

Der folgende Assistent erfüllt alle diese Aufgaben sowie noch ein paar mehr:

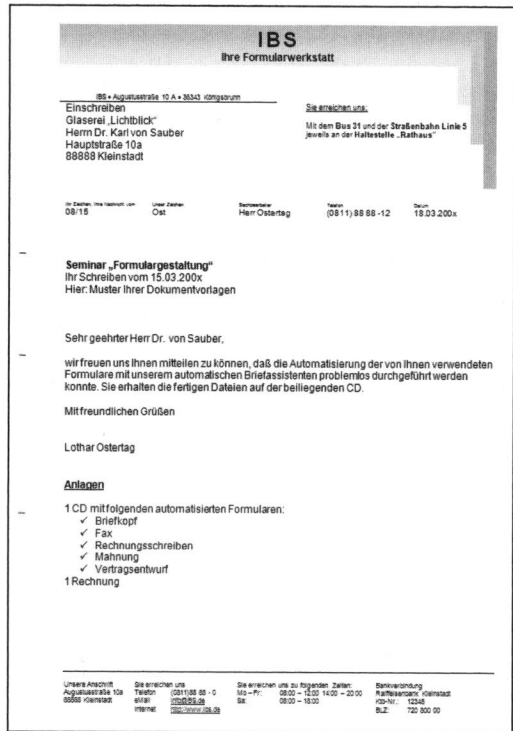

Abbildung 3.81: Ein automatisch erstelltes Anschreiben

3.19.1 Die Handhabung des Brief-Assistenten

Der Brief-Assistent funktioniert wie folgt: Beim Anlegen eines neuen Dokuments startet automatisch der folgende Dialog. Dieser enthält die folgenden vier Registerkarten:

▓ Adressat

▓ Betreff, Bezug, Anlagen

■ Bezugszeichen

■ Firma

In diesen Registerkarten werden die erforderlichen Eingaben abgefragt.

Tipp

Sie können in dem Dialog bequem mit der ⎢⇆⎥-Taste von Feld zu Feld springen (mit ⎡⇧⎤ + ⎡Alt⎤ springen Sie rückwärts) und mit ⎡Strg⎤ + ⎡Bild ↑⎤ bzw. mit ⎡Strg⎤ + ⎡⇧⎤ + ⎡Bild ↑⎤ die Registerkarten wechseln.

Die erste Registerkarte ADRESSAT enthält alle Daten, die für das korrekte Anschreiben benötigt werden. Sie können hier die Art der Sendung wählen, alle Informationen des Adressaten eingeben und sogar angeben, ob Sie bei Anschreiben an Firmenmitarbeiter ein persönliches Anschreiben erstellen wollen. Die Textanrede wird automatisch aus den Angaben erstellt, kann aber von Ihnen individuell überschrieben werden:

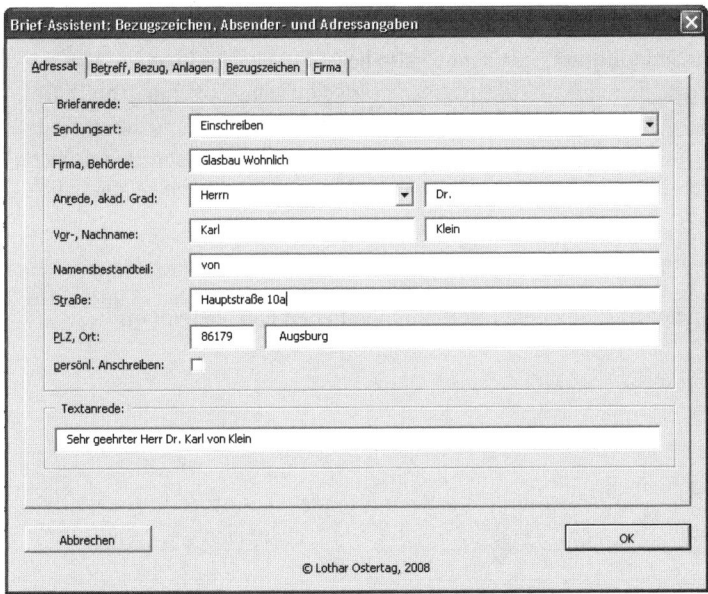

Abbildung 3.82: Der Brief-Assistent, Registerkarte ADRESSAT

Die Daten dieser Registerkarte werden an die folgenden Textmarken, Makrobuttons oder Inhaltssteuerelemente ausgegeben, wenn Sie die OK-Schaltfläche (schneller geht es mit der ⏎-Taste) betätigen.

Feldinhalt	Textmarken	Makrobutton	Inhaltssteuer-element (Tag)
Sendungsart	Sendungsart_x	Sendungsart	Sendungsart
Wird vom Assistenten zusam-mengestellt	Briefanrede_x	Briefanrede	Briefanrede
Wird vom Assistenten zusam-mengestellt	Textanrede_x	Textanrede	Textanrede

---

Tipp

Das „x" bei den Textmarken steht hierbei für eine fortlaufende Zahl von 1–10, also z.B. „Sendungsart_1", „Sendungsart_2" etc. Sie können also jede Information bis zu zehnmal im Dokument ausgeben! Der Eintrag beim Makrobutton bezieht sich auf den anzuzeigenden Text, der jeweilige Feldcode lautet also z.B.: {**Makrobutton** Nomacro **Sendungsart**}; Sie können also beliebig viele gleichnamige Makrobuttons anlegen. Beim Inhaltssteuerelement wird die Eigenschaft Tag geprüft. Da dieses nicht eindeutig ist und beliebig oft vergeben werden kann, können Sie beliebig viele Inhaltssteuerelemente zum jeweiligen Feldinhalt erstellen. Darüber hinaus können Sie beim Inhaltssteuerelement einen beliebigen Hinweistext aufnehmen.

Der Assistent speichert hierbei die Informationen in den Eingabefeldern:

- Anrede
- PLZ
- Ort
- Persönl. Anschreiben

Die Registerkarte BETREFF, BEZUG, ANLAGEN nimmt die entsprechenden Eingaben auf:

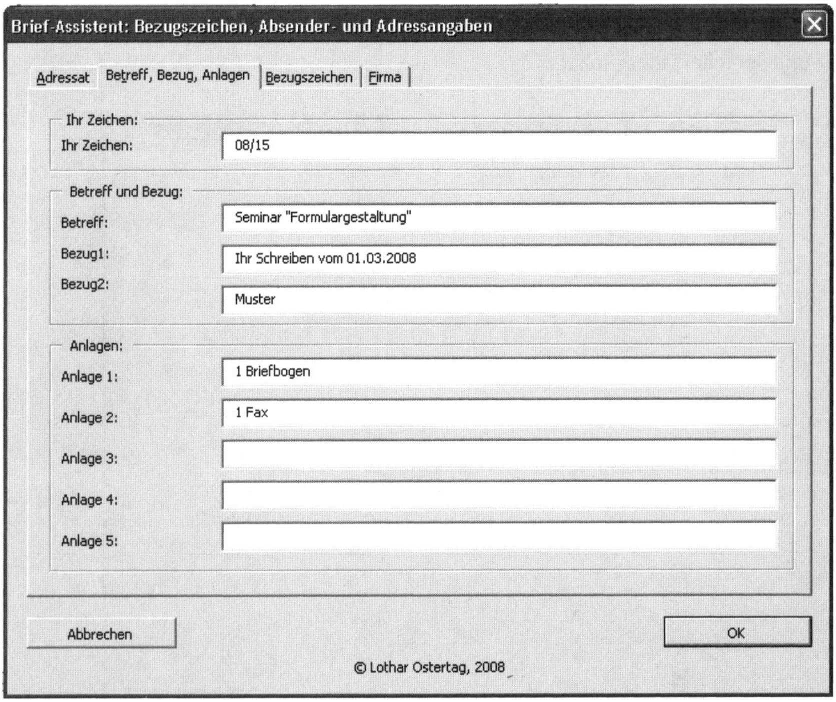

Abbildung 3.83: Der Brief-Assistent, Registerkarte BETREFF, BEZUG, ANLAGEN

Lokal gespeichert werden hier nur die Informationen aus dem Betreff. Die Daten für den Betreff und den Bezug werden an die Textmarken/Makrobuttons oder Inhaltssteuerelemente ausgegeben:

Feldinhalt	Textmarken	Makrobutton	Inhaltssteuerelement (Tag)
Ihr Zeichen	IhrZeichen	IhrZeichen	IhrZeichen
Betreff	Betreff_x	Betreff	Betreff
Wird vom Assistenten zusammengestellt	Bezug_x	Bezug	Bezug

Die Anlagen werden am Ende des Textes angefügt und benötigen hierfür die Auto-Texte „Anlage" und „Anlagen".

Die Registerkarte BEZUGSZEICHEN nimmt alle Daten des jeweiligen Sachbearbeiters auf und speichert diese lokal:

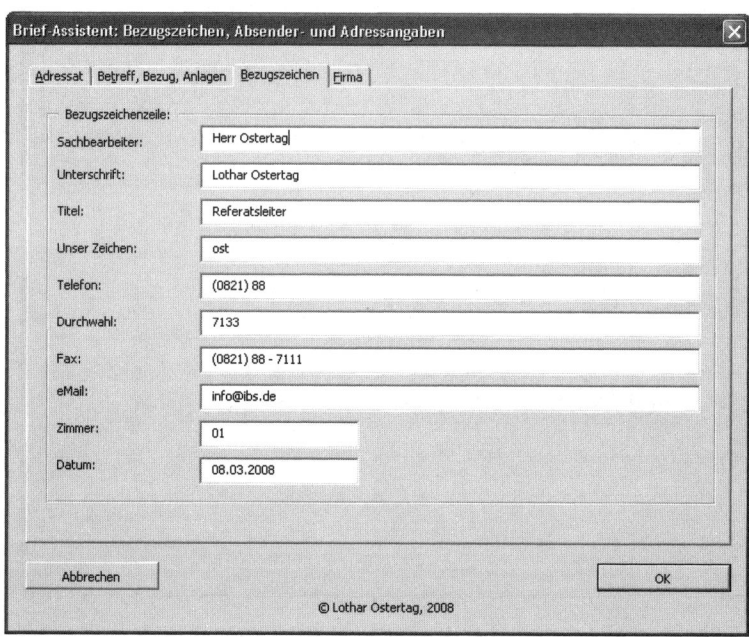

Abbildung 3.84: Der Brief-Assistent, Registerkarte BEZUGSZEICHEN

Die Daten werden an die folgenden Textmarken/Makrobuttons/Inhaltssteuerelemente ausgegeben:

Feldinhalt	Textmarken	Makrobutton	Inhaltssteuer-element (Tag)
Sachbearbeiter	Sachbearbeiter_x	Sachbearbeiter	Sachbearbeiter
Unterschrift	Unterschrift_x	Unterschrift	Unterschrift
Titel	Titel_x	Titel	Titel

Feldinhalt	Textmarken	Makrobutton	Inhaltssteuer-element (Tag)
Ihr Zeichen	IhrZeichen	IhrZeichen	IhrZeichen
Unser Zeichen	UnserZeichen_x	UnserZeichen	UnserZeichen
Telefon	Telefon_x	Telefon	Telefon
Durchwahl	Durchwahl_x	Durchwahl	Durchwahl
Fax	Fax_SB_x	Fax_SB	Fax_SB
eMail	eMail_SB_x	eMail_SB	eMail_SB
Zimmer	Zimmer_x	Zimmer	Zimmer
Datum	Datum_x	Datum	Datum

In der Registerkarte FIRMA können Sie darüber hinaus alle firmenbezogenen Daten speichern:

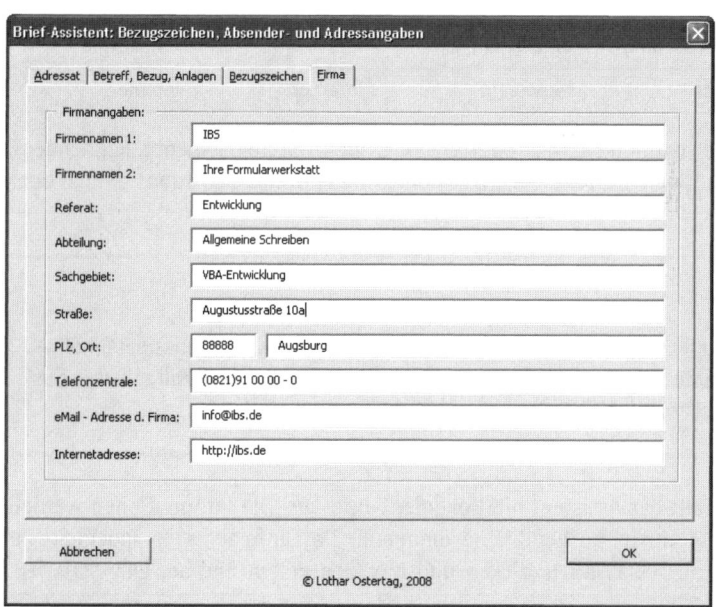

Abbildung 3.85: Der Brief-Assistent, Registerkarte FIRMA

Diese Daten werden an die folgenden Textmarken/Makrobutton/Inhaltssteuerelemente ausgegeben:

Feldinhalt	Textmarken	Makrobutton	Inhaltssteuerelement (Tag)
Firmenname1	Firmenname1_x	Firmenname1	Firmenname1
Firmenname2	Firmenname2_x	Firmenname2	Firmenname2
Referat	Referat_x	Referat	Referat
Abteilung	Abteilung_x	Abteilung	Abteilung
Sachgebiet	Sachgebiet_x	Sachgebiet	Sachgebiet
Straße	Straße_x	Straße	Straße
PLZ	PLZ_x	PLZ	PLZ
Ort	Ort_x	Ort	Ort
Telefonzentrale	Telefonzentrale_x	Telefonzentrale	Telefonzentrale
E-Mail-Adresse d. Firma	EMailFirma_x	EMailFirma	EMailFirma
Internetadresse	Internet_x	Internet	Internet

Sie können die Textmarken, Makrobuttons oder Inhaltssteuerelemente, je nachdem, wo Sie sie benötigen, im Textbereich, in Kopf- und Fußzeilen, Positionsrahmen oder Textfeldern speichern.

Achtung

Achten Sie unbedingt darauf, dass Sie die Textmarken, Makrobuttons oder Inhaltssteuerelemente nicht in geschützte Abschnitte stellen. In diesem Fall erhalten Sie von dem Assistenten eine entsprechende Fehlermeldung!

Als Nächstes füllt der Assistent die Dokument-Info aus. Die Informationen werden nach folgendem Muster ausgefüllt. Sie können die Dateiinfo abfragen, indem Sie im OFFICE-BUTTON auf VORBEREITEN klicken und hier den ersten Eintrag, EIGENSCHAFTEN, auswählen:

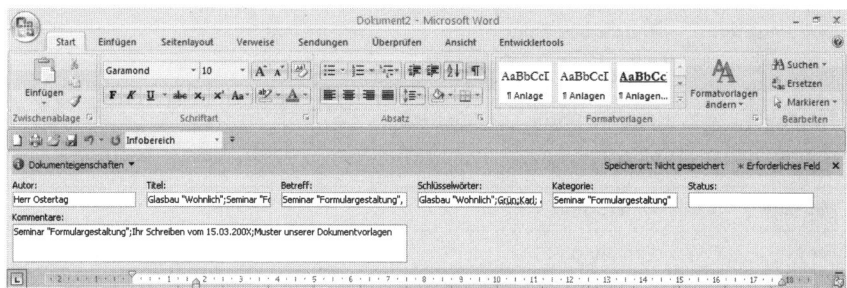

Abbildung 3.86: Die vom Brief-Assistent ausgefüllte Dateiinfo

Sobald Sie hier auf den kleinen Pfeil hinter DOKUMENTEIGENSCHAFTEN klicken, können Sie die komplette Dateiinfo einsehen:

Abbildung 3.87: Die vom Brief-Assistent ausgefüllte Dateiinfo

Die folgende Tabelle erläutert, welche Informationen wo in der Dateiinfo eingetragen werden:

Dokumentinfo	Inhalt der Felder
Titel	Firma, Betreff, Bezug 1 und Bezug2
Thema	Betreff, Bezug 1 und Bezug2
Autor	Sachbearbeiter
Manager	Unterschrift
Firma	Firmenname 1
Kategorie	Betreff
Stichwörter	Firma, Familienname, Vorname, Ort, Anlage 1, Anlage2, Anlage 3, Anlage 4 und Anlage 5
Kommentare	

Tabelle 3.22: Die automatisch eingetragenen Inhalte der Dateiinfo

3.19.2 Speichern der häufig benötigten Daten

Damit Ihnen die häufig benötigten Daten auch wieder zur Verfügung gestellt werden können, werden diese allesamt in der Registry im Schlüssel „HKEY_CURRENT_USER\Software\VB and VBA Program Settings\Firma" gespeichert. Hier haben Sie die beiden Unterschlüssel „Firmendaten" und „Anschreiben" zur Verfügung:

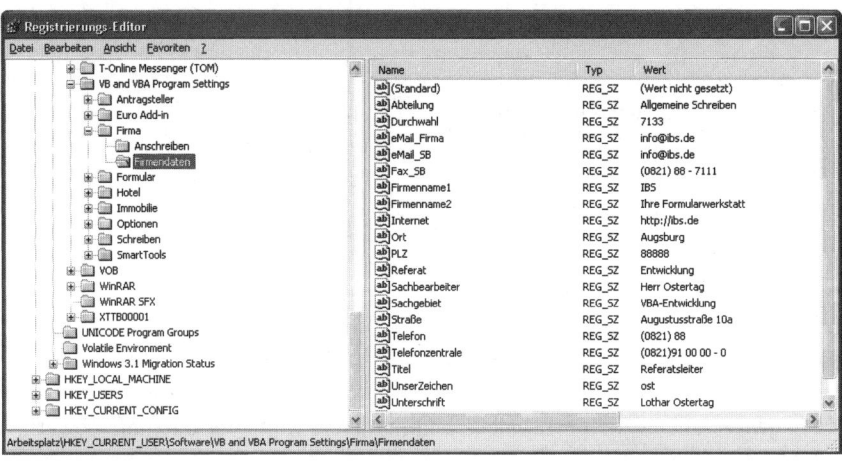

Abbildung 3.88: Die vom Brief-Assistenten in der Registry gespeicherten Daten

Dies hat für Sie den großen Vorteil, dass die Daten, ohne dass Sie irgendwelche weiteren Arbeiten im Netzwerk vornehmen müssen, für jeden Sachbearbeiter lokal gespeichert werden. Erstellen Sie also das nächste Schreiben, stehen Ihnen die hier gespeicherten Daten (Registerkarten „Bezugszeichen" und „, Firma", PLZ und Ort in der Registerkarte „Adressat" und der „Betreff") wieder zur Verfügung und werden sofort im Assistenten angezeigt. Falls sich einzelne Daten geändert haben, müssen diese lediglich überschrieben werden.

Tipp

Das bedeutet: Mit diesem Assistenten benötigen Sie wirklich nur noch einen Briefkopf in der ganzen Firma, kein Sachbearbeiter ist mehr gezwungen, sich die „offiziellen" Formulare lokal zu speichern und an seine Bedürfnisse anzupassen!

3.19.3 Worin liegen die Unterschiede der einzelnen Varianten?

Die Variante mit den Textmarken ist die älteste und gleichzeitig die, die am wenigsten Probleme bereitet: Egal wo die Textmarken platziert sind, VBA findet sie und kann den Text ausgeben. Allerdings hat der Sachbearbeiter den Nachteil, dass die Textmarken fast unsichtbar sind und entsprechende Stellen nur schwer nachbearbeitet werden können.

Die Makrobuttons haben den Vorteil, dass diese eine Eingabeaufforderung enthalten und bequem per F11 -Taste auch ohne den Assistenten angesprungen werden können. Nachteil: Makrobuttons, die in Textfeldern in den Kopf- oder Fußzeilen stehen, können nicht per VBA aktualisiert werden, im Textbereich können Sie diese allerdings problemlos auch in Textfeldern oder Positionsrahmen speichern.

Die Inhaltssteuerelemente stellen im Grunde eine Weiterentwicklung der Makrobuttons dar. Wie die Makrobuttons können Inhaltssteuerelemente in Textfeldern in der Kopf- oder Fußzeile leider nicht per VBA angesprochen werden. Der Vorteil der Steuerelemente ist allerdings der, dass Sie hier zusätzliche Automatisierungsmöglichkeiten haben. Deutlich wird dies z.B. in der folgenden Abbildung.

Hier wurde das Datum im Inhaltssteuerelement gesetzt. Trotzdem steht das Inhaltssteuerelement vom Typ „Datumsauswahl" mit seiner Funktionalität noch zur Auswahl und erlaubt im vorliegenden Fall z.b. die Auswahl eines anderen Datums über das Drop-down-Feld:

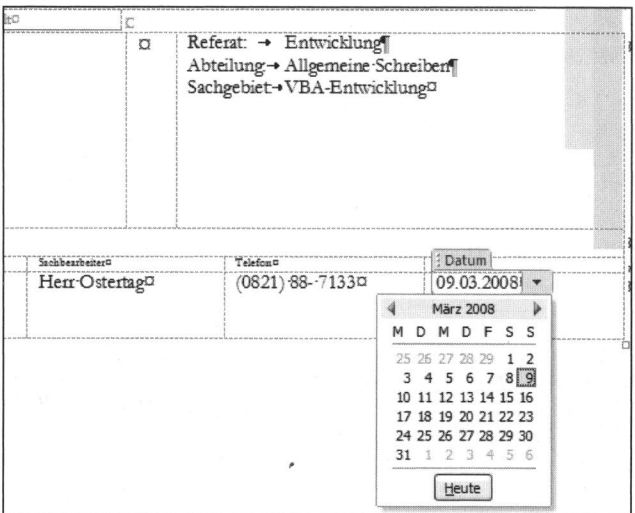

Abbildung 3.89: Ein angepasstes Inhaltssteuerelement in Aktion

3.19.4 Einrichten des Brief-Assistenten

Der Brief-Assistent ist eine fertige Lösung, d.h., Sie können diesen mit wenig Aufwand in Ihre eigenen Dokumentvorlagen einbinden. Auf der Buch-CD finden Sie im Ordner „Der Brief-Assistent" folgende Unterordner:

▪ Briefkopf mit Eingabeassistent

▪ Briefkopf mit Eingabeassistent, sachleitenden Verfügungen und fortlaufender Nummer

▪ Musterformulare

Der Ordner „Briefkopf mit Eingabeassistent" enthält Muster des DIN-Briefkopfs (Form B), angepasste Schnellzugriffsleiste und komplette Formatvorlagen. Der Schwerpunkt liegt hier aber auf dem Eingabeassistenten, der sich automatisch beim Anlegen eines neuen Dokuments öffnet.

Der Ordner „Briefkopf mit Eingabeassistent, sachleitenden Verfügungen und fortlfd. Nummer" enthält dagegen eine Komplettlösung, d.h. eine DIN-gerechte Dokumentvorlage

- mit Eingabedialog (startet beim Anlegen eines neuen Dokuments)
- die den Bildschirm bei jedem Öffnen oder Neuanlegen des Dokuments optimiert
- hinterlegt eine neue fortlaufende Nummer an der Textmarke „AZ" beim Anlegen eines neuen Dokuments
- sachleitende Verfügungen als Baustein und als eigenen Menüpunkt
- Druckbefehle, um das Original (ohne sachleitende Verfügungen) und das Original mit den sachleitenden Verfügungen jeweils mit nur einem (!) Befehl auszudrucken
- mit einem benutzerdefinierten Register „Briefkopf"
- mit dokumentbezogener Anpassung der Schnellzugriffsleiste

Der Ordner „Musterformulare" enthält zwei Musterbriefköpfe entsprechend den derzeitigen DIN-Normen, mit individuell angepasstem Register „Briefkopf" und kompletten Formatvorlagen. Schwerpunkt ist hier aber eindeutig die unterschiedliche Optik der beiden Briefkopftypen.

Jeder dieser Ordner enthält die Unterordner „vba" und „xml" mit den benötigten VBA-Modulen und – für die Anpassung des Registers – dem benötigten xml-Code. Um diese in Ihre eigenen Dokumentvorlagen einzubinden, gehen Sie wie folgt vor:

1. Öffnen Sie die Dokumentvorlage, in die Sie den Assistenten einbinden wollen.

2. Wechseln Sie mit der Tastenkombination $\boxed{\text{Alt}}$ + $\boxed{\text{F11}}$ in die Entwicklungsumgebung.

3. Wechseln Sie hier im Projekt-Explorer in den Bereich Ihres anzupassenden Briefkopfs.

4. Rufen Sie das Menü DATEI|DATEI IMPORTIEREN auf. Suchen Sie in dem folgenden Dialog die Dateien "frmBrief-Assistent.frm", „modAutomakros.bas", „modDefinitionen.bas" und „modFunction.bas", und importieren Sie diese. (Beachten Sie, dass Sie immer nur jeweils eine Datei importieren können!)

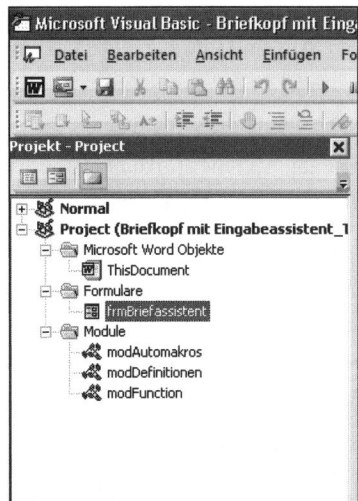

Abbildung 3.90: Importieren der einzelnen Code-Module

5. Beenden Sie den VBA-Editor mithilfe des Menüs DATEI|SCHLIESSEN UND ZURÜCK ZU MICROSOFT WORD.

6. Fügen Sie an den Stellen, an denen die Daten aus dem Assistenten gespeichert werden sollen, die jeweilige Textmarke, den Makrobutton oder das Inhaltssteuerelement ein. Werden bestimmte Informationen nicht gewünscht, lassen Sie einfach die Textmarke, den Makrobutton oder das Inhaltssteuerelement weg.

7. Fügen Sie an der Stelle, an der Sie mit dem Schreiben beginnen wollen, die Textmarke „Textbeginn" ein.

8. Erstellen Sie den gewünschten Text für die einzufügende Anlage bzw. die Anlagen.

9. Markieren Sie den Text für die Anlage, und rufen Sie im Register EINFÜGEN im Abschnitt TEXT im Drop-down-Feld SCHNELLBAUSTEINE den Befehl AUSWAHL IM SCHNELL-BAUSTEIN-KATALOG SPEICHERN... auf. Dieser kann wie im Beispiel aus dem fett und unterstrichen formatierten Word „Anlagen:" sowie einer folgenden Absatzmarke bestehen. Bestätigen Sie den Dialog mit OK.

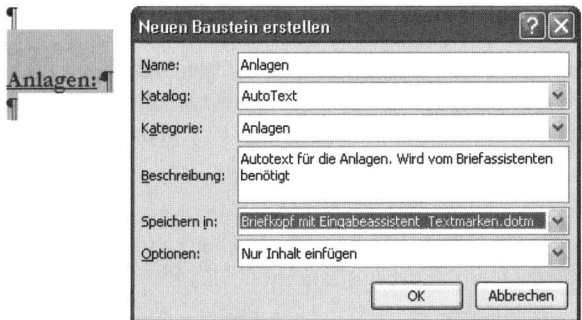

Abbildung 3.91: Speichern der AutoTexte für die Anlagen

10. Wiederholen Sie diese Schritte für den AutoText „Anlage".

11. Speichern und schließen Sie Ihre Dokumentvorlage.

12. Passen Sie die Einstellungen zur Makrosicherheit und zu den vertrauenswürdigen Pfaden an Ihre Bedürfnisse an.

Den xml-Code importieren Sie mit folgenden Schritten:

1. Kopieren Sie die jeweilige xml-Datei in den Ordner c:\Programme\CustomUIEditor\Samples.

2. Starten Sie das Programm „Custom UI Editor", und öffnen Sie mit FILE|OPEN Ihre Dokumentvorlage.

3. Wählen Sie im Menü SAMPLE die von Ihnen gewünschte Datei aus.

4. Schließen Sie die Dokumentvorlage mit FILE|CLOSE.

Tipp

Fertig!

Sollten Sie nun Lust auf noch mehr VBA-Programmierung bekommen haben, können Sie den Assistenten selbstverständlich noch um viele weitere Funktionen erweitern!

3.20 Berichte, Niederschriften, Verträge etc.

Neben den Briefköpfen sind auch Berichte, Niederschriften, Verträge etc. häufig benötigte Textarten, die ebenfalls als Formular (Dokumentvorlage) erstellt werden können. Für diese gelten im Grunde genau die gleichen Regeln und Vorgehensweisen, wie sie bereits für die Briefköpfe beschrieben wurden.

Der einzige Unterschied: Sie sollten bei diesen Vorlagen gleich die gewünschte Gliederung erstellen und zumindest die jeweils erste Kapitelüberschrift z.B. als Makrobutton oder Inhaltssteuerelement angeben. Darüber hinaus kann auch bereits ein Inhaltsverzeichnis und ggf. Stichwortverzeichnis mit angelegt werden.

KAPITEL 4

Rechnungsformulare

Für die Gestaltung der Rechnungsformulare gelten grundsätzlich die gleichen Regeln, wie sie auch bereits in Kapitel 4, Freie Briefköpfe, genannt wurden. Für die Seitenränder, den Briefkopf ebenso wie für die Betreff- und Bezugszeichenzeile gilt folglich das bereits oben Gesagte. Daher lautet die einzige Frage, die an dieser Stelle beantwortet werden muss: Wie können wir die Berechnungen in Word einfügen? Und vielleicht sogar automatisieren? Kann man überhaupt komplette Rechnungsformulare in Word realisieren?

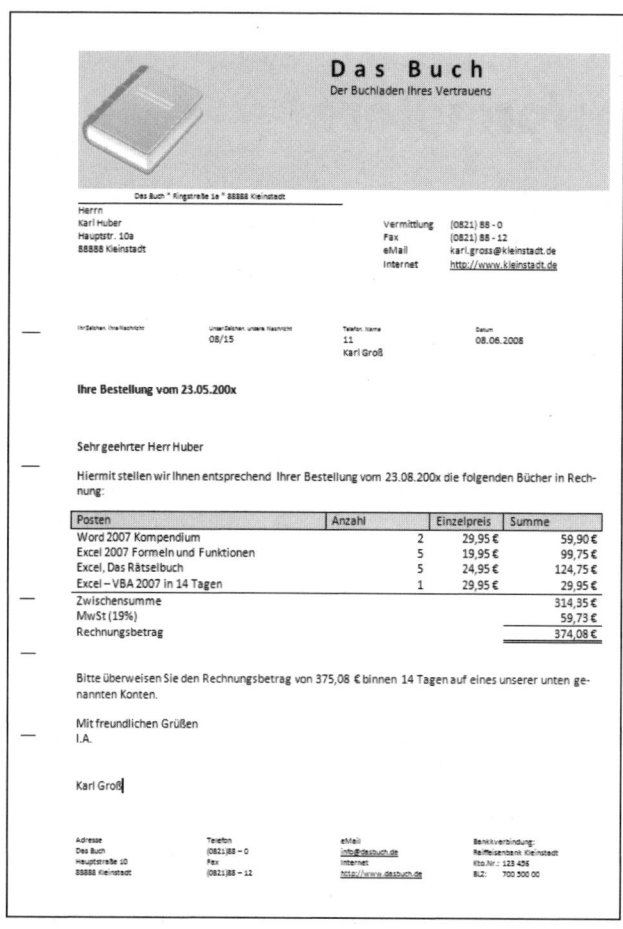

Abbildung 4.1: Ein Rechnungsformular in Word

Vorab: Word ist definitiv kein Tabellenkalkulationsprogramm und will es auch gar nicht sein, weshalb das Rechnen nicht unbedingt seine Stärke ist (dafür haben wir schließlich auch Excel). Trotzdem werden im Alltag immer wieder Dokumente benötigt, die kleinere Berechnungen enthalten, vor allem verschiedene Rechnungsformulare.

Soll Ihr Word-Dokument Berechnungen enthalten, können Sie diese mit folgenden alternativen Methoden realisieren:

- die Berechnung in Excel durchführen und anschließend in WinWord einfügen oder einbetten

- in dem Word-Dokument selber eine Excel-Tabelle aufbauen

- die Berechnungen per Formula-Feld oder Formularfeld in WinWord durchführen

- die zu berechnenden Werte sowie die Rechnungsformeln über eine VBA-Eingabemaske einfügen

4.1 Excel-Berechnungen in WinWord einfügen

Grundsätzlich können Sie Berechnungen in Excel einfach kopieren und anschließend in Ihr Word-Dokument einfügen. Dies ist immer dann sinnvoll, wenn die Berechnungen komplex sind oder selten durchgeführt werden, sodass es sich nicht lohnt, eine Automatisierung in WinWord zu erstellen. Sie haben hierzu die folgenden beiden Möglichkeiten:

- Sie können die Excel-Tabelle als normale Word-Tabelle einfügen, oder

- Sie können die Excel-Berechnung als Verknüpfung einfügen. In diesem Fall enthält das Dokument lediglich einen Link zur (gespeicherten) Excel-Tabelle, und die Berechnungen können jederzeit in Word aktualisiert werden.

Fügen Sie die Berechnung lediglich in WinWord ein, so erhalten Sie folglich eine normale Tabelle in Word mit den Excel-Daten, und es besteht keine Verbindung zwischen beiden Programmen. Das bedeutet: Spätere Änderungen in der Excel-Tabelle werden nicht automatisch in WinWord übernommen. Die Vorgehensweise ist hier sehr einfach:

1. Erstellen Sie in Excel die gewünschte Berechnung.

2. Markieren Sie die in WinWord einzufügenden Zellen, und kopieren bzw. schneiden Sie die gewünschten Zellen aus (Tastenkombinationen $\boxed{\text{Strg}}$ + $\boxed{\text{C}}$ für Kopieren, $\boxed{\text{Strg}}$ + $\boxed{\text{X}}$ für Ausschneiden), bzw. klicken Sie im Register START in der Gruppe ZWISCHENABLAGE auf die Symbole KOPIEREN bzw. AUSSCHNEIDEN.

3. Wechseln Sie in WinWord, und starten Sie die gewünschte Dokumentvorlage, bzw. öffnen Sie das gewünschte Dokument.

4. Positionieren Sie den Cursor an der gewünschten Stelle, und fügen Sie die Zellen über die Schaltfläche EINFÜGEN in der Gruppe ZWISCHENABLAGE des Registers START oder über die Tastenkombination $\boxed{\texttt{Strg}}$ + $\boxed{\texttt{V}}$ ein.

In diesem Fall haben Sie die Berechnung allerdings doppelt – einmal in Excel und dann, unabhängig davon, noch einmal in Word. Soll dies nicht der Fall sein, d.h., die Daten sollen in Word und Excel identisch sein, können Sie die Berechnung auch in Word einbetten. In diesem Fall enthält das Word-Dokument lediglich einen Verweis auf die entsprechende Excel-Tabelle. Diese Technik wird als „OLE", „Object Linking and Embedding", bezeichnet. Dies bedeutet, dass Änderungen in der Excel-Tabelle nicht automatisch in WinWord übernommen werden und dass ein Doppelklick in WinWord auf die Tabelle die Excel-Tabelle selber öffnet. Die Verknüpfung wird wie folgt erzeugt:

1. Erstellen Sie in Excel die Berechnung.

2. Markieren Sie die in WinWord einzufügenden Zellen, und kopieren Sie wie oben die gewünschten Zellen.

3. Wechseln Sie in WinWord.

4. Wechseln Sie hier im Register START in die Gruppe ZWISCHENABLAGE. Wählen Sie hier aus dem Drop-down-Feld EINFÜGEN das Kommando INHALTE EINFÜGEN...

5. Markieren Sie in dem nun folgenden Eingabedialog INHALTE EINFÜGEN die Optionsschaltfläche VERKNÜPFUNG EINFÜGEN und wählen in dem Listenfeld ALS den Eintrag „Microsoft Office Excel-Arbeitsblatt-Objekt":

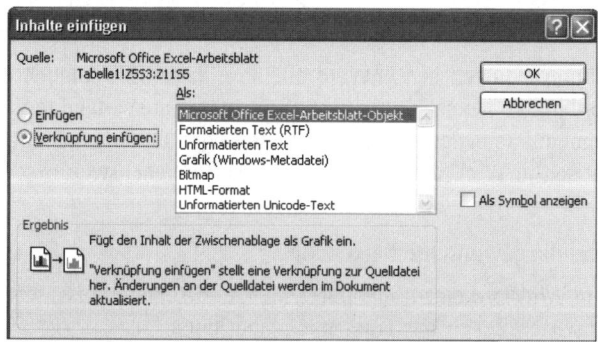

Abbildung 4.2: Einfügen einer Excel-Datei als Verknüpfung

Dass es sich hier um keine „normale" Tabelle handelt, merken Sie in dem Augenblick, in dem Sie mit der Maus auf die Tabelle klicken. Sie erhalten dann – ähnlich wie bei Bildern und anderen Objekten – eine Außenlinie mit „Anfassern", mit deren Hilfe Sie die Position und Größe der Tabelle verändern können:

anbei·erhalten·Sie·die·Rechnung·über·folgende·Waren:¶

Artikel	Anzahl	Einzelpreis	Gesamtpreis
Harry Potter, Teil I	5	20,00 €	100,00 €
Harry Potter, Teil II	1	25,00 €	25,00 €
Harry Potter, Teil III	2	38,00 €	76,00 €
Harry Potter, Teil IV	3	12,00 €	36,00 €
Harry Potter, Teil V	1	25,00 €	25,00 €
Gesamt			262,00 €

Abbildung 4.3: Eine markierte Excel-Verknüpfung in Word

Klicken Sie doppelt auf die Tabelle, wechseln Sie sofort in Excel, wo Sie die gewünschten Änderungen vornehmen können.

Es gibt übrigens noch eine weitere Möglichkeit zu überprüfen, ob die Tabelle eine Verknüpfung ist oder nicht. Sobald Sie mit der Tastenkombination [Alt] + [F9] in den Feldansichtsmodus wechseln, sehen Sie anstelle der (Excel-)Tabelle lediglich eine Feldfunktion mit dem Pfad zu der Tabelle. (Beachten Sie, dass in Feldfunktionen in der Pfadangabe der „\" stets doppelt auftritt.)

{·LINK·Excel.Sheet.8· "D:\\Temp\\Haushaltsabrechnung.xlsx"· "Schritt·3,·Formatieren· Blatt!Z3S1:Z16S5"·\a·\p·}¶

Abbildung 4.4: Die Excel-Verknüpfung im Feldansichtsmodus

Beachten Sie hierbei, dass es beim Einfügen großer Tabellen manchmal zu Problemen bei den Seitenumbrüchen kommt. Diese können Sie vermeiden, indem Sie gezielt die jeweils auf eine Seite passenden Tabellenteile auf die oben beschriebene Weise einfügen.

4.2 In WinWord eine Excel-Tabelle aufbauen

Eine sehr selten verwendete Möglichkeit ist auch, in dem WinWord-Dokument selber eine Excel-Tabelle aufzubauen. In diesem Fall gibt es also keine eigene Excel-Datei, sondern nur das Word-Dokument selber.

Das Interessante an dieser Technik ist, dass Sie sich mit einem Doppelklick in die Tabelle in Excel begeben (achten Sie auf die jeweils verfügbaren Menüleisten und Befehle) und mit einem Klick auf das Dokument wieder nach Word wechseln. Ihnen stehen also tatsächlich in einem Dokument jeweils Word- oder Excel-Technologie in vollem Umfang zur Verfügung.

Dies soll am Beispiel einer Abrechnung für Feldgeschworene[1] dargestellt werden. Diese stellt einfach eine Tabelle mit verschiedenen Abrechnungsposten dar, wobei die Anzahl und Einzelsumme zunächst in der Spalte „Gesamtbetrag" miteinander multipliziert werden. Im vorliegenden Beispiel wird später eine Zwischensumme gebildet, von dieser der Mehrwertsteuersatz berechnet und schließlich die Gesamtsumme ermittelt:

	A	B	C	D
1	Rechnungsposten	Anzahl	Einzelsumme	Gesamtbetrag
2	Entschädigung f. d. Feldgeschworene	2,50 Std. à	15,00 €	37,50 €
3	Entschädigung f.d. Gemeindearbeiter	2,50 Std. à	12,50 €	31,25 €
4	Grenzsteine	4 Stück à	50,00 €	200,00 €
5	Eisenrohre	2 Stück à	25,00 €	50,00 €
6	Stahlmeßnägel	2 Stück à	15,00 €	30,00 €
7	Zwischensumme			348,75 €
8	19 % Mehrwertsteuer			66,26 €
9	Summe			415,01 €

Abbildung 4.5: Die Abrechnung für die Feldgeschworenen als eingebettete Excel-Tabelle in Word

Das Erstellen der Tabelle erfolgt in den folgenden Schritten:

1. Erstellen Sie den Briefkopf wie in Kapitel 4 beschrieben.

2. Wechseln Sie an die Stelle, an der Sie die Excel-Tabelle benötigen.

---

1. Feldgeschworene gibt es seit dem 13. Jahrhundert. In Bayern und in Rheinland-Pfalz wirken diese auch heute noch bei der Kennzeichnung von Grundstücksgrenzen mit. Sie setzen Grenzsteine höher oder tiefer, wechseln beschädigte Grenzzeichen aus und entfernen Grenzzeichen.

3. Wechseln Sie nun in das Register EINFÜGEN und rufen in dem Drop-down-Feld TABELLE den Eintrag EXCEL-KALKULATIONSTABELLE auf.

4. Fügen Sie die benötigten Überschriften ein, und geben Sie den einzelnen Spalten die gewünschte Breite.

5. Tragen Sie in der Spalte „Gesamtbetrag" die benötigten Formeln ein.[2]

6. Formatieren Sie nun die Zellen wie gewünscht.[3]

7. Formatieren Sie die Tabellen mit den gewünschten Rahmenlinien.

8. Geben Sie in die Excel-Tabelle die passenden Werte ein.

9. Speichern Sie die Datei als Dokumentvorlage.

Bitte bedenken Sie, dass diese Technik selbstverständlich voraussetzt, dass Microsoft Excel auch tatsächlich installiert ist.

4.3 Berechnungen mithilfe von Feldfunktionen

4.3.1 Berechnungen mithilfe von Tabellen und Textmarken

Als Grundlage für Berechnungen in Word können Sie Tabellen oder Textmarken verwenden. Verwenden Sie Textmarken, müssen Sie zunächst die Zahlen, die dann weiter berechnet werden sollen, markieren und diesen eine Textmarke mit einem möglichst sprechenden Namen zuweisen (z.B. „Umsatz"). Um beispielsweise 10% des Umsatzes auszurechnen, gehen Sie wie folgt vor:

1. Markieren Sie die Zahl mit dem Umsatz, wechseln Sie im Register EINFÜGEN in die Gruppe HYPERLINKS, und klicken Sie auf den Befehl TEXTMARKE. Wählen Sie einen möglichst sprechenden Namen.

2. Positionieren Sie den Cursor an der gewünschten Stelle, an der das Berechnungsergebnis stehen soll, und fügen Sie mit der Tastenkombination Strg + F9 ein neues, leeres Feld ein.

3. Fügen Sie in das Feld die Formel „=Umsatz * 10% \# "#.##0,00 _"" ein, und aktualisieren Sie das Feld mit F9.

---

2. Für die Zeilen 2 bis 6 lautet die Formel „=RUNDEN(PRODUKT(B2:C2);2)", die Zwischensumme wird mit der Formel „=SUMME(D2:D6)" berechnet, für die Mehrwertsteuer lautet die Formel „=RUNDEN(D7*19%;2)", und der Gesamtbetrag wird mit „=SUMME(D7:D8)" berechnet.
3. In der Spalte „Anzahl" wurden die folgenden benutzerdefinierten Formate gewählt: Die Anzahl der Personenstunden wurde mit „#.##0,00 "Std. à"" formatiert, die Formatierung des Materials lautet „#.##0 "Stk. à"".

Nun sehen Sie auch schon das mit Tausenderpunkten, zwei Nachkommastellen und dem Euro-Symbol formatierte Ergebnis. Ändert sich nun die Zahl innerhalb der Textmarke, wird das Feldergebnis bei jeder Aktualisierung entsprechend angepasst.

{ =Umsatz·*·10%·\#·"#.##0,00·€" }

Abbildung 4.6: Berechnung mit Verweis auf eine Textmarke (hier: die Textmarke „Umsatz")

Die Textmarken haben den Vorteil, dass Sie beliebige Textstellen zur Berechnung heranziehen können.

Als Alternative für Berechnungen in Word stehen Ihnen aber auch Tabellen zur Verfügung. Diese haben den Vorteil, dass Sie für Berechnungen – analog zu Excel – sowohl auf einzelne Tabellenzellen mit den Zelladressen A1, A2, B1, B2 usw. als auch auf ganze Spalten oder Zeilen Bezug nehmen können. Der Buchstabe steht dabei für die jeweilige Spalte und die Zahl für die entsprechende Zeile. Das Koordinatensystem wird aber nicht angezeigt, Sie müssen es sich daher denken. Da Word zusätzlich die Möglichkeit bietet, Zellen waagerecht oder senkrecht zu verbinden, nimmt die verbundene Zelle immer die Bezeichnung der ersten Zelle an, wie die folgende Abbildung verdeutlicht:

A1	B1	C1	D1
A2	B2		D2
A3	B3	C2	D3
A4	B4		D4

Abbildung 4.7: Koordinatensystem einer Word-Tabelle mit senkrecht und waagerecht verbundenen Zellen

Auch die Art, wie Sie in Formeln Zellbezüge herstellen, entspricht MS Excel. Ein Semikolon trennt die Bezüge der einzelnen Zellen voneinander, ein Doppelpunkt legt die erste und die letzte Zelle in einem bestimmten Bereich fest, Zahlen (1:2) bezeichnen ganze Zeilen, und Buchstaben (A:A) bezeichnen ganze Spalten. Die folgenden Beispiele berechnen aus verschiedenen Zellen (in der jeweiligen Abbildung grau markiert) den Mittelwert:

Mittelwert der Zellen	Eingabe
⊞	= average(b:b) oder = average(b1:b3)
⊞	= average(a1:b2)
⊞	= average(a1:c2) oder = average(1:1,2:2)
⊞	= average(a1;a3;c2)

Tabelle 4.1: Beispiele für Berechnungen mit unterschiedlichen Zellbezügen

Achtung

Auf Zahlen außerhalb der Tabelle können Sie nur zugreifen, wenn Sie diese mit einer Textmarke versehen und in der Formel auf die Textmarke zugreifen. Die Feldfunktion { = SUM(Tabelle3 C3) } ermittelt beispielsweise den Inhalt der Zelle, die sich in der dritten Spalte und in der dritten Zeile der Tabelle befindet, die mit der Textmarke "Tabelle3" gekennzeichnet ist.

Hinweis

Zellbezüge in Word sind im Gegensatz zu Zellbezügen in Microsoft Excel immer absolute Bezüge und werden nicht mit Dollarzeichen angezeigt. In Word entspricht der Bezug auf eine Zelle als A1 in Word dem Bezug auf eine Zelle als A1 in Microsoft Excel.

4.3.2 Berechnungen mithilfe von Feldfunktionen

Berechnungen mithilfe von Feldfunktionen verwenden das sog. „Formula"-Feld. Dieses hat die folgende Syntax:

```
{ = Formel [Textmarke ] [\# Numerische Abbildung ] }
```

Dieses Feld können Sie „von Hand" erstellen, indem Sie mit der Tastenkombination Strg + F9 ein leeres Feld erzeugen und in dieses den gewünschten Feldcode eingeben.

Alternativ können Sie im Register EINFÜGEN in der Gruppe TEXT das Drop-down-Feld SCHNELLBAUSTEINE aufrufen und hier auf FELD... klicken. Wählen Sie in dem nun folgenden Dialog die Schaltfläche FORMELN aus, und Sie können in dem Dialog „Formel" bequem die gewünschte Berechnung und Formatierung eingeben:

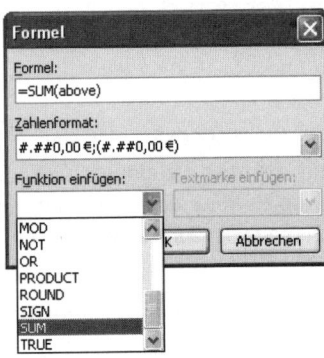

Abbildung 4.8: Erstellen eines Formula-Feldes mithilfe des Feld-Assistenten

Diese Methode hat eine Reihe von Vorteilen:

- Sie müssen die Berechnungsfelder nur an die Stelle einfügen, an der Sie diese auch wirklich benötigen.

- In den übrigen Zellen geben Sie die Zahlen wie gewohnt als Klartext ein.

- Sobald Sie die aktuellen Zahlen benötigen, markieren Sie einfach die Zellen mit den Berechnungen (oder einfach über Strg + A das ganze Dokument) und aktualisieren den Feldinhalt mit F9.

- Beim Ausdruck werden die Felder automatisch aktualisiert, wenn Sie die entsprechende Druckoption eingeschaltet haben. (Rufen Sie in den Word-Optionen über den Shortcut Alt, D, I den Abschnitt ANZEIGEN auf, und aktivieren Sie unter DRUCKOPTIONEN die Option FELDER VOR DEM DRUCKEN AKTUALISIEREN.)

- Sie können diese Berechnungen relativ einfach automatisieren.

Das folgende Beispiel zeigt eine typische Berechnung in einer Word-Tabelle mit verschiedenen Rechenfunktionen:

Rechnungsposten¤	Anzahl¤	Einzelsumme¤	Gesamtbetrag¤
Entschädigung·f.·d.· Feldgeschworene¤	5·Std.·à¤	20,00·€¤	{·=ROUND(PRODUCT(left);2)·\#· "#.##0,00·€;(#.##0,00·€)"·}¤
Entschädigung·f.d.· Gemeindearbeiter¤	5·Std.·à¤	35,00·€¤	{·=ROUND(b3*c3;2)\#·"#.##0,00· €"·}¤
Grenzsteine¤	1·Stück·à¤	100,00·€¤	{·=ROUND(PRODUCT(left);2)·\#· "#.##0,00·€;(#.##0,00·€)"·}¤
Eisenrohre¤	5·Stück·à¤	3,00·€¤	{·=ROUND(PRODUCT(left);2)·\#· "#.##0,00·€;(#.##0,00·€)"·}¤
Stahlmeßnägel¤	5·Stück·à¤	20,00·€¤	{·=ROUND(PRODUCT(left);2)·\#· "#.##0,00·€;(#.##0,00·€)"·}¤
Zwischensumme¤	¤	¤	{·=SUM(ABOVE)·\#·"#.##0,00· €;(#.##0,00·€)"·}¤
19·%·Mehrwertsteuer¤	¤	¤	{· =ROUND(Zwischensumme*19%; 2)·\#·"#.##0,00·€;(#.##0,00·€)"·}¤
Summe¤	¤	¤	{·=SUM(D7:D8)·\#·"#.##0,00· €;(#.##0,00·€)"·}¤

Abbildung 4.9: Die Berechnung mit verschiedenen Formula-Feldern

---

Hinweis

Die hier zur Verfügung stehenden Rechenfunktionen, Operatoren und Formatierungen werden in den Kapiteln 4.3.4, Verfügbare Rechenfunktionen, Seite 210, 4.3.5, Mathematische und relationale Operatoren, Seite 213 und 4.3.6, Formatieren der Felder, Seite 213 erläutert.

Um die Handhabung der Berechnung zu erleichtern, ist es sinnvoll, verschiedene Aktionen zu automatisieren. Dabei sollte zwischen zwei Situationen unterschieden werden:

1. Die Tabelle ist vollständig, d.h., die Felder müssen nur aktualisiert werden, oder

2. die Tabelle muss um zusätzliche Zeilen für neue Eingaben und den Abschluss erweitert werden.

Der erste Fall ist der einfachste. Sie benötigen hierzu lediglich ein Makro, das die Tabelle markiert, die Felder aktualisiert und anschließend die Markierung wieder aufhebt. In dem folgenden VBA-Listing müssen Sie lediglich die Nummer der Tabelle anpassen:

```
Sub TabelleAktualisieren()
'-----------------------------------------------------------------
' aktualisiert die Rechnungstabelle
'-----------------------------------------------------------------

    Application.ScreenUpdating = False    'Bildschirmaktualisierung aus
    Dim iField as Field
    For each iField in Active Document.Fields
        iFold.Update
    Next
    Application.ScreenUpdating = True     'Bildschirmaktualisierung aus
End Sub
```

Listing 4.1: Aktualisieren der Felder in einer (Rechnungs-)Tabelle

Dieses Makro können Sie entweder über einen Eintrag im Ribbon aufrufen oder über einen Makrobutton mit dem folgenden Feldcode:

```
{Makrobutton TabelleAktualisieren Hier klicken, um die Rechnung zu aktualisieren}
```

Der zweite Fall ist ein wenig aufwendiger, aber auch erheblich flexibler. Ziel ist es, in unserem Briefkopf eine Rechnungstabelle zu erstellen, die einfach zu handhaben ist und die beliebig viele Eingabezeilen aufweisen kann:

hiermit·stellen·wir·Ihnen·entsprechend·Ihrer·Bestellung·vom·23.08.2008·die·folgenden·Bücher·in· Rechnung:¶

Posten	Anzahl	Einzelpreis	Summe	
Word·2007·Kompendium	2	29,95	··59,90·€	
Excel·2007·Formeln·und·Funktionen	5	19,95	··99,75·€	
Excel,·Das·Rätselbuch	5	24,95	·124,75·€	
Excel-VBA·2007·in·14·Tagen	1	29,95	··29,95·€	
Zwischensumme			·314,35·€	
MwSt·(19%)			··59,73·€	
Rechnungsbetrag			·374,08·€	

Hier·doppelklicken,·um·eine·neue·Berechnungszeile·einzufügen·¶
Hier·doppelklicken,·um·die·Rechnung·abzuschließen·¶
Bitte·überweisen·Sie·den·Rechnungsbetrag·von··374,08·€·binnen·14·Tagen·auf·eines·unserer· unten·genannten·Konten¶

Abbildung 4.10: Ausschnitt aus einem variablen Rechnungsformular

Zunächst benötigen Sie eine Grundtabelle, die zumindest die Tabellenüberschrift und eine erste Eingabezeile enthält. Wichtig ist hierbei, dass die Berechnungsformel in der Spalte „Summe" möglichst allgemein gehalten wird, z.B.: {=ROUND(PRO-DUCT(LEFT);2) \# "#.##0,00 _"}[4]

Posten	Anzahl	Einzelpreis	Summe	
			···0,00·€	

Abbildung 4.11: Grundtabelle für die Berechnung

Als Nächstes markieren Sie die erste Eingabezeile und rufen im Register EINFÜGEN im Abschnitt TEXT unter SCHNELLBAUSTEINE das Kommando AUSWAHL IM SCHNELLBAUSTEIN-KATALOG SPEICHERN... auf (Shortcut [Alt], [I], [Q], [S]). Füllen Sie Eingaben im Eingabedialog NEUEN BAUSTEIN ERSTELLEN entsprechend aus, und speichern Sie den Baustein in der aktuellen Dokumentvorlage:

---

4. Diese Funktion multipliziert die Zahlen in den rechts davor liegenden Zellen und rundet das Ergebnis auf zwei Stellen. Die Anzeige des Ergebnisses erfolgt mit Tausenderpunkten, zwei Nachkommastellen und in Euro.

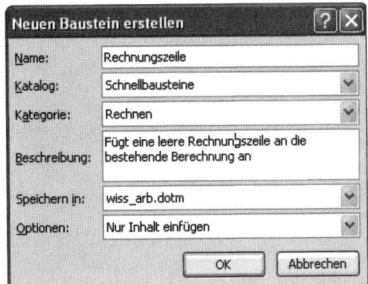

Abbildung 4.12: Speichern der leeren Berechnungszeile als Baustein

Fügen Sie nun die Abschlusszeilen für die Tabelle ein, also im Beispielsfall die Zeilen mit der Zwischensumme, der Mehrwertsteuer und dem Gesamtbetrag, und formatieren diese wie gewünscht:

Posten○			Anzahl○	Einzelpreis○	Summe○	○
○			○	○	⋯0,00·€○○	
Zwischensumme○			○	○	⋯0,00·€○○	
MwSt·(19%)○			○	○	⋯0,00·€○○	
Rechnungsbetrag○			○	○	⋯0,00·€○○	

Abbildung 4.13: Die Eingabetabelle mit den Abschlusszeilen

Wichtig ist auch hier, dass die Berechnungsformeln möglichst allgemein gehalten werden und dass die Felder mit der Zwischensumme, der Mehrwertsteuer und dem Rechnungsbetrag die gleichnamigen Textmarken zugewiesen bekommen, also z.B.:

Zeile	Feldcode
Zwischensumme	{=SUM(ABOVE) \# "#.##0,00 _"}
MwSt	{=ROUND(Zwischensumme * 19%;2) \# "#.##0,00 _"}
Rechnungsbetrag	{=Zwischensumme + MwSt \# "#.##0,00 _" }

Tabelle 4.2: Der Feldcode für die Abschlusszeilen

Die Berechnungstabelle hat nun etwas das folgende Aussehen:

Posten¤			Anzahl¤	Einzelpreis¤	Summe¤	¤
¤			¤	¤	···0,00·€¤¤	¤
Zwischensumme¤			¤	¤	···0,00·€¤¤	¤
MwSt¤			¤	¤	···0,00·€¤¤	¤
Rechnungsbetrag¤			¤	¤	···0,00·€¤¤	¤

Abbildung 4.14: Die komplette, leere Rechnungstabelle mit den Abschlusszeilen

Markieren Sie nun die Zeilen mit der Zwischensumme, der Mehrwertsteuer und dem Rechnungsbetrag und erstellen einen neuen Baustein „Rechnungsabschluss" analog dem Baustein „Rechnungszeile". Anschließend löschen Sie die drei Zeilen wieder.

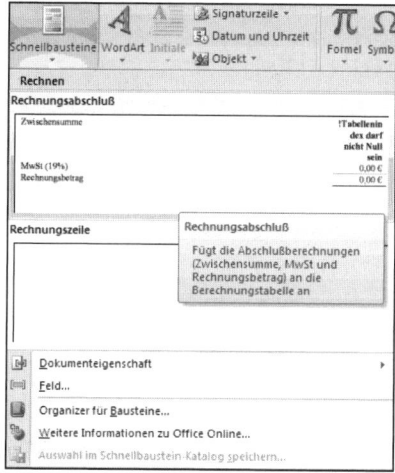

Abbildung 4.15: Einfügen der Rechnungsbausteine aus dem Schnellbausteinkatalog

Der Charme dieser Methode liegt darin, dass Sie nun bereits von Hand die entsprechenden Bausteine einfügen können.

Einfacher geht dies sicherlich mit den folgenden VBA-Listings (bitte passen Sie hier noch die Nummer der gewünschten Tabelle an!). Diese fügen – nach einigen Sicherheitsprüfungen – die entsprechenden Bausteine an die Tabelle an und aktualisieren die darin bereits enthaltenen Felder:

```
Sub BerechnungszeileEinfügen()
'-------------------------------------------------------------
' Prüft, ob die Rechnungsabschlusszeilen bereits vorhanden sind (Textmarken
' "Zwischensumme" und "MwSt". Wenn alles passt, fügt es die einfache
```

```
' Berechnungszeile ein
'-----------------------------------------------------------------

    'Prüfen, ob die Rechnung bereits abgeschlossen ist
    If ActiveDocument.Bookmarks.Exists("Zwischensumme") Or _
        ActiveDocument.Bookmarks.Exists("MwSt") Then
        MsgBox "Achtung:" + vbCr + vbCr + _
        "Sie können diesen Befehl nur aufrufen, wenn " & _
            "die Zeilen 'Zwischensumme', 'MwSt', und 'Rechnungsbetrag'" & _
            " nicht (mehr) existieren!" + vbCr + vbCr + _
            "Bitte löschen Sie zuerst die Abschlusszeilen, " & _
            "bevor Sie dieses Kommando aufrufen!", _
            vbOKOnly + vbCritical, "Berechnungszeile einfügen"
        Exit Sub
    End If

    'Einfügen des Bausteins
    Application.ScreenUpdating = False          'Bildschirmaktualisierung aus

    ActiveDocument.Tables(1).Rows(TabelleAnzahlZeilen(1)).Select
    With Selection
        .SelectRow                              'die letzte Zeile auswählen
        .Fields.Update                          'Felder aktivieren
        .Collapse Direction:=wdCollapseStart    'Den Cursor auf das Ende
                                                'der Markierung setzen

        .MoveDown Unit:=wdLine, Count:=1        'die Tabelle verlassen
    End With
    'eine neue Rechnungszeile einfügen
    Call BuildingBlockAusDokument("Rechnungszeile")
    Selection.MoveUp Unit:=wdLine, Count:=1 'die neue Zeile betreten

    Application.ScreenUpdating = True           'Bildschirmaktualisierung aus
End Sub

Sub Rechnungsabschluss()
'-----------------------------------------------------------------
' Prüft, ob die Rechnungsabschlusszeilen bereits vorhanden sind (Textmarken
' "Zwischensumme" und "MwSt", Wenn alles passt, fügt es den Rechnungsabschluss
' ein
'-----------------------------------------------------------------
    'Prüfen, ob die Rechnung bereits abgeschlossen ist
```

```
If ActiveDocument.Bookmarks.Exists("Zwischensumme") Or _
   ActiveDocument.Bookmarks.Exists("MwSt") Then
   MsgBox "Achtung:" + vbCr + vbCr + _
   "Sie können diesen Befehl nur aufrufen, wenn " & _
      "die Zeilen 'Zwischensumme', 'MwSt' und 'Rechnungsbetrag'" & _
      " nicht (mehr) existieren!" + vbCr + vbCr + _
      "Bitte löschen Sie zuerst die Abschlusszeilen, " & _
      "bevor Sie dieses Kommando aufrufen!", _
      vbOKOnly + vbCritical, "Berechnungszeile einfügen"
      Exit Sub
End If


'Einfügen des Bausteins
Application.ScreenUpdating = False        'Bildschirmaktualisierung aus

ActiveDocument.Tables(1).Rows(TabelleAnzahlZeilen(1)).Select
With Selection
   .SelectRow                             'die letzte Zeile auswählen
   .Fields.Update                         'Felder aktivieren
   .Collapse Direction:=wdCollapseStart   'Den Cursor auf das Ende
                                          'der Markierung setzen
   .MoveDown Unit:=wdLine, Count:=1       'die Tabelle verlassen
End With
'eine neue Rechnungszeile einfügen
Call BuildingBlockAusDokument("Rechnungsabschluss")
With Selection
   .MoveUp Unit:=wdLine, Count:=1         'die neue Zeile betreten
   .Tables(1).Select                      'Tabelle markieren
   .Fields.Update                         'Felder aktualisieren
   .Collapse Direction:=wdCollapseEnd     'Den Cursor auf das Ende
                                          'der Markierung setzen
End With
Application.ScreenUpdating = True         'Bildschirmaktualisierung aus
End Sub

Private Sub BuildingBlockAusDokument(strBaustein As String)
   '-------------------------------------------------------------------
   'Hilfsprozedur, die einen Baustein aus der angehängten Dokumentvorlage
   'an der markierten Stelle einfügt
   '-------------------------------------------------------------------
   ActiveDocument.AttachedTemplate.BuildingBlockEntries(strBaustein).Insert _
```

```
    Where:=Selection.Range
End Sub

Private Function TabelleAnzahlZeilen(intTabelle As Integer)
    '------------------------------------------------------------------
    'Gibt die Anzahl der Zeilen der gewünschten Tabelle zurück. Existiert
    'keine Tabelle oder nicht die gewünschte, wird der Wert "0" zurückgegeben
    '------------------------------------------------------------------
    If ActiveDocument.Tables.Count = 0 Or _
    ActiveDocument.Tables.Count < intTabelle Then
        TabelleAnzahlZeilen = 0
    Else
        TabelleAnzahlZeilen =
ActiveDocument.Tables(intTabelle).Range.Information(wdMaximumNumberOfRows)
    End If
End Function
```

Listing 4.2: Prozeduren und Hilfsprozeduren zum Einfügen der neuen Eingabezeilen und der Abschlussberechnungen

Fügen Sie nun unterhalb der Berechnungstabelle zwei Makrobuttons mit den folgenden Feldcodes ein:

```
{ Macrobutton BerechnungszeileEinfügen Hier doppelklicken, um eine neue
Berechnungszeile einzufügen }
{ Macrobutton Rechnungsabschluss Hier doppelklicken, um die Rechnung
abzuschließen }
```

Sollten Sie noch eine Prozedur zum Löschen von markierten Tabellenzeile benötigen, hier ist sie:

```
Sub TabellenZeileLöschen()
    'Prüfen, ob sich der Cursor in einer Tabelle befindet
    If Not Selection.Information(wdWithInTable) Then
        MsgBox "Sie können diesen Befehl nur aufrufen, wenn " & _
        "sich der Cursor in einer Tabelle befindet!", _
        vbOKOnly + vbCritical, "Berechnungszeile einfügen"
        Exit Sub
    End If

    'Löscht die angegebene Zeile
    If MsgBox("Wollen Sie die markierte Zeile wirklich löschen", _
    vbQuestion + vbYesNo + vbDefaultButton2, _
    "Tabellenzeile löschen") = vbYes Then
        Selection.Rows.Delete
    End If
End Sub
```

Tabelle 4.3: Löscht die markierte Tabellenzeile nach einer Sicherheitsabfrage

Der noch leere Rechnungsteil sieht nun wie folgt aus:

Posten¤				Anzahl¤	Einzelpreis¤	Summe¤	¤
¤				¤	¤	···0,00 €¤¤	¤
Hier·doppelklicken,·um·eine·neue·Berechnungszeile·einzufügen·¶							
Hier·doppelklicken,·um·die·Rechnung·abzuschließen·¶							

Abbildung 4.16: Die leere Grundtabelle mit den Makrobuttons zum Einfügen der leeren Zeilen und des Rechnungsabschlusses

Nun ist die Handhabung für den Anwender ganz leicht: Er muss lediglich auf den jeweiligen Button doppelklicken.

Hinweis

Mit nur wenig Aufwand können Sie die Makroaufrufe auch in das Ribbon legen:

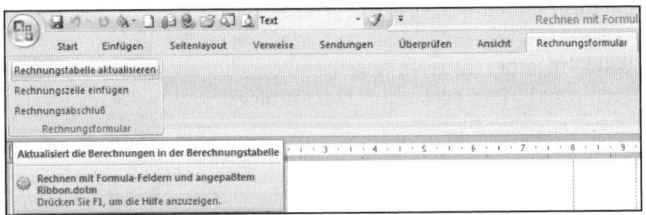

Abbildung 4.17: Das angepasste Ribbon mit dem Register „Rechnungsformular"

In dem abgebildeten Ribbon wurde ein eigenes Register „Rechnungsformular" mit den Aufrufen „Rechnungstabelle aktualisieren", Rechnungszeile einfügen" und „Rechnungsabschluss" eingefügt.

4.3.3 Berechnungen mithilfe von Formularfeldern

Die Handhabung von Formularfeldern unterscheidet sich grundlegend von den oben beschriebenen Formula-Feldern, wobei der Briefempfänger selber kaum einen Unterschied bemerken wird:

Ihre Bestellung vom 23.08.2008
Hier: Rechnung

Sehr geehrter Herr Huber,

hiermit stellen wir Ihnen entsprechend Ihrer Bestelleung vom 23.08.2008 die folgenden Bücher in Rechnung:

Posten	Anzahl	Einzelprei s	Summe
Word 2007 Kompendium	2	29,95 €	59,90 €
Excel 2007, Formeln und Funktionen	2	19,95 €	39,90 €
Excel - Das Rätselbuch	5	24,95 €	124,75 €
			0,00 €
			0,00 €
			0,00 €
Rechnungsbetrag			224,55 €
Darin enthaltene MwSt			42,66 €

Bitte überweisen Sie den Rechnungsbetrag von 224,55 € binnen 14 Tagen auf eines unserer unten genannten Konten

Abbildung 4.18: Ausschnitt eines Rechnungsformulars mit Formularfeldern

Die Formularfelder setzen zum einen spezielle Felder (sog. Formularfelder) und zum anderen einen aktivierten Dokumentschutz voraus.

Das Formular selber wird wie gewohnt erstellt. Anschließend erstellen Sie eine Tabelle mit dem gewünschten Rechnungsaufbau bzw. erstellen den gewünschten Text. Die Formularfelder selber fügen Sie nun wie folgt ein:

1. Aktivieren Sie das Register ENTWICKLERTOOLS.

2. Klicken Sie im Register ENTWICKLERTOOLS in der Gruppe STEUERELEMENTE auf das Drop-down-Feld LEGACYTOOLS und wählen hier das Feld TEXTFELD (FORMULARSTEUER-ELEMENT).

3. Fügen Sie auf die gleiche Weise in alle übrigen Zellen weitere Formularfelder ein.

4. Klicken Sie die einzelnen Formularfelder nun jeweils doppelt an, um die entsprechenden Eigenschaften festzulegen. Bei den Feldern, die nur Text enthalten sollen, sind keine besonderen Formatierungen erforderlich.

5. Die Felder, die Zahleneingaben enthalten, legen Sie im Drop-down-Feld TYP als Feld vom Typ Zahl fest und wählen im Feld ZAHLENFORMAT das passende Format aus. Beachten Sie bitte, das Kontrollkästchen BEIM VERLASSEN BERECHNEN zu aktivieren. Dies sorgt dafür, dass Word automatisch eine Neuberechnung aller Berechnungsfelder vornimmt.

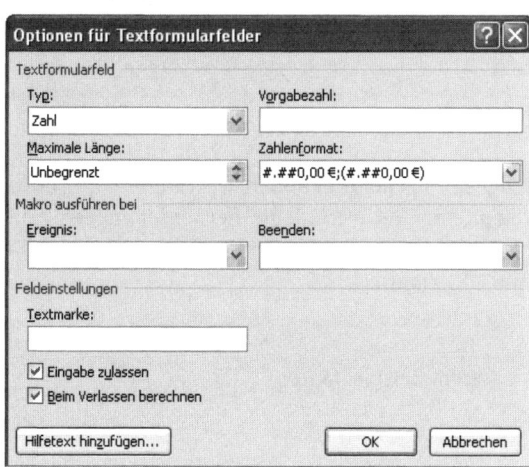

Abbildung 4.19: Formatierung eines Formularfelds für die Eingabe von Zahlen

6. Die Felder, die Berechnungen enthalten, legen Sie im Drop-down-Feld TYP als Feld vom Typ Berechnung fest und wählen im Feld ZAHLENFORMAT das passende Format aus. Im Feld AUSDRUCK geben Sie die gewünschte Rechenfunktion ein und benennen ggf. das Feld in dem Eingabefeld TEXTMARKE (Sie können später auf diese Textmarkennamen wie gewohnt zugreifen).

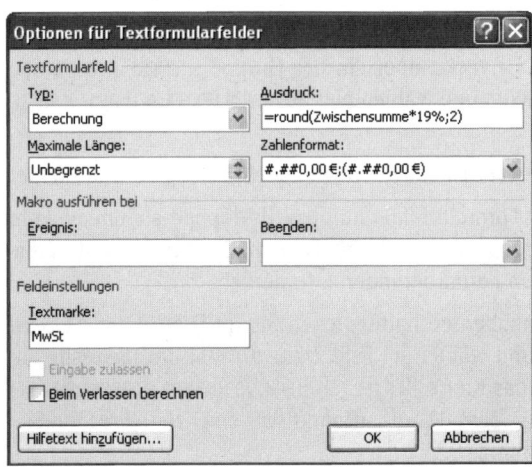

Abbildung 4.20: Formatierung eines Berechnungsfeldes (hier: Berechnung des Gesamtbetrags einer Zeile)

Hinweis

Die hier zur Verfügung stehenden Rechenfunktionen, Operatoren und Formatierungen werden in den Kapiteln 4.3.4, Verfügbare Rechenfunktionen, Seite 210, 4.3.5, Mathematische und relationale Operatoren, Seite 213 und 4.3.6, Formatieren der Felder, Seite 213 erläutert.

Die Rechenfunktionen in unserem Beispiel lauten:
- =round(Product(left);2)
- =Sum(Above)
- =round(Zwischensumme*19%;2)
- =Zwischensumme+MwSt

7. Fügen Sie im Absatz vor und nach den Formularfeldern jeweils einen Abschnitts-wechsel ein, indem Sie im Register SEITENLAYOUT in der Gruppe SEITE EINRICHTEN im Drop-down-Feld UMBRÜCHE den Befehl FORTLAUFEND auswählen.

8. Schützen Sie nun das Formular, indem Sie im Register ENTWICKLERTOOLS im Ab-schnitt SCHÜTZEN das Drop-down-Feld DOKUMENT SCHÜTZEN anklicken und hier den Befehl FORMATIERUNG UND BEARBEITUNG EINSCHRÄNKEN auswählen.

9. Nun öffnet sich der Aufgabenbereich FORMATIERUNG UND BEARBEITUNG EINSCHRÄN-KEN. Aktivieren Sie hier das Kontrollkästchen NUR DIESE BEARBEITUNGEN IM DOKU-MENT ZULASSEN und wählen im darunter liegenden Drop-down-Feld den Eintrag AUSFÜLLEN VON FORMULAREN aus. Haben Sie Abschnittswechsel eingefügt, können Sie über einen Klick auf den Hyperlink ABSCHNITTE AUSWÄHLEN den Dialog AB-SCHNITT SCHÜTZEN aktivieren, in dem Sie die zu schützenden Abschnitte (d.h. die Abschnitte mit den Formularfeldern) einfach aktivieren. Mit einem Klick auf die Schaltfläche JA, SCHUTZ JETZT ANWENDEN wird der Formularschutz aktiviert:

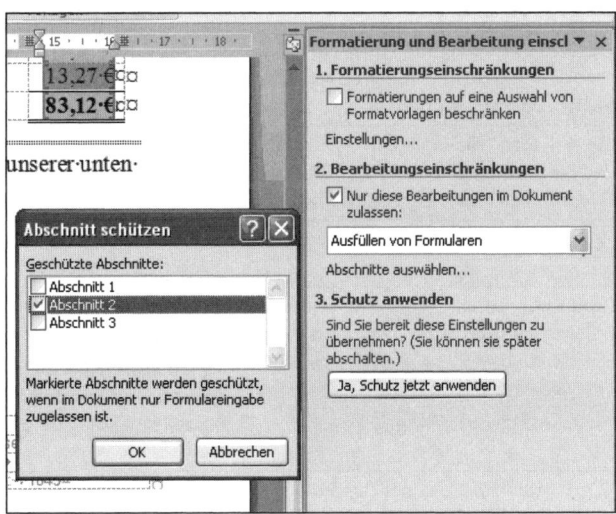

Abbildung 4.21: Aktivieren des Formularschutzes

Achtung

In geschützten Formularen sind viele Word-Funktionen nicht mehr aktiv. Z.B. funktioniert die Silbentrennung oder das Einfügen von Grafiken nicht mehr. Dazu kommt, dass Sie zum Einfügen weiterer Zeilen erst den Formularschutz entfernen müssen etc. Soweit möglich sollten Sie daher für Ihre Rechnungsformulare die Formula-Felder vorziehen.

4.3.4 Verfügbare Rechenfunktionen

WinWord verwendet sowohl in den Formula- als auch in den Formularfeldern die gleichen Rechenfunktionen, wobei eine durchaus stattliche Anzahl von Rechenfunktionen zur Verfügung steht:

Funktion	Zurückgegebener Wert	Beispiel
ABS(x)	Der positive Wert einer Zahl oder einer Formel, unabhängig davon, ob deren tatsächlicher Wert positiv oder negativ ist.	{=ABS(-10)} liefert als Ergebnis „10"
AND(x,y)	Der Wert 1, wenn die logischen Ausdrücke x und y beide wahr sind, oder der Wert 0 (Null), wenn einer der Ausdrücke falsch ist.	
AVERAGE( )	Der Mittelwert einer Liste von Werten.	{ =Average (10;12;14)} liefert als Ergebnis „12"
COUNT( )	Die Anzahl der numerischen Elemente in einer Liste (Zellen mit Text bleiben unberücksichtigt!).	{=count(1;2;3)} liefert als Ergebnis „3" {=Count(A:A)} liefert die Anzahl der Zellen der Spalte „A", die Zahlen enthalten
DEFINED(x)	Der Wert 1 (wahr), wenn der Ausdruck x gültig ist, oder der Wert 0 (falsch), wenn der Ausdruck nicht berechnet werden kann.	
FALSE	Gibt 0 (Null) zurück.	10

Funktion	Zurückgegebener Wert	Beispiel
IF(x,y,z)	Das Ergebnis y, wenn der bedingte Ausdruck x wahr ist, oder das Ergebnis z, wenn der bedingte Ausdruck falsch ist. Beachten Sie, dass für y und z (in der Regel 1 und 0 (Null)) entweder ein beliebiger numerischer Wert oder die Wörter "Wahr" und "Falsch" zulässig sind.	{If {Mergefield Geschlecht} = „m" „Herrn" „Frau"}
INT	Die Zahlen links von der Dezimalstelle im Wert oder der Formel x. (Es schneidet folglich die Nachkommastellen ab.)	{ =int(123,33) } liefert das Ergebnis „123"
MIN	Der niedrigste Wert einer Liste	{ = MIN(A3:D3) } ermittelt den niedrigsten Wert in den ersten vier Zellen der dritten Zeile der Tabelle
MAX	Der höchste Wert einer Liste.	{ = MAX(A:A) } ermittelt den größten Wert in der Spalte „A" der Tabelle
MOD	Der Rest, der bei einmaliger Division des Wertes x durch den Wert y übrig bleibt.	{=MOD(10;3)} liefert als Ergebnis „1"
NOT	Gibt den Wert 0 (Null) (falsch) zurück, wenn der logische Ausdruck x wahr ist, oder den Wert 1 (wahr), wenn der Ausdruck falsch ist.	
OR	Gibt den Wert 1 (wahr) zurück, wenn einer der beiden oder beide logischen Ausdrücke x und y wahr sind, oder den Wert 0 (Null) (falsch), wenn beide Ausdrücke falsch sind.	
PRODUCT	Das Ergebnis der Multiplikation einer Liste von Werten. Beispielsweise gibt die Funktion { = PRODUKT (1,3,7,9) } den Wert 189 zurück.	Die Funktion { = PRODUCT (1,3,7,9) } gibt z.B. den Wert 189 zurück.
ROUND	Der Wert von x, gerundet auf die durch y angegebene Anzahl von Dezimalstellen. x kann entweder eine Zahl oder das Ergebnis einer Formel sein.	{=ROUND(123,7589;2} liefert das Ergebnis „123,76"
SIGN	Der Wert 1, wenn x ein positiver Wert ist, oder der Wert –1, wenn x ein negativer Wert ist.	

Funktion	Zurückgegebener Wert	Beispiel
SUM	Die Summe einer Liste von Werten oder Formeln	{=SUM(A1:D3)} Berechnet die Summe aller Zellen im Bereich A1 bis D3
TRUE	Wahrheitswert, gibt die Zahl 1 zurück	
Right	Die Formel bezieht sich auf alle Zellen rechts in der gleichen Zeile.	{=SUM(Right)} Die Summe der Werte aller Zellen, angefangen bei der Zelle rechts des Feldes bis zum Anfang der Zeile oder bis zur ersten leeren Zelle bzw. dem ersten ungültigen Wert
Left	Die Formel bezieht sich auf alle Zellen links in der gleichen Zeile.	{=SUM(LEFT)} Die Summe der Werte aller Zellen, angefangen bei der Zelle links des Feldes bis zum Anfang der Zeile oder bis zur ersten leeren Zelle bzw. dem ersten ungültigen Wert
Above	Die Formel bezieht sich auf alle Zellen oberhalb in der gleichen Spalte	{ = SUM(ABOVE) } Die Summe der Werte aller Zellen, angefangen bei der Zelle oberhalb des Feldes bis zum Anfang der Spalte oder bis zur ersten leeren Zelle bzw. dem ersten ungültigen Wert.
Below	Die Formel bezieht sich auf alle Zellen unterhalb in der gleichen Spalte	{=SUM(BELOW)} Die Summe der Werte aller Zellen, angefangen bei der Zelle unterhalb des Feldes bis zum Ende der Spalte oder bis zur ersten leeren Zelle bzw. dem ersten ungültigen Wert

Tabelle 4.4: Liste der Rechenfunktionen Word 2007

4.3.5 Mathematische und relationale Operatoren

Zusätzlich stehen Ihnen noch die folgenden mathematischen und relationalen Operatoren für Berechnungen zur Verfügung:

Operator	Beschreibung
+	Addition
–	Subtraktion
*	Multiplikation
/	Division
%	Prozentsatz
^	Potenzen und Wurzeln
=	Gleich
<	Kleiner als
< =	Kleiner oder gleich
>	Größer als
> =	Größer oder gleich
< >	Ungleich

Tabelle 4.5: Liste der mathematischen und relationalen Operatoren

4.3.6 Formatieren der Felder

Selbstverständlich können Sie das Rechenergebnis auch formatieren. Hierzu fügen Sie nach der eigentlichen Rechenfunktion die Zeichen „\#" (genannt „Abbildungsschalter") ein, gefolgt von der gewünschten Formatierung. Diese legt fest, wie ein numerisches Feldergebnis angezeigt wird, z.B.:

```
{=PRODUCT(Left)\#"#.##0,00 €;(#.##0,00 €)"}
```

Abbildung 4.22: Formatieren einer Berechnung als
Währung mit zwei Nachkommastellen

In Formularfeldern geben Sie ggf. die gewünschte Formatierung direkt in die Zeile FORMAT ein.

Die folgende Tabelle erläutert die verschiedenen Formatierungsmöglichkeiten:

Formatierung	Erläuterung
\# #.##0,00 _	Zeigt das Ergebnis als _ mit Tausenderpunkten und zwei Nachkommastellen an, z.B. „4.455,70 _".
0 (null)	Legt die Anzahl der Stellen für die Anzeige des Ergebnisses fest (sowohl Stellen nach dem Komma als auch „Vorlauf-Nullen). Enthält das Ergebnis an einer Stelle keine Ziffer, zeigt Word eine 0 (Null) an. { = 2 + 2,5 \# 00,00 } zeigt z.B. das Ergebnis „04,50" an.
#	Legt die Anzahl der Stellen für die Anzeige des Ergebnisses fest. Enthält das Ergebnis an einer Stelle keine Ziffer, zeigt Word eine Leerstelle an. { = 2 + 5 \# ### _ } zeigt z.B. das Ergebnis " 15 _" an.
x	Unterdrückt alle links vom Platzhalter "x" stehenden Ziffern. Wenn der Platzhalter rechts neben dem Dezimalkomma eingefügt wird, wird das Ergebnis auf diese Stelle gerundet, z.B.: ▪ { = 111111 + 222222 \# x## } zeigt z.B. "333" an ▪ { = 1/8 \# 0,0x } zeigt "0,13" an ▪ { = 3/4 \# .x } zeigt "1" an
, (Dezimalkomma) [a]	Legt die Position des Dezimalkommas fest. { = SUM(ÜBER) \# ###0,00 _ } zeigt z.B. das Ergebnis "495,47 _" an.
. (Tausendertrennzeichen) [b]	Unterteilt große Zahlen in Blöcke zu jeweils drei Ziffern. { = Nettogewinn \# #.###.### _ } zeigt z.B. das Ergebnis "2.456.800 _" an.
- (Minuszeichen)	Fügt einem negativen Ergebnis ein Minuszeichen hinzu oder fügt eine Leerstelle ein, falls das Ergebnis positiv oder gleich 0 (Null) ist. { = 10 –90 \# -## } zeigt z.B. "-80" an.
+ (Pluszeichen)	Fügt einem positiven Ergebnis ein Pluszeichen bzw. einem negativen Ergebnis ein Minuszeichen hinzu oder fügt eine Leerstelle ein, falls das Ergebnis gleich 0 (Null) ist. { = 100 – 90 \# +## } zeigt "+10" an, und { = 90 – 100 \# +## } zeigt das Ergebnis "–10" an.
%, $, *, etc.	Fügt das angegebene Zeichen in das Ergebnis ein. { = 11 + 22 \# ##% } zeigt z.B. "33%" an.
"positiv; negativ"	Genau wie in Excel können Sie das Ergebnis unterschiedlich formatieren, je nachdem, ob die Zahl positiv (inkl. „0") oder negativ ist. {= 10 + 20 \# "#.##0,00 _;-#.##0,00 _" } zeigt das Ergebnis 30,00 _ an, {= 10 – 20 \# "#.##0,00 _;-#.##0,00 _" }dagegen – 10,00 _. Achtung: Die Formatierung muss hier in „" stehen!
"positiv; negativ; Null"	Genau wie in Excel können Sie das Ergebnis unterschiedlich formatieren, je nachdem, ob die Zahl positiv oder negativ oder ist oder den Wert „0" hat, z.B.:

Formatierung	Erläuterung
	▦ {= 10 + 20 \# "#.##0,00 _;-#.##0,00 _; 0 _"} liefert das Ergebnis 30,00 _ ▦ {= 10 - 20 \# "#.##0,00 _;-#.##0,00 _; 0 _"}liefert das Ergebnis - 10,00 _ ▦ {= 10 - 10 \# "#.##0,00 _;-#.##0,00 _; 0 _"} liefert das Ergebnis 0 _ Achtung: Die Formatierung muss hier in „" stehen!
'Text'	Fügt dem Ergebnis Text als individuelle Beschriftung hinzu. Schließen Sie den Text in einfache Anführungszeichen (und die ganze Formatierung in normale Anführungszeichen!) ein. { = 100 *19% \# "##0,00 _ 'MwSt.'" } zeigt z.B. das Ergebnis "19,00 _ MwSt" an.
`Reihenfolge`	Zeigt die Nummer des vorhergehenden Elements an, das Sie mithilfe des Befehls BESCHRIFTUNG (Menü EINFÜGEN, Untermenü REFERENZ) oder durch Einfügen eines SEQ-Feldes nummeriert haben. Schließen Sie das Erkennungszeichen, z.B. "Tabelle" oder "Abbildung", in Graviszeichen (`) ein. Die fortlaufende Nummer wird in arabischen Ziffern angezeigt. { = SUM(A1:D4) \# "##0,00 'ist die Summe aus Tabelle' `Tabelle`" } zeigt z.B. das Ergebnis "456,34 ist die Summe aus Tabelle 2" an. Beispiel Beispiel 1 Mithilfe des folgenden Feldes wird ein Wert von einem zweiten Wert abgezogen, der durch die Textmarke "Bruttoumsatz" dargestellt wird. (Textmarke: Eine Textstelle oder ein Textausschnitt in einer Datei, dem Sie zu Referenzzwecken einen Namen zuweisen. Mithilfe von Textmarken können Sie einen Abschnitt Ihres Dokuments kennzeichnen und zu einem späteren Zeitpunkt einen entsprechenden Verweis oder eine Verknüpfung darauf erstellen.) Durch Angabe des numerischen Abbildungsschalters wird das Ergebnis mit einem Währungssymbol (z.B. 14.786,17 _) dargestellt: { = Bruttoumsatz-29.897,62 \# "#.##0,00 _"} (Numerischer Bildschalter ("#"): Gibt an, wie das numerische Ergebnis eines Feldes in Microsoft Word angezeigt wird. Dieser Schalter wird als Bildschalter bezeichnet, da Sie das gewünschte Feldergebnis mithilfe von Symbolen darstellen.)

a. Bitte beachten Sie hierbei, welches Dezimalkomma in den Ländereinstellungen in der Systemsteuerung von Microsoft Windows eingestellt ist!
b. Bitte verwenden Sie das Tausendertrennzeichen, das in den Ländereinstellungen in der Systemsteuerung von Microsoft Windows festgelegt ist

Tabelle 4.6: Die Formatierungsmöglichkeiten von Berechnungen im Detail

4.4 Berechnungen mithilfe von VBA-Eingabedialogen

Die nächste Steigerung in Sachen „Rechnungsformulare" wäre, entsprechende Dialoge in VBA zu programmieren

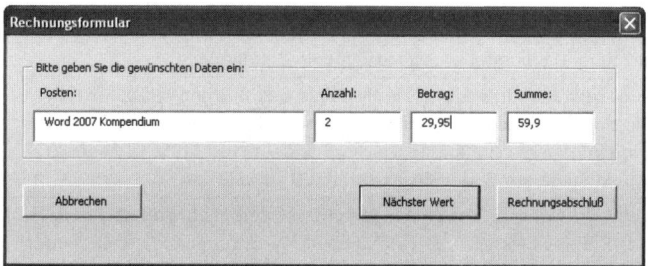

Abbildung 4.23: Ein möglicher selbst programmierter VBA-Eingabedialog

Hier besteht dann die Möglichkeit, das Verhalten des Rechnungsformulars exakt auf die eigenen Bedürfnisse abzustimmen, automatisch Werte in Tabellen zu übernehmen, Werte (oder ganze Zeilen) zu löschen etc. Allerdings setzt diese Technik nun gutes Wissen in VBA voraus und kann daher an dieser Stelle nicht weiter besprochen werden.

4.5 Die fortlaufende Rechnungsnummer

Gerade bei Rechnungen ist eine fortlaufende Rechnungsnummer ein unbedingtes „Muss". Auch diese realisieren Sie wieder über eine zentral auf dem Firmenserver gespeicherte INI-Datei, auf die alle Mitarbeiter Zugriff haben. Der Einfachheit halber wird auch diese mit dem bereits bekannten Klassenmodul clsINI erstellt:

Achtung

Das Thema „INI-Dateien" wurde bereits in Kapitel 4.12, Eine fortlaufende Nummer (Aktenzeichen, Rechnungsnummer etc.), ausführlich besprochen. Bitte beachten Sie die dortigen Hinweise und Überlegungen.

---

1. Rufen Sie den VBA-Editor mit `Alt` + `F11` auf.
2. Markieren Sie im Projekt-Explorer die aktuelle Dokumentvorlage.

3. Rufen Sie den Menüpunkt DATEI|DATEI IMPORTIEREN auf, suchen die Datei clsINI.cls und klicken auf ÖFFNEN. Das Klassenmodul „clsINI" wird nun in Ihr VBA-Projekt eingefügt.

4. Wiederholen Sie den Schritt 3 mit den Dateien „modAutomakros.bas" und „mod-Briefkopf.bas".

5. Ergänzen Sie das Modul „modBriefkopf" oberhalb des ersten Makros „Sub AktuellesDatumEinfügen()" um die Zeile „Dim cINI As New clsINI". Damit machen Sie die Befehle dieser Klasse verfügbar.

6. Ergänzen Sie das Modul „modBriefkopf" um die folgende Prozedur:

```
Sub RechnungsNr()
    Dim strReNr As String 'Variable für das Aktenzeichen

    strReNr = cINI.NrAuslesen("c:\Firma", "Rechnungen", "ReNr")
    'Aktenzeichen auslesen
    With ActiveDocument
        .Bookmarks("ReNr").Range.Text = strReNr
    End With
End Sub
```

Listing 4.3: Auslesen der neuen Rechnungsnummer und Ausgeben an die Textmarke „ReNr"

7. Damit das Aktenzeichen nur zugewiesen wird, wenn auch wirklich ein neues Dokument erstellt wird, ergänzen Sie bitte noch das Makro „Sub AutoNew()" um die Zeile „Call AktenzeichenErstellen".

Den kompletten Code finden Sie in der Datei „Rechnen mit Formula-Feldern und angepasstem Ribbon.dotm". Soll das Aktenzeichen dagegen einem Textfeld zugewiesen werden, muss das Makro lediglich geringfügig geändert werden:

```
Sub RechnungsNr()
    Dim strReNr As String 'Variable für das Aktenzeichen

    strReNr = cInI.NrAuslesen("c:\Firma", "Rechnungen", "ReNr") 'Aktenzeichen
auslesen
    'Aktenzeichen dem Textfeld "ReNr" zuweisen
    ActiveDocument.FormFields("ReNr").Result = strReNr
End Sub
```

Listing 4.4: Auslesen der neuen Rechnungsnummer und Ausgeben an das Textfeld „ReNr"

Das komplette Beispiel finden Sie in der Datei „Rechnen mit Formularfeldern.dotm".

KAPITEL 5

„Starre" Formulare (Urlaubsformulare etc.)

Starre Formulare im Sinn dieses Workshops sind alle Formulare mit einem „starren Text", in dem lediglich einzelne Informationen eingegeben werden können, z.B.:

- Dienstreiseanträge
- Urlaubsanträge
- An- und Abmeldeformulare
- Lieferscheine
- ...

Daraus ergeben sich beim Erstellen der Formulare teilweise Unterschiede, wobei die Schritte 1–3 identisch mit denen beim Einrichten eines Briefkopfes sind:

1. Erstellen einer neuen Dokumentvorlage

2. Einstellen der Seitenränder

3. Einrichten evtl. erforderlicher Kopf- und Fußzeilen

4. Platzieren der Textteile

5. Einfügen der Formularfelder/Steuerelemente

6. Automatisieren der Formularfelder

Das folgende Beispiel eines amtlichen Formulars (hier: Antrag auf Umstellung in die neuen Fahrerlaubnisklassen) verdeutlicht die spezielle Form und Gestaltung eines starren Formulars:

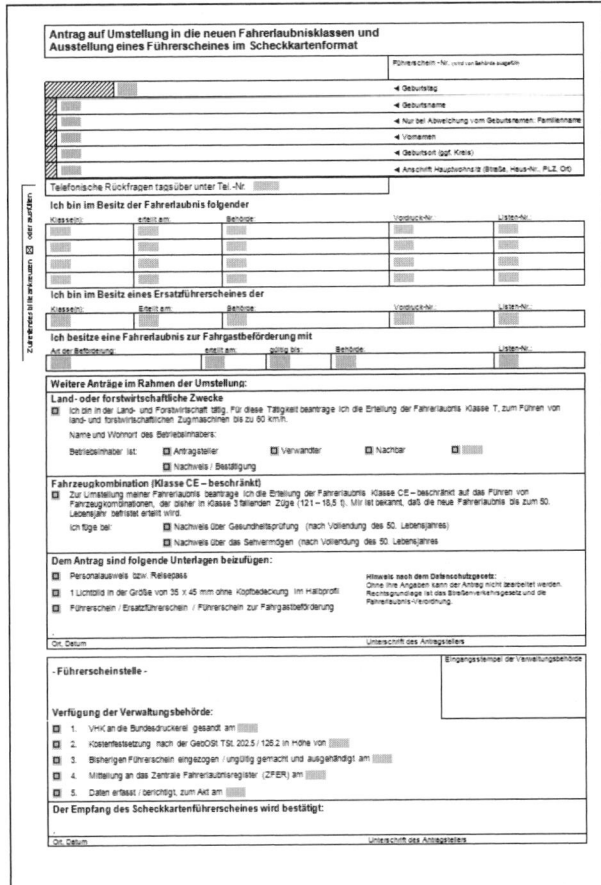

Abbildung 5.1: Der Antrag auf Umstellung in die neuen Fahrerlaubnisklassen

5.1 Platzieren der Textteile

Das Hauptproblem bei den genannten Formularen ist das exakte Platzieren der einzelnen Textteile. Hierfür kommen unterschiedliche Methoden infrage:

- Tabellen
- Textfelder
- Positionsrahmen

5.1.1 Tabellen

Tabellen werden eingefügt, indem Sie im Register EINFÜGEN im Abschnitt TABELLEN den Button TABELLE anklicken und nun die gewünschte Zahl von Zeilen und Spalten auswählen.

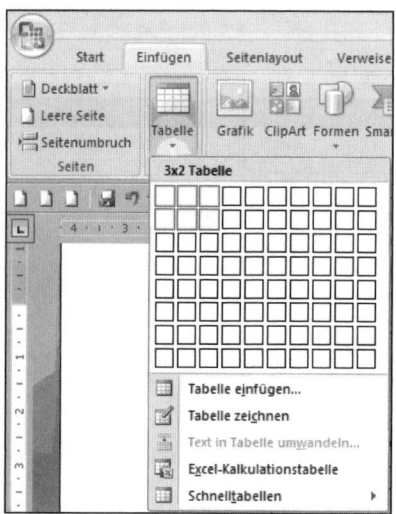

Abbildung 5.2: Einfügen einer Tabelle

Tabellen sind in vielen Formularen das Mittel der Wahl, um Text und Felder exakt platzieren zu können. Interessant sind die Tabellen vor allem deshalb, weil sich die einzelnen Zellen fast beliebig miteinander vertikal oder horizontal verbinden oder unabhängig voneinander teilen lassen. Darüber hinaus können Sie jede einzelne Zelle individuell formatieren, sei es mit Linien, Hintergrundfarben, Textausrichtung u.v.a.m. Nachfolgend ein paar Beispiele für die unterschiedlichen Kombinationsmöglichkeiten von Tabellen:

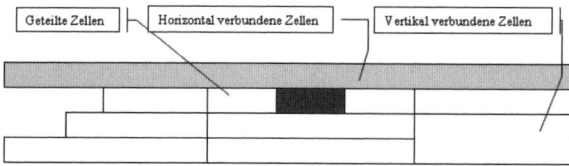

Abbildung 5.3: Unterschiedliche Ausrichtungsmöglichkeiten von Tabellen

Die wichtigsten Formatierungsmöglichkeiten für die Tabelle finden Sie im Register LAYOUT in der Gruppe TABELLE. Sobald Sie hier auf den Menüpunkt EIGENSCHAFTEN klicken, gelangen Sie in den Dialog TABELLENEIGENSCHAFTEN. Dieser ermöglicht es Ihnen u.a. festzulegen:

- die Gesamtbreite der Tabelle
- ob die einzelnen Spalten variabel sind
- den linken Einzug der Tabelle
- wie der umgebende Text ausgerichtet ist
- die Höhe der einzelnen Zeilen
- die Breite der einzelnen Spalten
- die Ausrichtung des Textes in den einzelnen Zellen

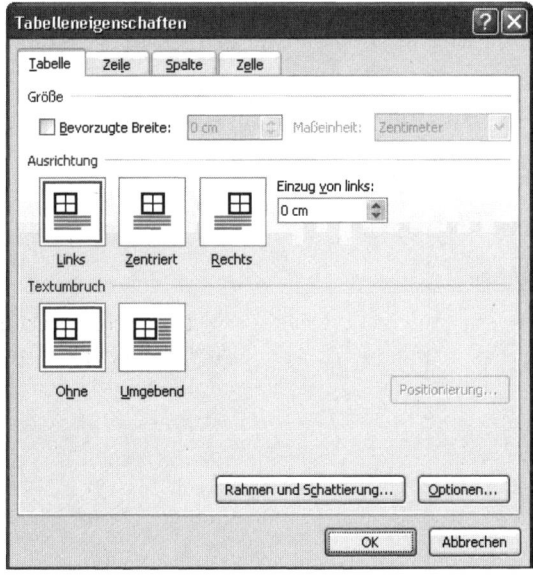

Abbildung 5.4: Anpassen der Tabelleneigenschaften

Die Schaltfläche OPTIONEN erlaubt es ferner, die Zellenbegrenzung festzulegen:

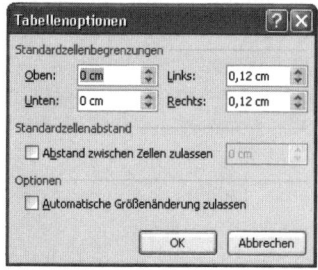

Abbildung 5.5: Anpassen der Standardzellenbegrenzungen

Ändern Sie die Standardzellenbegrenzungen, ermöglichen Sie es, dass der Text in einer Zelle z.B. unmittelbar an die Zellwand anschließt. Wollen Sie, dass die Spaltenbreiten auch wirklich so bleiben, wie Sie es vorgesehen haben, deaktivieren Sie einfach in diesem Dialog das Kontrollkästchen AUTOMATISCHE GRÖSSENÄNDERUNG ZULASSEN.

In der Registerkarte ZEILE können Sie darüber hinaus eine exakte Zeilenhöhe einstellen und so zusätzlich für eine exakte Positionierung der Textteile sorgen:

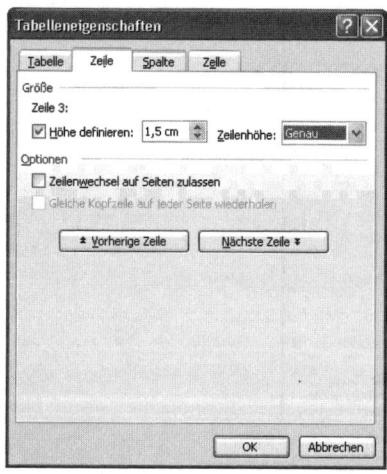

Abbildung 5.6: Einstellen einer exakten Zeilenhöhe

Darüber hinaus kann jede Zelle für sich formatiert und mit Schattierungen und Rahmen versehen werden.

5.1.2 Textfeld

Textfelder verfügen über fast alle Funktionen von Positionsrahmen und bieten darüber hinaus folgende zusätzliche Möglichkeiten:

- Sie können Text in einem Teil des Dokumentes beginnen und in einem anderen Teil fortsetzen, indem Sie die Textfelder verknüpfen.
- Sie können ein Textfeld für die Erstellung eines Wasserzeichens verwenden.
- Sie können auf ein Textfeld 3D-Effekte, Schatten, verschiedene Linienarten und -farben, Füllfarben und Hintergründe anwenden.
- Ihnen steht eine größere Auswahl an Optionen zur Einstellung des Textflusses zur Verfügung.
- Sie können Textfelder drehen und kippen.
- Sie können bei Text in einem Textfeld die Textrichtung ändern, indem Sie das Textfeld anklicken und danach im Register FORMAT im Abschnitt TEXT den Button TEXTRICHTUNG anklicken.
- Sie können Textfelder gruppieren und ihre Ausrichtung und Verteilung als Gruppe ändern.

Textfelder fügen Sie ein, indem Sie den Cursor an die gewünschte Stelle im Text positionieren und dann im Register EINFÜGEN im Abschnitt ILLUSTRATIONEN den Button FORMEN anklicken. Unter STANDARDFORMEN finden Sie dann das Symbol für das Textfeld.

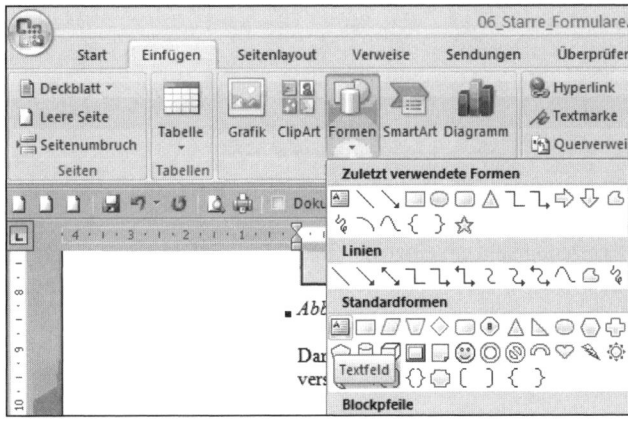

Abbildung 5.7: Einfügen eines Textfeldes

Um das Textfeld zu formatieren, klicken Sie das Textfeld mit der rechten Maustaste an und wählen anschließend im Kontextmenü den Befehl TEXTFELD FORMATIEREN aus.

In der Registerkarte FARBEN UND LINIEN legen Sie fest:

■ welche Hintergrundfarbe und welchen Hintergrundeffekt das Textfeld verwendet

■ welche Art, Farbe und Linienstärke die Rahmenlinie hat

■ ob und in welchem Maß das Textfeld transparent ist

Abbildung 5.8: Die Registerkarte FARBEN UND LINIEN im Dialog TEXTFELD FORMATIEREN

In der Registerkarte GRÖSSE legen Sie zum einen die Größe des Textfeldes selber fest als auch dessen Position auf der Seite. Dabei können Sie wählen, ob die Position absolut oder relativ ist:

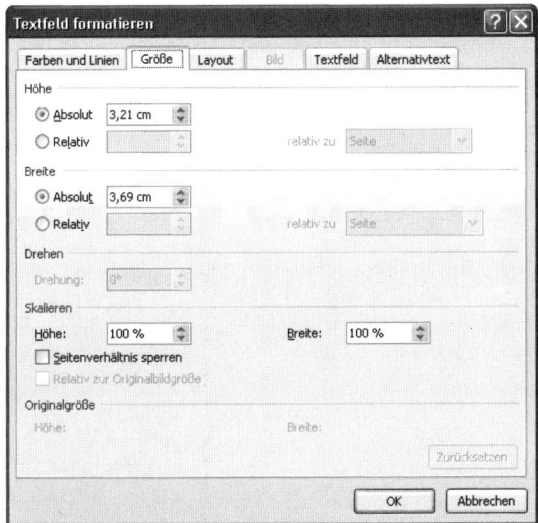

Abbildung 5.9: Die Registerkarte GRÖSSE im Dialog TEXTFELD FORMATIEREN

In der Registerkarte LAYOUT haben Sie wiederum die Möglichkeit festzulegen, wie das Textfeld auf den umgebenden Text reagiert, d.h., ob der Text um das Feld herumfließt oder ob das Feld vor oder hinter dem Text steht:

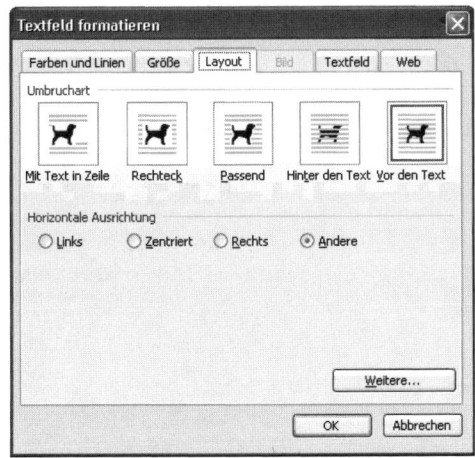

Abbildung 5.10: Die Registerkarte LAYOUT im Dialog TEXTFELD FORMATIEREN

Über die Schaltfläche WEITERE... gelangen Sie in den Dialog ERWEITERTES LAYOUT. Hier können Sie noch zusätzliche Optionen zur Positionierung und zum Textfluss des Textfeldes auswählen:

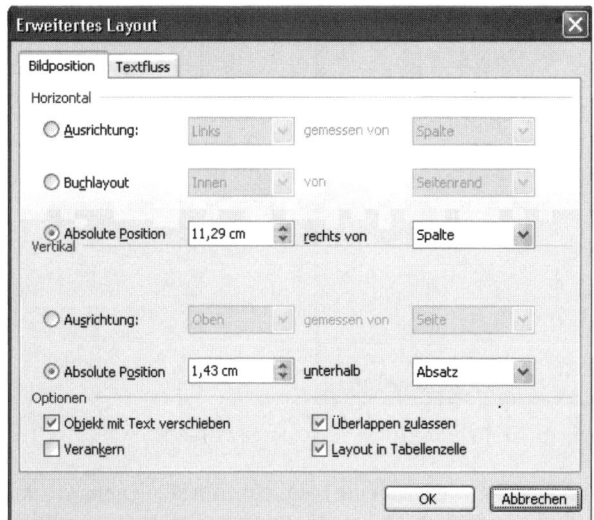

Abbildung 5.11: Die Registerkarte BILDPOSITION im Dialog ERWEITERTES LAYOUT

In der Registerkarte TEXTFELD haben Sie wiederum die Möglichkeit festzulegen, wie der Text im Textfeld ausgerichtet ist, und Sie können die Maße des inneren Seitenrandes festlegen. Neben den inneren Seitenrändern können Sie hier festlegen, ob der Text am oberen oder unteren Rand ausgerichtet sein oder ob der Text vertikal zentriert im Textfeld stehen soll:

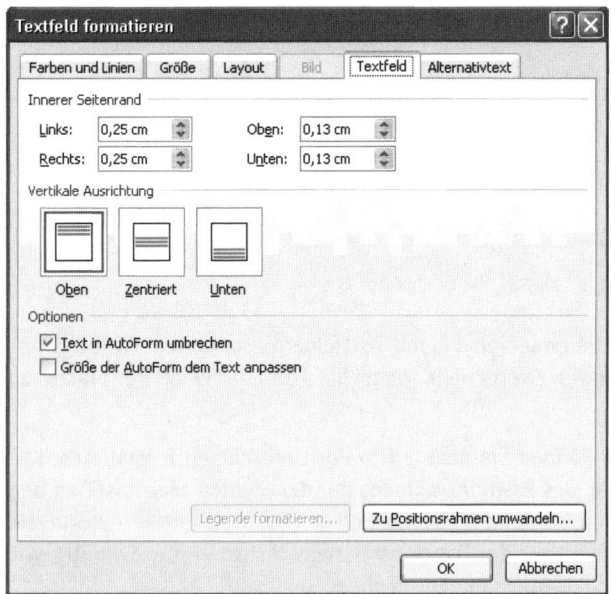

Abbildung 5.12: Die Registerkarte Textfeld im Dialog Textfeld formatieren

5.1.3 Positionsrahmen

Obwohl Positionsrahmen an sich noch aus der Welt von Word 6 stammen, stehen sie auch weiterhin zur Verfügung. In Word 2007 können Sie Positionsrahmen wie folgt einfügen:

1. Aktivieren Sie das Register Entwicklertools.

2. Positionieren Sie den Cursor an der gewünschten Stelle des Textes.

3. Klicken Sie im Register Entwicklertools im Abschnitt Steuerelemente auf das Feld Legacytools. Klicken Sie hier in der Zeile Legacyformulare auf die Schaltfläche Horizontalen Rahmen einfügen.

4. Ziehen Sie nun das Textfeld mit der Maus an der gewünschten Stelle auf.

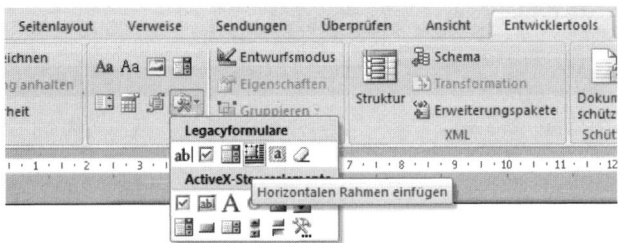

Abbildung 5.13: Einfügen eines Positionsrahmens

In den meisten Fällen ist es zwar sinnvoll, mit Textfeldern zu arbeiten. Positionsrahmen sind aber nach wie vor erforderlich, wenn Sie Formularfelder frei platzieren wollen.

Ähnlich wie das Textfeld können Sie auch einen Positionsrahmen formatieren. Klicken Sie einfach den Rand des Positionsrahmens mit der rechten Maustaste an und wählen im sich öffnenden Kontextmenü den Befehl POSITIONSRAHMEN FORMATIEREN. Nun können Sie die genaue Lage des Positionsrahmens festlegen sowie die Art, wie der Textumbruch auf den Positionsrahmen reagieren soll:

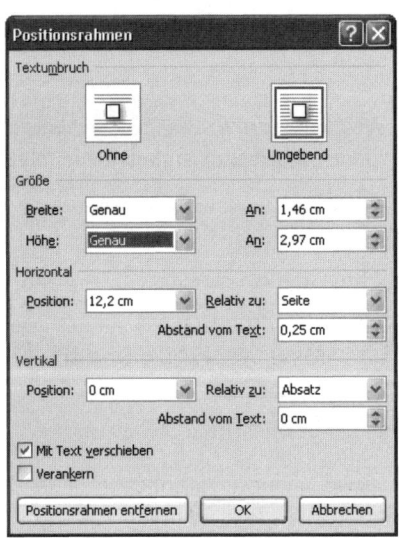

Abbildung 5.14: Formatieren eines Positionsrahmens

Wollen Sie den Positionsrahmen dagegen mit einem Rahmen oder einer Schattierung versehen, klicken Sie diesen bitte mit der rechten Maustaste an und wählen den Befehl RAHMEN UND SCHATTIERUNG... In dem folgenden gleichnamigen Dialog können Sie nun in den jeweiligen Registerkarten die gewünschten Formatierungen festlegen:

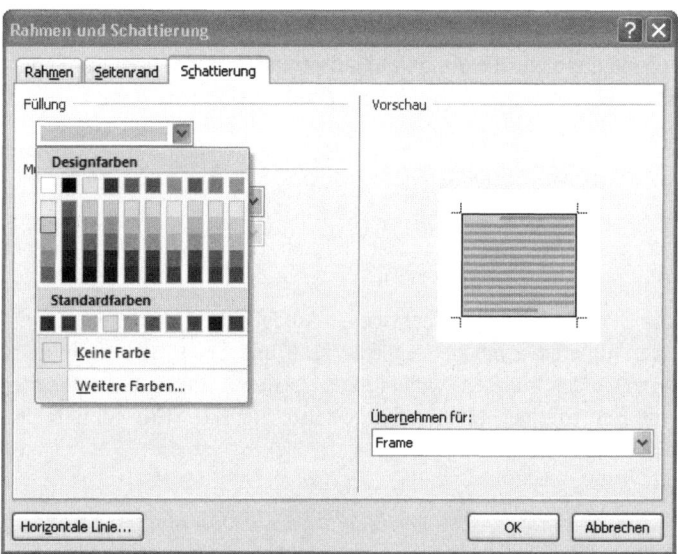

Abbildung 5.15: Festlegen von Rahmen und Schattierung bei einem Positionsrahmen

5.2 Formularfelder

Hinweis

Siehe hierzu auch die vorangegangenen Ausführungen in Kapitel 4, Freie Formulare, und Kapitel 5, Rechnungsformulare!

Formularfelder werden benötigt, um standardisierte Eingaben zu ermöglichen, und stehen damit im Gegensatz zu einem frei eingegebenen Text. WinWord stellt folgende Formularfelder zur Verfügung:

- Text-Formularfeld
- Kontrollkästchen-Formularfeld
- Drop-down-Formularfeld

5.2.1 Erstellen der Formularfelder

Formularfelder können genau wie die übrigen Inhaltssteuerelemente über das Register ENTWICKLERTOOLS eingefügt werden. In der Gruppe STEUERELEMENTE finden Sie das Symbol LEGACYTOOLS:

Abbildung 5.16: Die Schaltfläche LEGACYTOOLS

Sobald Sie diese Schaltfläche anklicken, öffnet sich ein Aufgabenbereich, der den Zugriff auf die Elemente der früheren Symbolleisten FORMULAR und STEUERELEMENT-TOOLBOX ermöglicht. Die Elemente der früheren Symbolleiste FORMULAR finden Sie nun unter LEGACYFORMULARE, die Elemente der früheren Symbolleiste STEUERELEMENT-TOOLBOX finden Sie unter ACTIVEX-STEUERELEMENTE:

Abbildung 5.17: Die Legacytools

Die verschiedenen Formularfelder finden Sie unter den folgenden Symbolen:

Abbildung 5.18: Die Formularfelder

Die Formularfelder formatieren Sie durch einen Doppelklick. Danach öffnet sich die Eingabemaske für die Feldoptionen des jeweiligen Formularfeldes:

Das Textfeld

Die meisten Einstellmöglichkeiten bietet das Formularfeld vom Typ „Textfeld". Hier können Sie verschiedene Typen mit unterschiedlichen Feldlängen und Formatierungen einstellen:

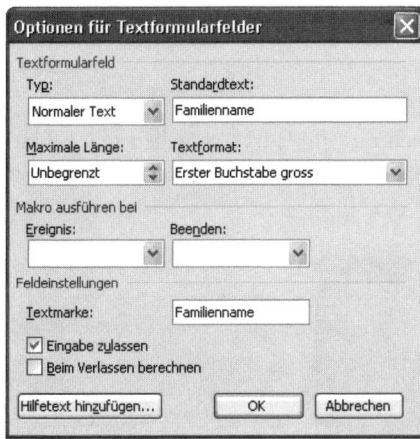

Abbildung 5.19: Die Optionen für das Formularfeld TEXTFELD

Sie haben hier die Auswahl zwischen den folgenden Feldtypen:

- Normaler Text
- Zahl
- Datum
- Aktuelles Datum
- Aktuelle Uhrzeit
- Berechnung[1]

---

1. Eine ausführliche Erläuterung der verschiedenen Möglichkeiten, Formeln zu erstellen und das Rechnungsergebnis zu formatieren, finden Sie in Kapitel 5, Rechnungsformulare.

Die weiteren Vorgaben hängen dann davon ab, welcher dieser Typen gewählt wird. So können Sie beispielsweise

- bei einem Textfeld u.a. die maximale Länge des Inhalts und bestimmte Textformatierungen vorgeben,

- bei einer Zahl ein bestimmtes Zahlenformat vorgeben und

- bei einer Berechnung die Berechnungsformel und das Zahlenformat vorgeben.

Das Kontrollkästchen

Beim Kontrollkästchen können Sie eigentlich nur die Größe vorgeben (oder diese variabel einstellen) und ob das Kästchen aktiviert sein soll (d.h. auch angekreuzt sein soll) oder nicht.

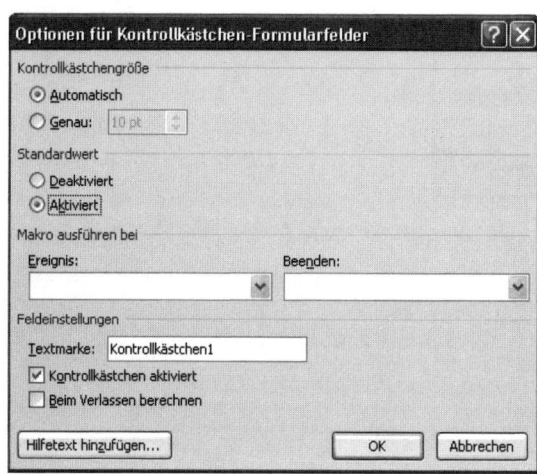

Abbildung 5.20: Die Feldoptionen für das Kontrollkästchen-Formularfeld

Das Drop-down-Feld

Das Drop-down-Feld kann lediglich verschiedene Einträge aufnehmen und die vorhandenen Einträge umsortieren:

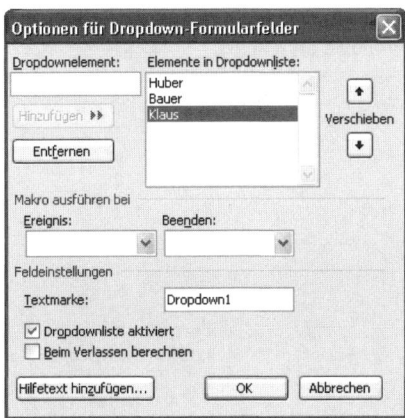

Abbildung 5.21: Die Feldoptionen für das DROPDOWN-FORMULARFELD

Erstellen einer Hilfe zu den Formularfeldern

Alle Formularfelder können Sie mit einer Hilfefunktion ausstatten. Der Hilfetext wird je nachdem entweder in der Statusleiste von Word oder beim Drücken auf die [F1]-Taste ausgegeben. Als Hilfetext kann auch ein AutoText-Eintrag verwendet werden.

Um den Hilfetext hinzuzufügen, klicken Sie in den Formularfeldoptionen lediglich auf den Button HILFE HINZUFÜGEN. Anschließend gelangen Sie in den Dialog FORMULAR-FELD-HILFETEXT. Hier steht Ihnen für beide Möglichkeiten je eine Registerkarte zur Verfügung, in der Sie den Hilfetext lediglich eintragen müssen:

Abbildung 5.22: Einfügen eines Hilfetextes über die [F1]-Taste bei Formularfeldern

Positionieren Sie den Cursor nun in dem genannten Formularfeld und drücken die ⌊F1⌋-Taste, wird der Hilfetext in der folgenden Form angezeigt:

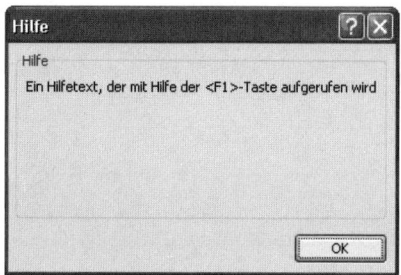

Abbildung 5.23: Darstellung der Hilfe von Formularfeldern

5.2.2 Synchronisieren der Formularfelder

Formulare werden für den Benutzer erst richtig interessant und einfach zu bedienen, wenn die Formularfelder automatisiert und miteinander synchronisiert werden. Leider ist dies aber nur per Makro, also VBA, möglich. Daher erhalten Sie nun verschiedene grundlegende Tipps, wie Sie die Formularfelder per VBA synchronisieren oder auf andere Weise ansprechen können.

Prüfen, ob Formularfelder vorhanden sind

Wollen Sie überprüfen, ob überhaupt Formularfelder vorhanden sind, können Sie das mit folgender Zeile tun:

```
If Selection.FormFields.Count > 0 Then
.... 'Code, wenn Formularfelder vorhanden sind
End If
```

Listing 5.1: Existenz von Formfeldern prüfen

Formular-Kontrollkästchen gruppieren

Den Start eines VBA-Listings legen Sie in den Optionen zu den einzelnen Feldern fest. Dies kann entweder beim Eintritt oder beim Verlassen des Feldes geschehen. Hierzu müssen Sie lediglich den Namen des gewünschten Makros entweder im Feld EREIGNIS (dann startet das Marko, sobald das Feld aktiviert wird) oder im Feld BEENDEN (dann startet das Makro, sobald das Feld verlassen wird) auswählen:

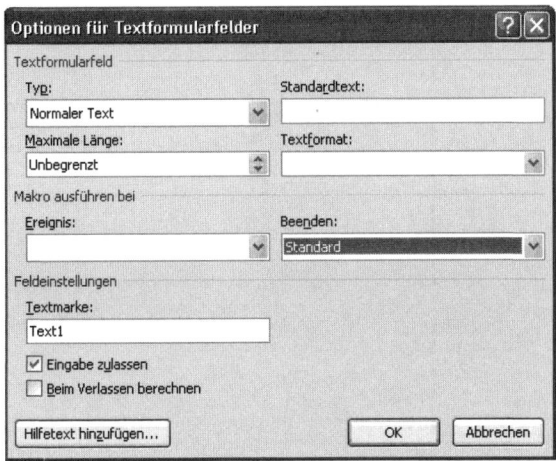

Abbildung 5.24: Starten des Makros Standard beim Verlassen eines Formularfeldes

Beispielsweise tritt bei Kontrollkästchen häufig das Problem auf, diese zu gruppieren. Dahinter steckt das Problem, dass aus dieser Gruppe immer nur ein Kontrollkästchen ausgewählt (aktiviert) werden kann (folglich müssen alle anderen deaktiviert sein!). Als Beispiel sollen im folgenden Dokument die Kontrollkästchen „Klein", „Mittel", „Groß" und „Sonstiges" zur Verfügung stehen:

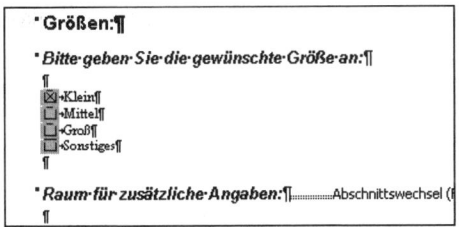

Abbildung 5.25: Beispiel für aus Formularfeldern gebildete Optionsfelder

Die Vorarbeiten beginnen damit, dass Sie nach dem Einfügen der Kontrollkästchen diese doppelt anklicken und in dem sich öffnenden Dialog unter „Textmarke" dem Kontrollkästchen einen Namen geben. Hier schlage ich ein Kürzel für die Optionsgruppe „hier: „K1", gefolgt vom eigentlichen Namen (hier: „Klein"), vor. Der komplette Name lautet folglich „K1Klein", „K2Groß" etc.:

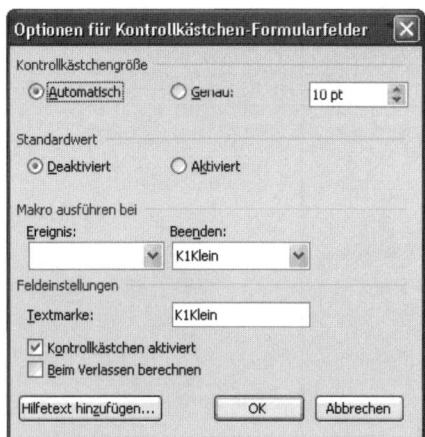

Abbildung 5.26: Bestimmen des Namens und des Makros für ein Kontrollkästchen

Sobald die Felder erzeugt und entsprechend benannt wurden, können Sie nun die nötigen Makros erzeugen, um die Felder zu synchronisieren. Das folgende Makro demonstriert die entsprechende Vorgehensweise, wobei hier jede Checkbox eigens genannt werden muss. Für jede Checkbox wird übrigens ein eigenes VBA-Makro benötigt, das sinnvollerweise den Namen des aufrufenden Kontrollkästchens erhalten sollte. Für das Feld „K1Klein" lautet der Code folglich

```
Sub K1Klein()
        Dim objFormFields As FormFields    'Objektvariable für Formularfelder
        Application.ScreenUpdating = False 'Bildschirmaktualisierung aus
        Set objFormFields = ActiveDocument.FormFields 'Objektvariable setzen

        'einzelne Checkboxen deaktivieren
        'objFormFields("K1Klein").CheckBox.Value = True 'das Feld ist
                                                        'aktiv!

        objFormFields("K1Mittel").CheckBox.Value = False
        objFormFields("K1Groß").CheckBox.Value = False
        objFormFields("K1Sonstiges").CheckBox.Value = False
        'weitere zu deaktivierende Checkboxen
        Application.ScreenUpdating = True    'Bildschirmaktualisierung ein
End Sub
```
Deaktivieren von Kontrollkästchen (das erste Kästchen ist aktiviert)
Für das Feld „K1Mittel" muss der Code folglich etwas abgewandelt werden.

```
Sub K1Mittel()
    Dim objFormFields As FormFields    'Objektvariable für Formularfelder
    Application.ScreenUpdating = False 'Bildschirmaktualisierung aus
    Set objFormFields = ActiveDocument.FormFields 'Objektvariable setzen

    'einzelne Checkboxen deaktivieren
    objFormFields("K1Klein").CheckBox.Value = False
    'objFormFields("K1Klein").CheckBox.Value = True 'das Feld ist
                                                    'aktiv!

    objFormFields("K1Groß").CheckBox.Value = False
    objFormFields("K1Sonstiges").CheckBox.Value = False
    'weitere zu deaktivierende Checkboxen
    Application.ScreenUpdating = True   'Bildschirmaktualisierung ein
End Sub
```

Listing 5.2: Deaktivieren von Kontrollkästchen (das zweite Kästchen ist nun aktiviert)

Bei komplexen Formularen mit einer Vielzahl von miteinander verbundenen Kontrollkästchen wird der Programmieraufwand mit dieser Technologie natürlich sehr hoch. In diesem Fall empfiehlt sich die folgende, fast universell einsetzbare Technik: Anstatt für jedes Kontrollkästchen individuell festzulegen, welche übrigen Kontrollkästchen zu deaktivieren sind, wird jeweils nur ein Hilfsmakro aufgerufen. Diesem wird beim Aufruf der Name des aktiven Kontrollkästchens übergeben, und anschließend werden alle Kontrollkästchen durchlaufen und geprüft. Die ersten beiden Ziffern des Kontrollkästchens (hier: „K1") legen die jeweilige Gruppe der zu synchronisierenden Kontrollkästchen fest:

```
Sub K1Klein()
    Call KontrollkästchenPrüfen("K1Klein")
    'ggfs. weitere VBA-Aktionen
End Sub
```

Listing 5.3: Makro, das im Kontrollkästchen hinterlegt wird

Das Hilfsmakro „KontrollkästchenPrüfen(strFeldname As String)" übernimmt nun den Rest: Es durchläuft alle Formularfelder und prüft zunächst, ob das jeweilige Formularfeld zur gleichen Optionsgruppe gehört (dies wird durch die ersten beiden Zeichen des Feldnamens, hier „K1", festgelegt). Ist dies der Fall, wird überprüft, ob das Feld mit dem übergebenen Feldnamen identisch ist. Ist dies nicht der Fall, wird das Feld deaktiviert:

```
Private Sub KontrollkästchenPrüfen(strFeldname As String)
'----------------------------------------------------
' Hilfsprozedur, die den gesuchten Feldnamen aus dem
' übergebenen Parameter (strFeldname) übernimmt
' die ersten beiden Zeichen legen dabei die Options-
' gruppe fest
'----------------------------------------------------
    Dim iFormFeld As FormField 'zu durchlaufende Felder

    Application.ScreenUpdating = False  'Bildschirmaktualisierung aus

    For Each iFormFeld In ActiveDocument.FormFields     'alle Felder durchlaufen
        If iFormFeld.Type = wdFieldFormCheckBox Then    'prüfen, ob Checkbox
            If Left(iFormFeld.Name, 2) = Left(strFeldname, 2) Then 'prüfen, ob
                                                        ' korrekter Gruppenname
                If iFormFeld.Name <> strFeldname Then   'prüfen, ob sonstiger
                                                        'Feldname
                    iFormFeld.CheckBox.Value = False    'ggfs. Feld deaktivieren
                End If
            End If
        End If
    Next
    Application.ScreenUpdating = True   'Bildschirmaktualisierung ein
End Sub
```

Listing 5.4: Die Hilfsprozedur zum Prüfen aller Optionsfelder

Der komplette Code lautet folglich:

```
Option Explicit

Sub K1Klein()
    Call KontrollkästchenPrüfen("K1Klein")
End Sub

Sub K1Mittel()
    Call KontrollkästchenPrüfen("K1Mittel")
End Sub

' Ggfs. weitere Feldaufrufe

Private Sub KontrollkästchenPrüfen(strFeldname As String)
```

```
'--------------------------------------------------------
' Hilfsprozedur, die den gesuchten Feldnamen aus dem
' übergebenen Parameter (strFeldname) übernimmt
' die ersten beiden Zeichen legen dabei die Options-
' gruppe fest
'--------------------------------------------------------
    Dim iFormFeld As FormField 'zu durchlaufende Felder

    Application.ScreenUpdating = False  'Bildschirmaktualisierung aus

    For Each iFormFeld In ActiveDocument.FormFields 'alle Felder durchlaufen
      If iFormFeld.Type = wdFieldFormCheckBox Then 'prüfen, ob Checkbox
        'prüfen, ob korrekter Gruppenname
        If Left(iFormFeld.Name, 2) = Left(strFeldname, 2) Then
          'prüfen, ob sonstiger Feldname
          If iFormFeld.Name <> strFeldname Then
            iFormFeld.CheckBox.Value = False     'ggfs. Feld deaktivieren
          End If
        End If
      End If
    Next iFormFeld
    Application.ScreenUpdating = True    'Bildschirmaktualisierung ein
End Sub
```

Listing 5.5: Deaktivieren von Kontrollkästchen (allgemeingültige Variante)

Textfelder

Auch Textfelder können mit VBA-Skripten gesteuert werden. Müssen Sie überprüfen, ob das Feld „T1" ein Textfeld ist, so kann dies mit folgender Zeile geschehen:

```
If ActiveDocument.FormFields("T1").TextInput = True Then
  'auszuführender Code
End If
```

Tabelle 5.1: Prüfen eines Textfeldes

Wollen Sie dem Textfeld „T1" den Text „Lieschen Müller" zuweisen oder wissen, ob dieser Text in dem Feld enthalten ist, so kann dies mit folgender Zeile geschehen:

```
ActiveDocument.FormFields("T1").Result = "Lieschen Müller"
```

Listing 5.6: Zuweisen von Text an ein Textfeld

Den Inhalt des Textfeldes „T1" können Sie dagegen mit folgenden Anweisungen löschen:

```
ActiveDocument.FormFields("T1").TextInput.Clear, oder
ActiveDocument.FormFields("T1").Result = ""
```

Listing 5.7: Löschen des Textes eines Textfeldes

Drop-down-Felder

Auch auf Drop-down-Felder kann per VBA Zugriff genommen werden. Wollen Sie beispielsweise überprüfen, ob das Feld „D1" ein Drop-down-Feld ist, können Sie dies mit folgender Zeile tun:

```
If ActiveDocument.FormFields(D1).Type = wdFieldFormDropDown Then
    'auszuführender Code
End If
```

Listing 5.8: Überprüfen eines Drop-down-Feldes

Wollen Sie nun in dem Drop-down-Feld „D1" den dritten Eintrag auswählen, so geschieht dies auf folgende Weise:

```
ActiveDocument.FormFields("DropDown1").DropDown.Value = 3
```

Listing 5.9: Auswählen des dritten Eintrags des Drop-down-Feldes

Im folgenden Beispiel wird der Typ des ersten Formularfelds im aktiven Dokument überprüft. Wenn es sich um ein Drop-down-Formularfeld handelt, wird das zweite Element markiert.

```
If ActiveDocument.FormFields(D1).Type = wdFieldFormDropDown Then
    ActiveDocument.FormFields(D1).DropDown.Value = 2
End If
```

Listing 5.10: Überprüfen der Drop-down-Feld-Eigenschaft und Auswählen des zweiten Eintrags

Selbstverständlich können Sie einem Drop-down-Formularfeld auch ein weiteres Element hinzufügen:

```
Set FormularFeld = ActiveDocument.FormFields(D1).DropDown

If FormularFeld.Valid = True Then
    FormularFeld.ListEntries.Add Name:="Hallo"
Else
    MsgBox "Erstes Feld ist kein Dropdown-Feld"
End If
```

Listing 5.11: Hinzufügen eines weiteren Elements

Verwenden Sie die Add-Methode mit der FormFields-Auflistung, um ein Drop-down-Formularfeld hinzuzufügen. Im folgenden Beispiel wird am Anfang des aktiven Dokuments ein Drop-down-Formularfeld eingefügt. Anschließend werden dem Formularfeld Elemente hinzugefügt.

```
Set FormularFeld = ActiveDocument.FormFields.Add( _
    Range:=ActiveDocument.Range(Start:=0, End:=0), Type:=wdFieldFormDropDown)

With FormularFeld
    .Name = "Farben"
    With .DropDown.ListEntries
        .Add Name:="Blau"
        .Add Name:="Grün"
        .Add Name:="Rot"
    End With
End With
```

Listing 5.12: Hinzufügen eines Drop-down-Feldes mit neuen Einträgen

5.2.3 Daten in INI-Dateien speichern bzw. aus INI-Dateien auslesen

Achtung

Die Ausführungen zum Thema „INI-Dateien" in Kapitel 4, „Freie Formulare", gelten selbstverständlich auch im Zusammenhang mit Formularfeldern.

Daten in einer INI-Datei speichern

Auch die Eingaben in Formularfeldern können in INI-Dateien gespeichert bzw. aus INI-Dateien ausgelesen werden. So können Sie z.B. vermeiden, dass jedes Mal, wenn

Sie das Formular neu starten, die gleichen Einträge wie z.B. Namen, Geburtsdatum, Personalnummer etc. eingetragen werden müssen.

Im Zusammenhang mit Formularfeldern können dies wie folgt anwenden: Sie lesen den Inhalt des Formularfeldes (z.B. „Antragsteller") aus und speichern den gefundenen Wert in der Datei „Benutzer.ini" in der Sektion „[Benutzerangaben]" unter „Name".

Importieren Sie zunächst wieder die Klasse clsINI in Ihr VBA-Projekt:

1. Rufen Sie den VBA-Editor mit ⌈Alt⌉ + ⌈F11⌉ auf.

2. Markieren Sie im Projekt-Explorer die aktuelle Dokumentvorlage.

3. Rufen Sie den Menüpunkt DATEI|DATEI IMPORTIEREN auf, suchen die Datei clsINI.cls und klicken auf ÖFFNEN. Das Klassenmodul „clsINI" wird nun in Ihr VBA-Projekt eingefügt.

4. Wiederholen Sie den Schritt 3 mit den Dateien „modAutomakros.bas" und „modBriefkopf.bas".

5. Ergänzen Sie das Modul „modBriefkopf" oberhalb des ersten Makros „Sub AktuellesDatumEinfügen()" um die Zeile „Dim cINI As New clsINI". Damit machen Sie die Befehle dieser Klasse verfügbar.

Anschließend fügen Sie die benötigten Makros ein. Der Code für den jeweiligen Formularfeld-Typ lautet:

```
Dim cINI As New clsINI 'KLasse clsINI

Sub AntragstellerSpeichern()
'------------------------------------------------------
' Speichert die Daten des Textfeldes "Antragsteller"
'in der Datei "Benutzer.ini"
'------------------------------------------------------

    Dim frmAntragsteller As FormField 'das spezielle Formularfeld
    Dim strName As String          'Wert des Formularfeldes

    Set frmAntragsteller = ActiveDocument.FormFields("Antragsteller")
    strName = frmAntragsteller.Result

    cINI.WriteToIni "c:\Benutzer.ini", "Benutzerangaben", _
    "Name", strName
End Sub
```

Listing 5.13: Auslesen eines Textfeldes und Speichern des Wertes in einer INI-Datei

Das Auslesen einer Checkbox und das Speichern funktionieren ähnlich:

```
Sub AktivSpeichern()
'-----------------------------------------------------
' Speichert den Wert des Kontrollkästchens "Aktiv"
' in der Datei "Benutzer.ini"
'-----------------------------------------------------
    Dim cbBenutzt As CheckBox  'die spezielle Checkbox
    Dim strWert As String      'Wert des Formularfeldes

    Set cbBenutzt = ActiveDocument.FormFields("Aktiv").CheckBox
    strWert = cbBenutzt.Value

    cINI.WriteToIni "c:\Benutzer.ini", "Benutzerangaben", _
    "Benutzt", strWert
End Sub
```

Listing 5.14: Auslesen des Wertes einer Checkbox und Speichern in einer INI-Datei

Für ein Drop-down-Feld lautet der entsprechende Code:

```
Sub SachbearbeiterSpeichern()
'-----------------------------------------------------
' Speichert den Wert des Drop-down-Feldes "Sachbearbeiter"
' in der Datei "Benutzer.ini"
' Hinweis: cb steht für Combobox, die VBA-Bezeichnung für
' diesen Feldtyp
'-----------------------------------------------------
    Dim cbSachbearbeiter As DropDown 'das spezielle Drop-down-Feld
    Dim strWert As String            'Wert des Drop-down-Feldes

    Set cbSachbearbeiter = ActiveDocument.FormFields("Sachbearbeiter").DropDown
    strWert = cbSachbearbeiter.ListEntries(cbSachbearbeiter.Value).Name

    cINI.WriteToIni "c:\Benutzer.ini", "Sachbearbeiter", _
    "Familienname", strWert
End Sub
```

Listing 5.15: Auslesen eines Drop-down-Feldes und Speichern des Wertes in einer INI-Datei

Daten aus einer INI-Datei auslesen

Die in der INI-Datei gespeicherten Daten werden am besten beim Anlegen einer neuen Datei ausgelesen. Die entsprechenden Makros sollten folglich wieder in einem AutoNew()-Makro gestartet werden, um sofort in den Feldern die aktuellen Werte zur Verfügung zu stellen.

Die im vorherigen Abschnitt in der Datei „C:\Benutzer.ini" gespeicherten Daten können Sie mit den folgenden Makros den Textfeldern zuweisen. Für das Textfeld „Antragsteller" lautet der Code:

```
Sub AntragstellerAuslesen()
'-----------------------------------------------------
' Liest die Daten aus der Datei "Benutzer.ini" aus
'-----------------------------------------------------
    ActiveDocument.FormFields("Antragsteller").Result = _
    cINI.ReadFromIni("c:\Benutzer.ini", "Benutzerangaben", _
    "Name", "")
End Sub
```

Listing 5.16: Auslesen des Wertes einer INI-Datei und Zuweisen des Wertes an ein Textfeld

Den Zustand des Kontrollkästchens (Wahr oder Falsch) können Sie mit dem folgenden Code aus der INI-Datei auslesen und zuweisen:

```
Sub AktivAuslesen()
'-----------------------------------------------------
' Liest den gespeicherten Wert des Kontrollkästchens "Aktiv"
' aus der Datei "Benutzer.ini" aus
'-----------------------------------------------------
    Dim strWert As String       'Wert in INI-Datei

    strWert = cINI.ReadFromIni("c:\Benutzer.ini", "Benutzerangaben", _
    "Benutzt", "")
    ActiveDocument.FormFields("Aktiv").CheckBox.Value = strWert
End Sub
```

Listing 5.17: Auslesen einer INI-Datei und Zuweisen des Wertes an ein Kontrollkästchen

Auch für ein Drop-down-Feld können Sie den gespeicherten Wert auslesen, wobei dieser Wert in der Drop-down-Liste enthalten sein muss:

```
Sub SachbearbeiterAuslesen()
'-----------------------------------------------------
' Liest den gespeicherten Wert des Drop-down-Feldes "Sachbearbeiter"
' aus der Datei "Benutzer.ini" aus
' Hinweis: cb steht für Combobox, die VBA-Bezeichnung für
' diesen Feldtyp
'-----------------------------------------------------
    Dim cbSachbearbeiter As DropDown 'das spezielle Drop-down-Feld
    Dim strWert As String            'Wert des Dropdown-Feldes

    strWert = cINI.ReadFromIni("c:\Benutzer.ini", "Sachbearbeiter", _
    "Familienname", "")

    Set cbSachbearbeiter = _
    ActiveDocument.FormFields("Sachbearbeiter").DropDown
    cbSachbearbeiter.ListEntries(cbSachbearbeiter.Value).Name = strWert
End Sub
```

Listing 5.18: Auslesen einer INI-Datei und Zuweisen des Wertes an ein Drop-down-Feld

---

Hinweis

Dadurch, dass die benutzerspezifischen Daten extern gespeichert und automatisch wieder in die Felder eingelesen werden, können sich beliebig viele Formulare die entsprechenden Daten „teilen" – wurden sie einmal in der INI-Datei gespeichert, stehen sie auch allen weiteren Formularen zur Verfügung. Speichern Sie die Daten darüber hinaus zentral auf dem Firmenserver (hier könnten dann zentrale Informationen wie Anschrift, Internetadresse stehen), können sich auch beliebig viele Mitarbeiter ein und das gleiche Formular „teilen", ohne dass Sie noch die unsäglichen Drop-down-Felder für u.U. Hunderte von Mitarbeitern benötigen!

5.2.4 Daten in der Registry speichern bzw. aus der Registry auslesen

Die Registry

Was für die INI-Dateien gilt, gilt ebenfalls für die Registry: Wollen Sie vermeiden, dass jedes Mal, wenn Sie das Formular neu starten, die gleichen Einträge wie z.B.

Namen, Geburtsdatum, Personalnummer etc. gemacht werden müssen, so müssen Sie die Eingaben speichern. Alternativ zu den „INI-Dateien" steht Ihnen als Speicherort ebenfalls die Registry zur Verfügung.

Achtung

Beachten Sie bitte, dass Daten, die Sie in der Registry speichern, nur jeweils auf dem lokalen Rechner für den jeweiligen Benutzer – also nicht global! – zur Verfügung stehen! Müssen mehrere Mitarbeiter gleichzeitig auf die gleichen Daten zugreifen, bleibt also nur die Möglichkeit, die Daten in einer (zentralen) INI-Datei zu speichern!

Sie können mit VBA-Bordmitteln allerdings nicht beliebig in die Registry schreiben oder diese auslesen. Es stehen Ihnen zwar u.a. die VBA-Kommandos „SaveSetting" und „GetSetting" zur Verfügung. Diese greifen aber in der Registry nur auf den Schlüssel „HKEY_CURRENT_USER/Software/VB and VBA Program Settings" zu:

Gegenüber den INI-Dateien hat dieser Schlüssel den großen Vorteil, dass dieser keinem Schreibschutz unterliegt, während das Windows-Verzeichnis in den aktuellen Windows-Versionen inzwischen fast immer schreibgeschützt ist. Die Sachbearbeiterdaten sollten also idealerweise in der Registry gespeichert werden:

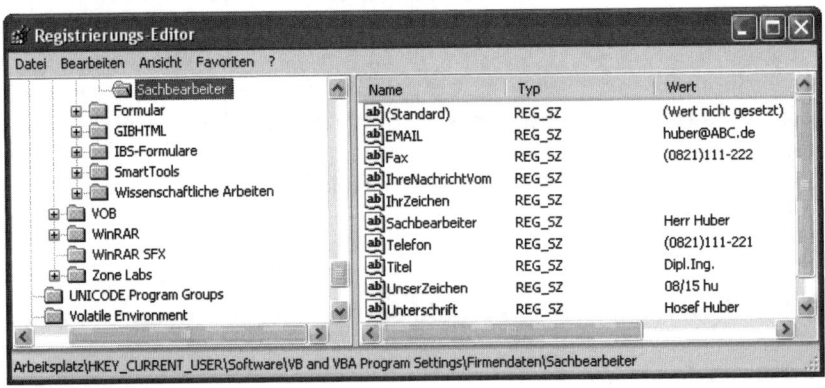

Abbildung 5.27: VBA-Einträge in der Registry

Daten in die Registry schreiben

Mit dem folgenden VBA-Skript wird der Inhalt des Formularfeldes „Antragsteller"
ausgelesen und in der Registry „HKEY_CURRENT_USER/Software/VB and VBA Program Settings/Benutzerangaben/Name" gespeichert:

```
Sub AntragstellerSpeichern()
'--------------------------------------------------------
' Speichert die Daten des Textfeldes "Antragsteller"
' in der Reistry unter "/VB and VBA Program Settings"
'--------------------------------------------------------

    Dim strName As String 'Wert des Textfeldes

    strName = ActiveDocument.FormFields("Antragsteller").Result
    SaveSetting "Antragsteller", "Benutzerangaben", "Name", strName
End Sub
```

Listing 5.19: Daten eines Textfeldes in der Registry speichern

Das Speichern des Wertes eines Kontrollkästchens funktioniert ähnlich:

```
Sub AktivSpeichern()
'--------------------------------------------------------
' Speichert den Wert des Kontrollkästchens "Aktiv"
' in der Reistry unter "/VB and VBA Program Settings"
'--------------------------------------------------------

    Dim strWert As String      'Wert des Formularfeldes

    strWert = ActiveDocument.FormFields("Aktiv").CheckBox.Value
    SaveSetting "Antragsteller", "Benutzerangaben", "Aktiv", strWert
End Sub
```

Listing 5.20: Speichern des Wertes eines Kontrollkästchens in der Registry

Und last but not least müssen wir uns auch noch den Code ansehen, mit dem wir den
Wert eines Drop-down-Feldes in der Registry speichern können:

```
Sub SachbearbeiterSpeichern()
'--------------------------------------------------------
' Speichert den Wert des Drop-down-Feldes "Sachbearbeiter"
' in der Reistry unter "/VB and VBA Program Settings"
' Hinweis: cb steht für Combobox, die VBA-Bezeichnung für
```

```
' diesen Feldtyp
'----------------------------------------------------------
    Dim cbSachbearbeiter As DropDown 'das spezielle Drop-down-Feld
    Dim strWert As String            'Wert des Drop-down-Feldes

    Set cbSachbearbeiter = ActiveDocument.FormFields("Sachbearbeiter").DropDown
    strWert = cbSachbearbeiter.ListEntries(cbSachbearbeiter.Value).Name

    SaveSetting "Firmendaten", "Sachbearbeiter", "Familienname", strWert
End Sub
```

Listing 5.21: Das Speichern des Wertes eines Drop-down-Feldes in der Registry

Daten aus der Registry lesen

Für das Auslesen der in der Registry gespeicherten Daten gilt das Gleiche wie für die in der INI-Datei gespeicherten Daten: Am besten lesen Sie diese entweder beim Neuanlegen eines Dokuments aus, d.h., Sie starten diese Makros am besten aus einem AutoNew()-Makro.

Das folgende VBA-Skript liest aus der Registry unter „HKEY_CURRENT_USER/Software/VB and VBA Program Settings/Benutzerangaben/Name" den Eintrag aus und weist diesen dem Formularfeld „Antragsteller" zu:

```
'=== Werte aus INI-Datei auslesen und in Formularfelder übernehmen
Sub AntragstellerAuslesen()
'----------------------------------------------------------
' Liest die Daten aus der Datei Registry aus und weist
' sie dem Formularfeld "Antragsteller" zu
'----------------------------------------------------------
    'On Error Resume Next
    ActiveDocument.FormFields("Antragsteller").Result = _
    GetSetting("Antragsteller", "Benutzerangaben", "Name", "")
End Sub
```

Listing 5.22: Auslesen eines Wertes aus der Registry und Zuweisen an ein Textfeld

```
Sub AktivAuslesen()
'----------------------------------------------------------
' Liest den gespeicherten Wert des Kontrollkästchens "Aktiv"
' aus der Datei "Benutzer.ini" aus
'----------------------------------------------------------
```

```
Dim strWert As String      'Wert in INI-Datei

strWert = GetSetting("Antragsteller", "Benutzerangaben", "Aktiv", "")
ActiveDocument.FormFields("Aktiv").CheckBox.Value = strWert
End Sub
```

Listing 5.23: Auslesen eines Wertes aus der Registry und Zuweisen an ein Kontrollkästchen

```
Sub SachbearbeiterAuslesen()
'-----------------------------------------------------
' Liest den gespeicherten Wert des Drop-down-Feldes "Sachbearbeiter"
' aus der Datei "Benutzer.ini" aus
' Hinweis: cb steht für Combobox, die VBA-Bezeichnung für
' diesen Feldtyp
'-----------------------------------------------------
    Dim cbSachbearbeiter As DropDown 'das spezielle Drop-down-Feld
    Dim strWert As String            'Wert des Drop-down-Feldes

    strWert = GetSetting("Firmendaten", "Sachbearbeiter", "Familienname", "")

    Set cbSachbearbeiter = ActiveDocument.FormFields("Sachbearbeiter").DropDown
    cbSachbearbeiter.ListEntries(cbSachbearbeiter.Value).Name = strWert
End Sub
```

Listing 5.24: Auslesen eines Wertes aus der Registry und Zuweisen an ein Drop-down-Feld

5.2.5   Die Klasse clsFormularfeld

Puh, das ist eine ganze Menge Code, den Sie sich merken – und dann natürlich auch eingeben – müssen. Damit Sie es sich ein wenig einfacher machen können, finden Sie auf der Begleit-CD die Datei „clsFormularfeld.cls". Diese enthält wieder ein sog. Klassenmodul (ähnlich wie die Klasse „clsINI"), das alle für Sie notwendigen Befehle auf einfache Weise zur Verfügung stellt für:

- das Aktivieren eines speziellen Formularfeldes

- für das Synchronisieren der Kontrollkästchen

■ das Speichern und Auslesen von Formularfeld-Daten in INI-Dateien

■ das Speichern und Auslesen von Formularfeld-Daten in der Registry im Schlüssel „VB and VBA Program Settings"

Sie können die Klasse mit den folgenden Schritten in Ihren Dokumenten/Dokument-vorlagen aktivieren:

1. Öffnen Sie das anzupassende Word-Formular.

2. Rufen Sie den VBA-Editor über das Register ENTWICKLERTOOLS oder die Tastenkombination [Alt] + [F11] auf.

3. Aktivieren Sie im Projekt-Explorer das entsprechende VBA-Projekt.

4. Rufen Sie das Menü DATEI|DATEI IMPORTIEREN auf, und suchen Sie im Dialog DATEI IMPORTIEREN nach der Datei clsFormularfeld.cls.

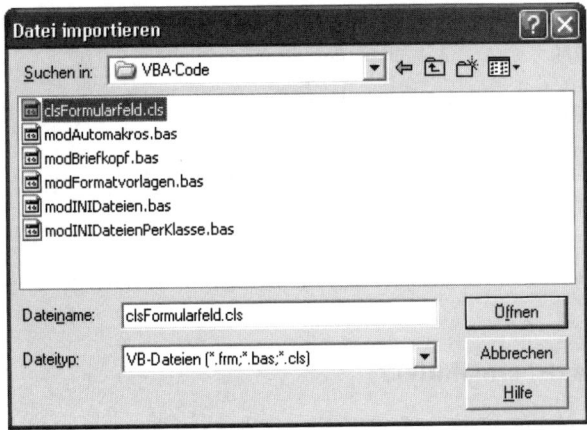

Abbildung 5.28: Importieren der VBA-Klasse clsFormularfeld

5. Bestätigen Sie die Auswahl mit ÖFFNEN. Word fügt nun in Ihrem VBA-Projekt einen weiteren Ordner ein, „Klassenmodule". In diesem Ordner wird nun das Modul „clsFormularfeld" aufgelistet.

6. Wechseln Sie nun in den Ordner „Module" und fügen im Deklarationsbereich Ihres Makros die Zeile „Dim cFormularfeld As New clsFormularfeld" ein. Diese macht das Klassenmodul nun generell verfügbar.

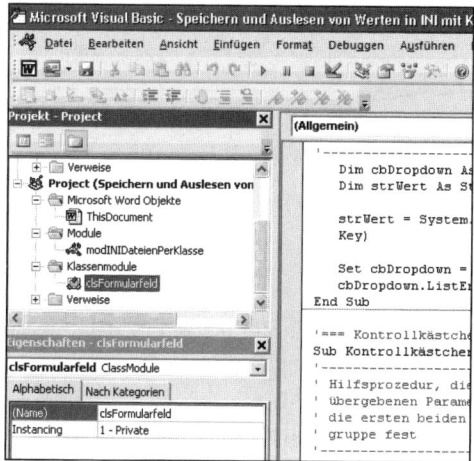

Abbildung 5.29: Das importierte Klassenmodul

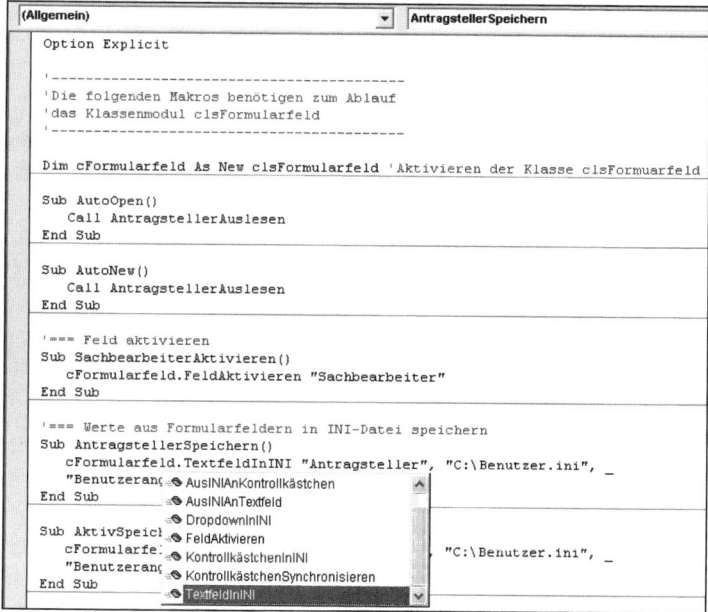

Abbildung 5.30: Ausschnitt aus dem Makrocode mit aktiviertem Klassenmodul

```
Sub SachbearbeiterSpeichern()
    cFormularfeld.DropdownInINI "Sachbearbeiter", "C:\Benutzer.ini", _
    "Sachbearbeite DropdownInINI(Feldname As String, INIDatei As String, Abschnitt As String, Key As String)
End Sub
```

Abbildung 5.31: Die VBA-Ausfüllhilfe mit der Argumentliste für den Befehl aus dem Klassenmodul

---

Tipp

Dies bietet Ihnen folgende große Vorteile

1. Sie müssen sich nun nicht mehr alle Befehle einzeln merken. Sobald Sie nämlich nach der Anweisung „cFormularfeld" den Punkt setzen, erhalten Sie eine Liste mit allen darin verfügbaren Befehlen.

2. Sie erhalten ebenfalls eine Liste mit den benötigten Argumenten (auch diese müssen Sie sich also nicht mehr merken!), und

3. Sie müssen für die Aufrufe aus den Formularfeldern nicht mehr so viel Code schreiben, die Formulare werden also auch „schlanker".

5.2.6 Praxisbeispiel „Dienstreiseantrag"

Das war nun eine ganze Menge Theorie. Daher möchte ich die zuvor beschriebenen Methoden, vor allem das Einbinden der VBA-Lösungen, nochmals an einem Praxisbeispiel darstellen:

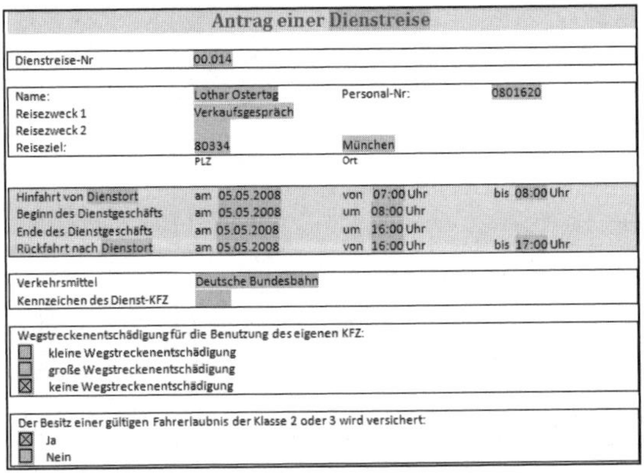

Antrag einer Dienstreise			
Dienstreise-Nr	00.014		
Name:	Lothar Ostertag	Personal-Nr:	0801620
Reisezweck 1	Verkaufsgespräch		
Reisezweck 2			
Reiseziel:	80334	München	
	PLZ	Ort	
Hinfahrt von Dienstort	am 05.05.2008	von 07:00 Uhr	bis 08:00 Uhr
Beginn des Dienstgeschäfts	am 05.05.2008	um 08:00 Uhr	
Ende des Dienstgeschäfts	am 05.05.2008	um 16:00 Uhr	
Rückfahrt nach Dienstort	am 05.05.2008	von 16:00 Uhr	bis 17:00 Uhr
Verkehrsmittel	Deutsche Bundesbahn		
Kennzeichen des Dienst-KFZ			

Wegstreckenentschädigung für die Benutzung des eigenen KFZ:
- ☐ kleine Wegstreckenentschädigung
- ☐ große Wegstreckenentschädigung
- ☒ keine Wegstreckenentschädigung

Der Besitz einer gültigen Fahrerlaubnis der Klasse 2 oder 3 wird versichert:
- ☒ Ja
- ☐ Nein

Abbildung 5.32: Der Dienstreiseantrag

Gestaltung des Formulars

Zur Gestaltung des Formulars brauchen wir hier nichts mehr sagen: Richten Sie die Seitenränder, Formatvorlagen etc. nach Ihren Wünschen ein, und erstellen Sie eine Tabelle, die Ihre Textteile und Formularfelder positioniert. Speichern Sie dann die Vorlage als Dokumentvorlage mit Makros („*.dotm"-Datei) ab.

Die Automatisierung des Formulars

Nun kommt der zeitaufwendigste Teil, nämlich das Automatisieren:

Wechseln Sie zunächst in den VBA-Editor ([Alt] + [F11], und wählen Sie im Projekt-Explorer den Dienstreiseantrag aus. Importieren Sie nun das Klassenmodul „clsFormularfeld", indem Sie den Menüpunkt DATEI|DATEI IMPORTIEREN aufrufen und in dem folgenden Dialog die Datei **clsFormularfeld.cls** suchen. (Die Klasse „clsINI.cls" benötigen Sie nicht, wenn Sie mit der Klasse „clsFormularfeld.cls" arbeiten!)

Erstellen Sie zunächst den Code, mit dem der Inhalt der Formularfelder gespeichert wird. Im Beispielformular stellt das Feld in der Überschriftenzeile ein Drop-down-Feld dar, in dem der jeweilige Dienstreisetyp ausgewählt wird. Da anzunehmen ist, dass der jeweilige Sachbearbeiter sich überwiegend für den gleichen Reisetyp entscheiden wird, sollten wir folglich den ausgewählten Wert speichern:

Das Drop-down-Feld wird mit den passenden Werten gefüllt und mit einem sprechenden Namen (hier: „Reiseart") benannt:

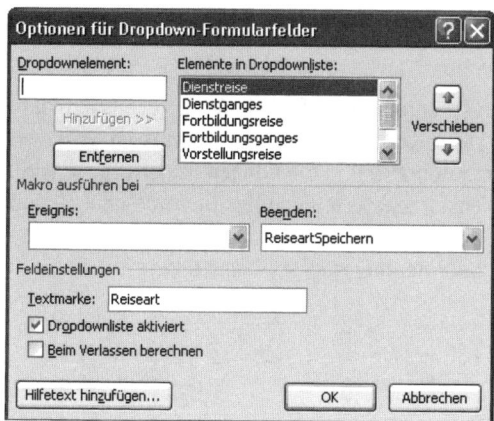

Abbildung 5.33: Das Drop-down-Feld für den Dienstreise-Typ

Anschließend erstellen Sie das Makro, das die Daten speichert. Aktivieren Sie zuerst das Klassenmodul, indem Sie den Text im VBA-Code mit den folgenden Zeilen beginnen:

```
Option Explicit

'Klasse clsFormularfeld aktivieren
Dim cFormularfeld As New clsFormularfeld
```

Listing 5.25: Aktivieren des Klassenmoduls clsFormularfeld

Da diese Daten sicherlich am sinnvollsten lokal gespeichert werden sollten (sie betreffen ja nur den einzelnen Sachbearbeiter!), wählen wir als Speicherort die Registry. Da wir nur noch auf das Klassenmodul zurückgreifen müssen, beschränkt sich der Code also auf die Angabe des auszulesenden Feldes und der Stelle in der Registry, an der die Daten hinterlegt werden:

```
Sub ReiseartSpeichern()
    cFormularfeld.DropdownInRegistry "Reiseart", _
    "Firmendaten", "Dienstreise", "Reiseart"
End Sub
```

Listing 5.26: Speichern von Formulardaten mithilfe des Klassenmoduls clsFormularfeld

Der Code für die übrigen Formularfelder ist entsprechend, Sie müssen lediglich den jeweils richtigen Befehl auswählen, also z.B. „TextfeldInRegistry", „DropdownInRegistry" oder „KontrollkästchenInRegistry".

Weisen Sie nun das Makro dem jeweiligen Formularfeld zu, indem Sie das Makro im Drop-down-Feld BEENDEN auswählen.

Als Nächstes sollten Sie die Reisedaten synchronisieren. Da jede Reise sicherlich andere Daten haben wird, lohnt es sich nicht, diese Daten zu speichern. Aber: Es ist sicherlich sinnvoll, wenn das Datum der Abreise automatisch in die übrigen Felder kopiert wird, also z.B. in die Felder „Beginn des Dienstgeschäfts", „Ende des Dienstgeschäfts" und „Rückfahrt nach": Der Vorteil liegt auf der Hand: Der Antragsteller muss nur noch Daten eingeben, wenn diese abweichen, z.B. bei einer mehrtägigen Dienstreise:

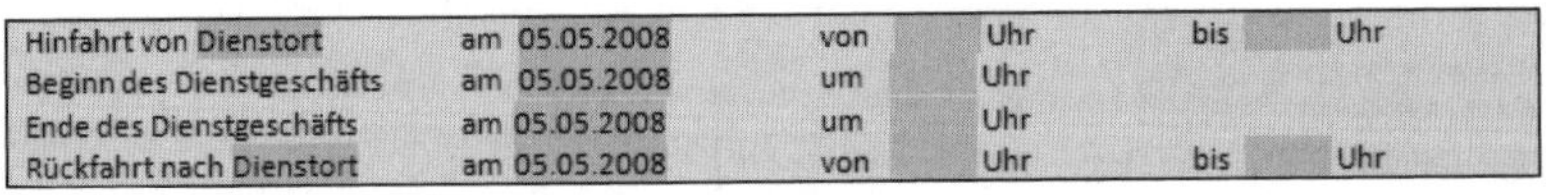

Hinfahrt von Dienstort	am 05.05.2008	von	Uhr	bis	Uhr
Beginn des Dienstgeschäfts	am 05.05.2008	um	Uhr		
Ende des Dienstgeschäfts	am 05.05.2008	um	Uhr		
Rückfahrt nach Dienstort	am 05.05.2008	von	Uhr	bis	Uhr

Abbildung 5.34: Synchronisieren der Reisedaten

Auch hier beginnt die Arbeit damit, die Felder passend zu formatieren (hier: Typ „Datum" und Datumsformat „zehnstellig") und einen sprechenden Namen zu vergeben:

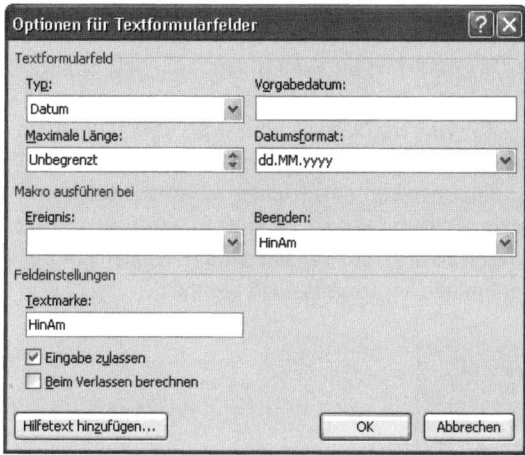

Abbildung 5.35: Einstellungen für das Datumsfeld „HinAm"

Die Synchronisation erfolgt, indem beim Verlassen des Feldes das Makro „Sub HinAm()" gestartet wird. Dieses liest den hier eingetragenen Wert aus und trägt diesen in die übrigen Felder (quasi als „Default-Wert") ein:

```
Sub HinAm()
    Dim strDatum As String 'Variable für das Anreisedatum

    Application.ScreenUpdating = False 'Bildschirmaktualisierung aus
    strDatum = ActiveDocument.FormFields("HinAm").Result
    With ActiveDocument 'Anreisedatum in die übrigen Felder übertragen
        .FormFields("BeginnAm").Result = strDatum
        .FormFields("EndeAm").Result = strDatum
        .FormFields("ZurückAm").Result = strDatum
    End With
    Application.ScreenUpdating = True 'Bildschirmaktualisierung aus
End Sub
```

Listing 5.27: Weitergabe des Datums an die Felder „BeginnAm", „EndeAm" und „ZurückAm"

In den übrigen Feldern wird analog verfahren, das Datum muss lediglich jeweils in immer weniger Felder übertragen werden. Auch die Felder mit der Uhrzeit lassen sich auf diese Weise bequem synchronisieren.

Anders verläuft die Synchronisation bei den Kontrollkästchen zur Wegstreckenentschädigung und zum Führerschein. Da es sich hier um zwei Gruppen handelt, erhält die erste Gruppe die Namen „K1_KleineEntsch", „K1_GroßeEntsch" und „K1_KeineEntsch", während die zweite die Namen „K2_FührerscheinJa" und „K2_FührerscheinNein" erhält. Beide Gruppen unterscheiden sich folglich an den ersten beiden Ziffern „K1" und „K2". Anschließend werden den einzelnen Kontrollkästchen die jeweils gleichnamigen Makros sowohl in den Drop-down-Feldern EREIGNIS als auch BEENDEN zugewiesen. Dies bewirkt, dass sowohl das Anklicken als auch das Verlassen des jeweiligen Kontrollkästchens ggf. das Deaktivieren der übrigen Kontrollkästchen bewirkt:

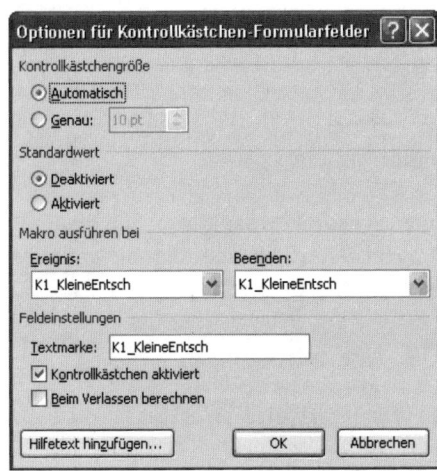

Abbildung 5.36: Synchronisieren der Kontrollkästchen

Da außerdem der jeweilige Status für die nächste zu beantragende Dienstreise gespeichert werden soll, enthält das Makro den folgenden Code:

```
Sub K1_KleineEntsch()
    With cFormularfeld
        'Synchronisieren der Kontrollfelder
        .KontrollkästchenSynchronisieren "K1KleineEntsch"
```

```
    'Speichern des Wertes
    .KontrollkästchenInRegistry "K1KleineEntsch", _
    "Firmendaten", "Dienstreise", "Kleine Entschädigung"
  End With
End Sub
```

Listing 5.28: Synchronisieren der Kontrollkästchen und Speichern des jeweiligen Status

Wenden wir uns nun dem Einlesen der gespeicherten Daten zu. Diese sollen nur dann eingelesen werden, wenn ein neues Dokument angelegt wird, also entweder per Doppelklick auf die Dokumentvorlage oder über den Befehl NEU in der OFFICE-SCHALT-FLÄCHE. Dies erreichen wir, indem wir das Makro „AutoNew()" mit den folgenden Aufrufen anlegen:

```
Sub AutoNew()
  Call WordEinstellungen
  Call DatenEinlesen
  Call DienstreiseNr
  Call ReiseartMarkieren
  Call DatumSetzen
End Sub
```

Listing 5.29: Starten der Konfiguration und Einlesen der Daten beim Anlegen eines neuen Dokuments

Wie Sie sehen, ruft dieses Makro verschiedene weitere, spezialisierte Makros auf.

Das Makro „WordEinstellungen" haben wir aus *Kapitel 4, Freie Formulare*, übernommen. Hier steuern wir den Zoomfaktor und die Fenstergröße von Word und welche Einstellungen in den Optionen aktiv sind.

Das Makro „DatenEinlesen" liest die gespeicherten Daten aus der Registry aus und weist diese den jeweiligen Formularfeldern zu. Auch hier greifen wir wieder auf die Klasse clsFormularfeld zu. Der Aufruf wird lediglich dadurch vereinfacht, dass wir den Aufruf „cFormularfeld" mithilfe einer With ... End With"-Schleife nur einmal schreiben:

```
Sub DatenEinlesen()
  With cFormularfeld
    .AusRegistryAnDrop-down-Feld "Reiseart", _
    "Firmendaten", "Dienstreise", "Reiseart", ""
    ...
```

```
      .AusRegistryAnTextfeld "Ort", _
      "Firmendaten", "Adresse", "Ort", ""
   End With
End Sub
```

Listing 5.30: Einlesen der gespeicherten Daten

Interessant ist nun der Aufruf „DienstreiseNr". Hinter diesem Aufruf steckt wieder das Problem des „fortlaufenden Aktenzeichens": Eine Dienstreise-Nummer soll zentral verwaltet und mit jedem Aufruf jeweils um die Zahl „1" erhöht werden. Technisch können wir auch dieses Problem lösen, indem wir diese Zahl in einer INI-Datei auf dem Server speichern.

Hinweis

Auf die Ausführungen in Kapitel 4.12, „Eine fortlaufende Nummer (Aktenzeichen, Rechnungsnummer etc.)", wird verwiesen. Auch hier greifen wir wieder auf die Klasse „clsINI" mit dem Befehl „Aktenzeichen" zurück. Wie bereits gesagt, hat diese Lösung den großen Vorteil, auch in anderen Programmen wie Excel, Access oder Outlook zu funktionieren.

Mithilfe dieser Klasse gestaltet sich das Problem fortlaufende Nummer sehr einfach:

```
Sub DienstreiseNr()
   'Reisenummer um 1 hochsetzen und den neuen Wert in Feld speichern
   ActiveDocument.FormFields("DienstreiseNr").Result = _
   CLng(cINI.Aktenzeichen("c:\Dienstreise.ini", "Dienstreise", "Reise-Nr"))
End Sub
```

Listing 5.31: Das Auslesen und Hochzählen der Reisenummer

Bleibt noch das Problem mit dem Datum. Dieses wird ähnlich wie im Briefkopf gelöst:

```
Sub DatumSetzen()
   ActiveDocument.FormFields("Datum").Result = Date
End Sub
```

Listing 5.32: Zuweisen des aktuellen Datum an das entsprechende Feld

Auf das Formatieren des Datums können wir an dieser Stelle verzichten, wenn wir das Textfeld entsprechend formatieren (z.B. als Typ „Datum" und dann das zehnstellige Datumsformat vorgeben).

Abschließend müssen Sie natürlich die Dokumentvorlage so schützen, dass nur noch die Formularfelder ausgefüllt werden können.

Fertig!

5.3 Die ActiveX-Steuerelemente

5.3.1 Allgemeines zu den Steuerelementen

Alternativ zu den Formularfeldern stehen auch die ActiveX-Steuerelemente (die frühere Symbolleiste STEUERELEMENT-TOOLBOX) zur Verfügung:

Abbildung 5.37: Die ActiveX-Steuerelemente finden Sie im unteren Teil der Palette Legacy-Tools.

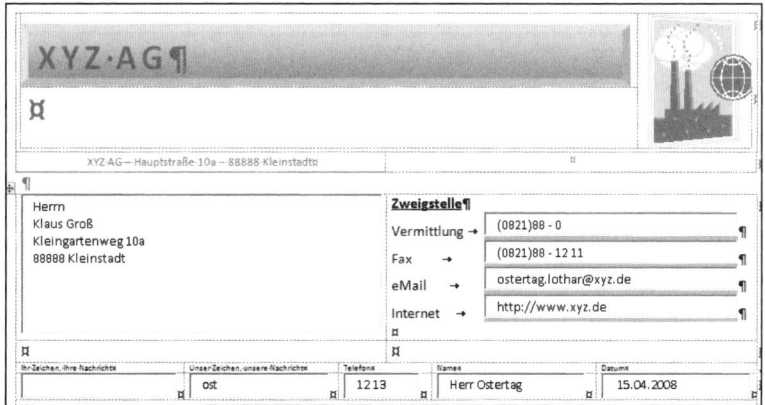

Abbildung 5.38: Ein Formular mit ActiveX-Steuerelementen

261

Im Gegensatz zu den Formularfeldern, die von Anfang an auf das Programm Word abgestimmt waren, wurden die Steuerelemente eigentlich für Dialoge in VBA entwickelt und dann zusätzlich für Word verfügbar gemacht. Dies hat natürlich eine Reihe von Konsequenzen. Aber alles der Reihe nach:

Die Steuerelemente fügen Sie mit folgenden Schritten in Ihr Word-Formular ein:

1. Aktivieren Sie das Register ENTWICKLERTOOLS, und klicken Sie im Abschnitt STEUER-ELEMENTE auf das Symbol LEGACYTOOLS. Wählen Sie aus den unteren beiden Zeilen das gewünschte Element aus.

2. Wenn Sie auf ein Steuerelement klicken, wechselt Word automatisch in den sog. Entwurfsmodus und fügt das Steuerelement ein. Dies erkennen Sie daran, dass die Schaltfläche ENTWURFSMODUS im Register ENTWICKLERTOOLS in der Gruppe STEUER-ELEMENTE leuchtend markiert ist.

3. Um die Eigenschaften für das ausgewählte Steuerelement festzulegen, klicken Sie entweder im Abschnitt STEUERELEMENTE auf den Befehl EIGENSCHAFTEN, oder Sie klicken das Steuerelement mit der rechten Maustaste an und wählen aus dem Kontextmenü den Befehl EIGENSCHAFTEN.

4. Wollen Sie Makros erstellen, die das Verhalten des Steuerelements beeinflussen, doppelklicken Sie auf das Steuerelement oder klicken dieses mit der rechten Maustaste an und wählen CODE ANZEIGEN. Nun wird ein Makro-Rumpf angelegt, in dem Sie die noch fehlenden Befehle eingeben können.

5. Sobald Sie fertig sind, schalten Sie den Entwurfsmodus wieder aus, indem Sie im Register ENTWICKLERTOOLS im Abschnitt STEUERELEMENTE auf die Schaltfläche ENT-WURFSMODUS klicken.

Achtung

Die Steuerelemente auf der Symbolleiste Steuerelement-Toolbox sind in den meisten Browsern nicht funktionsfähig. Deshalb sollten sie nicht für Webformulare verwendet werden, sondern nur für Formulare, die in Microsoft Word ausgefüllt werden.

5.3.2   Zur Verfügung stehende Steuerelemente

In Word 2007 stehen Ihnen die folgenden ActiveX-Steuerelemente unmittelbar zur Verfügung:

Symbol	Bezeichnung	Erläuterung
☑	Kontrollkästchen	Einfügen eines Kontrollkästchens, das aktiviert oder deaktiviert werden kann, neben einer unabhängigen Option sowie Einfügen eines Kontrollkästchens neben den einzelnen Elementen einer Auswahlgruppe, die sich nicht gegenseitig ausschließen. Es können also mehrere Kontrollkästchen aktiviert werden.
abl	Textfeld	Einfügen eines Eingabefeldes zur Anzeige von Text, der vom Benutzer eingegeben wird, von in der Entwurfszeit eingegebenem Text oder von Informationen, die dem Steuerelement zur Laufzeit zugewiesen werden.
	Befehlsschaltfläche	Einfügen einer Befehlsschaltfläche, mit der eine Operation, z.B. die Anzeige weiterer Optionen, ausgeführt wird.
⊙	Optionsfeld	Einfügen eines Optionsfeldes neben allen Objekten in einer Gruppe mit zwei oder mehr Auswahlmöglichkeiten, die sich gegenseitig ausschließen. Es kann also nur eine Option ausgewählt werden.
▭	Listenfeld	Einfügen eines Feldes, in dem verfügbare Auswahlmöglichkeiten in Listenform angezeigt werden. Wenn die Liste länger ist als das Feld, können die weiteren Optionen durch einen Bildlauf angezeigt werden.
▦	Kombinationsfeld	Einfügen eines Kombinationsfeldes aus einem Listenfeld und einem Textfeld. Benutzer können Einträge eingeben oder aus einer Liste auswählen. Kombinationsfelder enthalten Bildlaufleisten.
⇄	Umschaltfläche	Einfügen einer Umschaltfläche, mit der zwischen zwei Zuständen gewechselt werden kann, z.B. zwischen der Anzeige mehrerer Optionen und der Anzeige weniger Optionen.

Symbol	Bezeichnung	Erläuterung
	Drehfeld	Einfügen eines Drehfeldes, mit dem ein Wert erhöht oder verringert werden kann.
	Bildlaufleiste	Einfügen einer Bildlaufleiste neben einem Listenfeld, das mehr Einträge enthält, als im Feld angezeigt werden können, z.B. zum dynamischen Aktualisieren der Anzeige, wenn ein hypothetischer Wert für eine Anlagesumme oder das Rentenalter eingegeben wird.
A	Bezeichnung	Ermöglicht direkt die Eingabe einer Bezeichnung für das jeweilige Steuerelement, ohne über die Eigenschaften zu gehen.
	Bild	Einfügen eines Bildes oder einer Grafik.
	Weitere Steuerelemente	Anzeigen zusätzlicher Steuerelemente, die Sie in ein Online-Formular einfügen können. Wenn die benötigten Steuerelemente nicht angezeigt werden, müssen Sie diese möglicherweise registrieren lassen.

Tabelle 5.2: Die verschiedenen ActiveX-Steuerelemente

5.3.3 Aktivieren oder Deaktivieren des Entwurfsmodus

Beim Einfügen von ActiveX-Steuerelementen wechselt Word automatisch in den sog. „Entwurfsmodus". Diesen können Sie auch nachträglich aktivieren, indem Sie im Register ENTWICKLERTOOLS im Abschnitt STEUERELEMENTE auf die Schaltfläche ENTWURFSMODUS klicken:

Abbildung 5.39: Der eingeschaltete Entwurfsmodus

Sobald der Entwurfsmodus eingeschaltet ist, „leuchtet" die Schaltfläche. Ein weiterer Mausklick darauf deaktiviert den Entwurfsmodus wieder. Klicken Sie nun mit der rechten Maustaste auf das Steuerelement, können Sie aus dem Kontextmenü den

Eintrag EIGENSCHAFTEN aufrufen (alternativ können Sie im Register ENTWICKLERTOOLS im Abschnitt STEUERELEMENTE auf die Schaltfläche EIGENSCHAFTEN klicken). Mithilfe der Eigenschaften können Sie nun gezielt das jeweilige Steuerelement beeinflussen:

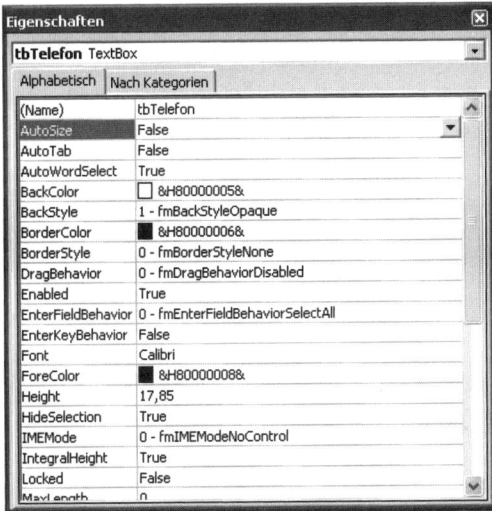

Abbildung 5.40: Ändern der Eigenschaften eines ActiveX-Steuerelements

Die Bedeutung der meisten Eigenschaften erschließt sich sicherlich aus dem – leider englischen – Namen. Sie sind eigentlich nur dann wichtig, wenn Sie per VBA auf die Steuerelemente zugreifen. Für unsere Zwecke benötigen wir nur die folgenden Eigenschaften:

Eigenschaft	Erläuterung
(Name)	Unter diesem Namen kann das jeweilige Steuerelement in VBA-Codes angesprochen werden; geben Sie hier bitte sprechende Namen ein, also z.B. „Sachbearbeiter" anstelle von „Textbox".
Autosize	„True" bedeutet, dass sich die Größe des Steuerelements waagerecht (!) an seinen Inhalt anpasst. Dieser Wert sollte auf „False" stehen, da das Feld ansonsten Seitenränder, Tabellenränder etc. ignoriert!
Caption	Sichtbare Beschriftung (wichtig z.B. bei Kontroll- und Optionsfeldern)
Enabled	„True" aktiviert das Steuerelement für Eingaben.

Eigenschaft	Erläuterung
Font	Legt die Schriftart und Schriftgröße fest.
GroupName	Ermöglicht es, das Verhalten von Optionsfeldern zu synchronisieren.
Height	Höhe des Steuerelements. Dieser Eintrag ist vor allem wichtig, wenn Sie mehrzeilige Einträge ermöglichen wollen. Legen Sie unter Height die gewünschte Höhe fest, oder ziehen Sie das Feld auf die gewünschte Höhe.
Locked	„True" blockiert das Steuerelement für Eingaben.
SpecialEffect	Legt fest, wie die Ränder des Kontrollkästchens am Bildschirm und im Ausdruck erscheinen.
TextAlign	Ausrichtung des Textes (z.B. rechtsbündig, linksbündig, zentriert)
Value	Der Wert im jeweiligen Feld (entweder Text, True oder False)
Width	Breite des Steuerelements
Multiline	Legt fest, ob Sie im jeweiligen Textfeld mehrzeilige Eingaben machen können. Zeilenwechsel müssen Sie über ⟨⇧⟩ + ⟨↵⟩ einfügen.

Tabelle 5.3: Die wichtigsten Eigenschaften der ActiveX-Steuerelemente

Beim Arbeiten mit den ActiveX-Steuerelementen müssen Sie allerdings die folgenden Aspekte berücksichtigen:

■ Es stehen Ihnen erheblich mehr Steuerelemente als bei den Formularfeldern zur Verfügung.

■ Die Steuerelemente funktionieren im Gegensatz zu den Formularfeldern auch, wenn das Formular nicht geschützt ist.

■ Die Steuerelemente können weitaus besser per VBA automatisiert werden.

■ Text in einer Textbox kann nicht über eine Seite umbrechen, sondern ist auf jeweils eine Seite begrenzt.

■ Sie können Text in einer Textbox nicht gesondert formatieren.

■ Sie müssen das jeweilige Steuerelement per Maus anklicken. Es ist also im Gegensatz zu den Formularfeldern nicht möglich, von einem Feld in das nächste z.B. per Tabulator zu springen.

■ Ähnlich wie Grafiken haben Sie die Möglichkeit, ein Steuerelement in dieselbe Ebene wie den Text einzubringen oder aber als sogenanntes schwebendes Objekt (ähnlich einer Grafik), um das der umgebende Text fließt.

■ Es ist leider kaum möglich, normalen Fließtext und ActiveX-Steuerelemente sauber in eine Zeile zu bringen.

Falls Sie nun doch mit den Formularfeldern arbeiten wollen, stellt sich auch hier wieder die Frage, wie diese Felder automatisiert werden können. Hier gibt es eine Besonderheit: Die Formularfelder können Sie nicht aus den normalen Code-Modulen ansprechen, sondern nur aus dem Bereich „ThisDocument" unter „Microsoft Word-Objekte":

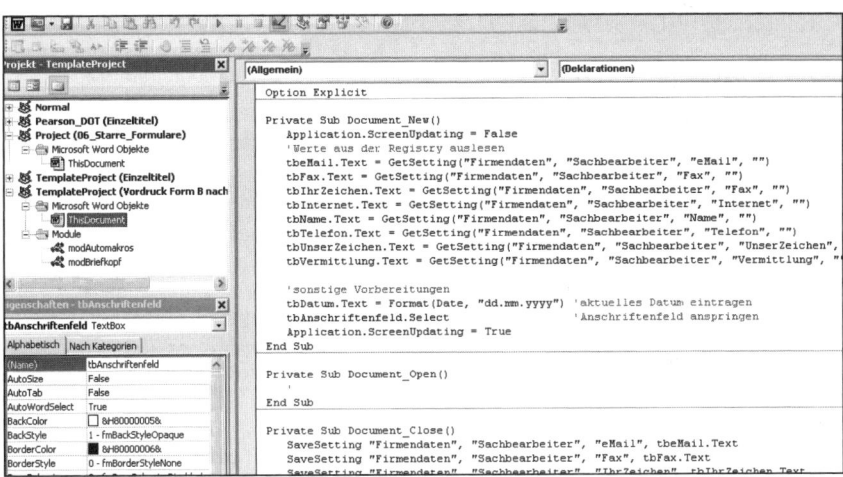

Abbildung 5.41: Automatisieren von ActiveX-Steuerelementen

Das bedeutet, dass wir in unseren Codes ein paar Änderungen vornehmen müssen. Aber zunächst importieren Sie mithilfe des Menübefehls DATEI|DATEI IMPORTIEREN bitte wieder unsere bereits bekannten Module „modAutoMakros" und „modBriefkopf" in das aktuelle Projekt. Löschen Sie nun aus dem Modul „modBriefkopf" das Makro „Sub AktuellesDatumEinfügen()". Wechseln Sie anschließend in den Bereich „ThisDocument". Hier haben Sie die Möglichkeit, zusätzliche sog. Ereignisprozeduren zu erstellen, u.a. die Prozeduren „Private Sub Document_New()", „Private Sub Document_Open()" und „Private Sub Document_Close()". Diese entsprechen von ihrer Funktionalität den Makros „Sub AutoNew()", „Sub AutoOpen()" und „Sub AutoClose()". Der folgende Code liest beim Anlegen eines neuen Dokuments die in der Registry lokal gespeicherten Werte aus und trägt diese dann in die jeweiligen Steuerelemente ein. Darüber hinaus wird das aktuelle Datum in das Textfeld Datum zehnstellig formatiert ausgegeben und der Cursor gleich in das Textfeld „Anschrift" gestellt:

```
Option Explicit

Private Sub Document_New()
    Application.ScreenUpdating = False
    'Werte aus der Registry auslesen
    tbeMail.Text = GetSetting("Firmendaten", "Sachbearbeiter", "eMail", "")
    tbFax.Text = GetSetting("Firmendaten", "Sachbearbeiter", "Fax", "")
    tbIhrZeichen.Text = GetSetting("Firmendaten", "Sachbearbeiter", "Fax", "")
    tbInternet.Text = GetSetting("Firmendaten", "Sachbearbeiter", "Internet",
"")
    tbName.Text = GetSetting("Firmendaten", "Sachbearbeiter", "Name", "")
    tbTelefon.Text = GetSetting("Firmendaten", "Sachbearbeiter", "Telefon", "")
    tbUnserZeichen.Text = GetSetting("Firmendaten", "Sachbearbeiter",
"UnserZeichen", "")
    tbVermittlung.Text = GetSetting("Firmendaten", "Sachbearbeiter",
"Vermittlung", "")

    'sonstige Vorbereitungen
    tbDatum.Text = Format(Date, "dd.mm.yyyy") 'aktuelles Datum eintragen
    tbAnschriftenfeld.Select                  'Anschriftenfeld anspringen
    Application.ScreenUpdating = True
End Sub
```

Listing 5.33: Automatisches Füllen der Steuerelemente mit den gespeicherten Werten

Genauso können wir beim Schließen des Dokuments den Inhalt der Steuerelemente lokal in der Registry speichern. Der folgende Code übernimmt genau diese Aufgabe:

```
Private Sub Document_Close()
    SaveSetting "Firmendaten", "Sachbearbeiter", "eMail", tbeMail.Text
    SaveSetting "Firmendaten", "Sachbearbeiter", "Fax", tbFax.Text
    SaveSetting "Firmendaten", "Sachbearbeiter", "IhrZeichen",
tbIhrZeichen.Text
    SaveSetting "Firmendaten", "Sachbearbeiter", "Internet", tbInternet.Text
    SaveSetting "Firmendaten", "Sachbearbeiter", "Name", tbName.Text
    SaveSetting "Firmendaten", "Sachbearbeiter", "Telefon", tbTelefon.Text
    SaveSetting "Firmendaten", "Sachbearbeiter", "UnserZeichen",
```

```
tbUnserZeichen.Text
    SaveSetting "Firmendaten", "Sachbearbeiter", "Vermittlung",
tbVermittlung.Text
End Sub
```

Listing 5.34: Speichern der Werte aus den ActiveX-Controls beim Schließen des Dokuments

Benötigen Sie dagegen Code, der abläuft, wenn Sie z.B. ein Feld ändern, wechseln Sie bitte in den Entwurfsmodus und doppelklicken das Feld. Word legt nun automatisch einen Code-Rumpf im Abschnitt „ThisDocument" an, in den Sie den gewünschten zusätzlichen Code einfügen können, z.B.:

```
Private Sub tbAnschriftenfeld_Change()
    'Code, der beim Ändern des Anschriftenfeldes abläuft
End Sub
```

Listing 5.35: Code, der beim Ändern des Inhalts des Feldes „tbAnschriftenfeld" abläuft

---

Tipp

Die ActiveX-Steuerelemente lassen sich also fast nur über VBA automatisieren und stellen Word vor viele fast unüberwindbare Probleme. In den meisten Fällen sind Sie also besser beraten, anstelle von ActiveX-Steuerelementen die Formularfelder zu verwenden.

Wenn Sie die Steuerelemente automatisieren wollen, wechseln Sie in den Entwurfsmodus und doppelklicken das Steuerelement. Word legt nun im Bereich „ThisDocument" einen Prozedurrumpf nach dem folgenden Muster an:

```
Private Sub <Name des Steuerelements>_Change()

End Sub
```

Listing 5.36: Ereignisprozedur für das Ändern des Steuerelementinhalts

Diese Prozedur reagiert auf Änderungen des Steuerelementinhalts. Wollen Sie nun auf andere Ereignisse reagieren, klicken Sie auf das Drop-down-Feld rechts oben im VBA-Editor und wählen hier das gewünschte Ereignis aus. Sofort legt Word einen neuen Prozedurrumpf für das gewünschte Ereignis an.

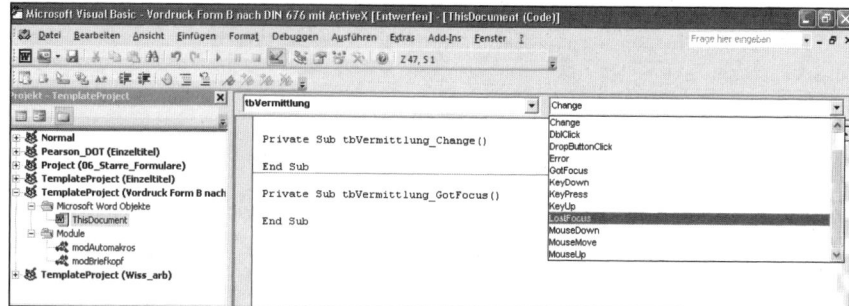

Abbildung 5.42: Anlegen einer Ereignisprozedur für ein ActiveX-Steuerelement

Die wichtigsten Ereignisse sind:

Ereignis	Erläuterung	Prozedurkopf
Change	Startet, wenn der Inhalt des Steuerelements verändert wird	Private Sub <Steuerelementname>_Change()
DblClick	Startet, wenn auf das Steuerelement ein Doppelklick ausgeführt wird	Private Sub <Steuerelementname>_DblClick(ByVal Cancel As MSForms.ReturnBoolean)
GotFocus	Startet, wenn das Steuerelement angeklickt wird	Private Sub <Steuerelementname>_GotFocus()
LostFocus	Startet, sobald das Steuerelement verlassen wird	Private Sub <Steuerelementname>_LostFocus()
KeyDown	Startet, sobald eine bestimmte Tastenkombination gedrückt wird, z.B.: Strg + ⇥	Private Sub tbAnschriftenfeld_KeyDown(ByVal KeyCode As MSForms.ReturnInteger, ByVal Shift As Integer)

Tabelle 5.4: Die wichtigsten Ereignisse der ActiveX-Steuerelemente

5.3.4 Navigieren in ActiveX-Steuerelementen

Wie ich bereits weiter oben geschrieben habe, ist das Navigieren in den ActiveX-Steuerelementen nicht ganz einfach: Falls Sie weiter keine Vorbereitungen treffen, müssen Sie jedes einzelne Steuerelement jeweils mit der Maus anklicken – auf Dauer eine mühsame und nervige Angelegenheit.

Eine Alternative hierzu stellen wieder VBA dar: Die Tabelle 5.4 listet etliche wichtige Ereignisse auf, auf welche die Steuerfelder reagieren können. Zum Navigieren eignet sich am besten das Ereignis „KeyDown". Hier könnte man die beiden Tastenkombinationen ⌨Strg + ⇆ und ⇧ + ⇆ abprüfen. Die erste Variante wird verwendet, um das folgende Steuerelement, die zweite, um das vorherige Steuerelement anzuspringen. Der entsprechende Code für das Steuerelement „tbFax" lautet:

```
Private Sub tbFax_KeyDown(ByVal KeyCode As MSForms.ReturnInteger, ByVal Shift
As Integer)
    If KeyCode = vbKeyTab And Shift = 2 Then 'STRG+TAB, (Vorwärts)
        tbeMail.Select
    ElseIf KeyCode = vbKeyTab And Shift = 1 Then 'Umschalt+TAB (Rückwärts)
        tbAnschriftenfeld.Select
    End If
End Sub
```

Listing 5.37: Das folgende bzw. vorherige Steuerelement auf Tastendruck anspringen

Diese Lösung hat darüber hinaus den großen Vorteil, dass Sie jederzeit z.B. mit der Maus gezielt andere Steuerelemente auswählen können und dass Sie die Ereignisse „GotFocus" und „LostFocus" für spezielle Aufgaben (z.B. vorbereiten von anderen Feldern) übrig haben.

Hinweis

Die beschriebenen Techniken finden Sie vollständig im Beispieldokument „Vordruck Form B nach DIN 676 mit ActiveX.dotm".

5.4 Die Inhaltssteuerelemente

Office 2007 wartet mit einer ganz neuen Möglichkeit von Steuerelementen auf, den sog. Inhaltssteuerelementen. Diese finden Sie ebenfalls im Register ENTWICKLERTOOLS im Abschnitt STEUERELEMENTE:

Abbildung 5.43: Die Inhaltssteuerelemente

Auch bei Inhaltssteuerelementen handelt es sich um einzelne Steuerelemente, die Sie zur Verwendung in Vorlagen, Formularen und Dokumenten hinzufügen und anpassen können, und Sie finden hier viele Typen wieder, die Sie bereits von den Formularfeldern oder den ActiveX-Steuerelementen her kennen. Im Grunde genommen stellen sie ein Mittelding zwischen den alten Formularfeldern und den ActiveX-Steuerelementen dar: flexibler als Formularfelder und bei Weitem nicht so störrisch in der Handhabung wie die ActiveX-Steuerelemente.

Word 2007 stellt Ihnen die folgenden Inhaltssteuerelemente zur Verfügung:

Inhaltssteuerelement	Symbol	Erläuterung
Rich-Text-Inhalts-steuerelement	Aa	Steuerelement, das beliebig formatierte Texte enthalten kann
Nur-Text-Steuerelement	Aa	Beschränkt auf Inhalte, die keine Formatierungen, sondern nur Text enthalten dürfen. Der Inhalt übernimmt die Formatierung des umgebenden Textes
Bild-Inhalts-steuerelement		Füllt das Inhaltssteuerelement mit einer einzelnen Grafik. Sie können die Helligkeit und den Kontrast von Grafiken anpassen und verhindern, dass Benutzer andere Word-Objekte oder Text einfügen.
Kombinationsfeld-Inhaltssteuerelement		Enthält eine Liste, die direkt bearbeitet werden kann.
Drop-down-Liste		Enthält eine Liste eingeschränkter Optionen, die vom Autor der Dokumentvorlage für den Fall definiert werden, dass der Benutzer das Drop-down-Feld aktiviert.
Datums-Inhalts-steuerelement		Enthält ein Kalender-Steuerelement
Dokumentbaustein-Inhaltssteuerelement		Zeigt einen Katalog mit formatierten Designoptionen an, die dem Inhaltssteuerelement hinzugefügt werden können.

Tabelle 5.5: Die aktuell verfügbaren Inhaltssteuerelemente

> **Hinweis**
>
> Die Inhaltssteuerelemente stellen derzeit keine Options- und Kontrollkästchen sowie Rechnungsfelder bereit. Sollten Sie in Ihren Formularen also diese benötigen, müssen Sie wieder auf die bereits besprochenen Techniken der Formularfelder bzw. ActiveX-Steuerelemente zurückgreifen.

Um Inhaltssteuerelemente einem Formular hinzuzufügen, gehen Sie bitte folgendermaßen vor:

1. Öffnen Sie die gewünschte Dokumentvorlage, bzw. legen Sie diese neu an und positionieren den Cursor auf die gewünschte Stelle.

2. Aktivieren Sie das Register ENTWICKLERTOOLS, und wechseln Sie in die Gruppe STEUERELEMENTE.

3. Klicken Sie das gewünschte Steuerelement an.

4. Um das Steuerelement zu formatieren, klicken Sie entweder im Register ENTWICKLERTOOLS in der Gruppe STEUERELEMENTE auf EIGENSCHAFTEN, oder Sie klicken das Steuerelement mit der rechten Maustaste an und wählen im Kontextmenü den Befehl EIGENSCHAFTEN.

5. Tragen Sie den Titel und das Tag ein, und wählen Sie ggf. die weiteren Eigenschaften aus. Welche Eigenschaften verfügbar sind, hängt vom Typ des aktuell ausgewählten Steuerelements ab.

6. Klicken Sie bei Text-Steuerelementen anschließend in den Text mit der Eingabeaufforderung, und ändern Sie diese nach Ihren Wünschen.

7. Beenden Sie den Entwurfsmodus, indem Sie im Register ENTWICKLERTOOLS in der Gruppe STEUERELEMENTE auf EIGENSCHAFTEN klicken.

Sie haben bei den Inhaltssteuerelementen die Möglichkeit, die Bearbeitungsmöglichkeiten so einzuschränken, dass:

- das Inhaltssteuerelement nicht (versehentlich) gelöscht werden kann.

- der Inhalt nicht bearbeitet werden kann.

- der Inhalt nur einzeilig oder auch mehrzeilig eingegeben werden kann.

Diese Einschränkungen nehmen Sie vor, indem Sie die Registerkarte ENTWICKLERTOOLS aktivieren, das gewünschte Steuerelement anklicken und in der Gruppe STEUERELEMENTE auf EIGENSCHAFTEN klicken. In dem folgenden Dialog wählen Sie nun die gewünschte Option aus.

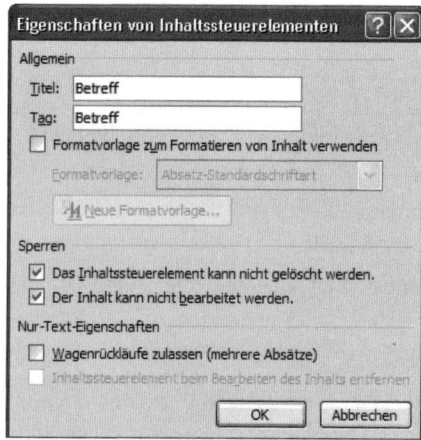

Abbildung 5.44: Die Schutzoptionen des Inhaltssteuerelements

Die übrigen Schutzoptionen stehen Ihnen selbstverständlich auch weiterhin zur Verfügung.

5.4.1 Hinzufügen von Hinweistext zu einem Formular

Benötigen Sie einen Hinweis, wie ein bestimmtes Inhaltssteuerelement auszufüllen ist, können Sie diesen Hinweis wie folgt erstellen:

1. Aktivieren Sie die Registerkarte ENTWICKLERTOOLS und klicken in der Gruppe STEUERELEMENTE auf ENTWURFSMODUS.

2. Fügen Sie das Steuerelement hinzu, oder klicken Sie auf das gewünschte Steuerelement.

Hinweis

Wenn keine Inhaltssteuerelemente verfügbar sind, ist möglicherweise ein Dokument im Kompatibilitätsmodus geöffnet, das mit einer früheren Version von Word erstellt wurde. Um Inhaltssteuerelemente zu verwenden, müssen Sie das Dokument in das Dateiformat von Word 2007 konvertieren. Klicken Sie zunächst auf die MICROSOFT OFFICE-SCHALTFLÄCHE, danach auf KONVERTIEREN und abschließend auf OK.

---

3. Klicken Sie auf das Inhaltssteuerelement, in dem der Platzhaltertext überarbeitet werden soll.

4. Bearbeiten Sie den Platzhaltertext, und formatieren Sie ihn nach Wunsch.

5. Wenn Sie möchten, dass das Inhaltssteuerelement ausgeblendet wird, wenn der Benutzer eigene Inhalte eingibt, klicken Sie in der Gruppe STEUERELEMENTE auf EIGENSCHAFTEN, und aktivieren Sie dann das Kontrollkästchen INHALTSSTEUERELEMENT BEIM BEARBEITEN DES INHALTS ENTFERNEN.

5.4.2 Schützen des Formulars

Sie können einzelne Inhaltssteuerelemente in einer Vorlage schützen, um zu verhindern, dass bestimmte Inhaltssteuerelemente oder Steuerelementgruppen gelöscht oder bearbeitet werden, oder Sie können den gesamten Vorlageninhalt mit einem Kennwort schützen. Darüber hinaus ist ein Dokumentschutz erforderlich, wenn Sie mit Steuerelementen der Legacy-Formulare (d.h. den früheren Formularfeldern) arbeiten.

Sollten Sie den Schutz nur für einzelne Bereiche benötigen, können Sie sog. **Abschnittswechsel** einfügen. In diesem Fall haben Sie also Bereiche, die geschützt sind, und solche, die ein weitgehend freies Arbeiten ermöglichen.

Hinweis

Viele Funktionen stehen in einem geschützten Dokument generell nicht zur Verfügung, z.B. die automatische Silbentrennung, das Einfügen von Grafiken etc.

---

1. Wechseln Sie in das Register SEITENLAYOUT und klicken auf das Drop-down-Feld UMBRÜCHE.

2. Wählen Sie aus dem Abschnitt ABSCHNITTSUMBRÜCHE den jeweils passenden Abschnittswechsel.

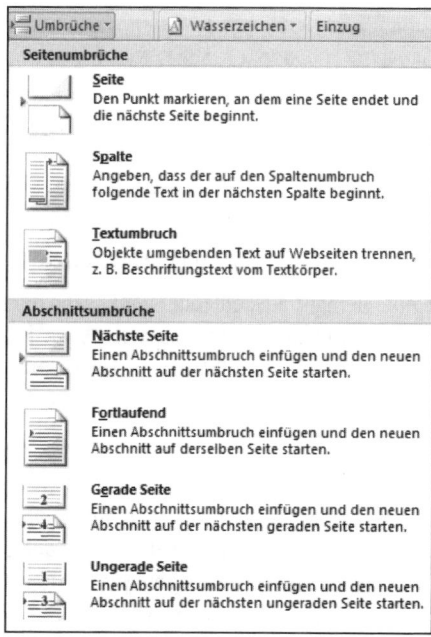

Abbildung 5.45: Abschnitts- und Seitenumbrüche

Den Dokumentschutz fügen Sie mit folgenden Schritten hinzu:

1. Aktivieren Sie das Register ENTWICKLERTOOLS und klicken in der Gruppe SCHÜTZEN auf DOKUMENT SCHÜTZEN.

2. Klicken Sie im folgenden Drop-down-Feld auf FORMATIERUNG UND BEARBEITUNG EINSCHRÄNKEN. Nun öffnet sich der Aufgabenbereich FORMATIERUNG UND BEARBEITUNG EINSCHRÄNKEN.

3. Aktivieren Sie in diesem Aufgabenbereich im Abschnitt BEARBEITUNGSEINSCHRÄNKUNGEN das Kontrollkästchen NUR DIESE BEARBEITUNGEN IM DOKUMENT ZULASSEN.

4. Wählen Sie in der Liste der Bearbeitungseinschränkungen die Option AUSFÜLLEN VON FORMULAREN aus.

5. Klicken Sie unter SCHUTZ ANWENDEN auf JA, SCHUTZ JETZT ANWENDEN.

6. Geben Sie ggf. in das Feld NEUES KENNWORT EINGEBEN (OPTIONAL) ein Kennwort ein, und wiederholen Sie die Eingabe im Feld NEUES KENNWORT BESTÄTIGEN.

Hinweis

Microsoft hat im Internet unter *http://www.microsoft.com/germany/athome/ security/privacy/password.mspx* ausführliche Hinweise zum Erstellen von sicheren Passwörtern veröffentlicht.

5.4.3 Ereignisse von Inhaltssteuerelementen

Alle Inhaltssteuerelemente können auf die gleichen sechs Ereignisse reagieren:

- Control hinzufügen (ContentControlAfterAdd)
- Inhalt aktualisieren (ContentControlBeforeUpdate))
- Control löschen (ContentControlDeforeDelete)
- Speicher des Controls aktualisieren (ContentControlBeforeStoreUpdate)
- Control auswählen (ContentControlOnEnter)
- Control verlassen (ContentControlOnExit)

Wie bei den ActiveX-Steuerelementen gilt auch hier, dass die entsprechenden Ereignisprozeduren im Modul „ThisDocument" stehen müssen. Allerdings kommt hier erschwerend hinzu, dass es nur jeweils eine entsprechende Prozedur gibt. Für unsere Zwecke genügt das letzte Ereignis, ContentControlOnExit.

5.4.4 Navigieren in Inhaltssteuerelementen

Das Navigieren in den Inhaltssteuerelementen ist problematisch: An sich müssten die Steuerelemente immer einzeln mit der Maus angeklickt werden – eine sehr mühsame Angelegenheit. Die folgende Prozedur weist den beiden Prozeduren „NextCC()" und „PreviousCC" die Tastenkombination $\boxed{\text{Strg}}$ + $\boxed{\text{F11}}$ bzw. $\boxed{\text{Strg}}$ + $\boxed{⇧}$ + $\boxed{\text{F11}}$ zu (für das Springen zwischen Feldern wie z.B. Makrobuttons hat Microsoft die Tastenkombinationen $\boxed{\text{F11}}$ bzw. $\boxed{⇧}$ + $\boxed{\text{F11}}$ vorgesehen). Sie ist in dem Modul „mod-

ContentControls" gespeichert und muss lediglich in Ihr VBA-Projekt importiert werden. Außerdem müssen Sie die Prozedur „TastenkombinationZuweisen()" in den
Automakros, d.h. AutoOpen() und AutoNew(), eintragen:

```vba
Option Explicit
    '----------------------------------------------
    'Variablen für die Prozeduren
    'NextCC() und PreviousCC()
    Dim doc As Word.Document 'das aktive Word-Dokument
    Dim rng As Word.Range    'Bereich im Word-Dokument
    Dim indexCC As Long      'Index der Inhaltssteuerelemente
    Dim anzCC As Long        'Anzahl der Inhaltssteuerelemente
    '----------------------------------------------


Sub TastenkombinationenZuweisen()
    '----------------------------------------------
    'Hinweis: in einer Tabellenzelle wird nur jeweils das erste
    'Inhaltssteuerelement angesprungen!
    '----------------------------------------------
    'Zuweisen der <STRG>- + <F11>-Taste
    CustomizationContext = ActiveDocument.AttachedTemplate
    KeyBindings.Add KeyCode:=BuildKeyCode(wdKeyControl , wdKeyF11), _
    KeyCategory:=wdKeyCategoryCommand, Command:="NextCC"

    'Zuweisen <STRG>+<Umschalt>+<F11>
    CustomizationContext = ActiveDocument.AttachedTemplate
    KeyBindings.Add KeyCode:=BuildKeyCode(wdKeyControl, wdKeyShift, wdKeyF11),
_
    KeyCategory:=wdKeyCategoryCommand, Command:="PreviousCC"
End Sub

Sub NextCC ()
    'Der Tastenkombination <STRG> + <F11> zugewiesen
    Dim doc As Word.Document 'das aktive Word-Dokument
    Dim rng As Word.Range    'Bereich im Word-Dokument
    Dim indexCC As Long      'Index der Inhaltssteuerelemente
    Dim anzCC As Long        'Anzahl der Inhaltssteuerelemente

    Set doc = ActiveDocument
    anzCC = doc.ContentControls.Count
```

```
    If anzCC = 0 Then Exit Sub
    Set rng = Selection.Range
    rng.Start = doc.Content.Start
    indexCC = rng.ContentControls.Count

    If indexCC < anzCC Then
        doc.ContentControls(indexCC + 1).Range.Select
    Else
        doc.ContentControls(1).Range.Select
    End If
End Sub

Sub PreviousCC()
    'An die Tastenkombination U>STRG> + <Umschalt> + <F11> zugewiesen
    Set doc = ActiveDocument
    anzCC = doc.ContentControls.Count
    If anzCC = 0 Then Exit Sub
    Set rng = Selection.Range
    rng.Start = doc.Content.Start
    indexCC = rng.ContentControls.Count

    If indexCC > 1 Then
        doc.ContentControls(indexCC - 1).Range.Select
    Else
        doc.ContentControls(anzCC).Range.Select
    End If
End Sub
```

Achtung

Bei den Tests stellte sich heraus, dass diese Prozedur in Tabellen seltsamerweise nicht ganz korrekt funktioniert: Haben Sie in einer Zelle mehrere Inhaltssteuerelemente platziert, wird nur das jeweils erste Element in der Zelle angesprungen, dann wechselt es in das Steuerelement der nächsten Tabellenzelle. Innerhalb der Zelle können Sie aber bequem z.B. mit der Pfeiltaste navigieren.

Alternativ können Sie die Inhaltssteuerelemente direkt anspringen. Dies ist allerdings nicht ganz einfach, da die Inhaltssteuerelemente lediglich über ihre Indexnummer angesprochen werden können. Um Ihnen nun die Arbeit trotzdem einfach zu machen, habe ich die benötigten Prozeduren und Funktionen im Klassenmodul „modContentControls.bas" zur Verfügung gestellt. Sie müssen sich also nicht mehr damit plagen, wie Sie die Nummern auslesen müssen, und auf evtl. Fehler reagieren:

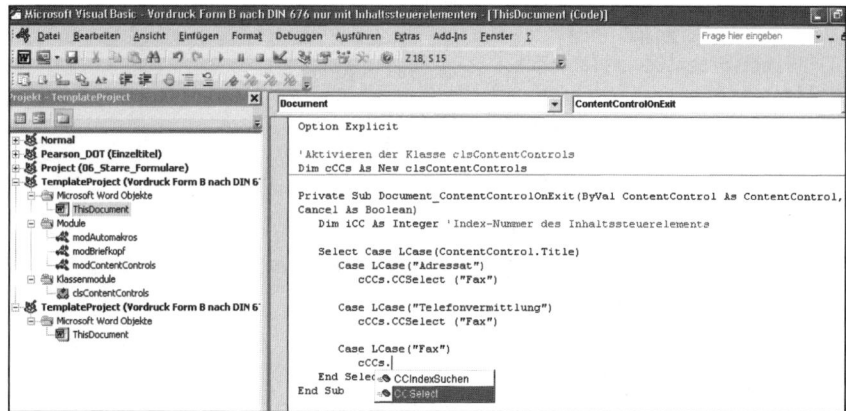

Abbildung 5.46: Inhaltssteuerelement mithilfe der Klasse clsContentControls markieren

1. Rufen Sie den VBA-Editor auf `Alt` + `F11`.

2. Importieren Sie die Klasse *clsContentControls* in das VBA-Projekt.

3. Wechseln Sie in das Modul „ThisDocument".

4. Aktivieren Sie die Klasse, indem Sie im Modulkopf die Zeile „Dim cCCS As New clsContentControls" einfügen.

5. Fügen Sie nun das Makro „Private Sub Document_ContentControlOnExit(ByVal ContentControl As ContentControl, Cancel As Boolean)" ein. Hiermit reagieren Sie darauf, wenn ein (d.h. irgendein!) Inhaltssteuerelement verlassen wird.

6. Um welches Steuerelement es sich handelt, prüfen Sie nun über eine „Select Case ... End Select"-Schleife, in der Sie den Titel des Steuerelements angeben. Das gewünschte neue Steuerelement wählen Sie mit der Zeile cCCs.CCSelect(„<Titel des Zielelements>") aus. Der vollständige Code lautet:

```
Option Explicit

'Aktivieren der Klasse clsContentControls
Dim cCCs As New clsContentControls
```

```
Private Sub Document_ContentControlOnExit(ByVal ContentControl As
ContentControl, _
Cancel As Boolean)
    Dim iCC As Integer 'Indexnummer des Inhaltssteuerelements

    Select Case LCase(ContentControl.Title)
        Case LCase("Adressat")    'altes Steuerelement
            cCCs.CCSelect ("Fax") 'Zielsteuerelement, das markiert werden soll

        Case LCase("Telefonvermittlung")
            cCCs.CCSelect ("Fax")
    End Select
End Sub
```

Listing 5.38: Gezieltes Markieren eines neuen Steuerelements

Achtung

Dieses Makro lässt dem Benutzer keine Wahl! Wird das jeweils ausgewählte
Steuerelement verlassen, wird zwingend das neue Steuerelement markiert. Es
kann also passieren, dass der Sachbearbeiter keine Möglichkeit zu sofortigen
Korrekturen hat. Sie sollten mit dieser Variante also sparsam umgehen.

Die Klasse **clsContentControls** enthält eine Reihe von wichtigen Befehlen, die Ihnen
die Arbeit mit den Inhaltssteuerelementen vereinfachen:

Befehl	Erläuterung
CCIndexSuchen	Ermittelt den Index des Controls
CCSelect	Setzt den Cursor in das Control
CCTextHinzufügen	Schreibt einen bestimmten Wert in das Control
CCTextAuslesen	Liest den Wert aus einem Control aus
CCTextInRegistry	Liest den Wert aus einem Control aus und speichert diesen in der Registry
CCTextAusRegistry	Liest einen Wert aus der Registry aus und trägt diesen im Control ein

Befehl	Erläuterung
CCTextInINI	Liest den Wert aus einem Control aus und speichert diesen in einer INI-Datei
CCTextAusINI	Liest einen Wert aus einer INI-Datei aus und trägt diesen im Control ein
CC_AZ_Auslesen	Liest eine fortlaufende Zahl aus einer INI-Datei aus, erhöht diese um den Wert "1", speichert den neuen Wert und schreibt diesen in das Control

Tabelle 5.6: Befehle der Klasse clsContentControls

Genau wie die anderen Klassen können Sie diese entweder für ein Makro oder für ein komplettes Modul mit der folgenden Zeile aktivieren:

```
Dim cCCS As New clsContentControls
```

Listing 5.39: Aktivieren der Klasse clsContentControls

Die einzelnen Methoden dieser Klassen können Sie nun wie normale VBA-Befehle aufrufen, z.B.:

```
cCCs.CCTextHinzufügen "Fax", "(20821)123-12"
```

Listing 5.40: Eintragen des Werts "(0821)123-12" im Control "Fax"

oder

```
cCCs.CCTextAuslesen("Bezug")
```

Listing 5.41: Auslesen des Wertes im Control "Bezug"

5.5 Tisch- und Faltkarten

Eine spezielle Art von Formular stellen Tisch- und Faltkarten dar, bei denen der Text auf zwei Seiten um jeweils 180° gedreht ausgedruckt werden muss, z.B. bei Tischkarten. Das Problem bei diesen Drucksachen ist, dass die Karten in der Mitte gefaltet werden und der Text dann sowohl vorne als auch hinten lesbar sein soll.

Faltkarten im Format DIN A6 erstellen Sie mit den folgenden Schritten:

1. Ermitteln Sie ggf. die Maße für die zu druckenden Faltkarten, falls das entsprechende Maß nicht von Word angeboten wird. Im Fall der DIN-A6-Karten lauten die Maße 10,5 cm × 14,8 cm.[2]

2. Legen Sie ein neues, leeres Dokument an.

3. Wählen Sie im Register SEITENLAYOUT in der Gruppe SEITE EINRICHTEN den Befehl GRÖSSE aus und wählen hier das gewünschte Format. Wird dieses nicht angeboten (so wie z.B. DIN A6), klicken Sie hier auf WEITERE PAPIERFORMATE... Geben Sie im nun folgenden Dialog SEITE EINRICHTEN unter Breite und Höhe die gewünschten Maße ein:

4. Wechseln Sie nun in die Registerkarte SEITENRÄNDER und geben hier die gewünschten Seitenränder ein (z.B. jeweils 1 cm, Bundsteg 0 cm).

5. Wählen Sie anschließend im Register SEITENLAYOUT in der Gruppe SEITE EINRICHTEN unter ORIENTIERUNG den Eintrag QUERFORMAT aus, und bestätigen Sie die Eingaben mit OK.

6. Klicken Sie auf die OFFICE-SCHALTFLÄCHE, dort auf die Schaltfläche WORD-OPTIONEN und wechseln dort in den Abschnitt ERWEITERT. Aktivieren Sie im Abschnitt DOKUMENTINHALT ANZEIGEN die Option TEXTBEGRENZUNGEN ANZEIGEN. Word markiert nun den Textbereich mit gestrichelten Linien.

7. Klicken Sie im Register EINFÜGEN im Abschnitt TEXT im Drop-down-Feld TEXTFELD auf TEXTFELD ERSTELLEN, und ziehen Sie mit der Maus am linken Rand ein Textfeld auf.

8. Klicken Sie das Textfeld mit der linken Maustaste an, und wählen Sie im Kontextmenü den Befehl TEXTFELD FORMATIEREN. Geben Sie nun in der Registerkarte GRÖSSE die Höhe „8,5 cm" und die Breite „5,4 cm" ein, und bestätigen Sie die Auswahl mit OK.

9. Drücken Sie nun die [Strg]-Taste, halten diese gedrückt, und ziehen Sie das Textfeld auf den rechten Rand. Das Textfeld wird nun an diesen Rand kopiert.

10. Geben Sie nun in beide Faltkarten den gewünschten Text ein.

---

2. Eine Übersicht über die verschiedenen Papierformate inkl. deren Maße finden Sie u.a. in Wikipedia unter der Internet-Adresse *http://de.wikipedia.org/wiki/Papierformat*.

11. Klicken Sie nun in das erste Textfeld und klicken im Register START im Abschnitt AB-SATZ auf die Schaltfläche ZENTRIERT. Klicken Sie nun im Register FORMAT in der Gruppe TEXT so lange auf die Schaltfläche TEXTAUSRICHTUNG, bis der Text zum Kartenboden zeigt. Wiederholen Sie diese Schritte anschließend beim zweiten Textfeld.

12. Formatieren Sie die beiden Textfelder nun wie gewünscht, d.h., wählen Sie den passenden Rahmen, den passenden 3D-Effekt und die passende Farbe aus.

Das Textfeld hat gegenüber einer Tabelle den großen Vorteil, dass Sie dieses mit fast beliebigen 3D-Effekten versehen können. Der einzige Nachteil ist, dass Sie hier die Karte im Querformat erstellen müssen, da in einem Textfeld der Text nicht auf dem Kopf, sondern nur waagerecht und senkrecht stehen kann.

Alternativ können Sie den Text evtl. mit WordArt erstellen. In diesem Fall müssen Sie den Text einmal um 90° und einmal um 240° drehen.

Sie haben hier lediglich den Nachteil, dass Sie zwar den Text fast beliebig formatieren können, nicht aber einen Rahmen um den Text. Dies funktioniert nur, wenn Sie beide Techniken miteinander kombinieren:

1. Erstellen Sie wie oben beschrieben die Faltkarte mit den Textfeldern.

2. Erstellen Sie den WordArt-Text auf einem separaten Blatt und drehen diesen um 90°.

3. Kopieren Sie nun den WordArt-Text und fügen diesen im ersten Textfeld ein.

4. Markieren Sie den separaten Text und drehen diesen nochmals um 270°.

5. Kopieren Sie nun den WordArt-Text und fügen diesen in das zweite Textfeld ein.

Fertig!

KAPITEL 6

Grafiken, Wasser-
zeichen, Hintergründe

Ein Buch über die Gestaltung von Dokumentvorlagen und Formularen wäre unvollständig, wenn die Möglichkeiten, mit Grafiken, Wasserzeichen und Hintergründen zu arbeiten, nicht ebenfalls ausgeleuchtet würden. Allerdings können wir diese Themen nur anreißen, da eine ausführliche Behandlung den Rahmen dieses Buches sprengen würde.

6.1 Grafiken

6.1.1 Grafik speichern

Eine Grafik fügen Sie in das Formular ein, indem Sie im Register EINFÜGEN in der Gruppe ILLUSTRATIONEN das Icon GRAFIK anklicken (Shortcut: $\boxed{\text{Alt}}$, $\boxed{\text{I}}$, $\boxed{\text{F}}$). Wählen Sie im folgenden Dialog die gewünschte Grafik aus, und klicken Sie auf EINFÜGEN. Nun wird die Grafik im Dokument selber gespeichert:

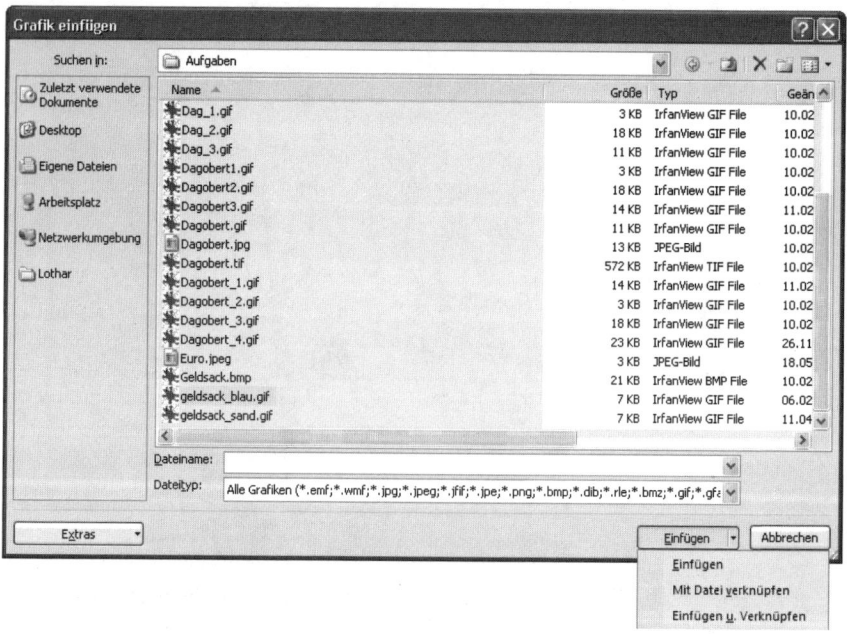

Abbildung 6.1: Einfügen einer Grafik

Hinweis

Die Varianten MIT DATEI VERKNÜPFEN und EINFÜGEN UND VERKNÜPFEN sind im Zusammenhang mit Formularen aus folgenden Gründen nicht sinnvoll:

1. Wappen und Logos können mit den heutigen speichersparenden Grafikformaten und Komprimierungsmöglichkeiten auf maximal 20–30 KB reduziert werden, d.h., die Dokumente benötigen trotz Wappen nicht wesentlich mehr (Speicher-)Platz.

2. Sie werden (zumindest in Bezug auf das Wappen) in der Firma von Pfaden, Netzwerkberechtigungen etc. unabhängig, da alle benötigten Informationen in der Dokumentvorlage (und damit automatisch auch in dem späteren Dokument) gespeichert werden – eine wesentliche Erleichterung für jeden Systembetreuer!

3. Das Wappen/Logo ist selbst nach dem Versand des Word-Dokuments per E-Mail beim Empfänger noch sichtbar.

6.1.2 Platzbedarf der Grafik

Ein großes Problem bei Formularen wie Briefköpfen ist die Größe des Wappens. Hintergrund: Wenn Sie in jedem Dokument jeweils Grafiken von 300–400 KB speichern, bläht sich logischerweise auch das Dokument entsprechend auf. Werden nun viele Schreiben gespeichert, wird entsprechend viel Platz benötigt.

Das neue Word-Format reduziert dieses Problem zwar bereits dadurch, dass die Word-Dokumente eigentlich mit Zip komprimierte Archive sind. Trotzdem sollten Sie bereits beim Einscannen und Speichern des Wappens auf die Dateigröße achten: Je genauer der Scan-Vorgang ist, desto größer wird auch die Grafikdatei. Verwenden Sie daher lediglich die Auflösung, die Sie später auch benötigen, dann können die Wappen und Logos auf eine Größe von 20–40 KB reduziert werden.

Tipp

Darüber hinaus können Sie das Wappen auch noch nachträglich in Word komprimieren. Klicken Sie hierzu das Wappen an und wählen im Register FORMAT in der Gruppe ANPASSEN den Befehl BILDER KOMPRIMIEREN. Hier können Sie nun den gewünschten Komprimierungsgrad auswählen.

6.1.3 Grafik bearbeiten in Microsoft Office

Wünschen Sie Spezialeffekte für Ihr Wappen, z.B. einen durchsichtigen Hintergrund, können Sie das Wappen anschließend mit einem Grafikprogramm wie **Microsoft Digital Image Pro** von Microsoft oder **Photoshop** von Adobe nachbearbeiten. U.U. genügt aber auch bereits das Programm **Microsoft Office Picture Manager** aus dem Lieferumfang von Microsoft Office.

Das Programm **Photo Editor** von Microsoft Office wurde in Office 2007 durch **Microsoft Office Picture Manager** ersetzt, wobei dieses Programm eher der Verwaltung als der Bearbeitung von Bildern dient. Falls Sie Microsoft Office 2007 als Update von Office 2003 installiert haben, können Sie **Photo Editor** erneut installieren:

1. Legen Sie die Installations-CD von Microsoft Office XP oder Microsoft Office 2003 in das CD -Laufwerk des Computers ein.

2. Sofern das Setup-Programm der CD nicht automatisch startet, wechseln Sie in den Explorer, und doppelklicken Sie die Datei „Setup.exe".

3. Folgen Sie nun den einzelnen Schritten des Setup-Vorgangs, und wählen Sie als auszuführenden Setup-Typ ANPASSEN aus.

4. Wenn Sie beim Schritt FEATURES AUSWÄHLEN angelangt sind, legen Sie für jeden Knoten der Setup-Struktur NICHT VERFÜGBAR fest.

5. Erweitern Sie OFFICE TOOLS unter ZU INSTALLIERENDE FEATURES, und klicken Sie auf MICROSOFT PHOTO EDITOR.

6. Wählen Sie nun die Option VOM ARBEITSPLATZ STARTEN aus, und klicken Sie auf JETZT INSTALLIEREN. Nun wird die Installation durchgeführt und mit der Meldung OK abgeschlossen.

Obwohl der Picture Manager nicht den Funktionsumfang von Photo Editor hat, verfügt er dennoch über etliche Bildbearbeitungsmöglichkeiten.

Abbildung 6.2: Das Programm Microsoft Office Picture Manager

Die jeweiligen Tools finden Sie im Aufgabenbereich „Bilder bearbeiten" am rechten Bildrand. Sie haben hier folgende Möglichkeiten:

Bildbearbeitungstool	Erläuterung
Helligkeit und Kontrast	Hiermit können Sie Bilder korrigieren, die zu hell oder zu dunkel angezeigt werden.
Farbe	Hiermit können Sie den Farbton und die Sättigung von Bildern anpassen, um zu helle oder matte Farben zu korrigieren.
Zuschneiden	Dieses Tool ermöglicht Ihnen das Zuschneiden der vertikalen oder horizontalen Ränder eines Objekts. Sie können damit unerwünschte Bildteile entfernen.

Bildbearbeitungstool	Erläuterung
Drehen und spiegeln	Ermöglicht es Ihnen, Bilder zu drehen oder sie an ihrer jeweiligen Achse zu spiegeln. Mit diesem Feature können Sie Bilder korrigieren, die seitwärts gekippt wurden und nun auf Hochformat eingestellt werden sollen.
Rote-Augen-Effekt entfernen	Mit diesem Tool können Sie die Rotfärbung, die durch die Verwendung des Blitzes verursacht wurde, aus den Augen der Bildobjekte entfernen.
Größe ändern	Ermöglicht es Ihnen, die Abmessungen eines Bilds zu ändern. Mit diesem Feature können Sie ein Bild zum Drucken vergrößern oder es für den E-Mail-Versand oder die Freigabe im Internet verkleinern.

Abbildung 6.3: Die Bildbearbeitungstools des Microsoft Office Picture Managers

Wie bereits gesagt, ist der Funktionsumfang geringer als der von Photo Editor aus Office XP bzw. Office 2003. Die folgenden Möglichkeiten stehen im Microsoft Office Picture Manager nicht mehr zur Verfügung:

Bildbearbeitungstool	Erläuterung
Effekte	Scharfzeichnen, Weichzeichnen, Negativ, Verfeinern, Plakateffekt, Kontur, Kreide und Zeichenkohle, Relief, Zeichenstift, Briefpapier, Wasserfarbe, Buntglas, Stempel, Strukturgeber
Tools	Verwischen, Scharfzeichnen, Transparente Farbe bestimmen
Bilderfassung	Sie können über einen Scanner oder eine Kamera kein neues Bild erstellen. (Bei Microsoft Windows XP ist die Funktion zum Erstellen eines neuen Bilds über einen Scanner und eine Kamera in Microsoft Windows Explorer integriert.)
Bild	In Picture Manager 2003 stehen weniger Optionen für Farbkorrekturen zur Verfügung als in Photo Editor. Insbesondere bietet Picture Manager keine Gammaanpassung, und Sie können Korrekturen nicht nur auf eine der drei Farbkomponenten, Rot, Grün und Blau (RGB), anwenden.
Eigenschaften	In Picture Manager 2003 können Sie nicht explizit den DPI-Wert (Dots Per Inch) für die Bildauflösung oder die Farbtiefe von Bildern angeben.

Abbildung 6.4: Von Picture Manager nicht unterstützte Photo Editor-Bearbeitungsfeatures

---

Tipp

Der wichtigste Bildeffekt für Formulare ist sicherlich der, eine transparente Farbe zu bestimmen. Wollen Sie einen Bildteil transparent haben, gehen Sie wie folgt vor:

1. Installieren Sie Photo Editor von der Installations-CD von Office XP bzw. Office 2003 nach.

2. Laden Sie das Bild in den Photo Editor, klicken Sie auf die Schaltfläche TRANSPARENTE FARBE BESTIMMEN und anschließend auf den gewünschten Bildteil. Danach erscheint der Dialog FARBE NACH TRANSPARENZ ÄNDERN. Ziehen Sie nun den Regler FARBGLEICHHEIT ganz nach rechts, dann erfassen Sie alle Farbnuancen.

3. Speichern Sie das Bild nun im GIF-, JPG- oder TIF-Format.

6.1.4 Grafik bearbeiten in Microsoft Word

Obwohl Word kein Bildbearbeitungsprogramm im eigentlichen Sinn des Wortes ist, stellt es Ihnen dennoch etliche leistungsfähige Möglichkeiten zur Verfügung. Sobald Sie die zu bearbeitende Grafik auswählen, finden Sie die benötigten Befehle im Register FORMAT.

Abbildung 6.5: Das Register Format bei der Bearbeitung von Grafiken

Bild komprimieren

Wie oben bereits erwähnt, sollten die Wappen und Logos in den Formularen möglichst klein sein. Sie haben daher in Word die Möglichkeit, die Grafiken nochmals zu komprimieren. Sie müssen hierzu lediglich die gewünschte Grafik auswählen. Wechseln Sie nun im Register FORMAT in die Gruppe ANPASSEN und klicken hier auf den Befehl BILDER KOMPRIMIEREN) (Shortcut $\boxed{Alt}$, $\boxed{J}$, $\boxed{V}$, $\boxed{M}$).

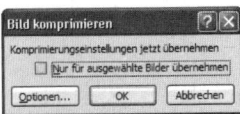

Abbildung 6.6: Bilder komprimieren

Sobald Sie auf die Schaltfläche Optionen klicken, können Sie die Komprimierung noch feiner steuern:

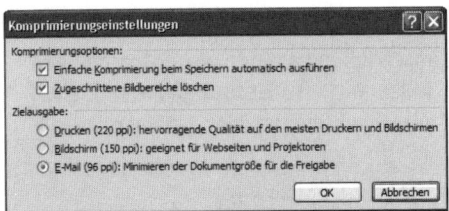

Abbildung 6.7: Bilder komprimieren

Helligkeit, Kontrast und Farben

Wollen Sie die Helligkeit der Grafik ändern, markieren Sie zunächst die Grafik und klicken danach im Register Format in der Gruppe Anpassen auf das Drop-down-Feld Helligkeit (Shortcut [Alt], [J], [V], [M]). Wählen Sie aus dem Drop-down-Feld den passenden Wert, oder klicken Sie auf Optionen für Bildkorrekturen, um einen individuellen Wert auszuwählen:

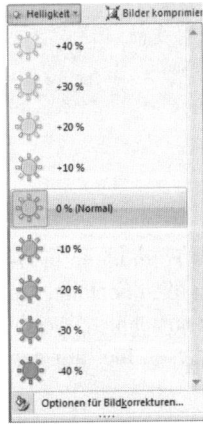

Abbildung 6.8: Ändern der Bildhelligkeit

Auf ähnliche Weise können Sie auch den Kontrast der Grafik ändern: Markieren Sie zunächst die Grafik und klicken danach im Register FORMAT in der Gruppe ANPASSEN auf das Drop-down-Feld KONTRAST (Shortcut $\boxed{\text{Alt}}$, $\boxed{\text{J}}$, $\boxed{\text{V}}$, $\boxed{\text{R}}$). Wählen Sie aus dem Drop-down-Feld den passenden Wert, oder klicken Sie auf OPTIONEN FÜR BILD-KORREKTUREN, um einen individuellen Wert auszuwählen:

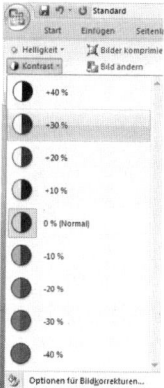

Abbildung 6.9: Auswahl des passenden Kontrasts

Am interessantesten ist aber sicherlich das Drop-down-Feld NEU EINFÄRBEN in der Gruppe ANPASSEN (Shortcut $\boxed{\text{Alt}}$, $\boxed{\text{J}}$, $\boxed{\text{V}}$, $\boxed{\text{E}}$).

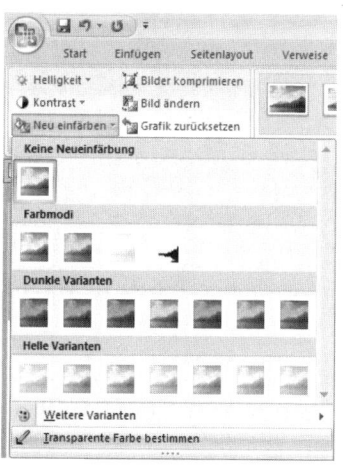

Abbildung 6.10: Neueinfärben bzw. Bestimmen einer transparenten Farbe

■ Zum einen haben Sie hier die Möglichkeit, die Grafik mit einer beliebigen Farbe einzufärben, und

■ Sie haben die Möglichkeit, eine transparente Farbe zu wählen.

Tipp

Wollen Sie die Änderungen an einer Grafik zurücksetzen, markieren Sie die Grafik und wählen im Register FORMAT im Abschnitt ANPASSEN den Befehl GRAFIK ZURÜCKSETZEN (Shortcut [Alt], [J], [V], [U]).

Transparente Farbe bestimmen

Um eine transparente Farbe festzulegen, markieren Sie die gewünschte Grafik, klicken im Drop-down-Feld NEU EINFÄRBEN auf TRANSPARENTE FARBE BESTIMMEN und klicken mit der Maus auf eine Stelle in der Grafik, die mit der auszublendenden Farbe formatiert ist (Shortcut [Alt], [J], [V], [E], [T]).

Die Bildformatvorlagen

Neben den einzelnen Formatierungsmöglichkeiten bietet Word ab Office 2007 noch die Bildformatvorlagen an. Diese ermöglichen es Ihnen, mit einem Mausklick einer Grafik eine vollständige Kombination an Formatierungsmerkmalen zuzuweisen:

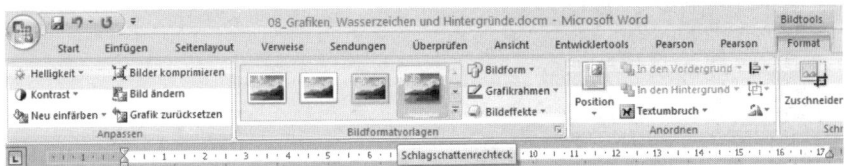

Abbildung 6.11: Aufruf der Bildformatvorlagen

Die Bildformatvorlagen sind wie die Schnellformatvorlagen in einer Palette aufgelistet:

1. Markieren Sie die anzupassende Grafik.

2. Wählen Sie im Register FORMAT im Abschnitt BILDFORMATVORLAGEN in der gleichnamigen Palette den gewünschten Effekt aus (Shortcut [Alt], [J], [V], [V]):

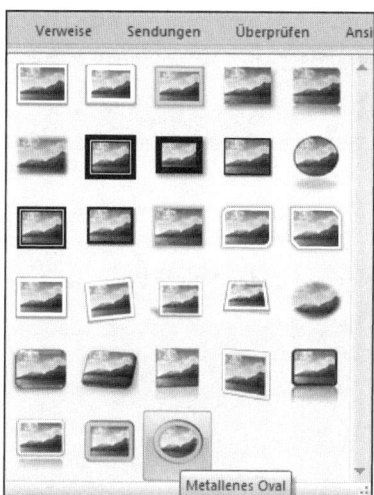

Abbildung 6.12: Die Palette der Bildformatvorlagen

Die Grafik wird nun wie in der Vorschau dargestellt angepasst, d.h. mit Schatten-, Leucht- und 3D-Effekten versehen:

Abbildung 6.13: Die Bildformatvorlage „abgeschrägte Perspektive" auf ein ClipArt angewandt

Selbstverständlich können Sie nach dieser Vorauswahl auch noch weitere Grafik-effekte anwenden, um das gewünschte Aussehen zu erzielen, und Sie können diesen Vorgang natürlich wieder rückgängig machen:

1. Markieren Sie die Grafik.

2. Wählen Sie im Register FORMAT in der Gruppe ANPASSEN den Befehl GRAFIK ZURÜCK-SETZEN (Shortcut: Alt, J, V, U).

Über die Drop-down-Felder BILDFORM, GRAFIKRAHMEN und BILDEFFEKTE können Sie gezielt auch einzelne Effekte wunschgemäß abändern.

Die Bildform

Sie können die Grafik mit den Autoformen kombinieren und auf diese Weise weitere, komplett neue Effekte erzielen:

Abbildung 6.14: Die Bildformatvorlage „abgeschrägte Perspektive" kombiniert mit der Standardform „Gleichschenkliges Dreieck"

1. Markieren Sie die anzupassende Grafik.

2. Wechseln Sie im Register FORMAT in den Abschnitt BILDFORMATVORLAGEN.

3. Klicken Sie hier auf die Schaltfläche BILDFORM, und wählen Sie die gewünschte Form aus.

Bildeffekte

Auf die gleiche Weise können Sie auch die unterschiedlichsten Bildeffekte auf Ihre Grafik anwenden. Der folgende Screenshot soll Ihnen einen Eindruck vermitteln, welche enormen Möglichkeiten Word Ihnen mit diesem Werkzeug bietet. Probieren Sie einfach einmal ein paar Varianten aus!

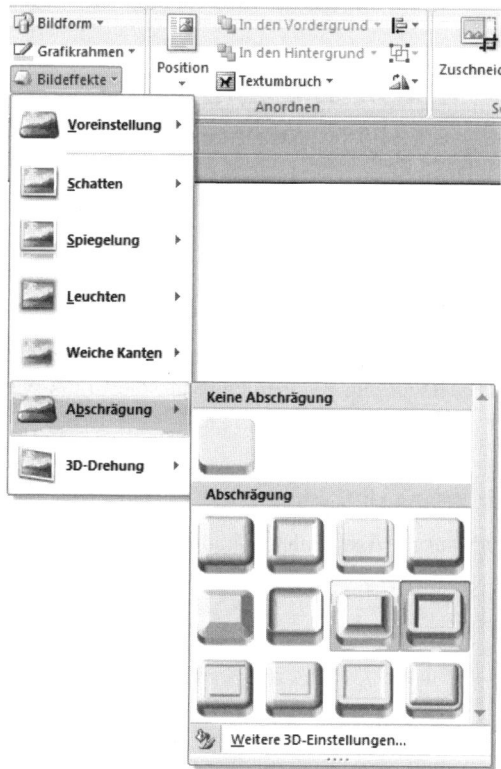

Abbildung 6.15: Ein paar mögliche Bildeffekte ...

Ausrichtung des Textes in Bezug auf die Grafik festlegen

Manchmal ist es gewünscht, dass der Text an den Konturen des Hauptmotivs entlangläuft. Word 2007 bietet hierzu gleich zwei unterschiedliche Möglichkeiten an:

- Bestimmen der durchsichtigen Farbe und
- Anpassen der Rahmenpunkte

Die erste Variante:

1. Markieren Sie die anzupassende Grafik.

2. Versehen Sie diese mit dem Textumbruch passend, indem Sie im Register FORMAT im Abschnitt ANORDNEN im Drop-down-Feld TEXTUMBRUCH den Eintrag PASSEND auswählen (Shortcut: Alt, J, V, T, M, P).

3. Wählen Sie nun die gewünschte transparente Farbe, indem Sie im Register FORMAT im Abschnitt ANPASSEN im Drop-down-Feld NEU EINFÄRBEN den Befehl TRANSPARENTE FARBE BESTIMMEN auswählen (Shortcut: Alt, J, V, E, T) und mit der Maus auf eine Stelle mit der auszuwählenden Farbe klicken.

Nun sollte sich der Text bereits teilweise an die Grafik anschmiegen. Sollte der Effekt noch nicht ausreichen, können Sie zusätzlich die Rahmenlinien um die Grafik wie von Ihnen gewünscht zurechtbiegen:

1. Klicken Sie mit der rechten Maustaste auf die Grafik, und wählen Sie im Kontextmenü den Befehl TEXTUMBRUCH|RAHMENPUNKTE BEARBEITEN.

2. Anschließend können Sie mit der Maus die Rahmenlinien in die gewünschte Form bringen.

Abbildung 6.16: Eine Grafik mit umfließendem Text

Der Test fließt nun entsprechend der von Ihnen gewählten Form um die Grafik.

Grafik zurechtschneiden

Es kann sein, dass die Ränder der Grafik nicht Ihren Vorstellungen entsprechen, weil diese zu groß ausfallen. In diesem Fall müssen Sie die Grafik nicht mit einem Grafikprogramm nachbearbeiten, sondern Sie können die Grafik bereits in Word zurechtschneiden:

1. Klicken Sie die Grafik mit der rechten Maustaste an.

2. Wählen Sie aus dem Kontextmenü den Befehl GRÖSSE...

3. Im unteren Viertel dieses Dialogs finden Sie den Abschnitt ZUSCHNEIDEN, in dem Sie für die vier Ränder jeweils millimetergenau angeben können, um wie viel der Rand kleiner werden soll.

Abbildung 6.17: Zurechtschneiden einer Grafik im Dialog GRÖSSE

Sie können dies aber auch per Maus durchführen:

1. Markieren Sie die Grafik. In der Multifunktionsleiste erscheint nun das Register BILDTOOLS mit dem Abschnitt FORMAT und der Schaltfläche ZUSCHNEIDEN.

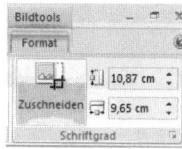

Abbildung 6.18: Zuschneiden von Grafiken

2. Sobald Sie auf die Schaltfläche ZUSCHNEIDEN klicken, erhält die Grafik an den Seitenrändern jeweils einen dicken „Anfasser", mit dem Sie per Maus den Rand entsprechend verschieben können.

Grafikeffekte zurücksetzen

Bei den vielen Möglichkeiten kann es schon vorkommen, dass die angepasste Grafik überhaupt nicht den eigenen Vorstellungen entspricht und man gerne noch einmal von vorne anfangen möchte. Microsoft bietet hierzu die Möglichkeit, alle Änderungen an der Grafik zurückzusetzen:

1. Markieren Sie die zurückzusetzende Grafik.

2. Wechseln Sie im Register FORMAT in den Abschnitt ANPASSEN, und klicken Sie auf GRAFIK ZURÜCKSETZEN (Shortcut Alt, J, V, U).

Die Grafikeffekte werden nun allesamt entfernt, und Sie erhalten die Grafik wieder im Ursprungszustand.

6.2 Formen

Ein anderes wichtiges Gestaltungsmittel in Word sind die Formen. Sie finden diese im Register EINFÜGEN im Abschnitt ILLUSTRATIONEN unter FORMEN (Shortcut Alt, I, B). Sobald Sie auf diese Schaltfläche klicken, öffnet sich die Palette mit den verschiedenen Formen. Sie müssen nun lediglich die gewünschte Form auswählen und mit der Maus in Ihrem Formular aufziehen:

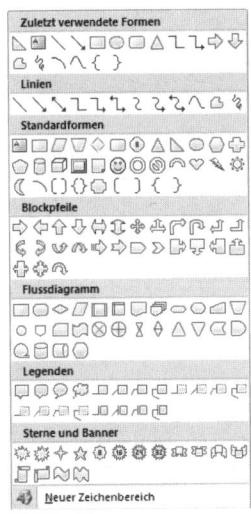

Abbildung 6.19: Die Formenpalette

Zunächst einmal haben Sie die Möglichkeit, die Formen – wie jedes andere grafische Element auch – entweder in der Textebene oder frei vor oder hinter den Text zu positionieren. Sie müssen hierzu lediglich die gewünschte Form mit der rechten Maustaste anklicken und dann im Kontextmenü den Befehl AUTOFORM FORMATIEREN… auswählen. In der Registerkarte LAYOUT können Sie die entsprechende Umbruchsart und Position festlegen.

Sie können jeder Form auch einen Text zufügen, indem Sie die Form mit der rechten Maustaste anklicken und im Kontextmenü den Befehl TEXT HINZUFÜGEN wählen:

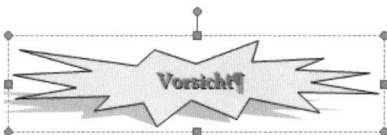

Abbildung 6.20: Eine Form mit hinzugefügtem Text

Es muss sicherlich nicht weiter betont werden, dass Sie den hinzugefügten Text wieder beliebig formatieren können, diesen also linksbündig, rechtsbündig oder zentriert ausrichten können, beliebige Schriftarten oder Schriftgrößen zuweisen können etc. …

Die Form selber kann mithilfe der blauen Anfasser in der Größe, mithilfe des gelben Anfassers auch in der Form verändert werden:

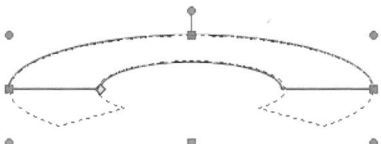

Abbildung 6.21: Anpassen von Größe und Form einer Word-Form (hier: Halbbogen)

Klicken Sie die Form mit der rechten Maustaste an und wählen dann im Kontextmenü den Befehl AUTOFORM FORMATIEREN. Nun können Sie neben der Größe, der Position und der Ausrichtung auch Farbe und Art des Rahmens wählen und für die Form selber verschiedene Füllfarben, Fülleffekte und auch den Grad der Transparenz der Füllfarbe:

301

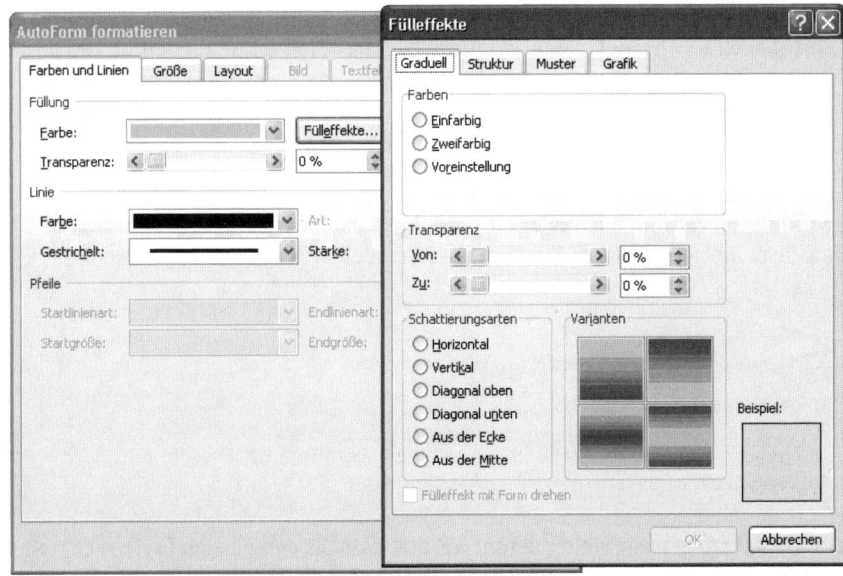

Abbildung 6.22: Farbe, Transparenz und Fülleffekt einer Form festlegen

Damit beginnt das Abenteuer aber erst. Wie die übrigen Grafikelemente können Sie die Form nun anklicken und haben dann im Register FORMAT die Möglichkeit, Schatteneffekte, 3D-Effekte, Farben etc. hinzuzufügen:

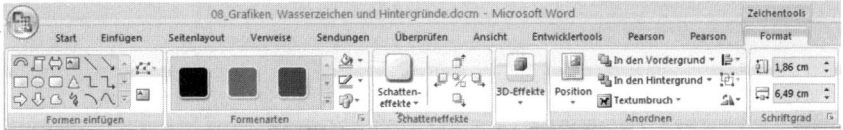

Abbildung 6.23: Grafikelemente der Formen

Wenn Sie verschiedene Effekte kombinieren, kann z.B. aus dem soeben eingefügten Halbbogen die folgende Grafik entstehen:

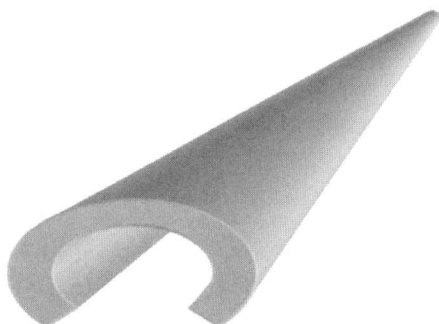

Abbildung 6.24: Schatten, 3D-Effekt, Farbe und Beleuchtungseffekt auf den Halbbogen angewandt

Eine weitere, pfiffige Möglichkeit ist, mehrere Formen miteinander zu gruppieren (kombinieren):

1. Fügen Sie die gewünschten Formen ein.

2. Drücken Sie die ⌐Strg⌐-Taste, halten diese gedrückt und markieren mit der Maus die zu gruppierenden Formen.

3. Drücken Sie nun die linke Maustaste und wählen im Kontextmenü den Befehl GRUPPIERUNG|GRUPPIERUNG.

Ab sofort reagieren die gruppierten Formen wie eine einzige Form, d.h., alle bereits genannten Grafikeffekte können auf diese wieder angewandt werden:

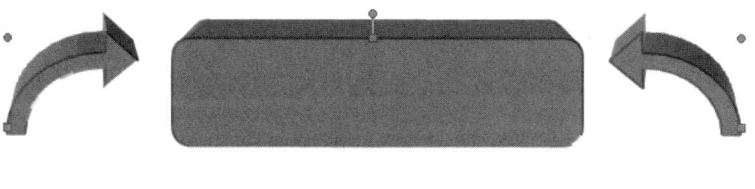

Abbildung 6.25: Drei gruppierte Formen

> **Hinweis**
>
> Das einzige Problem hierbei ist, dass Sie gruppierten Grafiken keinen Text mehr hinzufügen können. Falls dies gewünscht ist, muss der Text der entsprechenden Form vor dem Gruppieren zugewiesen werden.

Der folgende Briefkopf wurde mit verschiedenen Formen gestaltet. Grundlage ist die Form „Rechteck", die aber mit verschiedenen Größen, Farben und Farbverläufen kombiniert wurde:

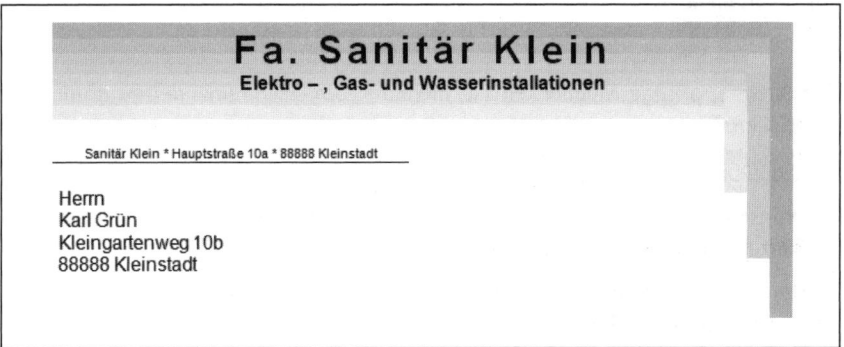

Abbildung 6.26: Ein mit verschiedenen Formen gestalteter Briefkopf

6.3 WordArt

6.3.1 Erstellen eines WordArt-Objekts

WordArt ist eine Mischung aus Text und Grafikelementen. Dies ermöglicht es Ihnen, dekorative Effekte, wie schattierten oder gespiegelten (reflektierten) Text, zu erstellen. WordArt-Elemente fügen Sie ein, indem Sie im Register EINFÜGEN im Abschnitt TEXT auf das Drop-down-Feld WORDART klicken (Shortcut: Alt, I, W).

Abbildung 6.27: Die WordArt-Palette

Aus der sich nun öffnenden Palette müssen Sie dasjenige Element auswählen, das Ihren Wünschen am nächsten kommt. Nun öffnet sich ein Dialog, in dem Sie den gewünschten Text eintragen können. Hierzu müssen Sie lediglich den Beispieltext „Ihr Text" überschreiben. Wählen Sie auch die gewünschte Schriftgröße aus:

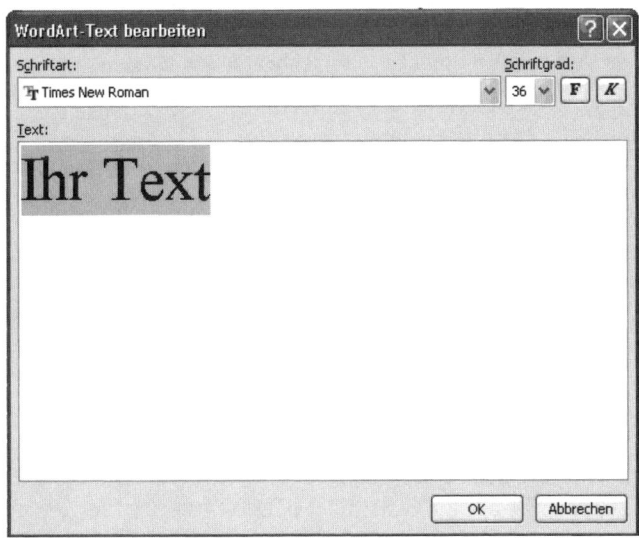

Abbildung 6.28: Eingeben des Textes in das WordArt-Objekt

Sobald Sie diesen Dialog mit OK bestätigen, fügt Word das neue Objekt Ihrem Text hinzu:

Abbildung 6.29: Das soeben eingefügte WordArt-Objekt

Gleichzeitig wird ein Register WORDART-TOOLS mit dem Register FORMAT angelegt, das die weiteren Bearbeitungswerkzeuge für das WordArt-Objekt enthält:

Abbildung 6.30: Das Register Format

6.3.2 Ändern und Anpassen von WordArt-Objekten

Das WordArt-Objekt wird in den meisten Fällen noch nicht ganz Ihren Erwartungen entsprechen, und Sie werden es aus diesem Grund nachbearbeiten müssen.

Text ändern

Sollten Sie den Text ändern müssen, steht Ihnen der Abschnitt TEXT zur Verfügung:

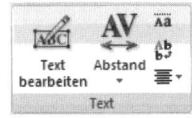

Abbildung 6.31: Ändern des Textes

Sie haben hierzu die folgenden Möglichkeiten:

Um den Textinhalt, die Schriftart, den Schriftgrad zu ändern oder den Text fett bzw. kursiv zu formatieren, klicken Sie auf die Schaltfläche TEXT BEARBEITEN. Dies öffnet Ihnen wieder den Dialog WORDART-TEXT BEARBEITEN.

Um den Abstand der einzelnen Zeichen zueinander zu ändern, klicken Sie auf das Drop-down-Feld ABSTAND. Hier stehen Ihnen die Einstellungen „Sehr eng", „Eng", „Normal", „Weit" und „Sehr weit" zur Verfügung (dies entspricht bei normalem Text der Einstellung Zeichenabstand). Zusätzlich besteht noch die Möglichkeit, die Option ZEICHENPAAREKERNING zu aktivieren bzw. zu deaktivieren.

Das Online-Lexikon Wikipedia schreibt hierzu: Unterschneidung (im Englischen und in vielen Anwendungen Kerning) ist ein Fachbegriff aus der Typografie und bezeichnet dort den Vorgang, den horizontalen Abstand (den Weißraum) zwischen mehreren Buchstaben (Standarddicke) mit dem Ziel des ästhetischen Gewinns durch optischen Ausgleich so zu verringern, dass er gleichmäßig erscheint.

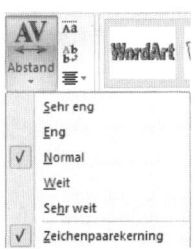

Abbildung 6.32: Das Drop-down-Feld ABSTAND

Die Schaltfläche GLEICHE HÖHE bewirkt, dass alle Buchstaben im Text, egal ob diese groß- oder kleingeschrieben sind, gleich hoch gedruckt werden. Im Gegensatz dazu bewirkt die Schaltfläche WORDART als vertikaler Text, dass der Text um 90° gedreht wird. Das Drop-down-Feld TEXT AUSRICHTEN ermöglicht Ihnen wiederum, den Text ggf. linksbündig oder rechtsbündig auszurichten:

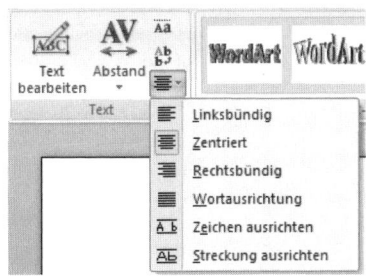

Abbildung 6.33: WordArt-Text ausrichten

Die Gruppe WORDART-FORMATE ermöglicht es Ihnen zunächst, ein anderes WordArt-Layout zu wählen und verschiedene Farbeffekte zu kombinieren. Mithilfe des Drop-down-Feldes FÜLLEFFEKT können Sie die Füllfarben für die Buchstaben, Farbverläufe und vieles andere mehr festlegen:

Abbildung 6.34: Die Designfarben für WordArt

Das Drop-down-Feld FORMKONTUR funktioniert ähnlich, nur können Sie hier die Rahmenlinien und Konturen der Buchstaben beeinflussen.

Interessant ist noch das Drop-down-Feld WORDART-FORM ÄNDERN. Dies ermöglicht es Ihnen, die Art, wie der Text dargestellt wird, zu ändern: Sie können z.B. festlegen, dass der Text in Wellen verläuft, dachartig zugespitzt oder kreisförmig gebogen dargestellt wird:

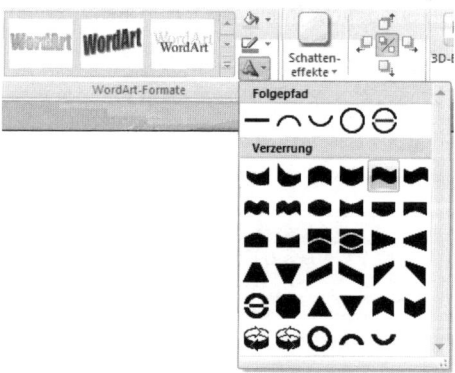

Abbildung 6.35: Das Drop-down-Feld WORDART-FORM ÄNDERN

Die Schatteneffekte können Sie mit den beiden Schaltflächen in der Gruppe SCHAT-TENEFFEKTE festlegen und beeinflussen. Die Schaltfläche SCHATTENEFFEKTE bietet Ihnen in einer Palette die Möglichkeit, den Schatten komplett auszuschalten oder zwischen verschiedenen Perspektiven zu wählen:

Abbildung 6.36: Ändern des Schatteneffekts von WordArt

Ein Klick auf die Schaltfläche FARBE ermöglicht es, die Farbe und die Intensität des Schattens festzulegen:

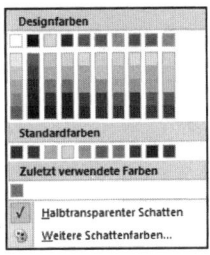

Abbildung 6.37: Festlegen von Farbe und Intensität des Schattens

Sie haben aber auch die Möglichkeit, die Ausrichtung des Schattens zu verändern. Das Feld PRÄZISIONSAUSRICHTUNG DES SCHATTENS ermöglicht es Ihnen, den Schatten je nach gewünschtem Effekt schrittweise nach rechts, links, oben oder unten zu verschieben.

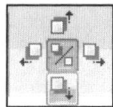

Abbildung 6.38: Die Präzisionsausrichtung des Schattens

Mithilfe der Schaltfläche 3D-EFFEKTE können Sie die bereits von den Formen her bekannten Effekte auf die WordArt-Texte anwenden. Sie können also die Schrift zu dreidimensionalen Formen gestalten, die Perspektive ändern, die Tiefe und den Beleuchtungseffekt ändern.

Mit den Symbolen in der Gruppe ANORDNEN können Sie darüber hinaus die exakte Position der WordArt-Grafik im Text festlegen.

Neben diesen offensichtlichen Möglichkeiten können Sie ein WordArt-Objekt aber auch spiegeln.

Abbildung 6.39: Ein vertikal gespiegelter WordArt-Text

Dies funktioniert mit den folgenden Schritten:

1. Markieren Sie das WordArt-Objekt, das Sie duplizieren möchten.

2. Klicken Sie im Kontextmenü auf KOPIEREN, platzieren den Cursor neben das Word-Art-Objekt und klicken dann auf EINFÜGEN.

3. Klicken Sie im Register FORMAT im Abschnitt ANORDNEN auf das Drop-down-Feld DREHEN. Klicken Sie nun je nach Bedarf auf HORIZONTAL KIPPEN oder auf VERTIKAL KIPPEN.

4. Ziehen Sie das duplizierte Objekt, um es so zu positionieren, dass es das Originalobjekt spiegelt. (Möglicherweise müssen Sie im Textumbruch die Variante VOR DEN TEXT wählen, um das Objekt genau zu platzieren.)

6.4 Wasserzeichen und Hintergrund

Bei Wasserzeichen handelt es sich um hinter dem Dokumenttext angezeigten Text bzw. Bilder, die auch zusammen mit dem Dokument ausgedruckt werden. Dies gestaltet entweder ein Dokument interessanter (Sie können z.b. das Firmenlogo als Wasserzeichen hinterlegen) oder geben den Status des Dokuments an (Sie können ein Dokument z.B. als „Entwurf" kennzeichnen).

Sie können Wasserzeichen auf zwei Arten einfügen:

1. über das Drop-down-Feld WASSERZEICHEN im Abschnitt SEITENHINTERGRUND im Register SEITENLAYOUT oder

2. manuell über die Kopf- bzw. Fußzeile.

6.4.1 Einfügen des Wasserzeichens über den Befehl Wasserzeichen

Ein Wasserzeichen fügen Sie ein, indem Sie im Register SEITENLAYOUT im Abschnitt SEITENHINTERGRUND das Drop-down-Feld WASSERZEICHEN anklicken. Hier finden Sie bereits mehrere vordefinierte Text-Wasserzeichen, die Sie einfach anklicken müssen:

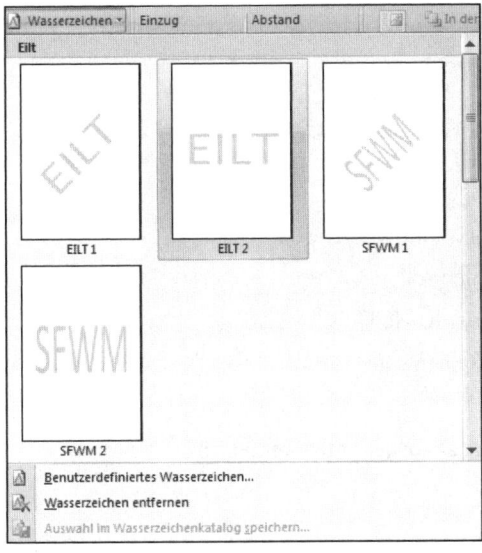

Abbildung 6.40: Die vordefinierten Text-Wasserzeichen

311

Wollen Sie diese ändern oder von vornherein ein eigenes Wasserzeichen definieren, klicken Sie auf BENUTZERDEFINIERTES WASSERZEICHEN. Anschließend gelangen Sie in den Dialog GEDRUCKTES WASSERZEICHEN. Wollen Sie ein Bild als Wasserzeichen verwenden, klicken Sie auf BILDWASSERZEICHEN und anschließend auf die Schaltfläche BILD AUS-WÄHLEN. Wählen Sie das gewünschte Bild aus, und klicken Sie dann auf EINFÜGEN. Soll das Bild „unscharf" erscheinen, aktivieren Sie einfach die Option AUSWASCHEN.

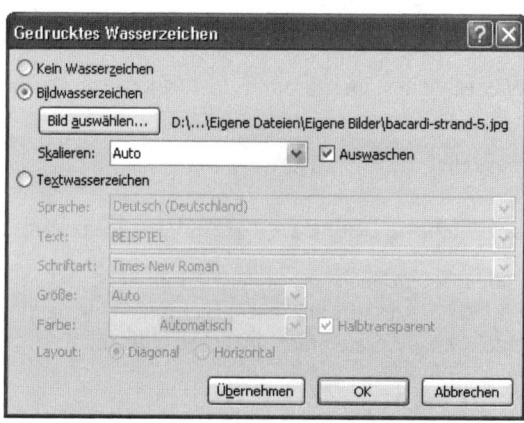

Abbildung 6.41: Eine Grafik als Wasserzeichen

Benötigen Sie dagegen einen Text als Wasserzeichen, klicken Sie auf TEXTWASSERZEI-CHEN. Wählen Sie nun den gewünschten Text aus, oder geben Sie ihn ein. Für den Text können Sie darüber hinaus noch festlegen:

- welche **Sprache** auf den Text angewandt werden soll
- welche **Schriftart** verwendet werden soll
- welche **Schriftgröße** verwendet werden soll
- ob der Text **halbtransparent** erscheinen soll
- welche **Farbe** der Text haben soll
- ob der Text **diagonal oder horizontal** ausgerichtet werden soll

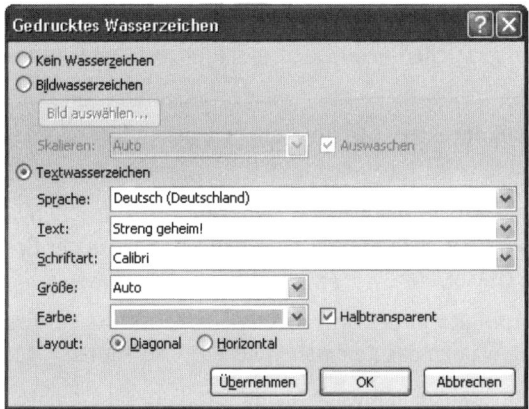

Abbildung 6.42: Der Dialog „Gedrucktes Wasserzeichen"

Word fügt nun das Text-Wasserzeichen ein, das Sie selbstverständlich später noch weiter bearbeiten können. Beeinträchtigt das Wasserzeichen die Lesbarkeit des Textes, können Sie das Objekt, das zum Erstellen des Wasserzeichens verwendet wurde, heller anzeigen. Wenn Sie ein Bild verwenden, muss hierzu im Dialogfeld GEDRUCKTES WASSERZEICHEN das Kontrollkästchen AUSWASCHEN aktiviert sein Wenn Sie mit Text arbeiten, aktivieren Sie im Dialogfeld TEXTWASSERZEICHEN das Kontrollkästchen HALB-TRANSPARENT, oder wählen Sie im Feld FARBE eine hellere Farbe aus (z.B. Hellgrau).

Tipp

Wasserzeichen, die Sie auf diese Weise einfügen, werden im ganzen Dokument angezeigt. Sie können also an dieser Stelle nicht steuern, dass dieses Wasserzeichen nur auf bestimmten Seiten oder in bestimmten Abschnitten erscheint.

6.4.2 Einfügen des Wasserzeichens über die Kopf- bzw. Fußzeile

Die folgende Variante war früher die einzige Möglichkeit, ein Wasserzeichen zu hinterlegen. Aber auch heutzutage ist sie erforderlich,

■ wenn Sie das Wasserzeichen für einen bestimmten Abschnitt benötigen oder

■ wenn Sie ein Objekt als Wasserzeichen verwenden möchten (z.B. eine Auto-Form[1]).

Wollen Sie eine Grafik z.B. (nur) auf der ersten Seite hinterlegen, gehen Sie wie folgt vor:

1. Rufen Sie im Register SEITENLAYOUT in der Gruppe SEITE EINRICHTEN den Befehl GRÖSSE auf und klicken hier auf WEITERE PAPIERFORMATE... Aktivieren Sie in der Registerkarte LAYOUT die Option GERADE/UNGERADE ANDERS.

2. Klicken Sie nun im Register EINFÜGEN in der Gruppe KOPF- UND FUSSZEILE auf das Drop-down-Feld KOPFZEILE und wählen das Kommando KOPFZEILE BEARBEITEN.

3. Fügen Sie nun die gewünschte Grafik ein. Klicken Sie die Grafik mit der rechten Maustaste an und wählen im Kontextmenü den Befehl TEXTUMBRUCH. Wählen Sie hier wiederum den Befehl VOR DEN TEXT. Verschieben Sie anschließend die Grafik an die gewünschte Stelle.

4. Klicken Sie nochmals mit der rechten Maustaste in die Grafik, und wählen Sie den Befehl GRAFIK FORMATIEREN. Sie können nun verschiedene Optionen wie Helligkeit, Kontrast etc. auswählen.

5. Schließen Sie die Kopfzeile.

Wollen Sie auf der ersten Seite anstelle einer Grafik Text als Wasserzeichen hinterlegen, benötigen Sie eine Form, um den Text zu drehen:

1. Rufen Sie im Register SEITENLAYOUT in der Gruppe SEITE EINRICHTEN den Befehl GRÖSSE auf und klicken hier auf WEITERE PAPIERFORMATE... Aktivieren Sie in der Registerkarte LAYOUT die Option GERADE/UNGERADE ANDERS.

2. Klicken Sie nun im Register EINFÜGEN in der Gruppe TEXT auf das Drop-down-Feld WORDART, und wählen Sie die passende Form aus.

3. Geben Sie den gewünschten Text ein, und ziehen Sie die gewünschte WordArt auf. Klicken Sie die WordArt-Grafik mit der rechten Maustaste an und wählen im Kontextmenü den Befehl TEXTUMBRUCH. Wählen Sie hier wiederum den Befehl VOR DEN TEXT. Verschieben Sie anschließend die Grafik an die gewünschte Stelle.

---

1. Als „AutoFormen" bezeichnet man eine Gruppe gebrauchsfertiger Formen, z.B. Grundformen wie Rechtecke und Kreise sowie verschiedene Linien und Verbindungen, Blockpfeile, Flussdiagrammsymbole, Sterne, Banner und Legenden. Diese können über die Symbolleiste ZEICHNEN aufgerufen werden.

4. Klicken Sie nochmals mit der rechten Maustaste in die Grafik, und wählen Sie den Befehl WORDART FORMATIEREN. Sie können nun verschiedene Optionen wie Helligkeit, Kontrast etc. auswählen.

5. Schließen Sie die Kopfzeile.

6.4.3 Entfernen eines Wasserzeichens

Ein Wasserzeichen, das Sie über den Befehl WASSERZEICHEN in der Gruppe SEITENHINTERGRUND im Register SEITENLAYOUT eingefügt haben, können Sie entfernen, indem Sie erneut den Befehl WASSERZEICHEN aufrufen und den Befehl WASSERZEICHEN ENTFERNEN auswählen.

Haben Sie ein Wasserzeichen in die Kopfzeile des Dokuments eingefügt (die zweite Variante), entfernen Sie dieses wie folgt:

1. Öffnen Sie die Kopfzeile, indem Sie im Register EINFÜGEN in der Gruppe KOPF- UND FUSSZEILE den Befehl KOPFZEILE BEARBEITEN anklicken.

2. Wechseln Sie in die Kopfzeile, die das Wasserzeichen enthält.

3. Löschen Sie das Wasserzeichen manuell.

4. Alternativ wählen Sie im Register EINFÜGEN in der Gruppe KOPF- UND FUSSZEILE den Befehl KOPFZEILE LÖSCHEN aus.

6.5 Schmuckrahmen

Für Glückwunsch-, Einladungs- oder ähnliche Karten werden immer wieder Schmuckrahmen benötigt. Sie können an dieser Stelle zwischen zwei verschiedenen Möglichkeiten auswählen, diese zu erstellen:

■ ClipArts

■ Seitenrandeffekte

6.5.1 ClipArts als Schmuckrahmen

Um ClipArts als Schmuckrahmen zu verwenden, gehen Sie folgendermaßen vor:

1. Klicken Sie im Register EINFÜGEN im Abschnitt ILLUSTRATIONEN auf die Schaltfläche CLIPART (Shortcut: Alt, I, 9).

2. Suchen Sie im Aufgabenbereich CLIPART nun nach „Rahmen" bzw. „Hintergrund", und wählen Sie das gewünschte ClipArt-Motiv aus.

3. Ziehen Sie das ClipArt-Motiv auf die gewünschte Größe auf.

4. Klicken Sie das ClipArt mit der rechten Maustaste an, und wählen Sie aus dem Kontextmenü den Befehl TEXTUMBRUCH|HINTER DEN TEXT.

5. Tragen Sie nun den gewünschten Text ein.

Dadurch, dass die ClipArt hinter den Text gelegt ist, können Sie relativ problemlos den Text für die Karte eingeben. Allerdings ist es nicht ganz einfach, nachträglich das ClipArt-Motiv zu verändern, da Sie es schwer markieren können.

Es gibt aber noch eine weitere Möglichkeit, einen Schmuckrahmen zu erstellen:

1. Wechseln Sie im Register SEITENLAYOUT in die Gruppe SEITENHINTERGRUND und klicken hier auf SEITENRÄNDER.

2. Wechseln Sie in dem sich nun öffnenden Dialog RAHMEN UND SCHATTIERUNG auf die Registerkarte SEITENRAND.

3. Wählen Sie im Drop-down-Feld EFFEKTE das gewünschte Schmuckrahmensymbol, legen Sie im Feld BREITE die Breite des Schmuckrahmens und im Feld FARBE die Farbe des Schmuckrahmens fest.

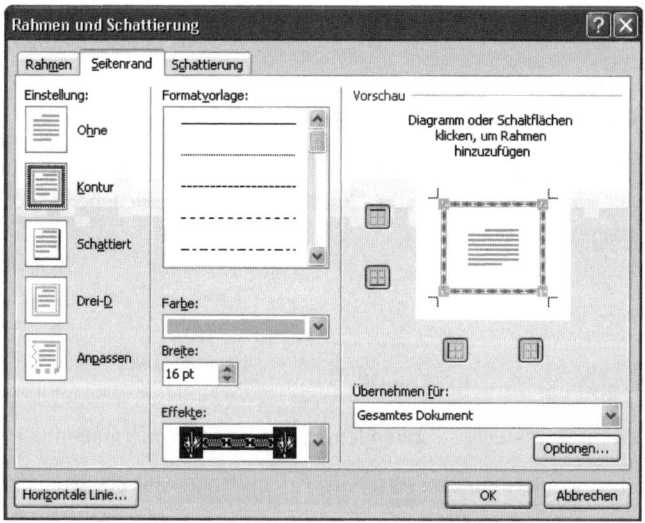

Abbildung 6.43: Festlegen des Symbols, der Farbe und der Breite des Schmuckrahmens

4. Klicken Sie auf die Schaltfläche OPTIONEN, und legen Sie hier noch den Abstand des Rahmens vom Seitenrand fest.

5. Schließen Sie die Dialoge mit OK, um Ihre Einstellungen zu übernehmen.

Der Schmuckrahmen wird nun wie gewünscht in das Dokument eingefügt und befindet sich dort im Hintergrund. Da er kein Bestandteil des Textes ist, stört er die weitere Gestaltung der Karte nicht:

Abbildung 6.44: Ein Dokument mit einem Schmuckrahmen

Hinweis

Das Einrichten des Schmuckrahmens fällt leichter, wenn Sie in den WORD-OPTIONEN im Abschnitt ERWEITERT unter DOKUMENTINHALT ANZEIGEN die Option TEXTBEGRENZUNGEN ANZEIGEN aktivieren. Sie können nun anhand der grauen Linien den Abstand zum folgenden Text oder zu anderen Elementen exakt prüfen und gegebenenfalls korrigieren.

6.5.2 Hintergründe

Hintergründe werden in der Weblayoutansicht, Seitenansicht oder in einem Webbrowser angezeigt und dienen eigentlich dazu, den Hintergrund für die Online-Anzeige (d.h. beim Schreiben in Word) interessanter zu gestalten. Mit Word 2007 können Sie den Hintergrund aber auch ausdrucken, sodass dieser als zusätzliches Gestaltungselement auch für gedruckte Formulare interessant wird:

1. Klicken Sie auf die OFFICE-SCHALTFLÄCHE, und wählen Sie hier den Befehl DRUCKEN aus.

2. Klicken Sie im Druckdialog nun auf OPTIONEN, und aktivieren Sie das Kontrollkästchen HINTERGRUNDFARBEN UND -BILDER drucken.

3. Bestätigen Sie die Auswahl mit OK.

Druckoptionen

- ☑ In Word erstellte Zeichnungen drucken ⓘ
- ☑ Hintergrundfarben und -bilder drucken
- ☐ Dokumenteigenschaften drucken
- ☐ Ausgeblendeten Text drucken
- ☑ Felder vor dem Drucken aktualisieren
- ☐ Verknüpfte Daten vor dem Drucken aktualisieren

Abbildung 6.45: Drucken von Hintergrundfarben und Hintergrundbildern

Als Hintergründe können Sie Farbverläufe, Muster, Bilder, einfarbige Elemente oder Strukturen verwenden. Farbverläufe, Muster, Bilder und Strukturen werden nebeneinander angeordnet oder wiederholt, sodass sie die gesamte Seite ausfüllen. Beim Speichern eines Dokuments als Webseite werden die Strukturen und Farbverläufe als JPEG-Dateien und die Muster als GIF-Dateien gespeichert.

Einen Hintergrund fügen Sie ein, indem Sie im Register SEITENLAYOUT in der Gruppe SEITENHINTERGRUND den Drop-down-Button SEITENFARBE anklicken und hier die gewünschte Farbe oder den gewünschten Fülleffekt auswählen. Umgekehrt können Sie den Fülleffekt auch problemlos entfernen, indem Sie an dieser Stelle den Befehl KEINE FARBE aufrufen.

KAPITEL 7

Dokumentvorlagen, Format-vorlagen, Textbausteine und Makros organisieren

7.1 Worum geht es?

Die besten Formulare nützen nichts, wenn man sie nicht sofort findet, sondern erst lange suchen muss. Daher müssen wir uns noch überlegen, wie wir unsere Formulare am besten abspeichern. Das Ziel muss sein, dass wir – und jeder, der uns vertreten muss – alles sofort findet.

Außerdem müssen wir uns überlegen, ob – und auf welche Weise – wir unsere mühsam erstellten Formulare vor versehentlichen Änderungen schützen und wie wir später mögliche weitere Änderungen möglichst automatisiert vornehmen können.

Machen wir hierzu einen ersten Versuch:

Hinweis

Wo der jeweilige Speicherort liegt, erfahren Sie, wenn Sie zunächst auf die OFFICE-SCHALTFLÄCHE und dann auf die Schaltfläche WORD-OPTIONEN klicken (Shortcut: $\boxed{\text{Alt}}$, $\boxed{\text{D}}$, $\boxed{\text{I}}$). Im Abschnitt ERWEITERT finden Sie unter ALLGEMEIN die Schaltfläche DATEISPEICHERORTE, in der die Speicherorte für die Benutzer- und Arbeitsgruppenvorlagen festgelegt und angepasst werden können:

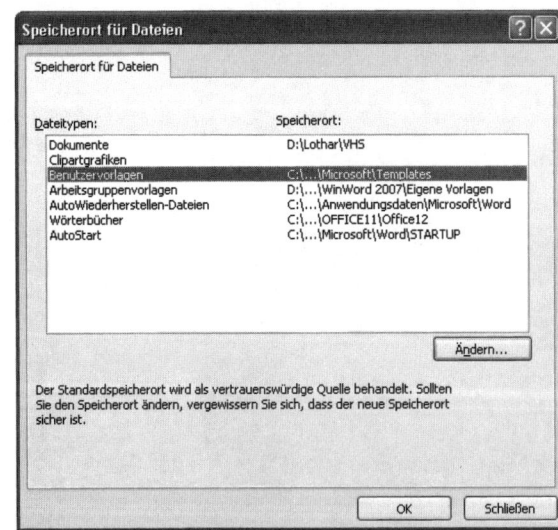

Abbildung 7.1: Einstellen der Vorlagenordner

Nachdem Sie Ihr Formular geöffnet haben, klicken Sie auf die OFFICE-SCHALTFLÄCHE, wählen den Befehl SPEICHERN UNTER und danach unter WORD-VORLAGEN einen Vorlagentyp (Shortcut: Alt, D, U). Speichern Sie nun das Dokument entweder im Benutzer- oder Arbeitsgruppenvorlagen-Ordner.

Rufen Sie nun ein neues Dokument auf, indem Sie zuerst auf die OFFICE-SCHALTFLÄCHE und dann auf NEU klicken (Shortcut: Alt, D, N).

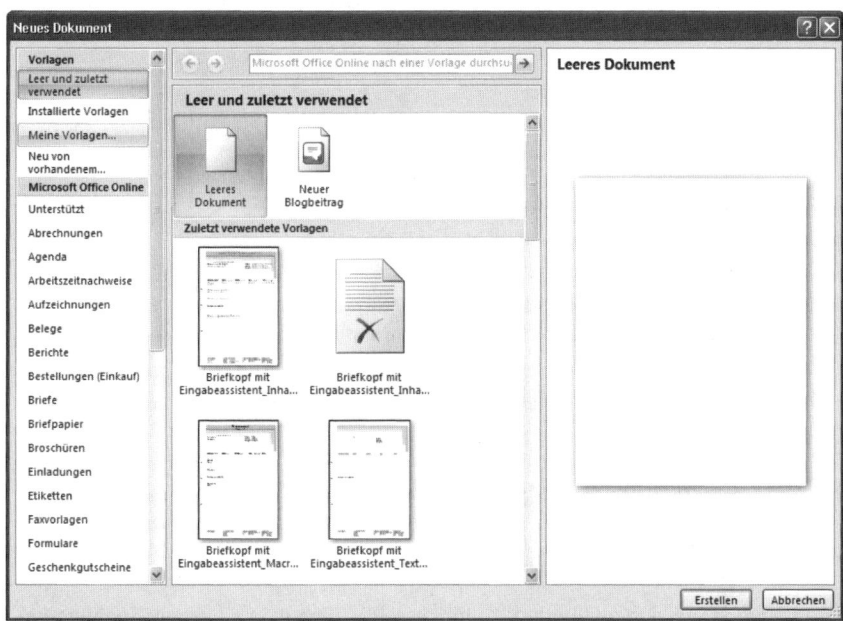

Abbildung 7.2: Starten eines neuen Dokuments über den Dialog NEU

Im Abschnitt MEINE VORLAGEN erhalten Sie den Dialog NEU, der auf verschiedene Registerkarten verteilt die Formulare enthält, die in den Benutzer- und Arbeitsgruppenvorlagen-Ordnern gespeichert sind:

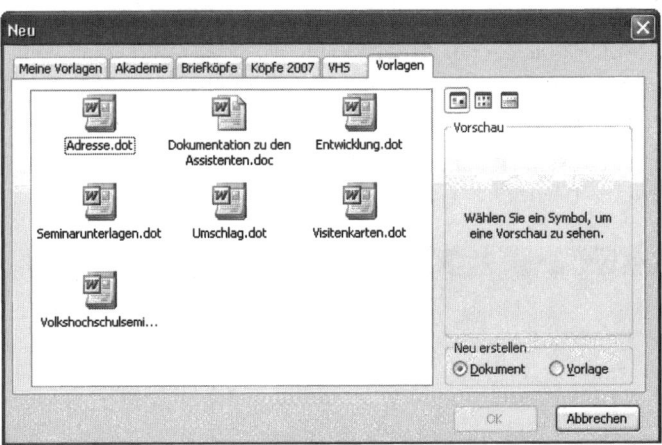

Abbildung 7.3: Der Dialog NEU mit den Formularen

Klicken Sie nun auf die Registerkarte MEINE VORLAGEN, so werden Sie hier Ihr soeben erstelltes Formular finden und können dieses per Doppelklick starten. Das Schöne dabei ist: Wo Sie dieses genau gespeichert haben, kann Ihnen künftig egal sein, Sie finden es auf Anhieb, und Sie können es nicht mehr versehentlich überschreiben ...

7.2 Formulare organisieren

7.2.1 Benutzervorlagen

Benutzervorlagen sind alle Vorlagen, die ausschließlich dem einzelnen Sachbearbeiter zur Verfügung stehen.

Wo dieser Benutzervorlagenpfad bei der Installation angelegt wird, erkennen Sie in den Word-Optionen. Klicken Sie auf die OFFICE-SCHALTFLÄCHE und danach auf die Schaltfläche WORD-OPTIONEN. Im Abschnitt ERWEITERT finden Sie unter ALLGEMEIN die Schaltfläche DATEISPEICHERORTE..., die den Dialog SPEICHERORT FÜR DATEIEN öffnet. Die Benutzervorlagen finden Sie im gleichnamigen Eintrag.

Es gibt allerdings keine zwingende Vorschrift, diese Einstellungen zu übernehmen. Mithilfe eines Doppelklicks auf den Eintrag oder per Mausklick auf die Schaltfläche BEARBEITEN gelangen Sie in den Dialog SPEICHERORT ÄNDERN, in dem Sie hier den gewünschten

Pfad hinterlegen bzw. den vorhandenen Pfad ändern können. Dies ist beispielsweise in einem größeren Betrieb sinnvoll, der nur die Daten auf dem Server, nicht aber auf den einzelnen Clients sichert. Wird hier der jeweilige Benutzervorlagenpfad entsprechend geändert, werden folglich auch alle selbst erstellten Vorlagen künftig mit gesichert.

Tipp

An sich gibt es keine zwingenden Vorschriften, wie die Pfade hinterlegt werden sollen, Sie sollten aber unbedingt der Versuchung widerstehen, das gleiche Verzeichnis mehreren Sachbearbeitern zuzuweisen (zu diesem Zweck gibt es das Arbeitsgruppenverzeichnis!).

Weshalb? Üblicherweise legt Word in diesem Ordner die Datei **Normal.dotm** an. Diese Datei ist während der ganzen Word-Sitzung geöffnet und nimmt eine Vielzahl allgemeiner Änderungen auf, wie Änderungen an Bausteinen, Formatvorlagen oder Makros. Teilen sich nun mehrere Sachbearbeiter diesen Ordner, so kommt beim Beenden von Word unweigerlich die Frage, ob die Änderungen an der **Normal.dotm** gespeichert werden sollen – und genau dies geht in diesem Fall nicht, da die Datei ja noch von mehreren anderen Kollegen benutzt wird. Sie können diese Maske aber auch nicht einfach abbrechen, da diese Meldung dann ein zweites Mal erscheint; diesmal lässt sich der Dialog aber mit „Abbrechen" beenden. Die Folge ist, dass viele praktische Techniken, die in Word-Kursen gelehrt werden (z.B. das Anlegen von AutoTexten, Formatvorlagen etc., die generell zur Verfügung stehen), plötzlich nicht mehr funktionieren und dass alle beteiligten Sachbearbeiter beim Beenden von Word mit überflüssigen Fehlermeldungen genervt werden.

7.2.2 Arbeitsgruppenvorlagen

In größeren Behörden und Firmen gibt es eine Vielzahl von Formularen, die allen Mitarbeitern gemeinsam zur Verfügung stehen müssen, wie z.B.:

- Briefköpfe
- Faxe
- Bestellformulare
- Vertragsvorlagen

Dieses Problem können Sie lösen, indem Sie auf dem Server ein Verzeichnis (z.B. K:\WinWord\Firmenvorlagen)[1] erstellen.

Rufen Sie anschließend an den einzelnen Clients in Word die Word-Optionen auf. Klicken Sie im Abschnitt ERWEITERT auf die Schaltfläche DATEISPEICHERORTE, und weisen Sie hier dem Eintrag **Arbeitsgruppenvorlagen** diesen Pfad zu. Der Unterschied zu den Benutzervorlagen liegt darin, dass dieser Ordner problemlos mehreren – oder auch allen – Mitarbeitern zur Verfügung gestellt werden kann, ohne dass es zu Zugriffskonflikten kommt.

Die Organisation im Netzwerk könnte man sich also folgendermaßen vorstellen:

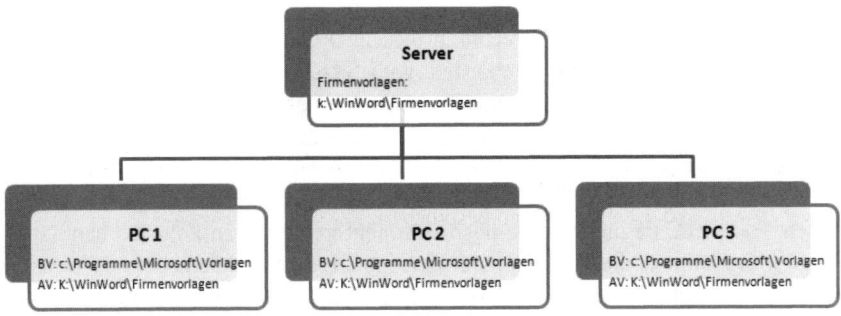

Abbildung 7.4: Die Organisation der Dokumentvorlagen im Firmennetzwerk

Hier wird – schematisch – ein Netzwerk mit einem Server und drei Clients dargestellt. Auf dem Server befindet sich der Ordner „K:\WinWord\Firmenvorlagen" (AV), der im Netzwerk freigegeben und an den einzelnen Clients „gemappt" ist. Auf den angeschlossenen PCs 1 bis 3 wird in dem Eintrag „Arbeitsgruppenverzeichnis" (AV) genau dieser Pfad hinterlegt. Jeder dieser PCs hat zudem ein eigenes Benutzervorlagenverzeichnis (BV), das unter „C:\Programme\Microsoft\Vorlagen" liegt.

Rufen nun die Sachbearbeiter die Vorlagen über das Kommando NEU in der OFFICE-SCHALTFLÄCHE auf (Shortcut: $\boxed{\text{Alt}}$ + $\boxed{\text{D}}$ + $\boxed{\text{N}}$), kann jeder Sachbearbeiter die hier hinterlegten Formulare aufrufen, ohne dass sich die Kollegen gegenseitig behindern.

---

1. Hinweis: Dieses Verzeichnis muss selbstverständlich im Netzwerk freigegeben sein!

7.2.3 Die Reiterkarten in der Dialogmaske „Neu"

Und was hat es mit den Reiterkarten in der Dialogmaske VORLAGEN auf sich? Und wie können Sie diese benutzen?

Die „Reiterkarten" sind lediglich Unterordner des Benutzer- oder Arbeitsgruppenvorlagen-Ordners, die allerdings erst dann sichtbar werden, sobald Sie eine Word-Datei darin speichern.

Grundsätzlich können Sie beliebig viele Unterordner anlegen und auf diese Weise Ihre Formulare nach Sachgruppen ordnen. Sollten Sie aber mehr Ordner anlegen als angezeigt werden können, löst Word das (Patz-)Problem so, dass es eine Reiterkarte WEITERE... erstellt. Sie erhalten hier ein Listenfeld mit allen derzeit verfügbaren Reiterkarten und können hier bequem die benötigte auswählen.

7.2.4 Vorlagen für weitere Organisationseinheiten

Nun gibt es selten Firmen, die mit dieser zweistufigen Aufteilung auskommen, da es in der Regel noch Abteilungen, Hauptabteilungen, Referate etc. gibt. Wie passen diese Organisationseinheiten in die oben besprochene Struktur?

Von Word aus gesehen überhaupt nicht, Word kennt tatsächlich nur die Benutzer- und die Arbeitsgruppenvorlagen. Aber Sie können mit einem Windows-Trick die fehlende Hierarchie nachbilden:

1. Richten Sie auf dem Server ein Verzeichnis ein, auf das die Abteilungsclients geeinsam zugreifen können.

2. Markieren Sie im Windows-Explorer alle in diesem Ordner befindlichen Dateien und Unterordner.

3. Klicken Sie auf die rechte Maustaste, und wählen Sie im Kontextmenü den Befehl KOPIEREN.

4. Wechseln Sie nun in den Ordner, auf dem die Benutzervorlagen liegen, klicken Sie auf die rechte Maustaste, und wählen Sie den Befehl VERKNÜPFUNG EINFÜGEN aus.

5. Wiederholen Sie diese Schritte mit allen notwendigen weiteren Vorlagenordnern.

Ab sofort stehen den einzelnen Sachbearbeitern aus Word auch diese zusätzlichen Abteilungsvorlagen zur Verfügung.

7.2.5 Was passiert bei Namenskonflikten?

Der einzelne Benutzer kann nicht unmittelbar feststellen, auf welches Vorlagenverzeichnis bzw. welche Verknüpfung er zugreift, da alle Vorlagen im Menü NEU gleichzeitig angezeigt werden. Lediglich bei gleichen Verzeichnis- und Dateinamen kann es zu einem Zugriffskonflikt kommen (sowohl im Benutzervorlagenverzeichnis als auch im Arbeitsgruppenverzeichnis gibt es den gleichen Unterordner mit der gleichen Datei). In diesem seltenen Fall verwendet WinWord das in der Hierarchie höher stehende Dokument (i.d.R. das aus dem Benutzervorlagenverzeichnis).

7.2.6 Müssen Dokumentvorlagen besonders geschützt werden?

In großen Firmen werden die Dokumentvorlagen häufig auf ein Laufwerk gelegt, das für die Anwender lediglich mit einem Leserecht ausgestattet ist. Dieser Schutz geht allerdings an der Sache vorbei.

Obwohl die Dokumentvorlagen sehr wichtig sind, benötigen Sie keinen speziellen Zugriffsschutz, es reicht, wenn sie in die tägliche Sicherung einbezogen werden und so ggf. zurückgesichert werden können. Dies hat folgende Gründe:

- Die Dokumentvorlagen stellen das tägliche Handwerkszeug dar und sollten daher vom Sachbearbeiter bei Bedarf auch entsprechend schnell angepasst werden können.

- Um die Dokumentvorlage ändern zu können, muss sie gezielt aus Word über den Befehl ÖFFNEN geöffnet werden. In allen anderen Fällen erhält man immer lediglich eine Kopie der Dokumentvorlage. Daher ist ein versehentliches Zerstören der Dokumentvorlage (im Gegensatz zu einem Dokument!) kaum noch möglich (lediglich Bausteine und Formatvorlagen können ohne Öffnen der Dokumentvorlage direkt geändert werden).

- Der jeweilige Sachbearbeiter muss zum Ändern der Dokumentvorlage genau wissen, wo sich die einzelnen Dateien befinden bzw. wo er den Speicherort erfahren kann. Dies setzt aber schon tiefere Word-Kenntnisse voraus, die nur wenige haben.

> **Tipp**
>
> Sinnvoller ist es also, von den funktionierenden Formularen regelmäßig eine Sicherung zu machen, als den Sachbearbeitern die Möglichkeit zu nehmen, die Vorlagen an ihre Bedürfnisse anzupassen.

7.3 Schnellzugriff auf die Formulare

Nervt Sie die folgende Situation genauso wie mich:

Sie wollen einen Brief schreiben. Nun starten Sie Ihr WinWord, klicken auf die OFFICE-SCHALTFLÄCHE, wählen den Befehl NEU... und klicken nun auf MEINE VORLAGEN... – und das Ganze Tag für Tag? Nun, es gibt hierzu eine ganze Reihe von Alternativen:

7.3.1 Aufruf von Formularen über Verknüpfungen

Legen Sie in der Schnellzugriffsleiste die entsprechende Verknüpfung an:

1. Klicken Sie auf den kleinen Pfeil in der Schnellzugriffsleiste und wählen den Befehl WEITERE BEFEHLE aus.

2. Aktivieren Sie unter BEFEHLE AUSWÄHLEN die Option **Befehle nicht in der Multi-funktionsleiste**.

3. Markieren Sie den Eintrag **Neues Dokument oder neue Vorlage**, und klicken Sie auf die Schaltfläche HINZUFÜGEN.

Ab sofort können Sie Ihre Formulare bequem per Mausklick auch aus der Schnellzugriffsleiste heraus aufrufen.

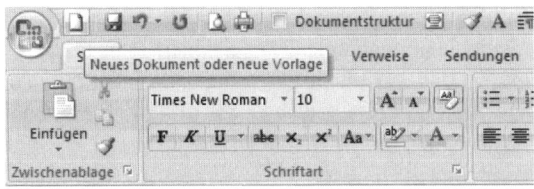

Abbildung 7.5: Erstellen neuer Dokumente aus der Schnellzugriffsleiste

7.3.2 Aufruf von Formularen über Icons auf dem Desktop

Sie können einzelne Formulare aber auch als Verknüpfung auf dem Desktop hinterlegen:

1. Wechseln Sie in den Windows-Explorer, und klicken Sie mit der rechten Maustaste auf das gewünschte Formular.

2. Wählen Sie im Kontextmenü den Befehl KOPIEREN.

3. Klicken Sie nun mit der rechten Maustaste auf die gewünschte Stelle auf dem Desktop.

4. Wählen Sie aus dem Kontextmenü den Befehl VERKNÜPFUNG EINFÜGEN.

5. Benennen Sie ggf. das Icon um und weisen diesem ein anderes Symbol zu.

7.3.3   Verknüpfung in der Taskleiste anlegen

Noch schneller geht es, wenn Sie eine Verknüpfung in der Taskleiste zu Ihren Formularen anlegen. Dies geht folgendermaßen:

1. Aktivieren Sie in der Windows-Taskleiste den Bereich SCHNELLSTARTLEISTE.

2. Klicken Sie mit der rechten Maustaste auf das gewünschte Word-Formular.

3. Halten Sie diese gedrückt, und ziehen Sie das Formular in den Bereich der SCHNELLSTARTLEISTE auf der TASKLEISTE.

4. In dem sich nun öffnenden Dialogfenster klicken Sie auf das Kommando VERKNÜPFUNG(EN) HIER ERSTELLEN. Nun wird ein neues Word-Symbol in der Taskleiste angelegt mit dem Namen Ihres Formulars.

5. Falls nötig geben Sie der Verknüpfung noch einen anderen Namen. Klicken Sie hierzu mit der rechten Maustaste auf die Verknüpfung, und wählen Sie das Kommando UMBENENNEN.

6. Sie können hier auch andere Symbole auswählen. Klicken Sie hierzu mit der rechten Maustaste auf die Verknüpfung, und wählen Sie das Kommando EIGENSCHAFTEN. Wählen Sie nun die Schaltfläche ANDERES SYMBOL, wählen das gewünschte Symbol aus, und bestätigen Sie Ihre Auswahl mit OK.

Hinweis

Der Platz in der Taskleiste ist auf lediglich eine Zeile begrenzt. Sie sollten hier also wirklich nur die Formulare aufnehmen, die Sie wirklich häufig benötigen. Alle anderen finden Sie ja nun entweder im Windows-Startbereich oder direkt in Word über das Kommando NEU in der OFFICE-SCHALTFLÄCHE.

7.3.4 Aufruf aus Windows über den Windows-Startbutton

In Windows können Sie auf die meisten Programme zugreifen, indem Sie zunächst auf den START-BUTTON klicken, dann auf den Befehl ALLE PROGRAMME klicken und hier das gewünschte Programm auswählen.

Genauso wie Sie an dieser Stelle Verknüpfungen zu verschiedenen Programmen hinterlegen können, können Sie hier auch Verknüpfungen zu Ihren Formularen hinterlegen. Der Vorteil: Sie können die Formulare an dieser Stelle beliebig gruppieren!

7.4 Formatvorlagen und Makros organisieren

Sehr häufig stellt sich die Frage, wie Formatvorlagen und Makros sinnvoll gespeichert werden können.

Hinweis

AutoTexte und Schnellbausteine werden getrennt behandelt, da sich unter Office 2007 das Konzept für diese Teile deutlich von den Formatvorlagen und Makros unterscheidet.

Welche Möglichkeiten haben Sie, diese Elemente generell zur Verfügung zu stellen bzw. nur jeweils exakt an der Stelle, an der sie auch wirklich benötigt werden? Und das Ganze nicht nur auf dem eigenen PC, sondern ggf. innerhalb der gesamten Firma oder Behörde. Um dieses Ziel zu erreichen, haben Sie folgende Alternativen:

- Speichern in der jeweils speziellen Dokumentvorlage (Formular)
- Speichern in der **Normal.dotm**
- Speichern als Add-In
- Speichern als „Globales Add-In"

7.4.1 Speichern im jeweiligen speziellen Formular

Viele Formatvorlagen oder Makros beziehen sich auf ganz spezielle Formulare und werden auch nur hier benötigt. Ein gutes Beispiel hierfür sind z.B.:

- Sitzungsprotokolle
- Verträge
- Rechnungen
- Briefköpfe
- Vorlagen für Hausaufgaben und Diplomarbeiten im Studium

Solche spezialisierten Formatvorlagen und Makros sollten auch nur in dem speziellen Formular gespeichert werden, da sie an anderer Stelle eher Probleme bereiten. Das bedeutet, dass die Formatvorlagen und Makros jedes Mal, wenn die Dokumentvorlage aufgerufen wird (und nur dann!) zur Verfügung stehen.

7.4.2   Speichern in der Datei Normal.dotm

Normalerweise werden Sie wollen, dass Ihre AutoTexte und Formatvorlagen immer, d.h. in jedem Dokument, verfügbar sein sollen. Dann bietet sich als Speicherort die Datei **Normal.dotm** an. Diese wird beim Start von Word automatisch geladen, und ihr Inhalt steht während der gesamten Word-Sitzung zur Verfügung.

7.4.3   Speichern als Add-In

Vorhin wurde empfohlen, dass Sie Formatvorlagen und Makros, auf die Sie häufig und unabhängig von bestimmten Formularen zugreifen müssen, in der Datei **Normal.dotm** speichern können. Dieser Tipp funktioniert allerdings nur, wenn Sie allein davon betroffen sind. Sollen z.B. mehreren (oder allen) Mitarbeitern in einer Firma die gleichen Formatvorlagen und Makros zur Verfügung gestellt werden, bietet sich als Lösung eine sog. **globale Dokumentvorlage** bzw. ein **Add-In** an.

Beide Begriffe bezeichnen in unserem Fall lediglich ein Dokument oder eine Dokumentvorlage, die entweder im Autostart-Ordner von Word gespeichert ist und daher beim Starten von Word automatisch mit ihren Elementen zur Verfügung steht oder die als temporäres Add-In zur Verfügung gestellt wurde.

Da Add-Ins lediglich Dokumente bzw. Dokumentvorlagen sind, deren Elemente global verfügbar gemacht werden sollen, genügt es, diese Datei entweder im benutzerbezogenen Autostart-Ordner (dies ist üblicherweise der Ordner c:\Dokumente und Einstellungen\<Username>\Anwendungsdaten\Microsoft\Startup) oder unter c:\Programme\ Microsoft Office\Office12\Startup zu speichern. Dateien, die im benutzerbezogenen Autostart-Ordner liegen, stehen nur dem jeweils angemeldeten Benutzer zur Verfügung, im anderen Fall steht das Add-In für alle Word-Benutzer an diesem PC bereit. In diesem Fall wird das Add-In automatisch beim Start von Word gestartet.

Soll eine Datei nur kurzfristig verfügbar gemacht werden, gehen Sie bitte folgendermaßen vor:

1. Rufen Sie die Word-Optionen auf (Shortcut $\boxed{\text{Alt}}$, $\boxed{\text{D}}$, $\boxed{\text{I}}$), und klicken Sie hier auf ADD-INS.

2. Wählen Sie im Drop-down-Feld VERWALTEN den Eintrag WORD-ADD-INS, und klicken Sie auf die Schaltfläche GEHE ZU. Nun öffnet sich der Dialog DOKUMENTVORLAGEN UND ADD-INS.

3. Aktivieren Sie im Listenfeld MARKIERTE ELEMENTE SIND DERZEIT GELADEN. Das gewünschte Element bzw. die gewünschte Datei suchen Sie über die Schaltfläche HINZUFÜGEN.

4. Schließen Sie den Dialog mit $\boxed{\hookleftarrow}$, bzw. klicken Sie auf OK.

Ab sofort stehen Ihnen die Elemente dieser Datei für die Dauer dieser Word-Sitzung zur Verfügung.

Tipp

Sie können den Speicherort für den benutzerbezogenen Autostart-Ordner ändern, indem Sie in den WORD-OPTIONEN unter ERWEITERT im Abschnitt ALLGEMEIN auf die Schaltfläche SPEICHERORT FÜR DATEIEN klicken. Hier finden Sie den Eintrag „Autostart", der diesen Pfad konfiguriert. Der zweite Autostart-Ordner im Office-Ordner kann dagegen nicht geändert werden (Shotcut: $\boxed{\text{Alt}}$, $\boxed{\text{D}}$, $\boxed{\text{I}}$).

Sollen Add-Ins im gesamten Firmennetzwerk zur Verfügung gestellt werden, sollten Sie nicht den Autostart-Ordner von allen PCs auf den Serverpfad ändern. Die folgende Vorgehensweise ermöglicht es Ihnen, die Ordnerstruktur auf dem lokalen PC zu erhalten und dennoch globale Add-Ins zu verwalten:

1. Legen Sie auf dem Server einen Ordner für die firmenweit einzusetzenden Add-Ins an, z.B. k:\Word\Autostart.

2. Speichern Sie in diesem Ordner die allgemeinen Add-Ins.

3. Legen Sie nun in dem gewünschten Autostartpfad auf dem lokalen PC eine Verknüpfung zu den o.g. Add-Ins an.

4. Beim nächsten Start von Word steht den Mitarbeitern nun dieses allgemeine Add-In zur Verfügung.

Tipp

Der Vorteil dieser Vorgehensweise: Sie müssen immer nur eine zentrale Datei auf dem Server verwalten.

Die Struktur im Netzwerk sieht nun wie folgt aus:

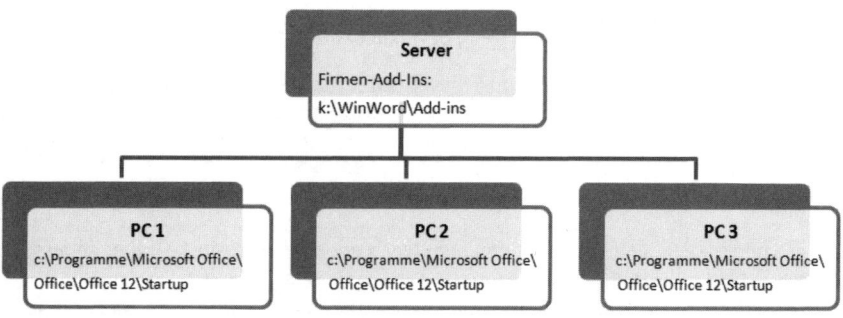

Abbildung 7.6: Die Organisation von Add-Ins im Firmennetzwerk

7.4.4 Organisieren der Formatvorlagen und Makros

Benötigen Sie (einzelne) Makros oder Formatvorlagen in anderen Dokumentvorlagen, müssen Sie diese nicht jeweils mühsam neu erstellen. Word bietet die Möglichkeit, die betreffenden Objekte in die gewünschten Dokumente und Dokumentvorlagen zu kopieren:

1. Öffnen Sie das Dokument, das die gewünschten, zu kopierenden Formatvorlagen bzw. Makros enthält.

2. Öffnen Sie den Aufgabenbereich VORLAGEN, indem Sie im Register START im Abschnitt FORMATVORLAGEN auf den kleinen Pfeil klicken (Shortcut: $\boxed{\text{Alt}}$, $\boxed{\text{R}}$, $\boxed{\text{F}}$, $\boxed{\text{V}}$).

3. Klicken Sie hier auf das Icon FORMATVORLAGEN VERWALTEN und danach auf die Schaltfläche IMPORTIEREN/EXPORTIEREN.

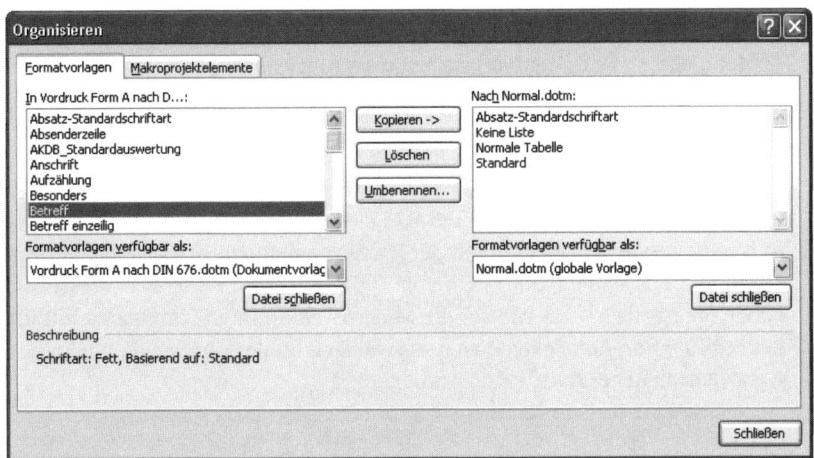

Abbildung 7.7: Organisieren von Makros und Formatvorlagen

4. Klicken Sie in diesem Dialog auf die **rechte** Schaltfläche DATEI SCHLIESSEN und gleich darauf nochmals auf die gleiche Schaltfläche (diese heißt nun allerdings DATEI ÖFF-NEN), und öffnen Sie im rechten Bereich das Zieldokument.

5. Wählen Sie im linken Bereich das zu kopierende Element aus, und klicken Sie nun auf die Schaltfläche KOPIEREN.

6. Wiederholen Sie den letzten Schritt für die übrigen Elemente, und klicken Sie dann auf die rechte Schaltfläche DATEI SCHLIESSEN. Bestätigen Sie die Frage, ob Änderungen gespeichert werden sollen, mit OK.

7. Schließen Sie den Dialog ORGANISIEREN, indem Sie auf die Schaltfläche SCHLIESSEN klicken.

7.5 AutoTexte, und Schnellbausteine organisieren

7.5.1 Allgemeines

Wie bereits erwähnt, hat sich die Verwaltung der AutoTexte mit Office 2007 dramatisch gewandelt. AutoTexte sind nunmehr ein Bestandteil der sog. Schnellbausteine. Schnellbausteine und AutoTexte können wie folgt gespeichert werden:

- in der aktuellen Dokumentvorlage
- in der globalen Dokumentvorlage **Normal.dotm**
- in der globalen Dokumentvorlage **Building Blocks.dotx**

Tipp

Grundsätzlich weisen die AutoTexte gegenüber den übrigen Bausteinen keine Besonderheit auf. Aber: Sie sollten wie in früheren Word-Versionen auch die AutoTexte vor dem Speichern mit der jeweils passenden Formatvorlage formatieren und erst dann als Baustein vom Typ AutoText speichern. In diesem Fall haben Sie nämlich nach wie vor die Möglichkeit, in Ihren Formularen mithilfe der Feldfunktion AutoTextList an der jeweiligen Stelle dem Benutzer eine Auswahl verschiedener AutoTexte anzubieten.

Hinweis

Achten Sie bei der Benennung von AutoTexten darauf, dass der Name zusammengeschrieben wird. In diesem Fall können Sie den AutoText zusätzlich auf folgende Weise abrufen:

1. Schreiben Sie den Namen des AutoTextes.
2. Drücken Sie unmittelbar hinter dem AutoTextnamen die ⌑F3⌑-Taste.

Nun wird der gewünschte AutoText in das Dokument eingefügt.

7.5.2 Speichern im jeweiligen speziellen Formular

Viele Bausteine beziehen sich auf ganz spezielle Formulare. Ein gutes Beispiel hierfür sind z.B.:

- Sitzungsprotokolle
- Verträge

- Rechnungen
- Briefköpfe
- Vorlagen für Hausaufgaben und Diplomarbeiten im Studium

In all diesen Fällen sollten die AutoTexte nur in der jeweiligen Dokumentvorlage, also dem speziellen Formular, gespeichert werden.

7.5.3 Speichern in der „Normal.dotm"

Bausteine und AutoTexte, die auf Ihrem (!) PC immer, d.h. in jedem Dokument, verfügbar sein sollen, können Sie entweder in der Datei **Normal.dotm** oder in der Datei **Building Blocks.dotx** speichern. Sie stehen dann auf dem lokalen PC in jedem Dokument zur Verfügung.

7.5.4 Speichern in der Datei Building Blocks.dotx

Die Datei **Building Blocks.dotx** ist an sich eine normale, lokale Dokumentvorlage ohne Makros, die allerdings an einem fest definierten Ort gespeichert wird: Sie finden diese Datei unter **C:\Dokumente und Einstellungen\<Benutzername>\Anwendungsdaten\ Microsoft\Document Building Blocks\1031**. Das Schöne daran ist, dass dieser Ordner auch weitere Dateien vom Typ „dotx" aufnehmen kann und dass uns die Bausteine in diesen Dateien ebenfalls in allen Dokumenten auf diesem PC zur Verfügung stehen.

Diese Eigenschaft können wir ausnutzen, um firmenweit benötigte Bausteine zur Verfügung zu stellen:

1. Erstellen Sie eine Dokumentvorlage ohne Makros (z.B. Rechnung.dotx).
2. Speichern Sie die benötigten Bausteine in dieser Dokumentvorlage.
3. Verteilen Sie die Dokumentvorlage z.B. mithilfe eines Login-Skripts in den Ordner C:\Dokumente und Einstellungen\<Benutzername>\Anwendungsdaten\Microsoft\ Document Building Blocks\1031.
4. Beim nächsten Start von Word stehen Ihnen die hier gespeicherten Bausteine zur Verfügung.

Sollten Sie den Weg über das Kopieren vieler einzelner Dateien scheuen, funktioniert auch die folgende Lösung:

1. Legen Sie auf dem Server einen Ordner für die Bausteindateien an, z.B. **k:\Word\Building Blocks**.
2. Erstellen Sie eine Dokumentvorlage ohne Makros (z.B. Rechnung.dotx) und speichern diese im o.g. Ordner.

3. Erstellen Sie die benötigten Bausteine.

4. Legen Sie im Autostart-Ordner von Word eine Verknüpfung zu dieser Datei an.

5. Beim nächsten Start von Word stehen Ihnen die hier gespeicherten Bausteine zur Verfügung.

Die zweite Variante hat den großen Vorteil, dass Sie es hier immer nur mit einer einzigen, zentral gespeicherten Datei zu tun haben, deren Bausteine aber allen Mitarbeitern zur Verfügung stehen.

7.5.5 Speichern in Add-Ins

Bausteine können auch in Add-Ins gespeichert werden. Wie bereits erwähnt stellt ein Add-In lediglich eine Word-Datei dar, die entweder automatisch beim Starten von Word geladen wird (hierzu muss sie im jeweiligen Autostart-Ordner gespeichert werden) oder die temporär als Add-In verfügbar gemacht wurde:

1. Aktivieren Sie die Entwickler-Registerkarte.

2. Klicken Sie im Register ENTWICKLERTOOLS im Abschnitt VORLAGEN auf die Schaltfläche DOKUMENTVORLAGE.

3. Markieren Sie in der Registerkarte VORLAGEN unter MARKIERTE ELEMENTE SIND DERZEIT GELADEN die gewünschte Datei. Mithilfe der Schaltfläche DURCHSUCHEN können Sie auch jederzeit weitere Dateien laden.

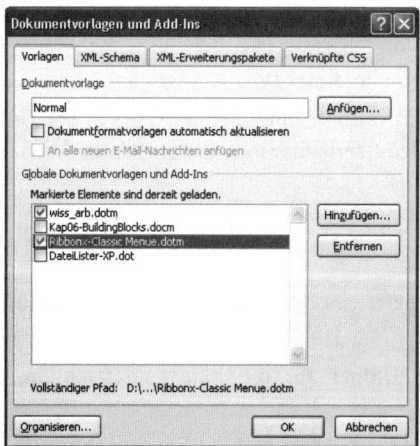

Abbildung 7.8: Aktivieren und deaktivieren von Add-Ins

7.5.6 Organisieren von AutoTexten und Bausteinen

Wie bereits gesagt werden AutoTexte und Bausteine auf eine neue Art verwaltet, nämlich über den „Organizer für Bausteine". In diesem werden alle aktuell verfügbaren Bausteine tabellarisch aufgelistet:

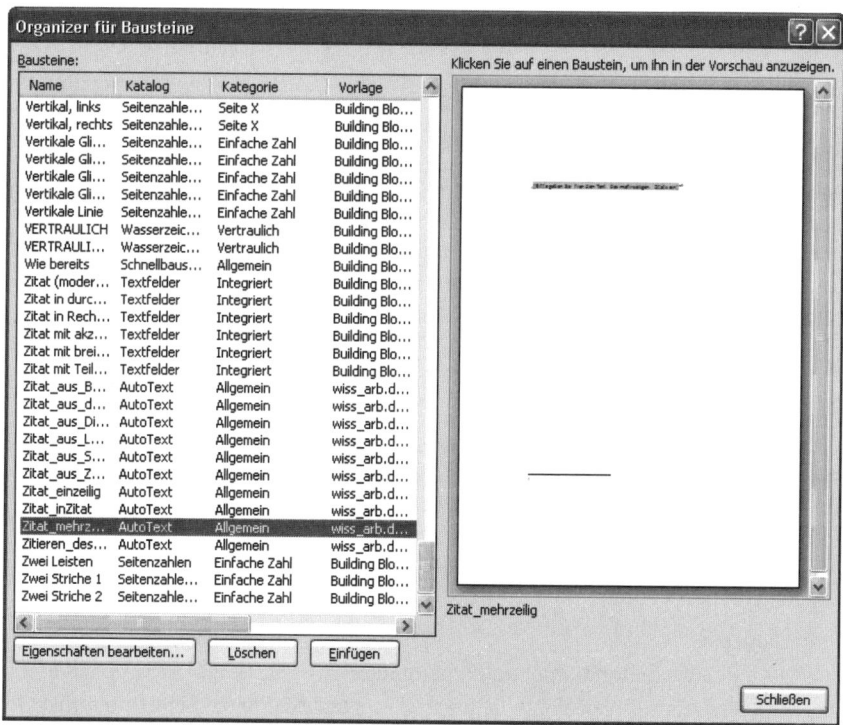

Abbildung 7.9: Der Organizer für Bausteine

Sie können nun die verschiedenen Eigenschaften des gewünschten Bausteins ändern, indem Sie diesen markieren und auf die Schaltfläche EIGENSCHAFTEN BEARBEITEN... klicken. Hier können Sie alle Eigenschaften des Bausteines ändern:

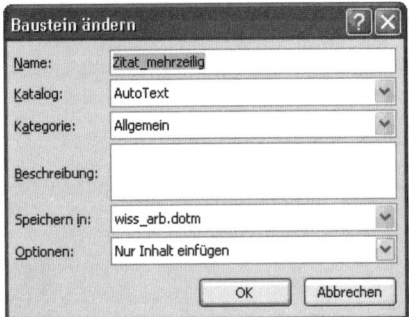

Abbildung 7.10: Die Eigenschaften eines Bausteines ändern

Um den Baustein in einem anderen Dokument zu speichern, müssen Sie einfach den Eintrag unter SPEICHERN IN ändern und hier das gewünschte (geöffnete) neue Dokument eingeben.

Hinweis

Die Beispieldatei **Dokumentbausteine.dotx** enthält:

- Komplette Kopfzeile mit:
  - Verweis auf den Betreff
  - Verweis auf den Bezug
  - Verweis auf die Überschrift 1
- Fußzeile
  - Flexible Seitennummerierung auf Seite 1
  - Verweis auf die Folgeseite, wobei dieser auf der letzten Seite unterdrückt wird
  - Seitennummerierung der Folgeseite
  - Copyright-Vermerk mit Inhaltssteuerelement in einem senkrecht stehenden, schattierten Textfeld

Sobald Sie diese Datei im Autostart-Ordner oder im Ordner \Document Building Blocks\1031 speichern, können Sie auf die genannten Elemente wie auf alle übrigen Word-Elemente zugreifen, also z.B. über das Drop-down-Feld Seitenzahl im Abschnitt Kopf- und Fußzeile im Register EINFÜGEN (Shortcut: $\boxed{\text{Alt}}$, $\boxed{\text{I}}$, $\boxed{\text{N}}$, $\boxed{\text{T}}$).

7.6 Briefköpfe und Formulare automatisiert anpassen

7.6.1 Allgemeines

Immer wieder kommt es vor, dass Briefköpfe und andere Formulare angepasst und geändert werden müssen, um z.b.:

- die Dokumentränder anzupassen
- neue Formatvorlagen zu erstellen
- bestehende Formatvorlagen zu ändern
- Feldfunktionen anzupassen

Diese Änderungen sind vor allem deshalb problematisch, weil in vielen Behörden und Firmen u.U. Dutzende, wenn nicht gar Hunderte von Formularen existieren. Aufgrund der Vielzahl der anzupassenden Bescheinigungen handelt es sich hierbei häufig um extrem zeitaufwendige Änderungen.

Hinweis

Die genannten Anpassungen lassen sich umso leichter durchführen, je besser Sie die Briefköpfe gestaltet haben, d.h., je konsequenter Sie mit Formatvorlagen arbeiten.

Grundsätzlich lassen sich diese Probleme mit einigen VBA-Kenntnissen lösen. Zunächst benötigen wir eine Prozedur, die alle Dokumentvorlagen in einem speziellen Suchpfad der Reihe nach durchsucht. Die folgende Prozedur führt diese Aufgabe durch und ermöglicht dann jeweils spezielle Anpassungen. Wichtig ist hierbei, dass diese Prozedur auch die Dokumente öffnet, hierbei ggf. einen Dokumentschutz berücksichtigt und diesen Dokumentschutz anschließend wieder setzt:

```
Option Explicit

Sub DateienAuflisten()
    '-------------------------------------------------------------------
    'durchläuft eine vorgegebene Dateiliste und passt die darin gefundenen
    'Dokumente an
    'Hinweis: Der Befehl FileSearch funktioniert ab Word 2007 nicht mehr,
```

```
'daher wird diese Aufgabe mit dem FileScriptingObjekt durchgeführt
'Unterordner werden nicht (!) durchsucht!
'-------------------------------------------------------------------------
Dim strSuchpfad As String        'Speicherpfad für die Briefköpfe
Dim fso As Object                'das FileScripting-Objekt
Dim fVerzeichnis As Object       'Der zu durchsuchende Ordner
Dim Dateien As Object            'Auflistung aller Dateien
Dim iDatei As Object             'jede einzelne Datei der Schleife


strSuchpfad = "c:\vorlagen"
Set fso = CreateObject("Scripting.FileSystemObject")
Set fVerzeichnis = fso.GetFolder(strSuchpfad)
Set Dateien = fVerzeichnis.Files

Application.ScreenUpdating = False 'Bildschirmaktualisierung aus
If fVerzeichnis.Files.Count > 0 Then
    For Each iDatei In Dateien
        Documents.Open FileName:=CStr(iDatei), ConfirmConversions:=False, _
        AddToRecentFiles:=False
        ActiveWindow.ActivePane.View.Type = wdPrintView

        'Ansicht prüfen, da geschützte Dokumente nicht angepasst werden
        'können!
        'Dok. ist nicht geschützt, kann angepasst werden
        If ActiveDocument.ProtectionType = wdNoProtection Then
            'Aufruf der jeweiligen Unterprozedur, z.B.:
            'Call Seitenränder(CStr(iDatei))  'Seitenränder anpassen
        Else 'Dokument ist geschützt
            'Schutz aufheben
            ActiveDocument.Protect Type:=wdNoProtection
            'Aufruf der jeweiligen Unterprozedur, z.B.:
            'Call Seitenränder(CStr(iDatei))  'Seitenränder anpassen
            'Formularschutz wieder setzen
            ActiveDocument.Protect Type:=wdAllowOnlyFormFields
        End If

        'Dokument an Bildschirmbreite anpassen
        ActiveWindow.ActivePane.View.Zoom.PageFit = wdPageFitBestFit
        'Speichern und Schließen
        ActiveDocument.Close SaveChanges:=wdSaveChanges
    Next
```

```
    MsgBox "Hinweis:" + vbCr + vbCr + _
    "Die gefundenen Dateien wurden angepasst", _
    vbInformation, "Formulare angepasst"
Else
    MsgBox "Achtung:" + vbCr + vbCr + _
    "Es wurden keine Dateien gefunden. " + _
    "Bitte überprüfen Sie die Pfade!", _
    vbCritical, "Anpassen der Formulare nicht möglich"
End If
    Application.ScreenUpdating = True 'Bildschirmaktualisierung aus
End Sub
```

Listing 7.1: Prozedur zum Durchlaufen der Dateien eines Ordners

Von dieser Prozedur aus rufen Sie dann die jeweiligen weiteren Prozeduren auf, um beispielsweise die Seitenränder anzupassen.

7.6.2 Anpassen der Seitenränder

Die Seitenränder können Sie mit der folgenden Prozedur anpassen. So lautet der Code, um den linken Rand auf 2,41 cm anzupassen, „ActiveDocument.PageSetup.LeftMargin = CentimetersToPoints(2.41)". Sollen mehrere Dateien angepasst werden, packen Sie das Ganze am besten in die folgende With ... End With-Schleife:

```
Sub Seitenränder(strDatei As String)
    '-------------------------------------------------------------------
    'Übernimmt die eigentlichen Anpassarbeiten
    'Die Variable „strDatei" übergibt den jeweiligen Dateinamen
    '-------------------------------------------------------------------
    'Seitenränder einstellen
    With ActiveDocument.PageSetup
        .TopMargin = CentimetersToPoints(1.5)       'oberer Seitenrand
        .BottomMargin = CentimetersToPoints(0.5)     'unterer Seitenrand
        .LeftMargin = CentimetersToPoints(2.41)      'linker Seitenrand
        .RightMargin = CentimetersToPoints(0.81)     'rechter Seitenrand
        .HeaderDistance = CentimetersToPoints(1.25) 'Abstand Kopfzeile
        .FooterDistance = CentimetersToPoints(1.25) 'Abstand Fußzeile
    End With
End Sub
```

Listing 7.2: Automatisiertes Anpassen der Seitenränder bei allen Dokumentvorlagen

Das Argument „strDatei as String" im Prozeduraufruf benötigen Sie, um aus der vorangegangenen Schleife diese Anpassungen auf das neu geöffnete Dokument anzuwenden. Ersetzen Sie bitte in der Prozedur „Sub DateienAuflisten()" die Zeilen

```
'Durchführen der speziellen Änderungen bzw. Aufruf
'einer entsprechenden Prozedur zum Anpassen d. Vorlagen
durch den Aufruf
    Call Seitenränder(CStr(iDatei))
```

Hinweis

Der Befehl „CStr(iDatei)" wird benötigt, um den kompletten Pfad noch in einen String umzuwandeln!

In der Beispieldatei „AnpassenSeitenränder.dotm" auf der Begleit-CD wird das Makro dadurch aufgerufen, dass im Dokument ein Makrobutton-Feld hinterlegt ist, welches das Makro aufruft. Dieses Feld muss lediglich per Doppelklick aktiviert werden:

Anpassen der Seitenränder der Briefköpfe

Hier doppelklicken, um die Briefköpfe anzupassen

Abbildung 7.11: Starten der Prozedur DateienAuflisten aus dem Dokument

Die Aufgabe ist hier auf zwei Prozeduren aufgeteilt: Die Prozedur Sub DateienAuflisten() durchläuft der Reihe nach alle Dateien des Zielordners inkl. dessen Unterordnern und ruft, sobald eine bestimmte Datei gefunden wurde, die Prozedur Sub Seitenränder(strDatei As String) auf.

Diese Prozedur übernimmt nun die gewünschten Anpassungen im Dokument, in diesem Fall das Anpassen der Seitenränder.

Achtung

Beachten Sie bitte, dass Kommazahlen in VBA mit einem Punkt eingegeben werden müssen, also z.B. „2.51".

7.6.3 Anpassen der Formatvorlagen

Müssen Sie die Schriftart oder Schriftgröße in Ihren Dokumentvorlagen anpassen, ist es nicht erforderlich, jedes Dokument einzeln anzupassen. Sofern Sie Ihre Formulare konsequent mit Formatvorlagen erstellt haben (!), können Sie in diesem Fall:

■ per VBA oder von Hand die neuen oder die angepassten Formatvorlagen in die übrigen Formulare kopieren

■ per VBA oder von Hand die Formatvorlagen in den Formularen anpassen

■ per VBA oder von Hand überflüssige Formatvorlagen in den Formularen löschen

Auf alle Fälle ersparen Sie sich mit dieser Vorgehensweise enorm viel Arbeit, und selbst komplexe Layoutänderungen werden bei vielen anzupassenden Formularen zu einer überschaubaren Arbeit.

Darüber hinaus lassen sich auch Formatvorlagen automatisch anpassen. Hierbei gibt es gleich mehrere Varianten: Sie können verschiedene Optionen für die Formatvorlagen einstellen, Formatvorlagen kopieren oder löschen. Dies ist natürlich für die automatisierte Pflege von Formularen eine unschätzbare Hilfe.

Kopieren der Formatvorlagen von Hand

Wollen Sie die – angepassten – Formatvorlagen „von Hand" kopieren, gehen Sie am besten folgendermaßen vor:

1. Öffnen Sie das erste der anzupassenden Formulare.

2. Passen Sie in diesem Formular die Formatvorlagen an, indem Sie in den SCHNELL-FORMATVORLAGEN im Register START im Abschnitt FORMATVORLAGEN die zu ändernden Formatvorlagen mit der rechten Maustaste anklicken (Shortcut: $\boxed{\text{Alt}}$, $\boxed{\text{R}}$, $\boxed{\text{H}}$) und in dem Kontextmenü den Befehl ÄNDERN auswählen. Sollten Sie die gewünschte Formatvorlage hier nicht sehen, öffnen Sie den Aufgabenbereich FORMATVORLAGEN, indem Sie auf den kleinen Pfeil klicken (Shortcut: $\boxed{\text{Alt}}$, $\boxed{\text{R}}$, $\boxed{\text{F}}$, $\boxed{\text{V}}$), die zu ändernden Formatvorlagen mit der rechten Maustaste anklicken und in dem Kontextmenü den Befehl ÄNDERN auswählen.

3. Führen Sie in dem Dialog FORMATVORLAGE ÄNDERN nun die gewünschten Anpassungen durch.

4. Öffnen Sie den Aufgabenbereich FORMATVORLAGEN, indem Sie im Register START im Abschnitt FORMATVORLAGEN auf den kleinen Pfeil klicken (Shortcut: $\boxed{\text{Alt}}$, $\boxed{\text{R}}$, $\boxed{\text{F}}$, $\boxed{\text{V}}$). Klicken Sie nun auf das Symbol FORMATVORLAGEN VERWALTEN und danach auf die Schaltfläche IMPORTIEREN/EXPORTIEREN.

343

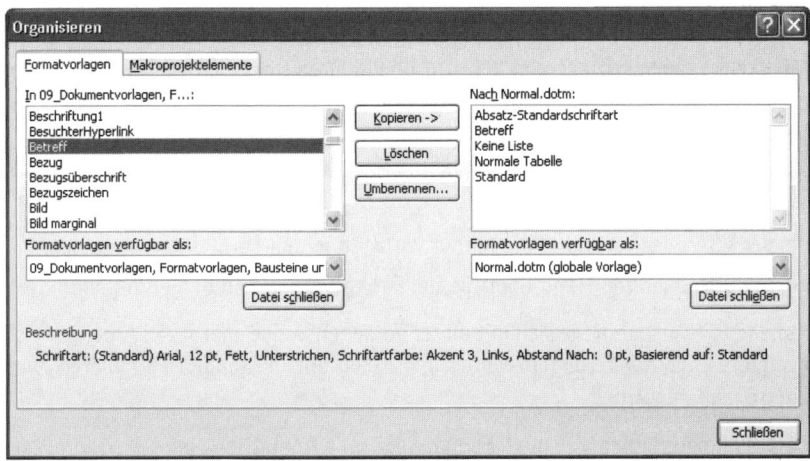

Abbildung 7.12: Kopieren der Formatvorlagen in die Datei Normal.dotm

5. Der Dialog ORGANISIEREN enthält zunächst im linken Fenster die Formatvorlagen und Makroprojekte des aktuell geöffneten Dokuments, im rechten Fenster die entsprechenden Elemente in der globalen Vorlage Normal.dotm. Markieren Sie daher im linken Fenster die neuen bzw. geänderten Formatvorlagen und klicken auf die Schaltfläche KOPIEREN. Nun werden die geänderten Formatvorlagen in die Normal.dotm kopiert.

6. Schließen Sie nun den geänderten Briefkopf mit der Schaltfläche DATEI SCHLIESSEN.

7. Öffnen Sie nun der Reihe nach alle weiteren Formulare und rufen wieder den in Schritt 5 genannten Dialog ORGANISIEREN auf. Wählen Sie nun im rechten Fenster die gewünschten Formatvorlagen, und klicken Sie wieder auf die Schaltfläche KOPIEREN. Daraufhin werden die geänderten Formatvorlagen in den neuen Briefkopf/das neue Formular kopiert.

Sie werden feststellen, dass Sie mit dieser Methode selbst eine große Anzahl vor Formularen in erstaunlich kurzer Zeit auf den aktuellen Stand bringen können.

Prüfen, ob die Formatvorlage überhaupt existiert

Da ein Zugriff auf eine Formatvorlage nur möglich ist, wenn diese existiert (ansonsten wird der Laufzeitfehler 5941 zurückgegeben), bzw. eine neue Formatvorlage nur angelegt werden kann, wenn diese noch nicht existiert, sollte beim Arbeiten mit Formatvorlagen immer zuerst die Existenz der jeweiligen Formatvorlage überprüft werden. Die folgende Funktion durchläuft die vorhandenen Formatvorlagen und gibt, sobald die gesuchte Formatvorlage gefunden wurde, die Meldung „Wahr" bzw. im umgekehrten Fall „Falsch" zurück:

```
Function FVExists(Formatvorlage As String)
    Dim iStyle As Style 'Einzelne Formatvorlage

    For Each iStyle In ActiveDocument.Styles
        If iStyle.NameLocal = FVName Then
            FVExists = CBool(True)
            Exit Function
        End If
    Next
    FVExists = CBool(False)
End Function
```

Listing 7.3: Funktion zum Prüfen, ob eine Formatvorlage vorhanden ist oder nicht

Diese Funktion können Sie wie eine Word-eigene Funktion verwenden, also z.b. in Bedingungen einbauen:

```
If FVExists(„Texte")= True then ...
```

Prüfen, ob die Vorlage integriert ist

Integrierte Vorlagen (z.B. „Standard", „Titel", „Überschrift 1", „Kopfzeile", „Fußzeile" etc.) werden von Microsoft mitgeliefert. Da diese nicht gelöscht werden können, muss ggf. überprüft werden, ob es sich bei der Formatvorlage um eine integrierte Formatvorlage handelt. Dies kann über den folgenden Code geschehen:

```
Function FVBuiltin(strFVName as String)
    If ActiveDocument.Styles(strFVName).BuiltIn = True Then
        FVBuiltin=CBool(True)
    Else
        FVBuiltin=CBool(False)
    End If
End Function
```

Listing 7.4: Prüfen, ob eine Formatvorlage eingebaut (= integriert) ist

Diese Funktion wird ebenfalls ganz normal verwendet, z.B.:

```
If FVBuilin(„Texte")= True then ...
    'Code, wenn die Formatvorlage existiert
Else
    'Code, wenn die Formatvorlage nicht existiert
End IF
```

Optionen zu Formatvorlagen

In den Word-Optionen können Sie das Verhalten der Formatvorlagen festlegen (vgl. hierzu Kapitel 2). Hier ist es sinnvoll, die Option VORLAGENAKTUALISIERUNG ANFRAGEN zu aktivieren bzw. die Option FORMATIERUNG MITVERFOLGEN zu deaktivieren:

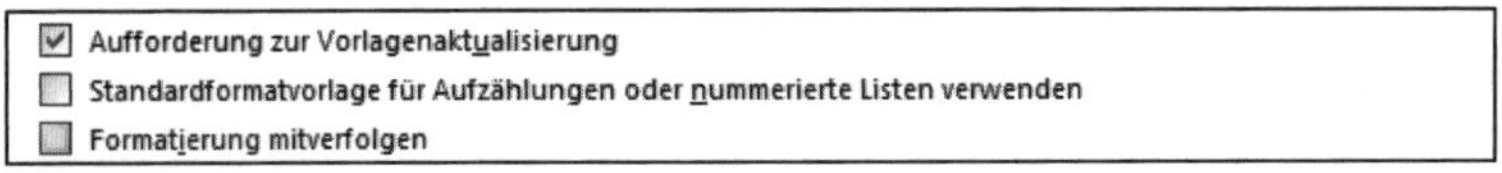

☑ Aufforderung zur Vorlagenaktualisierung
☐ Standardformatvorlage für Aufzählungen oder nummerierte Listen verwenden
☐ Formatierung mitverfolgen

Abbildung 7.13: Die Optionen zu den Formatvorlagen

Das entsprechende Gegenstück in VBA liefert der folgende Code:

```
Sub FVOptionen()
'-----------------------------------------------------------------
' Optimiert die Word-Einstellungen zu den Optionen
'-----------------------------------------------------------------
    With Options
        .PromptUpdateStyle = True 'Vorlagenaktualisierung anfragen
        .FormatScanning = False   'Formatierung mitverfolgen
    End With
    ActiveDocument.ClickAndTypeParagraphStyle = "Standard"
End Sub
```

Listing 7.5: Optimiert die Formatvorlagen-Optionen

Darüber hinaus können Sie auch noch steuern, welche Formatvorlagen in dem Dropdown-Feld FORMATVORLAGEN sichtbar sein sollen oder nicht. Die entsprechende Anweisung lautet:

```
ActiveDocument.Styles("<Name der Formatvorlage>").Visibility = True
```

Umgekehrt können Sie die Anzeigen selbstverständlich auch ausblenden:

```
ActiveDocument.Styles("<Name der Formatvorlage>").Visibility = False
```

Listing 7.6: Ein- und Ausblenden von Formatvorlagen

> **Achtung**
> Diese Anweisung existiert allerdings erst ab Office 2000!

Sie könnten z.B. mit dem folgenden Code alle nicht eingebauten Formatvorlagen (zusätzlich) ausblenden:

```
Sub FVAusblenden()
    'alle nicht eingebauten Formatvorlagen zusätzlich (!) ausblenden
    Dim iStyle As Style

    For Each iStyle In ActiveDocument.Styles
        If iStyle.BuiltIn = False Then
            iStyle.Visibility = False
        End If
    Next
End Sub
```

Listing 7.7: Ausblenden aller Formatvorlagen, die nicht im Verfahren integriert sind

Eine bessere Möglichkeit wäre es sicherlich, in einer Select Case-Abfrage nur bestimmte Formatvorlagen anzuzeigen und alle übrigen auszublenden. Damit haben Sie die Möglichkeit, exakt zu steuern, welche Formatvorlagen sichtbar sein sollen und welche nicht:

```
Sub FVStandardanzeige()
    'blendet alle nicht speziell genannten Formatvorlagen aus
    Dim iStyle As Style
    For Each iStyle In ActiveDocument.Styles
        Select Case iStyle.NameLocal
            Case "Standard"
                iStyle.Visibility = True
            Case "Text"
                iStyle.Visibility = True
            Case "Code"
                iStyle.Visibility = True
            Case "Überschrift 1"
                iStyle.Visibility = True
            Case Else
            iStyle.Visibility = False
        End Select
    Next
End Sub
```

Listing 7.8: Gezielt bestimmte Formatvorlagen ausblenden

Eine neue Formatvorlage anlegen

Benötigen Sie in Ihren Formularen neue Formatvorlagen, können Sie diese wie folgt automatisiert anlegen: Zunächst legen Sie eine neue Formatvorlage über die Add-Methode an und weisen dieser dann die übrigen Eigenschaften zu. Im folgenden Beispiel wird eine Absatzformatvorlage, „Betreff", erstellt, dieser werden dann mehrere Zeichen- und Absatzformate zugewiesen:

```
Sub FVAnlegen()
'----------------------------------------------------------------
' Anlegen einer neuen Formatvorlage und Zuweisen verschiedener
' Eigenschaften
'----------------------------------------------------------------
    With ActiveDocument
        'neue Formatvorlage "Betreff", Typ: Absatzformat
        .Styles.Add Name:="Betreff", Type:=wdStyleTypeParagraph
        With .Styles("Betreff")
            .BaseStyle = "Standard"         'Basiert auf
            .AutomaticallyUpdate = False    'automatisch aktualisieren
            .LanguageID = wdGerman          'Sprache
            .NextParagraphStyle = "Standard" 'FV des nächsten Absatzes
            With .Font                      'Zeichenformate
                .Bold = False
                '...
            End With
            With .ParagraphFormat           'Absatzformate
                .LeftIndent = CentimetersToPoints(0)
                .WidowControl = True        'Absatzkontrolle
                .KeepWithNext = True        'Absätze nicht trennen
                '...
            End With
        End With
    End With
End Sub
```

Listing 7.9: Anlegen einer Absatzformatvorlage

Das Erstellen einer Zeichenformatvorlage gestaltet sich ähnlich. Im folgenden Beispiel wird eine Zeichenformatvorlage, „Fachbegriff", erstellt, die auf der Absatzstandardschriftart basiert, aber zusätzlich Kapitälchen und eine kursive Schrift aufweist:

```
Sub FVFachbegriff()
'------------------------------------------------------------------
' Erstellen der Zeichenformatvorlage "Fachbegriff"
'------------------------------------------------------------------

    With ActiveDocument
        .Styles.Add Name:="Fachbegriff", Type:=wdStyleTypeCharacter
        With ActiveDocument.Styles("Fachbegriff")
            With .Font
                .Name = ""              'Absatzstandardschriftart
                .Italic = True          'kursiv
                .SmallCaps = True       'Kapitälchen
                .AllCaps = False
            End With
            .AutomaticallyUpdate = False
            .LanguageID = wdGerman
        End With
    End With
End Sub
```

Listing 7.10: Anlegen einer Zeichenformatvorlage

Kopieren von Formatvorlagen per VBA

Schneller geht diese Änderung natürlich, wenn Sie die geänderten Formatvorlagen „auf Knopfdruck" per VBA in die übrigen Formulare kopieren können. Die Beispieldatei **AnpassenFormatvorlagen.dotm** enthält die für diesen Zweck angepassten VBA-Kommandos.

Das folgende Beispiel kopiert sechs ausgewählte Formatvorlagen (diese werden in dem Array astrStyleName abgearbeitet) aus dem aktuellen Dokument in die von der Prozedur **DateienAuflisten()** jeweils aufgelisteten Formulare. Sie können ggf. also selbst Hunderte von Formularen in einem Durchgang formatieren:

```
Sub FormatvorlagenKopieren(strQuelldatei As String, strZieldatei As String)
'-----------------------------------------------------------------------
' Kopiert genau festgelegte Formatvorlagen in ein neues Dokument
' Achtung: Die Formatvorlagen müssen existieren!
'-----------------------------------------------------------------------
    Dim i As Integer                          'Zähler
    Dim astrStyleName(1 To 6) As String       'Array der zu kopierenden
                                              'Formatvorlagen (Arg.: Name)
    Dim intObject As Integer                   'zu kopierendes Objekt

    'Formatvorlagen festlegen
    astrStyleName(1) = "Absatz-Standardschriftart"
    astrStyleName(2) = "Standard"
    astrStyleName(3) = "Betreff"
    astrStyleName(4) = "Bezug"
    astrStyleName(5) = "Schlussformel"
    astrStyleName(6) = "Text"

    For i = 1 To 6
        Application.OrganizerCopy _
            Source:=strQuelldatei, _
            Destination:=strZieldatei, _
            Name:=astrStyleName(i), _
            Object:=wdOrganizerObjectStyles
    Next
End Sub
```

Listing 7.11: Kopieren der Formatvorlagen in die Briefköpfe

Die Prozedur **DateienAuflisten()** muss nun lediglich den Aufruf der Unterprozedur FormatvorlagenKopieren aufnehmen. Da hierbei der Schreibschutz nicht berücksichtigt werden muss, kann der Aufruf gleich hinter die Zeile „For Each iDatei In Dateien" gesetzt werden:

```
For Each iDatei In Dateien
    FormatvorlagenKopieren _
    CStr(ActiveDocument.AttachedTemplate.FullName), _
    CStr(iDatei)
Next
```

Listing 7.12: Aufruf der Prozedur FormatvorlagenKopieren

Eine Formatvorlage löschen

Formatvorlagen können in VBA auf zwei Arten gelöscht werden:

■ direkt über die Delete-Anweisung oder

■ mithilfe der Anweisung „Application.OrganizerDelete"

Soll die Formatvorlage im aktuellen Dokument gelöscht werden, dann kann problemlos auf die Delete-Methode zurückgegriffen werden.

```
ActiveDocument.Styles("Fachbegriff").Delete
```

Die zweite Variante hat demgegenüber den großen Vorteil, auch auf derzeit geschlossene Dokumente bzw. Dokumentvorlagen zugreifen zu können, ist also wesentlich flexibler. Der entsprechende Code für diesen Fall lautet:

```
Sub VFLöschen2()
    Dim strName As String      'Name der Formatvorlage
    Dim strSource As String    'zu bearbeitende Datei
    Dim intObject As Integer   'Organisationsmethode

    strName = "acicollapsed1"
    strSource = ActiveDocument.FullName 'aktuelles Dokument
    intObject = wdOrganizerObjectStyles

    Application.OrganizerDelete _
        Source:=strSource, _
        Name:=strName, _
        Object:=intObject
End Sub
```

Listing 7.13: Löschen von Formatvorlagen

Achtung

In beiden Fällen ist es entscheidend, dass der Name der Formatvorlage exakt geschrieben ist! Darüber hinaus ist zu beachten, dass integrierte Formatvorlagen (z.B. „Überschrift 1" etc.) nicht gelöscht werden können; Sie erhalten in diesem Fall den Laufzeitfehler 4198, „Befehl misslungen".

Neben der Wahl des richtigen Kommandos muss beim Löschen also auf Folgendes geachtet werden:

■ Die Schreibweise der Formatvorlage muss korrekt sein, und

■ die Formatvorlage muss existieren, und

■ die Formatvorlage darf keine integrierte Formatvorlage sein.

Diese Probleme löst die folgende Prozedur: Sie überprüft zunächst, ob die zu löschende Formatvorlage überhaupt vorhanden ist und ob es sich ggf. um eine integrierte Formatvorlage handelt:

```
Sub FVLöschen2(Formatvorlage As String)
    'Prüft, ob die gesuchte Formatvorlage im aktuellen Dokument
    'vorhanden ist, und gibt entweder "Wahr" oder "Falsch" zurück
    Dim iStyle As Style

    For Each iStyle In ActiveDocument.Styles
        If iStyle.NameLocal = Formatvorlage Then 'Formatvorlage
                                                 'vorhanden
            If iStyle.BuiltIn = False Then       'Formatvorlage ist
                                                 ' nicht integriert
                ActiveDocument.Styles(Formatvorlage).Delete
                Exit Sub
            Else
                MsgBox "Achtung:" + Chr(13) + Chr(13) + _
                "Die Formatvorlage " + Chr(34) + Formatvorlage + _
                Chr(34) + " kann nicht gelöscht werden!", _
                vbCritical, "Integrierte Formatvorlage"
                Exit Sub
            End If
        End If
    Next
    MsgBox "Achtung:" + Chr(13) + Chr(13) + _
    "Die Formatvorlage " + Chr(34) + Formatvorlage + _
    Chr(34) + " kann nicht gelöscht werden!", vbCritical, _
    "Nicht existente Formatvorlage"
End Sub
```

Listing 7.14: Sicheres Löschen einer Formatvorlage

Wollen Sie alle nicht integrierten Formatvorlagen löschen (also das Dokument komplett bereinigen), können Sie wie folgt vorgehen:

```
Sub LöschenAlleFV()
    Dim iStyle As Style

    For Each iStyle in ActiveDocument.Styles
        If iStyle.BuiltIn = False Then
            iStyle.Delete
        End If
    Next
End Sub
```

Listing 7.15: Löschen aller neuen Formatvorlagen

Achtung

Text, der einer nun gelöschten Formatvorlage zugeordnet war, wird automatisch der Formatvorlage „Standard" zugewiesen!

Achtung

Beachten Sie, dass integrierte Formatvorlagen (z.B. „Überschrift 1" etc.) nicht gelöscht werden können; Sie erhalten in diesem Fall den Laufzeitfehler 4198, „Befehl misslungen".

Hinweis

Die Datei AnpassenFormatvorlagen.dotm enthält die kompletten lauffähigen Prozeduren, diese müssen lediglich an Ihre Bedürfnisse angepasst werden. Auch hier wird das Makro mithilfe eines Makrobuttons aus dem Dokument selber aufgerufen.

Nicht benötigte Formatvorlagen löschen

Sie können auf ähnliche Weise auch die Formatvorlagen in Ihren Formularen bereinigen. Unterstellt, es hat sich ein ziemlicher Wildwuchs eingeschlichen und Sie wollen nun Ihre Formulare dahingehend bereinigen, dass bestimmte – oder auch alle – Formatvorlagen gelöscht werden müssen. Dann verwenden Sie hierzu die folgende Prozedur:

```
Sub LoeschenAlleFV()
    Dim iStyle As Style

    For Each iStyle In ActiveDocument.Styles
        If iStyle.BuiltIn = False Then
            Select Case iStyle.NameLocal
                Case "Blau", "Rot", "Grün"
                    'diese Formatvorlagen sollen nicht gelöscht werden
                Case Else
                    'alle übrigen, nicht integrierten Formatvorlagen werden
                    'gelöscht
                    iStyle.Delete
            End Select
        End If
    NextEnd Sub
```

Listing 7.16: Löschen aller Formatvorlagen bis auf ein paar Ausnahmen

Mithilfe des Kommandos „Select Case iStyle.NameLocal" werden die Namen der Formatvorlagen, die nicht gelöscht werden sollen, überprüft. Diese werden in dem Beispiel durch die Formatvorlagen „Blau", „Rot" und „Grün" repräsentiert. Sie müssen also lediglich die Liste mit den Namen Ihrer Formatvorlagen ergänzen.

Die Prozedur **DateienAuflisten()** muss nun lediglich den Aufruf der Unterprozedur **LoeschenAlleFV** aufnehmen. Da hierbei der Schreibschutz nicht berücksichtigt werden muss, kann der Aufruf gleich hinter die Zeile „For Each iDatei In Dateien" gesetzt werden:

```
    For Each iDatei In Dateien
        Call LoeschenAlleFV
    Next
```

Listing 7.17: Aufruf der Prozedur LoeschenAlleFV

Achtung

Beachten Sie bitte, dass Text, der mit den gelöschten Formatvorlagen versehen war, nach dem Starten dieses Makros automatisch mit der Formatvorlage „Standard" versehen wird!

Ändern von Formatvorlagen

Sie können jederzeit eine (vorhandene) Formatvorlage ändern. Hierzu müssen Sie diese lediglich über „ActiveDocument.Styles("<Name der Formatvorlage>")" aufrufen. Um den Code übersichtlich zu halten, empfiehlt es sich, zusammengehörende Befehle mit einer „With ... End With"-Schleife zusammenzufassen. Am einfachsten zeichnen Sie den entsprechenden Code auf und überarbeiten diesen dann. Anschließend könnte er wie folgt aussehen (je nachdem, welche Einstellungen Sie wählen):

```
Sub FVÄndern()
    With ActiveDocument.Styles("FVTest1")
        With .Font
            .Name = "Arial"
            .Size = 14
            .Bold = False
            .Italic = False
            .Underline = wdUnderlineSingle
            .UnderlineColor = wdColorAutomatic
            .StrikeThrough = False
            .DoubleStrikeThrough = False
            .Outline = False
            .Emboss = False
            .Shadow = False
            .Hidden = False
            .SmallCaps = False
            .AllCaps = False
            .Color = wdColorAutomatic
            .Engrave = False
            .Superscript = False
            .Subscript = False
            .Scaling = 100
            .Kerning = 0
            .Animation = wdAnimationNone
```

```
      End With
      .AutomaticallyUpdate = True
      .BaseStyle = "Text"
      .NextParagraphStyle = "FVTest1"
   End With
End Sub
```

Listing 7.18: Automatisches Ändern von Formatvorlagen

Formatvorlagen kopieren

Findet in Ihrer Firma eine Layout-Änderung Ihrer Formulare statt, könnten Sie die Umstellung dadurch erleichtern, indem Sie einfach die entsprechenden Formatvorlagen kopieren. Hierzu steht Ihnen die VBA-Anweisung „Application.OrganizerCopy" zur Verfügung. In dem genannten Fall ist es sicherlich sinnvoll, alle Formatvorlagen des aktuellen Dokuments in die übrigen zu kopieren. Das folgende Beispiel kopiert acht ausgewählte Formatvorlagen (diese werden in dem Array astrStyleName abgearbeitet) aus dem aktuellen Dokument in den Briefkopf nach „D:\Vorlagen\Briefkopf"".

```
Sub FVInKopfKopieren()
'--------------------------------------------------------------------
' Kopiert genau festgelegte Formatvorlagen in ein neues Dokument
'--------------------------------------------------------------------
      Dim strSource As String              'Quelle der VF
      Dim strDestination As String         'Ziel der VF
      Dim i As Integer                     'Zähler
      Dim astrStyleName(1 To 8) As String  'Array der zu kopierenden
                                           'Formatvorlagen (Arg.: Name)
      Dim intObject As Integer             'zu kopierendes Objekt


      'Formatvorlagen festlegen
      astrStyleName(1) = "Absatz-Standardschriftart"
      astrStyleName(2) = "Standard"
      astrStyleName(3) = "Betreff"
      astrStyleName(4) = "Bezug"
      astrStyleName(5) = "Datenliste"
      astrStyleName(6) = "Schlussformel"
      astrStyleName(7) = "Text"
      astrStyleName(8) = "Titel"

      strDestination = "D:\Vorlagen\Briefkopf"
```

```
strSource = ActiveDocument.FullName
intObject = wdOrganizerObjectStyles

With ActiveDocument
    .UpdateStylesOnOpen = False
    .AttachedTemplate = "Normal"
End With

For i = 1 To 8
    With ActiveDocument
        .UpdateStylesOnOpen = False
        .AttachedTemplate = "Normal"
    End With
    Application.OrganizerCopy _
        Source:=strSource, _
        Destination:=strDestination, _
        Name:=astrStyleName(i), _
        Object:=intObject
Next
End Sub
```

Listing 7.19: Kopieren von Formatvorlagen in ein neues Dokument

Formatvorlagen umbenennen

Auf ähnliche Weise lässt sich eine Formatvorlage auch umbenennen. Hier hilft die Anweisung „Application.OrganizerRename" weiter:

```
Sub FVUmbenennen()
    Dim strSource As String          'Formatvorlagen-Quelle
    Dim strDestination As String     'Zieldokument
    Dim strName As String            'alter FV-Name
    Dim strNewname As String         'neuer FV-Name
    Dim intObject As Integer         'Organistionsmethode

    strSource = ActiveDocument.Name
    strDestination = "C:\Templates\Template1.dot"
    strName = "Standard"
    strNewname = "Standard-Neu"
    intObject = wdOrganizerObjectStyles

    Application.OrganizerRename _
```

```
        Source:=strSource, _
        Name:=strName, _
        NewName:=strNewname, _
        Object:=intObject
End Sub
```

Listing 7.20: Umbenennen einer Formatvorlage

Alternativ können Sie im aktuellen Dokument auch einfach die NameLocal-Eigenschaft ändern:

`ActiveDocument.Styles("Fachbegriff").NameLocal = "Rechtsbegriff"`

Die entsprechenden Textteile tragen danach den neuen Formatvorlagennamen.

Vorhandene Formatvorlagen an „Standard" ausrichten

Falls Sie bestimmte Formatvorlagen in einzelnen Eigenschaften (z.B. Schriftart, Schriftgröße) an der Formatvorlage Standard ausrichten wollen, kann die folgende Lösung weiterhelfen. Voraussetzung hierfür ist, dass die Funktion „FVExists" aus Kapitel Kopieren der Formatvorlagen von Hand, Seite 343, Kopieren der Formatvorlagen von Hand, bekannt ist.

Wollen Sie die – angepassten – Formatvorlagen „von Hand" kopieren, gehen Sie am besten folgendermaßen vor:

1. Öffnen Sie das erste der anzupassende Formular.

2. Passen Sie in diesem Formular die Formatvorlagen an, indem Sie in den SCHNELLFORMATVORLAGEN im Register START im Abschnitt FORMATVORLAGEN die zu ändernden Formatvorlagen mit der rechten Maustaste anklicken (Shortcut: ⎡Alt⎤, ⎡R⎤, ⎡H⎤) und in dem Kontextmenü den Befehl ÄNDERN auswählen. Sollten Sie die gewünschte Formatvorlage hier nicht sehen, öffnen Sie den Aufgabenbereich FORMATVORLAGEN, indem Sie auf den kleinen Pfeil klicken (Shortcut: ⎡Alt⎤, ⎡R⎤, ⎡F⎤, ⎡V⎤), die zu ändernden Formatvorlagen mit der rechten Maustaste anklicken und in dem Kontextmenü den Befehl ÄNDERN auswählen.

3. Führen Sie in dem Dialog FORMATVORLAGE ÄNDERN nun die gewünschten Anpassungen durch.

4. Öffnen Sie den Aufgabenbereich FORMATVORLAGEN, indem Sie im Register START im Abschnitt FORMATVORLAGEN auf den kleinen Pfeil klicken (Shortcut: ⎡Alt⎤, ⎡R⎤, ⎡F⎤, ⎡V⎤). Klicken Sie nun auf das Symbol FORMATVORLAGEN VERWALTEN und danach auf die Schaltfläche IMPORTIEREN/EXPORTIEREN.

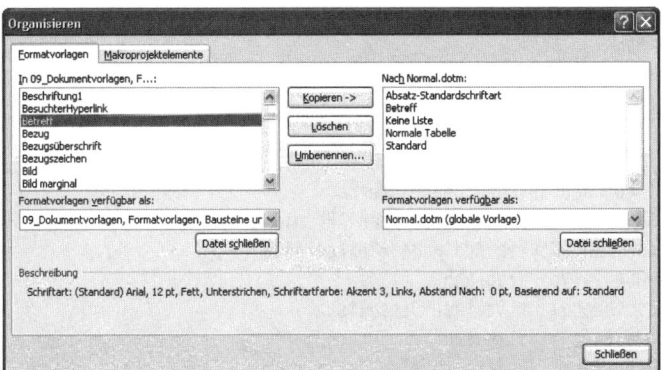

Abbildung 7.14: Kopieren der Formatvorlagen in die Datei Normal.dotm

5. Der Dialog ORGANISIEREN enthält zunächst im linken Fenster die Formatvorlagen und Makroprojekte des aktuell geöffneten Dokuments, im rechten Fenster die entsprechenden Elemente in der globalen Vorlage Normal.dotm. Markieren Sie daher im linken Fenster die neuen bzw. geänderten Formatvorlagen und klicken nun auf die Schaltfläche KOPIEREN. Dann werden die geänderten Formatvorlagen in die Normal.dotm kopieren.

6. Schließen Sie nun den geänderten Briefkopf.

7. Öffnen Sie jetzt der Reihe nach alle weiteren Formulare und rufen wieder den in Schritt 5 genannten Dialog ORGANISIEREN auf. Wählen Sie im rechten Fenster die gewünschten Formatvorlagen, und klicken Sie wieder auf die Schaltfläche KOPIE-REN. Nun werden die geänderten Formatvorlagen in den neuen Briefkopf/das neue Formular kopiert.

Per VBA können bestehende Formatvorlagen mit dem folgenden Code an der jeweiligen Formatvorlage „Standard" ausgerichtet werden:

```
Sub FVAnlegen()
    Dim strStyle As String      'Schriftart
    Dim intSize As Integer      'Schriftgröße
    Dim strName As String       'Schriftart
    Dim bolBold As Boolean      'Fett an/aus

    'gewünschte Eigenschaften von "Standard" auslesen
    strStyle = "Standard"
    With ActiveDocument.Styles(strStyle)
        With .Font
```

359

```
            intSize = .Size
            strName = .Name
            bolBold = .Bold
        End With
    End With

    'Formatvorlagen neu anlegen oder ändern
    If FVExists("Datenliste") = False Then 'FV nicht vorhanden
        ActiveDocument.Styles.Add Name:="Datenliste", _
        Type:=wdStyleTypeParagraph
        With ActiveDocument.Styles("Datenliste")
            .BaseStyle = "Standard"
            .AutomaticallyUpdate = False
            .ParagraphFormat.LeftIndent = CentimetersToPoints(3.75)
            .NextParagraphStyle = "Datenliste"
            .LanguageID = wdGerman
        End With
    Else 'FV vorhanden, d.h., Einträge anpassen
        With ActiveDocument.Styles("Datenliste")
            With .Font
                .Size = intSize
                .Name = strName
                .Bold = bolBold
            End With
            .BaseStyle = "Standard"
            .AutomaticallyUpdate = False
            .ParagraphFormat.LeftIndent = CentimetersToPoints(3.75)
            .LanguageID = wdGerman
            .NextParagraphStyle = "Datenliste"
        End With
    End If
End Sub
```

Listing 7.21: Anpassen von Formatvorlagen

Dies kann für alle Formatvorlagen durchgeführt werden, sodass einheitliche Schriften quer durch alle Formatvorlagen gewährleistet werden können.

Man kann mit den Formatvorlagen sicherlich noch viel mehr anstellen, wie z.B.:

■ ausgewähltem Text eine bestimmte Formatvorlage zuweisen

■ Formatvorlagen gezielt anpassen

■ Formatvorlagen umbenennen

■ etc.

Für unsere Zwecke, d.h., Formulare rasch und effizient zu verwalten und ggf. an neuere Bedingungen und Vorgaben anzupassen, sollten die o.g. Möglichkeiten allerdings ausreichen. Und wer schon einmal eine größere Anpassen-Aktion von Formularen hinter sich gebracht hat, kann sicherlich ein Lied davon singen, wie viel Arbeit man sich hier ersparen kann!

7.6.4 Felder anpassen

Das Überarbeiten von Word-Formularen kann auch im Bereich „Feldfunktionen" eine Menge Arbeit verursachen, wenn diese Aufgabe „von Hand" durchgeführt werden muss. Um die Arbeit zu vereinfachen und zu beschleunigen, bietet sich ebenfalls der Weg über VBA an. Hierbei müssen wir allerdings auf den jeweiligen Feldtyp abstellen.

Formularfelder prüfen und anpassen

Müssen in einem Dokument Formularfelder überprüft und ggf. angepasst werden, bietet sich die folgende Vorgehensweise an:

Die Prozedur „FelderScannen()" überprüft zunächst, ob das Dokument überhaupt Felder enthält. Diese werden daraufhin in einer Schleife der Reihe nach durchlaufen. Sofern es sich um Textfelder handelt, wird deren Inhalt geprüft und ggf. geändert:

```
Sub FormularFelderScannen()
    Dim iFeld As FormField 'das jeweils ausgewählte Feld

    If ActiveDocument.FormFields.Count > 0 Then    'prüfen, ob überhaupt
                                                   'Felder vorhanden sind
        For Each iFeld In ActiveDocument.FormFields    'alle Felder durchlaufen
            If iFeld.TextInput = True Then             'sofern Textfeld ...
                If iFeld.Result = "Lieschen Müller" Then 'Text im Textfeld prüfen
                    iFeld.Result = "Max Huber"          'neuen Text setzen
                End If
            End If
        Next
    End If
End Sub
```

Listing 7.22: Überprüfen und Anpassen der Formularfelder eines Dokuments

Die Prozedur **DateienAuflisten()** muss nun lediglich den Aufruf der Unterprozedur **FormularFelderScannen** aufnehmen. Nachfolgend der entsprechende Auszug aus der Prozedur DateienAuflisten():

```
...
'Dok. ist nicht geschützt, kann angepasst werden
If ActiveDocument.ProtectionType = wdNoProtection Then
    Call FelderScannen() 'Felder anpassen
Else 'Dokument ist geschützt
    'Schutz aufheben
    ActiveDocument.Protect Type:=wdNoProtection
    Call FelderScannen() 'Felder anpassen
    'Formularschutz wieder setzen
    ActiveDocument.Protect Type:=wdAllowOnlyFormFields
End If
...
```

Listing 7.23: Aufruf der Prozedur FormularFelderScannen

Hinweis

Da Formularfelder nur im Textteil, nicht aber in Kopf- oder Fußzeilen vorkommen dürfen, brauchen wir an dieser Stelle keine Abschnittswechsel, Kopf- oder Fußzeilen zu berücksichtigen.

Anpassen von Makrobuttons

Eine andere Variante von Feldern stellen sog. Makrobuttons dar. Diese werden häufig benutzt, um Eingabeaufforderungen darzustellen, die relativ bequem angesprungen werden können. Das Problem beim automatischen Anpassen ist nun, dass sich diese Makrobuttons sowohl im Textbereich als auch in den Kopf- und Fußzeilen des jeweiligen Dokuments befinden können. Der folgende Code durchläuft sowohl den Textteil des Dokuments als auch alle Kopf- und Fußzeilen und ändert ggf. den Code des Makrobuttons entsprechend ab. Sie brauchen lediglich im oberen Teil die Variablen "strSuchtext" und "strNeuerCode" wie gewünscht anzupassen:

```
Sub FelderAnpassen()
'-------------------------------------------------------------
'Die Prozedur durchläuft den Textteil und alle Kopf- und Fußzeilen
'des Dokuments, sucht nach Feldern (z.B. Makrobuttons) mit einem bestimmten
Inhalt
'und passt den Feldcode entsprechend an
'-------------------------------------------------------------
Dim iFeld As Field 'das jeweils ausgewählte Feld
Dim i As Integer 'Zähler für die durchlaufenen Kopf-/Fußzeilen
Dim Abschnitt As Section 'Variable für die For Each ... Next-Schleife
Dim strSuchtext As String 'Teil des Feldcodes, nach dem gesucht wird
'z.B. alte Telefonnummer
Dim strNeuerCode As String 'Neuer Feldcode (kompletter (!) Feldcode

'Suchtext und den neuen Feldcode angeben
strSuchtext = "0821/8888"
strNeuerCode = " Makrobutton Nomacro 0821/1299-21 "

'Felder im Textteil duchlaufen
If ActiveDocument.Fields.Count > 0 Then 'prüfen, ob überhaupt
                                        'Felder vorhanden sind
    For Each iFeld In ActiveDocument.Fields 'alle Felder durchlaufen
        If InStr(iFeld.Code, strSuchtext) Then
            With iFeld
                .Code.Text = strNeuerCode
                .Update
            End With
        End If
    Next
End If

'Alle Fußzeilen durchlaufen
For Each Abschnitt In ActiveDocument.Sections
    For i = 1 To 3
        'Alle Kopfzeilen des Abschnitts durchsuchen
        'If ActiveDocument.Sections(1).Footers(i).Range.Fields.Count > 0 Then
        If Abschnitt.Headers(i).Range.Fields.Count > 0 Then
            'alle Felder durchlaufen
            For Each iFeld In Abschnitt.Headers(i).Range.Fields
                If InStr(iFeld.Code, strSuchtext) Then
                    With iFeld
```

363

```
            .Code.Text = strNeuerCode 'Feldcode anpassen
            .Update 'Feld aktualisieren
          End With
        End If
      Next
    End If

    'Alle Fußzeilen des Abschnitts durchsuchen
    If Abschnitt.Footers(i).Range.Fields.Count > 0 Then
      'alle Felder durchlaufen
      For Each iFeld In Abschnitt.Footers(i).Range.Fields
        If InStr(iFeld.Code, strSuchtext) Then
          With iFeld
            .Code.Text = strNeuerCode 'Feldcode anpassen
            .Update 'Feld aktualisieren
          End With
        End If
      Next
    End If
  Next
 Next
End Sub
```

Listing 7.24: Anpassen vom Makrobuttons

Sonstige Felder prüfen

Für alle übrigen Felder (Seriendruckfelder, ASK-Felder etc.) gelten die gleichen Regeln wie für die Makrobuttons. Das bedeutet: Falls Sie andere Felder bearbeiten müssen, passen Sie einfach den Code für die Makrobuttons an. Beachten Sie bitte, dass auch die übrigen Felder grundsätzlich in allen Teilen des Dokuments vorkommen können, d.h., auch hier müssen ggf. die Kopf- und Fußzeilen mit durchsucht werden!

7.6.5 Anpassen von Text- und Positionsrahmen

Sollen Text oder Felder angepasst werden, die in Text- oder Positionsrahmen stehen, stehen Sie vor weiteren Problemen, die im Folgenden besprochen werden.

Anpassen von Positionsrahmen

Eine weitere Herausforderung stellt sich, falls Text in Positionsrahmen angepasst werden soll. Auch hier besteht das Problem, dass sich die Positionsrahmen sowohl im Textbereich als auch in den Kopf- und Fußzeilen des jeweiligen Dokuments befinden können. D.h., Sie müssen auch diese durchsuchen:

```
Sub PositionsRahmenAnpassen()
    '-------------------------------------------------------------
    'Die Prozedur durchläuft den Textteil und alle Kopf- und Fußzeilen
    'des Dokuments, sucht nach Positionsrahmen mit einem
    'bestimmten Inhalt und passt den Feldcode entsprechend an
    '-------------------------------------------------------------
    Dim i As Integer 'Zähler für die durchlaufenen Kopf-/Fußzeilen
    Dim Abschnitt As Section 'Variable für die For Each ... Next-Schleife
    Dim strSuchtext As String 'Teil des Feldcodes, nach dem gesucht wird
    'z.B. alte Telefonnummer
    Dim strNeuerText As String 'Neuer Feldcode (kompletter (!) Feldcode
    Dim iFrame As Frame 'einzelner Positionsrahmen

    'Suchtext und den neuen Feldcode angeben
    strSuchtext = "88888"
    strNeuerText = "77777"

    'Alle Positionsrahmen im Textbereich durchsuchen
    If ActiveDocument.Frames.Count > 0 Then
        For Each iFrame In ActiveDocument.Frames
            If InStr(iFrame.Range.Text, strSuchtext) Then
                iFrame.Range.Text = strNeuerText
            End If
        Next
    End If

    'Alle Kopf- und Fußzeilen durchlaufen
    For Each Abschnitt In ActiveDocument.Sections
        For i = 1 To 3
            'Alle Positionsrahmen in der Kopfzeile durchlaufen
```

```
        If Abschnitt.Headers(i).Range.Frames.Count > 0 Then
            For Each iFrame In Abschnitt.Headers(i).Range.Frames
                If InStr(iFrame.Range.Text, strSuchtext) Then
                    iFrame.Range.Text = strNeuerText
                End If
            Next
        End If

        'Alle Positionsrahmen in den Fußzeilen durchlaufen
        If Abschnitt.Footers(i).Range.Frames.Count > 0 Then
            For Each iFrame In Abschnitt.Footers(i).Range.Frames
                If InStr(iFrame.Range.Text, strSuchtext) Then
                    iFrame.Range.Text = strNeuerText
                End If
            Next
        End If
      Next
    Next
End Sub
```

Listing 7.25: Alle Positionsrahmen prüfen und anpassen

Anpassen von Textfeldern

Und zu guter Letzt das Ganze auch noch mit Textfeldern! Auch diese werden gerne verwendet, um Textteile unterzubringen, und ähnlich wie bei den Positionsrahmen können sich diese sowohl im Textbereich als auch in den Kopf- und Fußzeilen befinden. Der nachfolgende Code durchsucht alle diese Bereiche und passt die Textrahmen ggf. an:

```
Sub TextFelderAnpassen()
    '------------------------------------------------------------
    'Die Prozedur durchläuft den Textteil und alle Kopf- und Fußzeilen
    'des Dokuments, sucht nach Textrahmen mit einem
    'bestimmten Inhalt und passt den Feldcode entsprechend an
    '------------------------------------------------------------
    Dim i As Integer 'Zähler für die durchlaufenen Kopf-/Fußzeilen
    Dim Abschnitt As Section 'Variable für die For Each ... Next-Schleife
    Dim strSuchtext As String 'Teil des Feldcodes, nach dem gesucht wird
    'z.B. alte Telefonnummer
    Dim strNeuerText As String 'Neuer Feldcode (kompletter (!) Feldcode
    Dim iTextfeld As Shape 'einzelnes Textfeld
```

```
'Suchtext und den neuen Feldcode angeben
strSuchtext = "88888"
strNeuerText = "77777"

'Alle Textfelder im Textbereich durchsuchen
If ActiveDocument.Shapes.Count > 0 Then
    For Each iTextfeld In ActiveDocument.Shapes
        If InStr(iTextfeld.TextFrame.TextRange, strSuchtext) Then
            iTextfeld.TextFrame.TextRange = strNeuerText
        End If
    Next
End If

'Alle Kopf- und Fußzeilen durchlaufen
For Each Abschnitt In ActiveDocument.Sections
    For i = 1 To 3
        'Alle Textfelder in den Kopfzeilen durchsuchen
        If Abschnitt.Headers(i).Shapes.Count > 0 Then
            For Each iTextfeld In Abschnitt.Headers(i).Shapes
                If InStr(iTextfeld.TextFrame.TextRange, strSuchtext) Then
                    iTextfeld.TextFrame.TextRange = strNeuerText
                End If
            Next
        End If

        'Alle Textrahmen in den Fußzeilen durchlaufen
        If Abschnitt.Footers(i).Range.Frames.Count > 0 Then
            For Each iFrame In Abschnitt.Footers(i).Range.Frames
                If InStr(iFrame.Range.Text, strSuchtext) Then
                    iFrame.Range.Text = strNeuerText
                End If
            Next
        End If
    Next
Next
End Sub
```

Listing 7.26: Alle Textrahmen prüfen und anpassen

7.7 Die Makro-Sicherheitseinstellungen

7.7.1 Allgemeines

Im Rahmen der Formularverwaltung hatten wir es nun wiederholt mit VBA bzw. mit Makros zu tun. Leider hat VBA neben dieser positiven Seite, so gut wie alles relativ einfach zu automatisieren und Word an die eigenen Bedürfnisse anpassen zu können, noch eine negative Seite: Viele Scherzbolde missbrauchen diese Möglichkeit, um **Makroviren** zu programmieren.

Ein Makrovirus ist ein Computervirus, der in einem Makro innerhalb einer Datei, einer Vorlage oder eines Add-Ins gespeichert ist. Um den besten Schutz vor Makroviren zu gewährleisten, sollten Sie ein spezielles Antivirenprogramm erwerben und installieren.

Microsoft versucht, dieses Problem mit einer ausgeklügelten Sicherheitsstrategie zu verringern: Es wurden

- unterschiedliche Sicherheitsstufen,
- das Konzept der Signaturen und
- das Konzept der vertrauenswürdigen Speicherorte

eingeführt.

7.7.2 Die Einstellungen im Vertrauensstellungscenter

Die Sicherheitseinstellungen von Microsoft Word 2007 werden im Vertrauensstellungscenter verwaltet. Dabei wirken sich Änderungen im Vertrauensstellungscenter immer nur auf das aktuell verwendete Office-Programm aus. Sie können also nicht von Word aus z.B. die Makroeinstellungen für Excel ändern.

In das Vertrauensstellungscenter gelangen Sie, indem Sie zuerst auf die Microsoft OFFICE-SCHALTFLÄCHE und dann auf die Schaltfläche WORD-OPTIONEN (Shortcut: [Alt], [D], [I]) klicken.

Hinweis

Sie gelangen ebenfalls in das Vertrauensstellungscenter, wenn Sie im Register ENTWICKLERTOOLS in der Gruppe CODE auf MAKROSICHERHEIT klicken (Shortcut: [Alt], [W], [A], [S]).

Das Vertrauensstellungscenter ist in verschiedene Bereiche gegliedert, die jeweils unterschiedliche Sicherheitsaspekte verwalten:

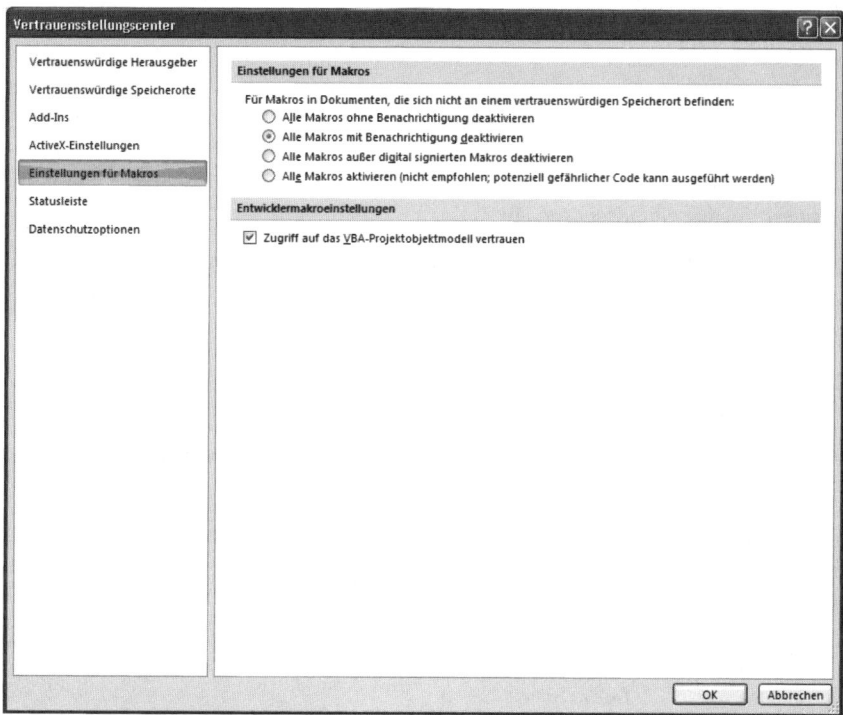

Abbildung 7.15: Das Vertrauensstellungscenter

- Im Abschnitt VERTRAUENSWÜRDIGE HERAUSGEBER können Sie die installierten Zertifikate verwalten. Dies ist z.b. wichtig, um Zertifikate, denen Sie nicht mehr vertrauen, wieder zu löschen.

- Im Abschnitt VERTRAUENSWÜRDIGE SPEICHERORTE können Sie einzelne Ordner (ggf. inkl. deren Unterordner) als vertrauenswürdig einstufen.

- Der Abschnitt ADD-INS dient dazu, die aktuell aktivierten Add-Ins zu verwalten und ggf. temporär weitere Add-Ins zu aktivieren.

- Im Abschnitt ACTIVEX-EINSTELLUNGEN legen Sie fest, ob und inwieweit Sie auf die Steuerelemente der Legacytools zugreifen können.

▣ Im Abschnitt EINSTELLUNGEN FÜR MAKROS legen Sie die Sicherheitsstufe für die Makros fest.

▣ Im Abschnitt STATUSLEISTE legen Sie fest, ob Sie die Symbolleiste mit dem Warnhinweis für deaktivierte Makros sehen können oder nicht.

7.7.3 Das Konzept der Sicherheitsstufen

Microsoft hat zur Verwaltung der Sicherheitsstufen in Office 2007 das **Vertrauensstellungscenter** eingeführt. Wird ein Dokument in Office 2007 geöffnet, überprüft das Vertrauensstellungscenter, ob:

1. das Makro vom Entwickler mit einer digitalen Signatur signiert wurde,

2. die digitale Signatur aktuell und gültig ist, d.h., ob diese rechtmäßig, aktuell und nicht abgelaufen oder gesperrt ist,

3. das der digitalen Signatur zugeordnete Zertifikat von einer bekannten Zertifizierungsstelle ausgestellt wurde und ob

4. der Entwickler, der das Makro signiert hat, ein vertrauenswürdiger Herausgeber ist.

Entscheidend für diese Prüfungen ist zunächst, welche Sicherheitsstufe im Abschnitt EINSTELLUNGEN FÜR MAKROS ausgewählt wurde. Hier stehen folgende Einstellungen zur Verfügung:

Einstellung	Frühere Bezeichnung	Erläuterung
Alle Makros ohne Benachrichtigung deaktivieren	Sehr hoch	Alle Makros in Dokumenten sowie Sicherheitshinweise zu Makros werden deaktiviert, es sei denn, Sie haben Dokumente mit nicht signierten Makros, die Sie für vertrauenswürdig halten, an einem vertrauenswürdigen Speicherort gespeichert.
Alle Makros mit Benachrichtigung deaktivieren	Mittel	Dies ist die Standardeinstellung. Klicken Sie auf diese Option, wenn Makros deaktiviert werden sollen, Sie jedoch benachrichtigt werden möchten, falls Makros vorhanden sind. Auf diese Art können Sie je nach der Situation auswählen, ob die jeweiligen Makros aktiviert werden sollen.

Einstellung	Frühere Bezeichnung	Erläuterung
Alle Makros außer digital signierten Makros deaktivieren	Hoch	Bei dieser Einstellung können nur Makros ausgeführt werden, wenn diese von einem vertrauenswürdigen Herausgeber signiert wurden, dem Sie bereits vertrauen. Haben Sie den Herausgeber (noch) nicht als vertrauenswürdig eingestuft, werden Sie benachrichtigt, und Sie können auswählen, ob Sie die signierten Makros aktivieren oder dem Herausgeber vertrauen möchten. Alle nicht signierten Makros werden ohne Benachrichtigung deaktiviert.
Alle Makros aktivieren (nicht empfohlen, potenziell gefährlicher Code kann ausgeführt werden)	Niedrig	Mit dieser Einstellung lassen Sie die Ausführung aller Makros zu. Bei dieser Einstellung ist der Computer für Angriffe durch potenziell bösartigen Code gefährdet, deshalb ist sie nicht zu empfehlen.

Tabelle 7.1: Übersicht über die Makro-Sicherheitsstufen

Entsprechend den gewählten Einstellungen wird das Dokument auf das Vorhandensein von Makros sowie von (gültigen) Zertifikaten geprüft. Wird allerdings einer der genannten Punkte negativ getestet, wird das Makro standardmäßig deaktiviert, und eine Hinweisleiste wird angezeigt, um Sie auf ein potenziell unsicheres Makro hinzuweisen.

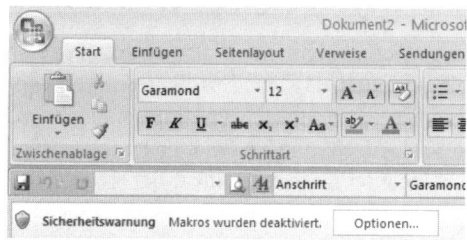

Abbildung 7.16: Ein Makro wurde von Word 2007 vorläufig deaktiviert ...

Ein Klick auf die Schaltfläche OPTIONEN öffnet einen Dialog, mit dessen Hilfe Sie das Makro aktivieren können.

Achtung

Sie sollten das Makro grundsätzlich nur aktivieren, wenn Sie sicher sind, dass es aus einer vertrauenswürdigen Quelle stammt!

Sie erfahren in diesem Dialog zunächst, welches Dokument die Makros enthält und dass die Sicherheitsprüfung erfolglos verlief. Außerdem erhalten Sie den Hinweis, dass Sie die Makros nur aktivieren sollten, wenn Sie sich sicher sind, dass Sie der Quelle der Datei vertrauen können:

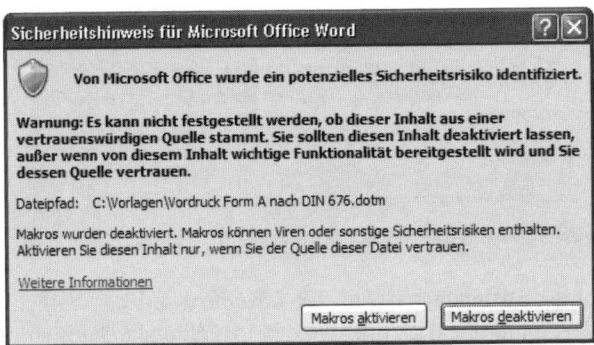

Abbildung 7.17: Nähere Hinweise zum deaktivierten Makro

Je nachdem, wie Ihre Entscheidung ausfällt, können Sie mit den beiden Schaltflächen in diesem Dialog die Makros entweder aktivieren oder auch deaktivieren.

Wurde dem Dokument ein Zertifikat zugewiesen, sieht der Dialog anders aus. Sie erhalten beim ersten Aufruf ebenfalls die Warnung, dass das Zertifikat nicht erkannt werden konnte. Darüber hinaus erhalten Sie auch verschiedene Informationen zu dem Zertifikat, zu dessen Aussteller und zur Laufzeit, und Sie erhalten jetzt die Möglichkeit, nur dieses eine Dokument zu öffnen oder diesem Zertifikat generell zu vertrauen:

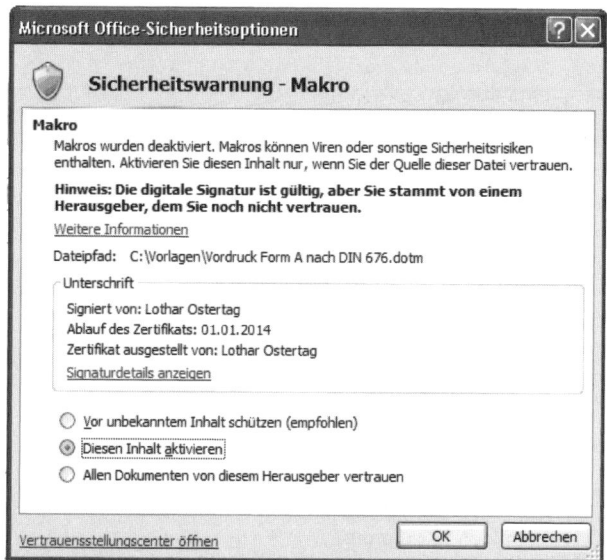

Abbildung 7.18: Die Sicherheitswarnung bei einem zertifizierten Dokument

Sobald Sie auf die Schaltfläche ALLEN DOKUMENTEN VON DIESEM HERAUSGEBER VERTRAUEN klicken, wird der Herausgeber der Liste vertrauenswürdiger Herausgeber im Vertrauensstellungscenter hinzugefügt. Dies bedeutet: Die gesamte Software dieses Herausgebers wird künftig als vertrauenswürdig eingestuft, die Makros werden ab sofort ohne Nachfrage akzeptiert.

Hinweis

Falls das Makro nicht über eine gültige Signatur verfügt, Sie dieses eine Dokument jedoch für vertrauenswürdig halten und künftig nicht mehr benachrichtigt werden möchten, gibt es eine Alternative: Verschieben Sie einfach das Dokument an einen vertrauenswürdigen Speicherort! Dokumente an vertrauenswürdigen Speicherorten können ohne Überprüfung durch das Sicherheitssystem des Vertrauensstellungscenters ausgeführt werden.

Welche möglichen Handlungsalternativen haben Sie? Microsoft empfiehlt die folgenden Alternativen:

Problem	Tipp
Das Makro ist nicht signiert.	Vor dem Aktivieren nicht signierter Makros sollten Sie sicherstellen, dass das Makro aus einer vertrauenswürdigen Quelle stammt. Sie können auch dann in einem Dokument arbeiten, wenn Sie das Makros nicht aktivieren.
Das Makro ist zwar signiert, aber die Makrosignatur ist nicht vertrauenswürdig.	Sie können dem Makroherausgeber explizit vertrauen, indem Sie im Sicherheitsdialogfeld auf ALLEN DOKUMENTEN VON DIESEM HERAUSGEBER VERTRAUEN klicken. Diese Option wird nur angezeigt, wenn die Signatur gültig ist. Durch Klicken auf diese Option wird der Herausgeber der Liste vertrauenswürdiger Herausgeber im Vertrauensstellungscenter hinzugefügt. Alternativ können Sie auf DIESEN INHALT AKTIVIEREN klicken. Dies bedeutet, dass nur in diesem Einzelfall das Makro aktiviert wird, oder Sie verschieben das Dokument in einen vertrauenswürdigen Speicherort.
Das Makro ist zwar signiert, aber die Makrosignatur ist ungültig.	Die Aktivierung von Makros mit ungültigen Signaturen wird nicht empfohlen. Ein möglicher Grund für die Ungültigkeit der Signatur liegt in einer möglichen Manipulation. Sie sollten sich in diesem Fall unbedingt mit dem Makroherausgeber in Verbindung setzen und diese Situation abklären.
Das Makro ist zwar signiert, aber die Makrosignatur ist abgelaufen.	Vor dem Aktivieren von Makros mit abgelaufenen Signaturen sollten Sie sicherstellen, dass das Makro aus einer vertrauenswürdigen Quelle stammt. Wenn Sie das Dokument in der Vergangenheit ohne jegliche Sicherheitsprobleme verwendet haben, ist das Risiko geringer, das Makro zu aktivieren.

Tabelle 7.2: Handlungsalternativen bei nicht gültig zertifizierten Makros

7.7.4 Die digitale Signatur

Eine digitale Signatur wird u.a. zum Authentifizieren von Makros verwendet. Am besten kann man die Signatur mit einem Siegel auf einem Umschlag vergleichen: Sie bestätigt, dass das Makro von dem Entwickler stammt, der es signiert hat, und dass es nicht geändert wurde. Mithilfe digitaler Signaturen können Sie folglich überprüfen:

▦ ob der Signierer der ist, der er vorgibt zu sein (Echtheit),

▦ ob der Inhalt seit dem digitalen Signieren nicht geändert oder manipuliert wurde (Integrität) und

▦ woher der signierte Inhalt kommt (Anerkennung). Der Begriff Anerkennung bedeutet in diesem Fall, dass der Signierer eine Verbindung mit dem signierten Inhalt nicht abstreiten kann.

Hinweis

Die Signatur garantiert nicht, dass das Programm fehlerfrei ist! Das zum Erstellen dieser Signatur verwendete Zertifikat bestätigt lediglich, dass das Makro oder das Dokument von der Person stammt, die es signiert hat. Darüber hinaus bestätigt die Signatur, dass der Makrocode tatsächlich vom Absender kommt und nicht nachträglich manipuliert wurde!

All dies kann sichergestellt werden, indem der Inhalt vom Ersteller digital signiert wird. Die Signatur muss dabei die folgenden Kriterien erfüllen:

▦ Die digitale Signatur ist gültig, d.h., das Zertifikat wurde mit einem gültigen Zertifikat signiert, und der Code wurde seitdem nicht mehr geändert.

▦ Das Zertifikat der digitalen Signatur ist aktuell (nicht abgelaufen).

▦ Die signierende Person oder Organisation, der sogenannte Herausgeber, gilt als vertrauenswürdig.

▦ Das Zertifikat, das der digitalen Signatur zugeordnet ist, wurde für den signierenden Herausgeber von einer vertrauenswürdigen Zertifizierungsstelle ausgestellt.

Sie können sich die digitale Signatur in einem signierten Dokument mit den folgenden Schritten anzeigen lassen:

1. Öffnen Sie das gewünschte Dokument.

2. Sobald die Sicherheitswarnung erscheint, klicken Sie auf die Schaltfläche OPTIONEN.

3. Klicken Sie im folgenden Dialog auf SIGNATURDETAILS ANZEIGEN. Nun bekommen Sie die näheren Informationen zu der Signatur angezeigt und können ggf. auch das Zertifikat installieren.

Selbstverständlich können Sie ein Zertifikat auch jederzeit wieder löschen, z.b. wenn Ihnen nachträglich Zweifel an der Vertrauenswürdigkeit kommen:

1. Wechseln Sie in das Vertrauensstellungscenter.
2. Wählen Sie dort die Rubrik VERTRAUENSWÜRDIGE HERAUSGEBER.
3. Klicken Sie das zu entfernende Zertifikat an, und klicken Sie auf die Schaltfläche ENTFERNEN.

7.7.5 Zertifizieren eines VBA-Projekts

Microsoft verwendet zum Zertifizieren von Makros die Microsoft Authenticode-Technologie. Kommerzielle Zertifikate werden von sog. **Zertifizierungsstellen** (z.B. Veri-Sign, Inc.) oder von den IT-Mitarbeitern Ihres Unternehmens vergeben.

Sie können aber auch digitale Signaturen mit dem Tool „Selfcert.exe" erstellen.

Achtung

Da das von Selfcert.exe erstellte Zertifikat an jedem beliebigen Rechner erzeugt werden kann, ist es absolut nicht (!) sicher. Es ist daher lediglich für den privaten Gebrauch oder für Testzwecke gedacht.

Benötigen Sie Zertifikate für den gewerblichen Bereich, sollten Sie sich unbedingt ein Zertifikat eines Trustcenters besorgen!

---

1. Suchen Sie im Explorer die Datei „Selfcert.exe" (Sie finden diese üblicherweise unter „c:\Programme \Microsoft Office\Office12"), und starten Sie die Datei per Doppelklick.
2. Geben Sie in dem Dialog DIGITALES ZERTIFIKAT ERSTELLEN den gewünschten Namen für das Zertifikat ein.
3. Bestätigen Sie die Eingaben mit OK. Nun existiert Ihr Zertifikat und muss nun in das VBA-Projekt eingebunden werden.
4. Öffnen Sie die zu zertifizierende Dokumentvorlage.
5. Wechseln Sie mit [Alt] + [F11] in die VBA-Umgebung.
6. Rufen Sie hier das Menü EXTRAS|DIGITALE SIGNATUR... auf.

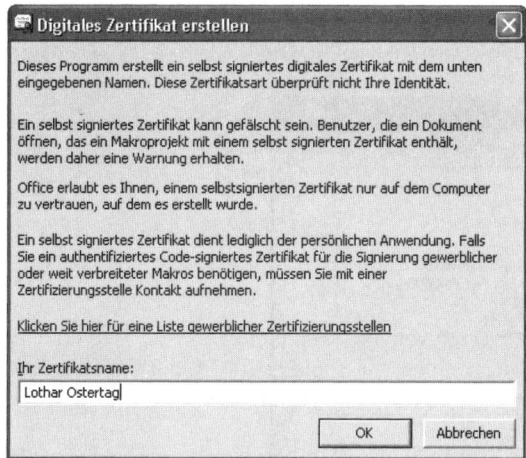

Abbildung 7.19: Erstellen eines privaten Zertifikates mithilfe der Selfcert.exe

7. Nun wird der Dialog DIGITALE SIGNATUR angezeigt. Klicken Sie hier auf die Schalt-fläche WÄHLEN...

8. In dem folgenden Dialog ZERTIFIKAT AUSWÄHLEN können Sie das gewünschte Zertifikat auswählen:

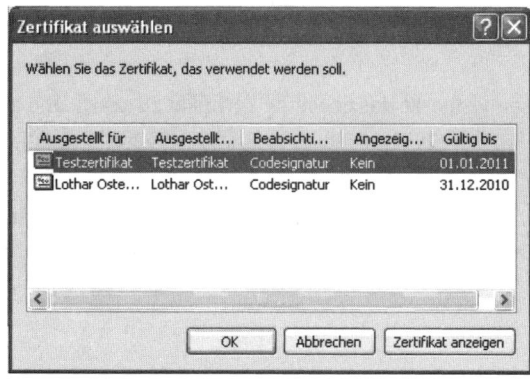

Abbildung 7.20: Auswählen eines Zertifikates

9. Darüber hinaus haben Sie die Möglichkeit, sich mithilfe der Schaltfläche ZERTI-FIKAT ANZEIGEN alle wesentlichen Eigenschaften des Zertifikats anzeigen zu lassen.

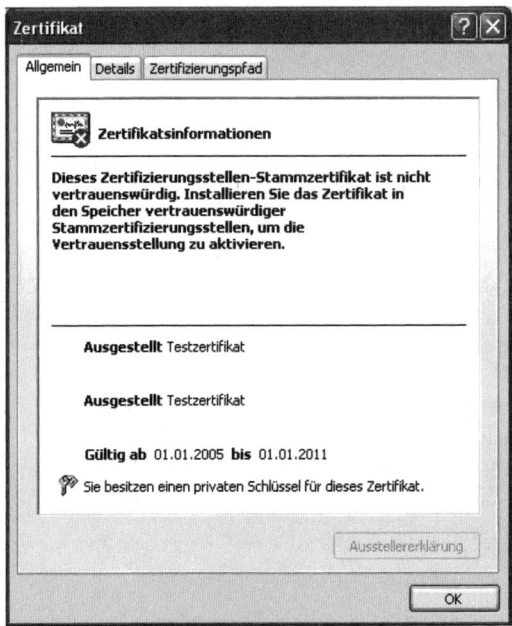

Abbildung 7.21: Prüfen der Eigenschaften eines Zertifikats

10. Anschließend ist in der Eingangsmaske das gewählte Zertifikat zu sehen, und auch hier können Sie selbstverständlich noch einmal die genauen Details des Zertifikats anzeigen lassen:

Ist die Sicherheitsstufe in Word auf **Alle Makros mit Benachrichtigung deaktivieren** oder **Alle Makros außer digital signierten Makros deaktivieren** gestellt und Sie öffnen ein Dokument mit zertifizierten Makros, erhalten Sie den folgenden Hinweis:

Abbildung 7.22: Warnhinweis bei zertifizierten Makros

Sie haben nun die Möglichkeit, durch Klick auf ALLEN DOKUMENTEN VON DIESEM HERAUS-GEBER VERTRAUEN das Zertifikat zu übernehmen. Tun Sie dieses, erhalten Sie bei diesen Dokumenten künftig keinen Warnhinweis mehr.

Hinweis

Haben Sie ein Zertifikat versehentlich aktiviert, können Sie dieses im Vertrauens-stellungscenter in der Rubrik VERTRAUENSWÜRDIGE HERAUSGEBER wieder löschen!

Die Schaltfläche DIESEN INHALT AKTIVIEREN startet dagegen nur in diesem einen Fall die Makros.

7.7.6 Das Konzept der vertrauenswürdigen Speicherorte

Mit Office 2007 wurde das Sicherheitskonzept um ein weiteres Merkmal erweitert. Ab sofort können Sie einzelne Speicherorte als „vertrauenswürdig" einstufen.

Achtung

Dies bedeutet, dass – unabhängig von den Makrosicherheitseinstellungen! – Makros von Dokumenten oder Dokumentvorlagen, die in einem dieser Pfade gespeichert sind, generell ausgeführt werden!

Standardmäßig gelten die folgenden Speicherorte als „vertrauenswürdig":

- C:\Dokumente und Einstellungen\<Benutzername>\Anwendungsdaten\Microsoft\ Templates\ (Benutzervorlagen)

- C:\Programme\Microsoft Office 2003\OFFICE11\Templates\ (Anwendungsvorlagen, d.h. Vorlagen, die vom Word-Setup-Programm installiert wurden)

- C:\Dokumente und Einstellungen\<Benutzername> \Anwendungsdaten\Microsoft\ Word\Startup\ (der benutzerbezogene Startup-Ordner)

Sie können jederzeit diese Speicherorte ändern, weitere Speicherorte hinzufügen oder löschen oder generell die vertrauenswürdigen Speicherorte deaktivieren.

1. Rufen Sie hierzu das Vertrauensstellungscenter auf und klicken auf die Auswahl VERTRAUENSWÜRDIGE SPEICHERORTE.

2. Wollen Sie weitere Ordner in die Liste der vertrauenswürdigen Speicherorte aufnehmen, klicken Sie einfach auf die Schaltfläche NEUEN SPEICHERORT HINZUFÜGEN..., wählen im folgenden Dialog den neuen Ordner aus und schließen diesen mit OK.

3. Wollen Sie einen vorhandenen Ordner ändern, klicken Sie diesen einfach doppelt an bzw. klicken auf die Schaltfläche ÄNDERN.

4. Ebenso einfach gestaltet sich das Löschen eines einzelnen vertrauenswürdigen Speicherorts: Falls Sie diesem nicht mehr vertrauen, markieren Sie ihn im Listenfeld VERTRAUENSWÜRDIGE SPEICHERORTE und klicken danach auf die Schaltfläche ENTFERNEN.

Achtung

Der Ordner wird ohne Rückfrage aus dieser Liste entfernt. Falls Sie sich mit dieser Aktion geirrt haben, bleibt Ihnen nur, den Dialog VERTRAUENSSTELLUNGSCENTER mit ABBRECHEN zu verlassen.

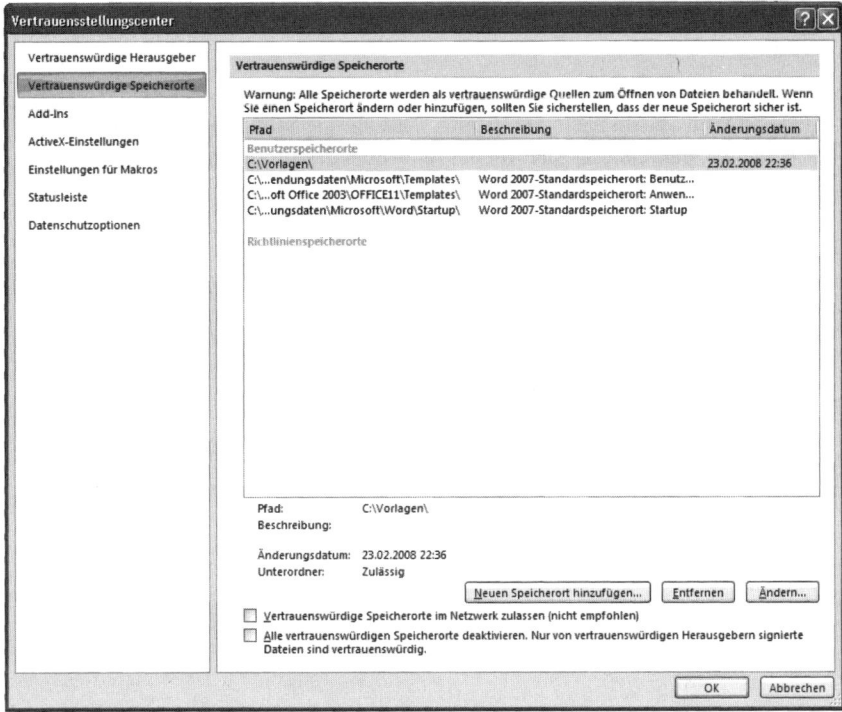

Abbildung 7.23: Anpassen der vertrauenswürdigen Speicherorte im Vertrauensstellungscenter

---

Hinweis

Sollten Sie bezüglich dieser Technologie Bedenken haben, können Sie alle vertrauenswürdigen Speicherorte deaktivieren. Markieren Sie hierzu das Kontrollkästchen ALLE VERTRAUENSWÜRDIGEN SPEICHERORTE DEAKTIVIEREN. NUR VON VERTRAU-
ENSWÜRDIGEN HERAUSGEBERN SIGNIERTE DATEIEN SIND VERTRAUENSWÜRDIG. Dies hat
allerdings zur Konsequenz, dass – wie in den früheren Word-Versionen – nur
noch das Konzept der Makro-Sicherheitsstufen gilt.

Tipp

Die Sicherheitseinstellungen können Sie auch über das Register ENTWICKLER-TOOLS ändern. Sobald Sie in der Gruppe CODE auf die Schaltfläche MAKROSICHERHEIT klicken, befinden Sie sich wieder im VERTRAUENSSTELLUNGSCENTER.

Anhang A

A.1   Literaturverzeichnis

[01]   Michael Maier und Silke Maier, „Word 2007 Kompendium",
        Markt + Technik Verlag, 2007

[02]   Meister, Gahler, Freßdorf, Jamieson, „Microsoft Word-Programmierung",
        2. überarbeitete Auflage, Microsoft Press Deutschland, 2008

[03]   Klaus Fahnenstich, Rainer G. Haselier, „Microsoft Office Word 2007 –
        Das Handbuch", Microsoft Press Deutschland, 2007

[04]   Monika Weber, Melanie Breden, „Das Excel-VBA Codebook",
        Addison-Wesley-Verlag, 2004

[05]   „Eine DIN-gerechte Briefvorlage entwerfen; Neue Briefe braucht
        das Land", in: DOS International, März 1997

[06]   „Rechnungen schreiben: Auf Heller und Pfennig", in: DOS International,
        September 1996

[07]   Ralf Nebelo, „Rechnungen mit Word 97/2000" in PC Magazin Nr. 11/2000

A.2 Vordruck Form A nach DIN 676

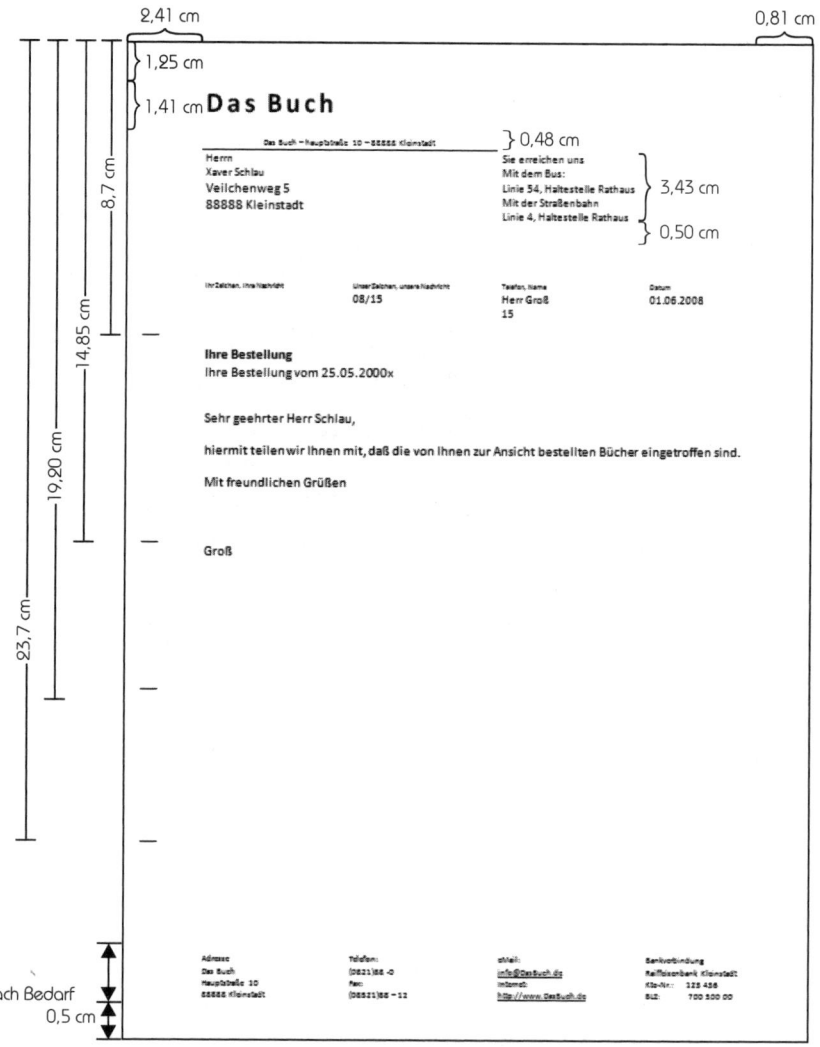

Abbildung A.1: Maße des Vordrucks Form A nach DIN 676

A.3 Vordruck Form B nach DIN 676

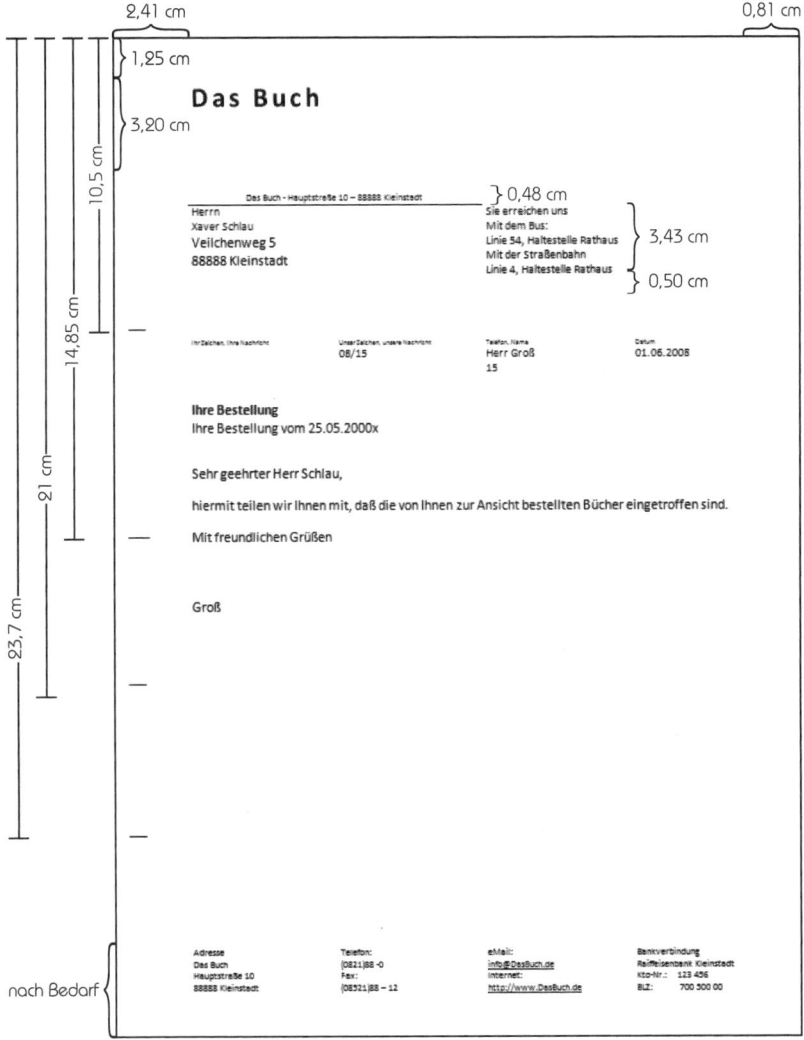

Abbildung A.2: Maße des Vordrucks Form B nach DIN 676

A.4 Hilfe, eine neue Oberfläche – wo finden Sie die Befehle von Word 2003?

Ein großes Problem für jeden, der schon jahrelang mit Word arbeitet, ist die neue Oberfläche. Die vertrauten Menüleisten mit den Drop-down-Menüs gibt es nicht mehr, sie wurden durch die „Multifunktionsleiste" ersetzt, die Menüs verwandelten sich in Register, und manche ehemaligen Menüpunkte gibt es gar nicht mehr. Wie soll man sich da noch zurechtfinden?

Microsoft liefert in der Online-Hilfe ein entsprechendes Werkzeug. Wenn Sie also wieder einmal verzweifelt suchen, wo ein von Ihnen benötigter Befehl steckt, gehen Sie wie folgt vor:

1. Drücken Sie die F1-Taste, um die Online-Hilfe aufzurufen.

2. Scrollen Sie gleich auf der ersten Seite der Online-Hilfe ganz nach unten. Hier finden Sie unter der Überschrift „Empfohlener Inhalt" den Hyperlink *Übersicht: Word 2003-Befehle in Word 2007*.

3. Sobald Sie diesen anklicken, verzweigt Word in ein neues Blatt *Vergleich: Positionen der Word 2003-Befehle in Word 2007*. Hier erläutert Microsoft allgemein das neue Konzept der Multifunktionsleiste.

4. Microsoft stellt aber auch eine komplette Übersicht über die Lage der alten Befehle zur Verfügung. Klicken Sie entweder auf den Hyperlink *Neue Position bekannter Befehle*, oder scrollen Sie bis an das Blattende. Hier finden Sie einen weiteren Hyperlink, *Zuordnungen für die Word-Multifunktionsleiste (Übersicht)*. Dieser öffnet nun eine Excel-Datei, in der die bisherigen Menüpunkte auf verschiedene Registerkarten verteilt sind und die in Form von Tabellen Auskunft darüber geben, wo sich die gesuchten Befehle nun befinden:

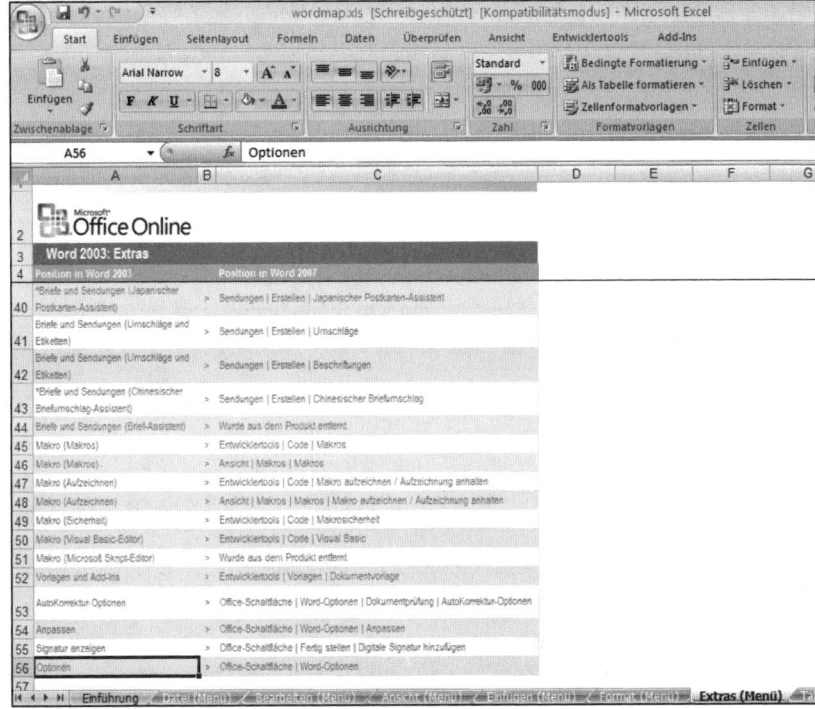

Abbildung A.3: Excel-Übersicht über die neue Position der bisherigen Befehle

A.5 Der „goldene Schnitt"

Für das „gute Aussehen" eines Formulars sind zunächst entsprechende Seitenränder erforderlich. Bewährt hat sich für das Verhältnis der Seitenränder zueinander der aus der Malerei und Fotografie bekannte sog. „goldene Schnitt". In der folgenden Tabelle sind etliche Beispiele für entsprechende Seitenränder aufgelistet:

Linker Seitenrand	Rechter Seitenrand	Unterer Seitenrand	Oberer Seitenrand
1,50	0,93	1,50	0,93
2,00	1,24	2,00	1,24
2,50	1,55	2,50	1,55
3,00	1,85	3,00	1,85
3,50	2,16	3,00	2,16
4,00	2,47	4,00	2,47
1,50	2,43	2,43	1,50
2,00	3,24	3,24	2,00
2,50	4,05	4,05	2,50
3,00	4,85	4,85	3,00
3,50	5,66	5,66	3,50
4,00	6,47	6,47	4,00

Tabelle A.1: Beispiele für Seitenränder nach dem „goldenen Schnitt"

Sofern nicht bestimmte Seitenränder vorgeschrieben sind (z.B. in den DIN-Normen), ist es empfehlenswert, die Seitenränder entsprechend der o.g. Tabelle zu wählen.

Sie können die entsprechenden Werte auch gleich per Makro ermitteln und in das aktuelle Dokument eintragen lassen:

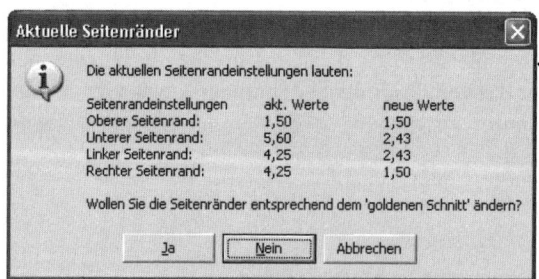

Abbildung A.4: Seitenrandeinstellungen per Makro gem. goldenem Schnitt

Das folgende Makro ermittelt zunächst die aktuellen Seitenrandeinstellungen und dann, ausgehend vom oberen Rand, die Seitenränder entsprechend dem „goldenen Schnitt". Diese Werte werden in einer Messagebox angezeigt, und der Benutzer hat nun die Möglichkeit, diese Einstellungen zu übernehmen:

```
Sub GoldenerSchnitt()
'------------------------------------------------------------------
' Ermittelt die Seitenränder nach dem "goldenen Schnitt" ausgehend
' vom oberen Seitenrand und stellt die alten und die neuen Werte
' in einer Messagebox vor. Erst nach einer Bestätigung werden die
' entsprechenden Seitenrandeinstellungen in das aktuelle Dokument
' übernommen
'------------------------------------------------------------------

    Dim sngObenAkt As Single      'oberer Seitenrand (aktuell)
    Dim sngUntenAkt As Single     'unterer Seitenrand (aktuell)

    Dim sngObenNeu As Single      'oberer Seitenrand (neu)
    Dim sngUntenNeu As Single     'unterer Seitenrand (neu)

    Dim x As Integer              'Rückgabewert für Messagebox
    Dim Einstellungen As PageSetup 'Objektvariable

    Set Einstellungen = ActiveDocument.PageSetup

    sngObenNeu = InputBox("Bitte geben Sie den oberen Seitenrand ein", _
    "Seitenränder nach dem goldenen Schnitt", "1,5")

    'Neue Werte berechnen
    sngUntenNeu = sngObenNeu * 1.618

    x = MsgBox("Die aktuellen Seitenrandeinstellungen lauten:" & _
    vbCr & vbCr & "Seitenrandeinstellungen" & vbTab & "akt. Werte" & _
    vbTab & "neue Werte" & vbCr & "Oberer Seitenrand:" & vbTab & vbTab & _
    Format(Round(PointsToCentimeters(Einstellungen.TopMargin), 2), "0.00") & _
    vbTab & vbTab & Format(sngObenNeu, "0.00") & vbCr & _
    "Unterer Seitenrand:" & vbTab & _
    Format(Round(PointsToCentimeters(Einstellungen.BottomMargin), 2), _
    "0.00") & vbTab & vbTab & Format(sngUntenNeu, "0.00") & vbCr & _
    "Linker Seitenrand:" & vbTab & vbTab & _
    Format(Round(PointsToCentimeters(Einstellungen.LeftMargin), 2), _
```

```
"0.00") & vbTab & vbTab & Format(sngUntenNeu, "0.00") & vbCr & _
"Rechter Seitenrand:" & vbTab & _
Format(Round(PointsToCentimeters(Einstellungen.RightMargin), 2), _
"0.00") & vbTab & vbTab & Format(sngObenNeu, "0.00") & vbCr & vbCr & _
"Wollen Sie die Seitenränder entsprechend dem 'goldenen Schnitt' ändern?", _
vbInformation + vbYesNoCancel + vbDefaultButton2, "Aktuelle Seitenränder")

'Falls Dialog mit "Ja" bestätigt wird, Randeinstellungen übernehmen
If x = vbYes Then
    With ActiveDocument.PageSetup
        .TopMargin = CentimetersToPoints(sngObenNeu)
        .BottomMargin = CentimetersToPoints(sngUntenNeu)
        .LeftMargin = CentimetersToPoints(sngUntenNeu)
        .RightMargin = CentimetersToPoints(sngObenNeu)
    End With
End If
End Sub
```

Listing A.1: Ermitteln der Seitenränder nach dem goldenen Schnitt

Das komplette Makro ist auf der CD im Modul GoldenerSchnitt.bas enthalten.

A.6   Die Begleit-CD

1.6.1   Importieren der fertigen VBA-Module

Die beiliegende CD enthält zahlreiche Musterdokumente mit den entsprechenden Beispiellösungen. Die VBA-Lösungen sind hierbei als komplette VBA-Module gespeichert. Das bedeutet, dass Sie diese mit wenigen Mausklicks in Ihre VBA-Projekte übernehmen können:

1. Rufen Sie mit Alt + F11 den VBA-Editor auf.

2. Markieren Sie im Projekt-Explorer Ihre aktuelle Datei.

3. Wechseln Sie nun in das Menü DATEI|DATEI IMPORTIEREN, suchen Sie das gewünschte Projekt, und bestätigen Sie die Auswahl mit OK.

Achtung

Falls Sie ein Modul wiederholt importieren, wird es anschließend zu einer Fehlermeldung kommen, da der gleiche VBA-Name nun mehrmals vorhanden ist.
Die neuen Module erkennen Sie daran, dass diese den gleichen Namen wie die
bestehenden mit einer fortlaufenden Nummer im Namen haben; also z.B.
„GoldenerSchnitt1". Löschen Sie diese Duplikate, indem Sie diese mit der rechten Maustaste anklicken und dann den Befehl ENTFERNEN VON <NAME DES MODULS>
auswählen. Ggf. könnten Sie vorher das Modul noch als Datei exportieren.

1.6.2 Importieren der fertigen xml-Anpassungen für das Ribbon

Die auf der CD mitgelieferten xml-Anpassungen für das Ribbon können Sie mit folgenden Schritten übernehmen:

Im Rahmen der Programminstallation wird im Ordner *C:\Programme\CustomUIEditor*
der Ordner *Samples* angelegt. Bitte kopieren Sie die Datei **Angepasstes Ribbon für
Briefkopf.xml** von der Beispiel-CD in diesen Ordner. Anschließend sind die weiteren
Schritte ganz einfach:

1. Kopieren Sie die jeweilige xml-Datei in den Ordner „C:\Programme\CustomUI-
   Editor\Samples".

2. Starten Sie das Programm **Microsoft Office 2007 Custom UI Editor**.

3. Öffnen Sie über den Menüpunkt FILE|OPEN die anzupassende Dokumentvorlage.

4. Klicken Sie nun auf den Menüpunkt SAMPLES und wählen dort den jeweiligen Dateinamen aus. Nun wird der entsprechende XML-Code für das neue Ribbon eingefügt.
   Passen Sie ggf. den XML-Code Ihren Vorstellungen entsprechend an.

5. Speichern Sie die Einträge über das Menü FILE|SAVE, und schließen Sie das Programm
   über den Menüpunkt FILE|CLOSE.

6. Fertig.

Stichwortverzeichnis

Alles drin!

Mit diesem Handbuch kriegen Sie jeden Text in den Griff! Nutzen Sie die volle Funktionalität dieser umfangreichen Textverarbeitung. Vom einfachen Brief bis hin zu komplexen Dokumenten, Serienbriefen oder ganzen Büchern zeigt der Autor, wie Sie die gestellten Aufgaben optimal bewältigen.

Michael Maier; Silke Maier
ISBN 978-3-8272-4132-0
29.95 EUR [D]

Sie suchen ein professionelles Handbuch zu wichtigen Programmen oder Sprachen? Das Kompendium ist Einführung, Arbeitsbuch und Nachschlagewerk in einem. Ausführlich und praxisorientiert.
Mehr auf www.mut.de